남북 통일, 경제통합과 법제도통합

남북 통일, 경제통합과 법제도통합

김완기 지음

경인문화사

머리말

통일은 분단된 조국에서 살아가는 우리에게는 직업, 연령, 성별을 불문하고 학문적, 실천적 고민을 안고 있는 화두일 것입니다. 필자 또한 언제부터인가 통일이라는 화두를 붙잡고 고민해 왔으며, 법학과 현실경제에 대한 짧은 지식과 경험이지만 특히 통일의 과정에서 남북한간 경제통합과 법제도의 통합이라는 주제를 공부해 왔습니다.

현상황에서 남북간 경제통합은 상이한 체제간 경제통합, 남-북 국가간 경제통합, 분단국간 경제통합이라는 세 가지 특수성을 가지고 있으며, 남북 통일과정에서 이러한 특수성을 반영하고 그로부터 도출되는 과제들을 풀어낼 수 있는 법제도적 방안을 고민해 보아야 합니다. 물론 세 가지 특수성을 이끌어내는 전제 즉, 예를 들면 북한의 헌법상 경제질서가 바뀌고 북한이 개혁개방을 통하여 상당한 수준의 경제 발전을 이루어낸다면 남북간 경제통합의 특수성도 그 내용이 변경되고 이에 따라 그로부터 도출되는 과제들에 대응하는 법제도적 방안도 달라질 것이라 생각합니다. 하지만 당분간 남북간 경제통합의 세 가지 특수성이 바뀔 것이라고 예상하기는 어렵습니다. 필자 나름의 생각을 정리해 나가는 출발점으로 법제도적 관점에서 남북한 경제통합을 정치적 통일과 구분해서 보는 것에서 시작하였습니다. 흔히 통일의 속도에 따라서 '점진적' 통일과 '급진적' 통일로 구분하고 있습니다만 필자는 법의 동화나 통합측면에서 남북 경제통합은 남북간에 생산물(재화, 용역) 및 생산요소(인력, 자본, 토지)가 자유로이 이동할 자유를 법적으로 보장함으로써 하나의 시장을 형성하는 법제도의 통합으로 이해하는 반면 통일은 규범적으로 남북한에 단일한 헌법이 시행되는 상태로 이해하였습니다. 법제도적 관점에서는 경제통합이 통일에 선행하여 이루어지느냐 아니면 통일이 경제통합에 선행하느냐도 매우 중요할 것입니다. 다만 어떤 형태로 경제통합과 통일이 진행되더라도 우리가 지향할 경제통합의 지도이념은 인간으로서의 존엄과 가치 및 행복추구권, 불가침의 기본적 인권 확인·보장, 사회적 시장경제질서가 그 핵심 내용이 될 것입니다.

본서는 필자의 대학원 법학박사학위논문인 '남북 경제통합에 관한 법제도적 연구'를 보완·정리한 것으로 본서의 내용은 필자가 소속된 기관의 공식 견해와는 무관하며 필자 개인의 견해일 뿐임을 알려드립니다. 필자의 학문의 길을 인도해 주시는 이효원 교수님, 그리고 논문 지도를 맡아 주신 송석윤 교수님, 전종익 교수님, 아주대 이헌환 교수님, 중앙대 김병기 교수님의 지도편달이 아니었다면 학문적 역량이 많이 부족한 필자가 이렇게 본서를 세상에 내놓기 어려웠을 것입니다. 마음으로부터 깊이 감사드립니다. 또한, 본서에서 인용하고 있는 모든 선행 연구자분들께도 감사드립니다.

이 책을 출간하면서 고마운 마음을 전하자니 끝이 없습니다. 직업인의 길을 가고 있는 저에게 항상 학문의 길을 잊지 않도록 격려해 주신 행대 석사학위 지도교수님이신 최병선 교수님께도 깊이 감사드립니다. 땅을 터전으로 자식 교육에 평생을 바치신 부모님, 어린 동생들 뒷바라지에 많은 것을 희생한 누님께 말로 표현할 수 없는 고마움을 전하며 사위의 늦공부를 함께 하신 장인 장모님의 은혜에 깊이 감사드리고, 마지막으로 사랑하는 아내와 도윤, 도영이에게 그동안 함께 하지 못한 미안함과 함께 고마움을 전합니다.

2017년 3월

김 완 기

목 차

머리말

제1장 서 • 1

제2장 경제통합이론과 남북관계 • 11

제6장 결　론 • 345

표 차례

그림 차례

약 어

CDM	Clean Development Mechanism
CEPA	Closer Economic Partnership Arrangement
ComEcon	Communist Economic Conference
ECOSOC	Economic and Social Council
ECFA	Economic Cooperation Framework Agreement
EU	European Union
FTA	Free Trade Agreement
GATT	General Agreement on Tariffs and Trade
GCC	Gulf Cooperation Council
GDP	Gross Domestic Product
GNI	Gross National Income
GSP	Generalized System of Preferences
GSTP	Global System of Trade Preferences Among Developing Countries
IBRD	International Bank for Reconstruction and Development
IMF	International Monetary Fund
OECD	Organization for Economic Cooperation and Development
UN	United Nations
WTO	World Trade Organization

제1장

서

제1절 문제의 제기

통일은 점진적으로 달성될 수도 있고 독일과 같이 예측하지 못한 시기에 갑자기 다가 올 수도 있는데, 통일이 언제 우리에게 다가오든 현재의 우리에게 필요한 것은 차분한 준비일 것이다. 또한, 남북통일이 온전히 이루어지기 위해서는 정치·경제·사회·문화 등 다방면에서 남북이 공동체를 이룰 수 있는 통합이 달성되어야 하며, 그 중에서도 경제분야에서의 통합은 다른 분야의 통합에 물적 토대를 제공한다는 측면에서 그 중요성이 간과되어서는 안 될 것이다. 그러나, 통일이 아무리 중요하다고 하더라도 어떠한 형태의 통일이든 받아들일 수 있는 것은 아니다. 우리 헌법 전문은 평화적 통일의 사명에 입각하여 정의·인도와 동포애로써 민족의 단결을 공고히 할 것을 규정하고 있고, 제4조는 대한민국이 통일을 지향하며, 자유민주적 기본질서에 입각한 평화적 통일정책을 수립하고 이를 추진한다고 하여 무력적 방식에 의한 통일을 배제하고 있다. 우리 헌법상 자유민주적 기본질서에 입각한 평화적 통일정책은 경제적 측면에서 볼 때에는 우리 헌법재판소가 밝혔듯이 사유재산과 시장경제를 골간으로 하는 경제질서에 입각한 통일정책을 의미하며, 자유민주적 기본질서는 우리 헌법상 포기할 수 없는 기본원리이므로 계획경제질서에 입각한 통일도 위헌으로서 배제된다.

화해협력의 단계, 남북연합의 단계를 거쳐 1민족 1국가의 통일국가완성으로 나아가는 점진적·단계적 통일방안인 민족공동체통일방안은 이러한 통일정책을 실현하기 위하여 남한[1]이 제시하고 있는 통일방안이다. 이에

---

1) 본서에서는 '대한민국'과 '조선민주주의인민공화국'을 약칭하여 '남한', '북한' 또는 '남', '북'으로 표기하고, 포괄하여 '남북' 또는 '남북한'으로 표기하였다.

반하여 북한의 통일방안은 낮은 단계의 연방제를 통한 연방국가의 점차적 완성을 지향하고 있어 통일과정의 측면에서 보면 남북연합을 상정하고 있는 우리의 통일방안과 점진적 방안이라는 측면에서는 유사점도 있는 것으로 보이지만 통일철학, 주체, 과도체제 유무, 통일국가의 형태에 있어 우리와 완전히 다른 통일방안이다. 다만, 남북한 통일방안의 거의 유일한 공통점이 단계적 통일이라는 점은 장기간의 분단상황에 놓인 남북의 현실을 감안할 때 단계적 통일만이 통일의 부담을 줄이고 민족의 재통합을 이루는 최선의 길임을 부지불식간에 상호 인식하고 있음을 나타내 주는 것이라 하겠다.

민족공동체통일방안에 입각하여 점진적으로 통일이 이루어진다면 남북 모두에게 더할 나위없이 바람직하겠지만 통일은 예측불가능한 변수가 많아 어느날 갑자기 통일의 상황이 급박하게 찾아올 수도 있다. 어떠한 상황에서 통일이 진행되더라도 우리헌법상 자유민주적 기본질서, 사회적 시장경제질서, 헌법상 법치국가원리 등 우리가 포기할 수 없는 기본원리가 있다. 특히, 우리 헌법상 법치국가원리는 통일의 내용과 과정에까지 적용되는 기본적인 원리이다. 점진적·단계적으로 통일이 이루어지는 경우에도 남북간 합의 내용에 따라서 이러한 기본원리와 충돌 내지 긴장관계가 조성될 수 있지만 아무래도 급박하게 통일이 추진될 경우에 우리가 추진하는 통일의 방식이 우리 헌법이 포기할 수 없는 헌법상 기본원리와 상충되는 상황이 발생할 가능성이 더 높다. 그렇다고 어렵게 찾아온 통일의 기회를 마다해서는 안 될 것이며, 오히려 철저한 준비로 그러한 헌법상 기본원리와 상충되는 모순적 상황을 해결하고 합헌적 방법으로 통일을 추진할 수 있도록 대비하여야 한다.

본 연구는 이러한 문제 인식하에 남북통일과정에서의 바람직한 경제통합에 관하여 남북한의 헌법과 경제분야 법제도를 중심으로 연구를 진행하고자 한다. 기존 연구를 보면 남북한간 경제질서의 통합과 관련하여 시장경제의 도입방안, 사영경제부문의 육성방안, 경제정책(재정, 금융정책) 통합방안, 노동시장통합방안, 사회복지제도의 통합방안에 대하여 법학, 경제학, 정책학적 시각에서 개별적·미시적으로 논의한 연구들이 있고 최근에는 급진적 통일 상황에 대비한 연구들도 간혹 발표되고 있으나, 남북 통일시 채택할 사회적 시장경제질서의 큰 틀에서 법제도적 관점을 가미하여 경제통합에 대하여 총괄적·종합적으로 논하고 있는 연구는 드문 실정이다. 경제 통합에 있어서는 경제학·정책학적 논의가 매우 중요하지만 경제를 운용하는 기본원리는 헌법이 채택하고 있는 경제질서가 무엇이냐에 따라 크게 달라진다. 이러한 이유로 헌법과 경제 관련 법률을 포함한 법학적 시각이 뒷받침되지 않은 경제통합 논의는 그 방향성을 상실한 논의가 될 가능성이 높다. 한편, 법학적 시각에서 남북한간 법제도 통합에 관하여 논하고 있는 기존의 연구들[2]에서 법제도 통합의 과정을 다룬 것을 찾기가 쉽지 않다. 통일 비용 측면에서 단기간내의 급진적 경제 통합이 성공할 가능성이 그렇게 높지 않다면 경제통합의 과정과 긴밀히 연계되어 있는 법제도 통합과정도 그러한 방식을 취하기 어렵다. 그러므로, 경제 관련 법제도 통합에 있어서 실현 가능한 대안을 찾아 보려는 것도 본 연구의 목적 중의 하나이다. 본서는 이러한 측면에서 선행 연구들의 연구업적 위에 남북 통일과정에 있어서 경제통합에 관하여 법적 고찰을 수행하고, 경제통합 및 체제전환사례를 살펴본 후 우리의 경우 바람직한 법제도적 통합방안에 대하여 제시하고자 한다.

현재 우리는 자본주의 시장경제질서에 의하여 기본적으로 경제를 운영하고 있고, 북한은 사회주의 계획경제질서에 의하여 경제를 운영하고 있다. 남북한 경제통합은 이러한 남북한 현 경제체제간의 간극을 좁히고 하나의 경제공동체를 만들어 가는 과정이다. 하지만, 남북 경제공동체가 지향하는

---

2) 최근까지의 법제통합 또는 법률통합과 관련한 선행연구들은 이규창 외, 남북 법제 통합 기본원칙 및 가이드라인, 통일연구원, 2010. 10, 2~6면 참조.

경제질서는 시장경제질서와 계획경제질서간 중간점이 될 수 없다. 우리가 지향하는 남북한의 통일은 헌법 제4조에서 천명하고 있듯이 자유민주적 기본질서에 입각한 평화적 통일로서 자유민주적 기본질서는 경제적 측면에서는 구체적으로 사유재산과 시장경제를 골간으로 한 경제질서를 포함한다.3) 그러므로 남북한 경제통합의 지향점은 양자의 반반씩 섞어 놓은 경제질서가 아니라 사유재산과 시장경제를 골간으로 하는 시장경제질서라 할 것이다. 그렇다 해도 남북한 경제공동체가 지향하는 경제질서가 소위 '순수한' 의미의 시장경제질서를 의미하는 것은 당연히 아니다.

해방 이후 줄곧 사회적 시장경제질서를 구축해 온 남한 지역과 사회주의 계획경제질서에 익숙한 북한 지역에 있어서 경제질서 통합은 손쉬운 과제가 아니다. 남한의 경우 이미 사회적 시장경제질서하에 있으며, 1960년대 이후 민간자본이 축적되고 민간의 역량이 확대되면서 시장으로 대표되는 사회부문의 역할이 점차 증대되어 통일한국의 경제질서로의 적응이 어려운 일은 아니다. 하지만 북한의 경우는 오랫동안 사회주의 계획경제질서하에 있다 보니 시장 부문이 거의 전무4)하다시피 하며, 이런 상황에서 북한에 대하여 곧바로 남한과 같은 수준의 사회적 시장경제질서를 적용하는 것은 규범수용적 측면에서도 바람직하지 못하다.

---

3) 헌재 2001. 9. 27. 2000헌마238, 2000헌마302(병합)
4) 북한경제의 시장화 수준에 대한 연구는 주로 장마당을 중심으로 진행되어 있으며, 최근에는 국영기업의 시장화 실태에 관한 연구도 늘어나고 있다. 자세한 내용은 임강택, 북한경제의 비공식(시장)부문 실태 분석: 기업활동을 중심으로, 통일연구원, 2013. 12. 다만, 북한내 시장 부문에 대한 공식화·제도화 수준은 매우 낮아 시장경제질서를 채택했다고 볼 수는 없다.

제2절 연구의 전제 및 방법

　모든 경우의 수를 상정하고 논의를 진행하는 것이 때로는 효율적인 논의를 저해할 수도 있으므로 본서에서는 몇 가지 전제하에 연구를 진행하고자 한다.

　첫째, 남북한 통일로 만들어질 통일헌법에는 우리 현행 헌법의 기본원리인 자유민주주의의 국가의 기본원리가 그대로 적용되며, 구체적으로는 국민주권주의, 기본권존중주의, 권력분립주의, 법치주의, 사회복지국가주의, 문화국가주의, 국제평화주의, 시장경제원리 등이 모두 적용되는 것을 전제로 한다. 그러므로, 경제 통합의 과정에서 상정하는 경제질서는 현행 우리 헌법이 채택하고 있는 경제질서와 동일한 형태의 시장경제질서를 기본 전제로 한다. 각국의 헌법이 가지는 경제질서는 순수시장경제질서, 사회적 시장경제질서, 시장경제 전환국의 경제질서, 사회주의 계획경제질서 등 다양한 스펙트럼의 경제질서가 있다. 이 중에서 시장경제질서를 연구의 기본 전제로 삼은 이유는 사회주의 계획경제질서로의 통합은 중국, 베트남 등 과거 계획경제질서를 채택하였던 국가들이 냉전 해체 이후 모두 시장경제질서를 표방하며 체제전환을 추진하고 있다는 거대한 시대적 조류와 일치하지 않으며, 계획경제질서로의 통합은 현실적으로 북한 주도의 통일을 의미하기 때문이다. 본 서에서는 현실적으로 남한이 주도하는 형태이든 합의에 의한 통일이든 경제통합을 통하여 통일 한국이 추구하여야 할 경제질서는 사회적 시장경제질서라는 점을 전제로 하여 논의를 진행하고자 한다. 그러므로, 현행 헌법하에서 헌법재판소의 헌법재판이나 대법원 등 각급법원의 판례를 통하여 축적되어 있는 시장경제질서에 대한 법해석이 통일헌법에서의 법해석에도 그대로 적용될 가능성이 높다고 전제한다.

둘째, 우리나라는 헌법 제4조에 의거 평화적 통일을 지향하므로 무력적 방식에 의한 통일방안과 그러한 통일방식에 있어서 추진되는 경제통합에 대하여는 다루지 않았다. 무력에 의한 통일방식은 우리 헌법이 상정하지 않는 통일방식이기도 하거니와 그러한 상황에서는 현대 무기의 가공할만한 파괴력을 감안할 때 남북이 입을 경제적·물질적 피해는 상상을 초월할 것이고 그러한 상황에서의 남북 경제 통합은 완전히 새로운 차원에서의 논의이기 때문이다. 다만, 평화적으로 통일하는 경우에 가능한 형태로 합병형 통일과 병합형 통일을 상정할 수 있다. 통상 국제법적으로 국가들이 합쳐지는 경우는 '합병(merger)형'과 '병합(annexation, absorption)형'의 두 가지 경우가 있을 수 있는데, 합병은 두 개 이상의 국가가 결합하여 하나의 새로운 국가를 형성하는 것이고, 병합의 경우는 병합국이 종전대로 동일한 국가로서 존속하는 것이다. 이러한 구분은 특히 남북한이 旣가입한 국제기구의 회원국 지위나 국제협정의 승계와 관련하여 의의가 있다.

셋째, 본서에서는 경제통합의 과정이 통일의 과정과 연관되어 있음을 부정하지는 않지만 반드시 연계되어 발생할 필요는 없으므로 정치적 통일과 경제적 통합을 구분하며, 이 양자를 법제도 통합이라는 개념과도 구분하고자 한다. 엄밀하게 말하면 통일은 경제적 통합이나 법제도의 통합을 당연히 포함하는 개념이지만 세 가지 개념을 구분하여 살펴봄으로써 좀 더 깊은 분석이 가능하리라는 희망을 가져 본다. 흔히 통일의 방식을 설명할 때 점진적 통일과 급진적 통일, 흡수통일과 합의통일로 나누어 설명하는데, 점진적 통일은 기능주의적 접근법을 기초로 경제분야 등에서 기능적 협력을 강화하여 통합을 추진하고 이를 바탕으로 통일을 이룩하는 것으로서 통상적으로 단계적 통일과 동일시하거나 깊은 연관성을 가지고 있는 것으로 설명한다. 반면 급진적 통일은 대체로 단계적 통일이 아닌 한순간에 이루어지는 통일로서 흡수 통일과 혼용하여 사용되기도 하고 통일비용 등에 대한 대비없이 이루어지는 통일을 의미하기도 한다.

넷째, 현재의 남북한의 경제질서와 경제수준과 국제경제적 지위가 불변임을 가정한다. 남북한의 경제질서와 경제수준이 변화하여 북한의 1인당 국내생산이 상당한 수준으로 상승하고 대외무역 또한 크게 증가한다면 이는 남북한 경제통합과 관련한 여러가지 논의의 전제를 변화시키게 된다. 특히, 계획경제질서의 채택, 국제무역체제로부터의 소외 등 현재의 북한의 경제성장을 가로막고 있는 여러가지 요인들이 대폭 개선되거나 제거된다면 경제통합에 대한 본 서에서의 설명의 대부분이 설명력을 잃을 수 있다. 하지만 모든 사항을 포함하여 논의를 진행시키는 것이 역량상 불가능에 가까워 본 서에서는 남북한의 경제질서와 경제수준이 현재에서 불변임을 가정하여 논의를 진행시키고자 한다. 또한, 남북한의 국제경제적 지위도 불변임을 가정하고 논의를 진행한다. 현재의 남북한의 국제경제적 지위를 살펴보면 북한은 제2차 세계대전 이후 세계 경제를 이끌어가고 있는 브레튼우즈체제의 축을 이루는 세계무역기구(WTO), 국제통화기금(IMF), 국제부흥개발은행(IBRD 혹은 World Bank)의 회원이 아니며, 국제연합 경제사회이사회(ECOSOC, Economic and Social Council)가 지정한 최빈개도국에는 포함되어 있지 않으나, 미·유럽연합 등으로부터 개도국에 제공되는 일반특혜관세제도(GSP, Generalized System of Preferences)는 제공받지 못하고 있다. 또한, 북한은 개도국간 모임인 77그룹(Group of 77, 한국은 1997년 4월 탈퇴)의 회원국이며, 남-남국가간 협력합의체인 범개도국특혜무역제도(GSTP, Global System of Trade Preferences Among Developing Countries)에도 1989년 4월 19일부터 가입하였다.[1] 반면 남한은 1960년대 이후 민주화와 산업화를 동시에 이룩한 모범 국가로서 사실상 선진국간 모임인 경제협력개발기구(OECD)에 가입되어 있고, 세계무역기구 회원국이면서 국제통화기금이나 국제부흥개발은행의 주요 회원국이며 국제협력분야에서 수

---

1) 범개도국특혜무역제도(GSTP)에는 남한도 여전히 가입국으로 남아 있다.

원국에서 공여국으로 지위가 변경되어 있고, 기후변화협약에서도 선진국에 준하는 의무를 부담할 것을 압박받고 있는 상황이어서 남북한간 경제통합 은 또 다른 명칭의 '남-북' 국가간 경제통합이라 할 수 있으며 최근 유럽연 합에서 그리스가 겪고 있는 어려움을 살펴볼 때 경제 운용시 여러 가지 난 제를 제시할 것임을 예상할 수 있다.

방법적 측면에서 본서는 문헌연구를 기본으로 한다. 통일과 관련하여서 는 정치학, 경제학, 법학, 사회학 등 다양한 학문적 배경을 지닌 선행 연구 들이 존재하고 있다. 본서는 이러한 문헌들을 일별하고 되도록 학제적인 관점에서 분석하여 이들 선행연구들로부터 여러 가지 시사점을 얻고자 한 다. 선행 연구들의 특징을 살펴 보면 경제학적 측면에서 북한 경제체제 이 행에 관하여 연구한 단행본이나 논문이 있으며, 월남주민의 재산권 회복에 관하여 다룬 것들이 있는 반면 법학의 입장에서 남북한 경제통합시 거치게 될 법제도적 과정을 광범위하게 다룬 선행 연구는 찾기 어렵다. 우리의 사 회적 시장경제질서와 북한의 사회주의 계획경제질서간 괴리를 남북한 경 제 통합과정에서 어떻게 수렴시켜 나갈 것인가 하는 중차대한 과제에 헌법 정책론적 인식틀과 법경제학적 분석틀 등을 활용하여 나름대로의 시각을 보태고자 한다. 또한 본서는 사례 연구를 통하여 비교법적 분석을 시도함 으로써 남북한간 경제 통합에 있어 시사점을 얻고자 한다. 이를 위하여 독 일을 포함하여 베트남, 예멘이 어떠한 방식으로 경제통합을 이루어졌는지 를 살펴보고, 중국-홍콩, 대만과 유럽연합-동구권 국가의 사례를 통하여 남 북한간 경제통합과정에 많은 시사점을 제공할 법제도의 주요 내용을 살펴 본다.

제2장

경제통합이론과 남북관계

제1절 경제통합의 기초

1. 경제통합의 개념

(1) 개념

경제학에서 통합(integration)이라는 용어는 주로 약정이나 카르텔 또는 흡수합병을 통하여 기업체의 결합(combination)을 지칭하는 것으로 사용되었으며, 별개의 경제를 하나의 커다란 경제지역으로 결합한다는 의미로 사용되기 시작한 것은 그다지 오래된 일은 아니다.[1]

경제통합은 연구자에 따라서 "경제적으로 공동이해관계를 가진 국가간에 상품 및 생산요소의 자유이동을 제약하는 요인들을 제거함으로써 시장확대를 도모하고 이를 통하여 경제적·기술적 이익을 향유하며 또한 통합체 전체의 후생을 증진시키고자 하는 국가간 경제협력의 한 형태"[2]라고 정의하기도 하고, "2개국 이상의 국가가 참여하고 국가가 통합추진의 주체이며, 무역과 투자자유화 등과 같은 시장개방을 통하여 재화 및 생산요소의 자유로운 이동이 추진됨으로써 통화, 금융, 재정, 산업 등 제반 경제영역에서 참여국가들이 공동보조를 취하고 상호의존성이 심화되는 과정이자 결과"[3]

---

1) F. Machlup, "Economic Integration", Miroslav N. Jovanović ed., *International Economic Integration: Critical Perspectives on the World Economy - Theory and Measurement*, Routledge, 1998, p.119, 마흐럽(F. Machlup)에 의하면, 1930~1940년대로 추정하고 있다. 자세한 내용은 F. Machlup, *A History of Thought on Economic Integration*, Macmillan, 1977 참조.
2) 이상만, 통일경제: 북한경제 체제와 남북 경제교류·통합모형, 형설출판사, 1995, 114면 참조.
3) 홍익표·진시원, 남북한 통합의 새로운 이해, 도서출판 오름, 2004, 136면 참조.

라고 정의하기도 한다.

본서에서는 경제 통합을 법적인 시각에서 "일반적으로 생산물(재화, 용역)이나 생산요소(자본, 인력, 토지)의 이동에 법제도적 제약이 있어 별개의 경제단위로 기능하던 지역을 그러한 제약을 제거함으로써 하나의 경제단위로 동질화시켜 나가며, 나아가 궁극적으로는 공동경제정책을 추진하는 공동의 의사결정기구 및 법제도를 구축하는 것"이라고 정의하고자 한다. 이러한 경제통합의 정의에서 볼 때 별개의 경제단위간 경제 통합은 좀 더 구체적으로 하나의 헌법전에 의하여 일국내에서 보장되는 ①재화의 자유로운 이동, ②용역 제공의 자유, ③자본의 자유로운 이동, ④인력 이동의 자유, ⑤토지거래의 자유 보장이라는 5가지 핵심 자유가 별개의 경제단위 간에도 보장되는 것이라 할 수 있으며, 이러한 5가지 자유는 우리 헌법이 채택하고 있는 경제질서인 사회적 시장경제질서하에서 경제적 기본권으로 보장되거나 직간접적으로 연결되어 있는 것들이다. 물론 우리 헌법상 사회적 시장경제질서하에서 국민의 자유와 권리는 절대적으로 보장되는 것은 아니며, 국가안전보장, 질서유지 또는 공공복리를 위하여 필요한 경우에 한하여 법률로써 제한할 수 있다. 인간이 사회를 형성하고 경제적 생활영역에서 다른 사람과 함께 경제행위를 하는 한 최소한의 제한은 필수불가결하다.

남북한 경제통합은 현재 별개의 경제단위로 기능하고 있는 남한 경제와 북한 경제를 하나의 경제단위로 동질화시키는 것으로서 이 과정에서 법제도의 동화가 필수불가결하게 수반될 것이며, 필요시 공동의 의사결정기구가 설립될 수도 있다. 이러한 경제통합은 정치적 통일이 이루어지기 선에는 남북한간 합의에 의하여 자유무역지역이나 공동관세지대, 경제연합을 창설하는 형태로 이루어질 수도 있다. 또는 남북한간 현재 수준의 경제 협력이 이루어진 상태에서 통일이라는 정치적 사건이 발생했을 때는 북한 지역에 법제도적으로 사회적 시장경제질서를 구축하고 이를 남한의 경제질서와 동화하는 과정이 동시에 진행되는 형태로 이루어질 수도 있다. 그러므로, 우리가 통일헌법상 사회적 시장경제질서를 채택한다고 상정할 때 남북한 경제 통합의 첫 단계는 어떻게 북한 지역내에서 사회적 시장경제질서가 도입되고 안착할 수 있도록 지원하느냐 하는 것이 핵심이 될 것이다.

(2) '통일' 개념과의 구분

학자들간에 통합(integration)과 통일(unification)에 대한 합의된 개념이나 구별은 없어서 어떤 연구자는 통일을 통합의 궁극적 완성상태나 결과물로 이해하고, 통합은 그러한 조건을 달성하기 위한 과정으로 이해하는 반면, 어떤 연구자는 통합을 통일보다 훨씬 광범위한 개념으로 이해하여 남북한 통일이 실현되었다고 하더라도 남북한 통합은 통일 이후에도 지속적이고 장기적으로 이루어지는 과정이라 한다.[4] 전자의 입장을 취하게 되면 통일은 통합이 완성되는 결과물이므로 전체 통일의 과정이 상당히 오랜기간 점진적으로 이루어질 수 밖에 없을 것이며, 후자의 입장에서는 정치적 통일의 선후에 상관없이 통합은 지속적으로 진행되고 관리되는 과정이 될 것이다.

본서에서는 기본적으로 법의 동화나 통합측면에서 경제통합은 경제적 측면에서 상품·용역 등 생산물의 이동과 인력, 자본 등 생산요소의 이동이 자유로운 상태가 되도록 하나의 시장을 형성하는 법제도의 통합으로 이해하고, 통일은 남북한이 통일헌법을 채택하는 것 즉, 헌법의 통합[5]으로 이해하고자 한다. 즉, 통일은 규범적으로 보면 남북한간 합의나 통일선언 등

---

4) 홍익표·진시원, 앞의 책(주 3), 25면 참조.
5) 전광석, "통일헌법상의 경제사회질서: 헌법이론적 분석과 헌법정책적 제안", 한림법학 포럼 제3권, 한림대학교 법학연구소, 1993, 28면 참조. 동 교수는 '헌법적으로 이야기하면 통일이란 기존의 분단된 양국에 이제 하나의 헌법이 제정되고 적용된다는 의미를 갖는다'고 한다.

으로 단일한 헌법전이 마련되어 그 규범력을 발휘하거나 남한에서 시행되고 있는 헌법이 공간적 범위를 확장하여 북한 지역에서도 사실적 효력을 회복하는 순간에 완성되는 것이다.6) 통일국가가 그 국가형태로 단일국가의 형태를 취하든 연방국가의 형태를 취하든 상관없이 통일이 이루어졌다고 할 때는 법적인 측면에서는 단일한 헌법을 가지게 될 것이다.

　이러한 용어 사용의 정의에 따른 통일과 경제통합의 차이점과 관계에 대하여 간단히 서술하면 첫째, 남북간 하나의 정치적 통합체를 만드는 통일은 급격히 이루어질 수도 있는 것이지만 경제적 분야의 통합은 그 성질상 오랜 기간에 걸쳐 이루어질 수 밖에 없는 과정이다. 둘째, 경제통합은 동북아, 아시아태평양, 전세계 등 주권적 국가를 벗어난 지역(region), 나아가 세계(world)와도 결합할 수 있는 개념이지만, 통일은 정치적이고 영토적인 의미에서의 하나됨이어서 주권적 국가와 연관된 개념으로 사용된다. 셋째, 위와 같은 차이점에도 불구하고 통일과 경제 통합은 당연히 상호 영향을 미친다. 통일은 경제통합이 큰 폭으로 진행되는 계기가 될 수 있고, 경제통합은 통일을 앞당기는 촉진자(facilitator)가 될 수 있다. 그리고, '경제헌법'은 통일과 경제통합이 만나는 교차점으로서 통일에 의하여 경제 관련 헌법 조항이 단일화될 경우 경제통합의 커다란 원칙과 원리가 합의되는 것이라 할 수 있다.

(3) '법제통합'과의 구분

　'법통합'을 '두 개 이상의 상호 이질적인 법체계 내지 법질서를 단일한 법질서로 만드는 작업'으로 정의하는 경우7)도 있고, '법동화'를 법통합과

---

6) 그렇다고 이러한 소위 '흡수통일'의 방식이 바람직하다고 주장하는 것은 아니며, 오히려 북한내 법현실을 감안할 때 이러한 형태의 통일은 법치주의의 실현이라는 측면에서 거의 불가능하다는 점을 뒤에서 강조하고자 한다.

7) 조은석 외, 남북한 법통합 및 재산권문제 해결방안 연구, 통일연구원, 2002, 3면 참

혼용될 수 있다고 보면서 이를 '서로 다른 법역간의 법체제를 동질화시켜서 궁극적으로는 법의 단일화를 지향하여 가는 과정'이라 정의하는 경우[8]도 있다. 분단국간의 통합을 실질적 통합과 형식적 통합으로 구분하면 형식적 통합은 기본적인 통합의 뼈대를 완성하는 것으로 곧 법제도의 통합과 같은 의미로 사용되기도 한다.[9]

'법'을 형식적 의미의 법률로만 보면 '법제'라는 용어가 더 넓은 의미로 사용되며, '법'이라는 용어를 법질서 또는 법제도의 의미로 보면 '법통합'은 헌법통합, 법질서, 법체계, 법령과 제도의 통합을 의미할 수도 있다. 여기서는 '법제통합'은 법통합과 제도통합을 합친 용어로서 대체로 '법통합'과 유사한 의미를 가지는 것으로 사용하고자 한다. 형식적 의미의 헌법, 법률, 명령, 조례, 규칙은 우리 실정법체계에서 구속성에 있어 차이가 있으며, 일정 정도의 위계질서를 가지고 있다. 그러므로, '법제통합'을 논의함에 있어 가장 상위에 있는 실정헌법을 먼저 통합하고 아래로 내려오는 방식(top-down)의 법제통합과 조례나 규칙 등 하위 법규범을 우선 통합하고 위로 올라가는 방식(bottom-up)의 법제통합을 상정해 볼 수 있다. 유의할 것은 상위법을 우선적으로 통합하는 방식을 취하더라도 반드시 단일헌법전을 채택하여야만 헌법이 적용되는 생활영역(특히, 경제생활영역)에서 법제통합을 추진할 수 있는 것은 아닐 것이다. 서로 다른 헌법체계와 실정헌법을 보유하고 있는 미국과 유럽연합의 국가들이 경제생활영역에서 법률의 효력을 가지는 자유무역협정을 체결하려고 하는 경우나 우리가 이미 미국, 유럽연합과 각각 자유무역협정을 체결한 사실은 이를 반증하는 것이다. 이

조. 법통합과 혼용되는 개념으로 법동화(Rechtsangleichung)가 있는데, 동 저자들은 법동화는 엄밀하게는 흡수내지 합류되어 들어오는 지역에 흡수하는 측의 법을 확장적용하는 문제로 본다.
8) 법무부, 독일 법률·사법통합 개관, 법무부, 1992, 39면 참조.
9) 황동언, "남북한 법제도 통합상의 과제", 통일 제194호, 민족통일중앙협의회, 1997. 11, 30면.

는 경제생활영역에서 시장경제질서를 채택하고 있는 국가들의 경우 사적
부문인 시장의 창의와 자율성을 기본으로 하고 국가의 경제에 대한 규제나
간섭은 부차적이며 보완적인 역할을 하기 때문이다.

앞에서도 얘기했듯이 본서에서는 논의의 편의상 정치적 통일과 경제통
합, 법제통합은 상호 구분되는 개념으로 사용할 것이다. 특히 통일과 경제
통합을 구분할 필요가 있으며, 이를 아래로부터 받치고 있는 법제도의 동
화 내지 통합을 항상 염두에 둘 필요가 있다. 선후관계를 생각해 보면 남북
한 통일시에는 3가지가 거의 병행해서 이루어질 수도 있으며, 정치적 통일
이 경제통합이나 법제통합에 우선할 수도 있고 경제통합이나 법제통합이
정치적 통일에 우선할 수도 있다. 다만, 경제통합과 법제통합간에는 법제통
합이 없는 경제통합은 가능하지만 법제통합이 경제통합을 우선하기는 어
렵다는 측면에서 대체적으로 시간의 장단은 있겠지만 경제통합 이후나 거
의 동시에 법제통합이 이루어진다고 볼 수 있다.

2. 경제통합 주요이론

(1) 주요 경제통합이론

경제통합을 바라보는 학자들의 견해는 크게 정치경제학적 시각에서 관
찰한 미르달(G. Myrdal), 에르브(R. Erbes) 등과 근대경제학적 시각에서 관
찰한 틴버겐(J. Tinbergen), 발라사(B. Balassa), 그리고 공동관세지대를 중
심으로 보다 현실적 입장에서 경제통합을 관찰한 바이너(J. Viner), 미드
(J.E. Meade) 등이 있는데,[10] 이러한 견해 중 발라사가 제시한 다섯가지 형

---

10) 각각의 주요한 내용에 대해서는 손병해, 경제통합론: 이론과 실제, 제2판, 법문사,
    1992, 7~10면 참조.

태가 현실에서 가장 많이 적용되고 있다. 이러한 전통적인 이론들은 동일한 경제체제간의 통합에 대하여 주로 다루고 있다는 점에 유의할 필요가 있다. 이와는 별개로 이질적 경제체제(자본주의와 공산주의)간 경제통합은 어느 일방 체제의 이행(동구권), 포기(베트남, 예멘)나 점진적 변천(중국)의 모습을 띠고 있으며, 더욱 복잡한 과정을 내포하고 있다는 점에서 차이가 있다.

가장 많이 인용되고 있는 유사체제간 통합에 관한 발라사(B. Balassa)의 논의[11]를 간단히 정리하면, 그는 경제권들이 협력하여 하나의 완전한 경제통합으로 이르는 과정을 크게 5단계로 구분하고 있다. 첫째, 협정당사자간 관세(양적 제한)를 철폐하고 역외 지역에 대해서는 각자의 관세를 유지하는 자유무역지역(Free Trade Area), 둘째, 역외 지역에 대하여 공동의 관세를 설정하는 공동관세지대(Customs Union), 셋째, 생산품의 이동뿐만 아니라 생산요소의 이동이 자유로운 공동시장(Common Market), 넷째, 경제정책까지 상호조정하는 경제연합(Economic Union), 다섯째, 화폐·재정·사회·경기대응정책의 통일과 회원국에 구속력있는 결정을 내리는 초국가적 기구의 설립을 요구하는 완전한 경제통합(Total Economic Integration)으로 나누어 설명하고 있다.

그는 또한 '경제 통합'을 과정(process)과 상태(a state of affairs)로서 정의하는데, 과정의 의미에서는 '상이한 국가에 속하는 경제단위간에 차별을 철폐하도록 설계된 조치들'을 포함하고, 상태의 의미에서는 '국가 경제간 다양한 형태의 차별의 부재'를 의미한다고 한다.[12]

남북한 간에 이러한 유사체제간 경제통합에 관한 논의를 적용할 수 있을지를 검토해 보면, 발라사의 5단계 통합이론은 자본주의 경제체제간 통합

---

11) Balassa, B., *The Theory of Economic Integration*, George Allen & Unwin Ltd., 1969.

12) Balassa, *op.cit.(footnote 11)*, p.1.

의 과정을 다루는 이론이기 때문에 남북한처럼 이질적인 경제체제를 가진 경우에는 똑같이 적용하기 어렵다고 볼 수도 있고 남북한 간의 경제통합이 점진적으로 이루어져 첫째 단계에서 다섯째 단계까지 한 단계씩 진전시켜 나간다면 동 이론을 적용시키는 것이 가능하다고 볼 수도 있다.[13] 그러나, 아무래도 동 이론은 이질적인 체제간 경제통합시에는 그대로 적용되기가 어렵고 보완될 필요가 있다. 첫째, 이질적인 경제체제간 통합은 시장 기능이 해체·축소되거나 없어졌던 지역에 우선 시장 기능을 도입·확산하고 재산권을 확립하는 과정이 선행되어야 한다. 시장 기능이 없거나 약한 경제질서를 채택하고 있는 국가는 재화와 용역이 계획단위별로 분절되어 있고 가격이 신호로서의 기능도 하지 못하므로 그러한 국가내에 단일한 재화와 용역의 시장이 형성되어 있지 않고 역내에서의 경쟁도 존재하지 않는다. 헌법상 기본권에 기초를 둔 경제적 자유가 보장되지 않기 때문에 경쟁법이 필요하지 않다. 또한, 사유재산권이 확립된 경제권과 그렇지 못한 경제권간의 경쟁은 후자 경제권내 기업에 대한 예산제약이 연성이어서 즉 파산제도가 없어서 기업의 경영실패에 대하여 책임을 물을 수가 없고 생산과정에서 다양한 형태의 국가 보조가 이루어지므로 사유재산권이 확립된 경제권이 매우 불리하다. 국제무역에서도 이러한 경제체제에 대하여는 무역구제조치 (반덤핑관세 또는 상계관세)를 부과할 경우에 시장경제지위를 부여하지 않고 있다. 그러므로, 이질적인 경제체제간 경제통합시에는 시장기능이 없거나 약한 경제체제에 우선 시장 기능을 도입할 필요가 있다. 둘째, 발라사의 이론은 경제력이 유사한 지역간의 통합을 상정하는 반면, 이질적인 경제체제간 통합은 경제력에서 차이가 클 수 밖에 없는 지역간 통합일 가능성이 크다. 셋째, 발라사의 논의에서 화폐통합이나 재정·통화정책의 통합은 네 다섯번째 단계에서 등장하는 개념이지만 독일 통일의 경우에서는 이러한 통합이 (경제적 효과나 시기의 바람직성은 논외로 하더라도) 일시적으로

---

13) 홍익표·진시원, 앞의 책(주 3), 28면 참조.

단계를 거치지 않고 이루어졌다는 실례도 감안할 필요가 있다.

경제통합은 관련당사자의 수에 따라 양자간 통합과 다자간 통합으로 구분할 수 있는데, 양자간 경제통합은 통상 한-미 자유무역협정과 같이 두 개 경제단위간 자유무역협정의 형태로 이루어진다. 다자간 통합은 주로 세계무역기구(World Trade Organization; WTO)라는 다자간 틀안에서 지역주의화 추세에 따라 인접 국가들끼리 하나의 경제권을 형성하는 형태로 이루어지고 있는데, 북미자유무역협정(North America Free Trade Agreement; NAFTA), 남미공동시장(MERCOSUR), 유럽연합(European Union; EU), 동남아시아국가연합(Association of South-East Asian Nations, ASEAN), 유라시아경제연합(Eurasian Economic Union, EEU) 등이 주요한 예이다. 유럽연합이 가장 통합도가 높은 형태로 이루어져 발라사가 분류한 경제연합으로 발전해 있는 상황이며, 최근 동남아시아국가연합, 유라시아경제연합 또한 경제연합을 향하여 야심차게 나아가고 있다.

(2) 경제통합의 단계

발라사는 경제통합의 단계로 자유무역지대, 공동관세지대, 공동시장, 경제연합, 완전한 경제통합의 5가지를 제시하고 있는데, 이를 상술하면 아래와 같다. 첫째, 자유무역지대(Free Trade Area)는 자유무역협정(Free Trade Agreement)의 체결을 통하여 협정 체결국간 상품 및 용역(최근에는 투자 포함)의 무역에 관하여 관세 등 무역장벽을 제거하여 통합을 이루면서 역외국에 대하여는 각자가 독자적인 무역정책을 유지하는 형태를 말한다.[14) 즉, GATT 제24조 제8항(b)에 의하면 자유무역지대는 '구성영역들을 원산지로 하는 생산품에서의, 이들 영역 상호간 실질적으로 모든 무역에 대한 관세 및 기타 제한적 거래의 규제가 제거된 둘 또는 그 이상의 관세영역군'

---

14) 김동훈 외, BRICs의 FTA에 대한 법적 분석(1), 한국법제연구원, 2007. 4, 29쪽 참조.

으로 이해된다. 유의할 것은 자유무역지대는 전통적으로 상품에 있어 관세 장벽이 제거된 지역을 의미하는 개념으로 이해되었으나, 최근 WTO에 통보되는 자유무역협정은 표준, 적합성평가, 통관행정 등의 상품 교역과 관련한 비관세조치들도 포함하며, 상품뿐 아니라 용역, 투자, 인의 이동에 대하여도 규정하고 있고, 당사자간 조화를 추구하는 경제정책의 범위도 경쟁, 환경 및 노동정책까지 확장하는 예가 많다.[15]

공동관세지대(Customs Union)[16]는 회원국 사이의 무역장벽을 제거하면서 역외국에 대하여 공동의 대외관세제도를 부과하는 등 공동의 무역정책을 추진하는 형태를 말한다. 즉, GATT 제24조 제8항(a)에 의하면 공동관세지대는 '둘 또는 그 이상의 관세영역을 단일관세영역으로 대체한 것으로서, 공동관세지대의 구성영역간 실질적으로 모든 무역에 관하여 또는 최소한 그러한 영역들을 원산지로 하는 생산품에서의 실질적으로 모든 무역에 관하여 관세 및 기타 제한적 거래의 규제가 제거되고, 공동관세지대의 각 구성원에 의하여 실질적으로 동일한 관세 및 기타 거래의 규제가 당해 지대에 속하지 않는 영역과의 무역에 적용되는 것'으로 공동관세지대는 공동 무역정책을 추진하기 위해 사무국을 둘 필요가 있다.

공동시장(Common Market)은 회원국 사이에 노동과 자본 등 생산요소 이동의 자유까지 보장되는 형태이다. 공동시장이라고 일컬어지기 위해서는 재화와 용역 이외에 노동과 자본이라는 생산요소의 자유로운 이동을 보장하여야 하는데, 노동의 자유로운 이동을 위해서는 근로자의 거주·이전의 자유 보장, 직업의 자유 보장, 자격증의 상호인정 등이 필요하며, 자본의 자유로운 이동은 직·간접투자의 자유, 송금의 자유를 포함한 기업(설립)의 자유 등이 보장되는 것과 유사한 효과를 지닌다.

---

15) 여하한 명칭을 사용하든 자유무역지대를 창설하는 지역무역협정(RTA, regional trade agreements)은 세계무역기구에 통보하여야 한다.
16) Customs Union은 '관세동맹'으로 번역되기도 하는데, 여기서는 공동관세지대로 번역한다.

경제연합(Economic Union)은 공동시장에서 발전하여 금융정책, 재정정책, 사회정책, 경쟁정책 등 경제정책 전반에 대한 상호협력이 이루어지는 형태이다. 경제연합은 이전 단계에서 합치된 무역정책 이외에 재정·금융정책이 조화를 이루며, 이에 더하여 사회복지정책까지 일치시키는 것이므로 사회적 기본권과 관련이 있다. 재정·금융정책의 조화를 위하여 유럽연합의 유로와 같은 단일화폐를 채택하기도 한다.

완전한 경제통합(Total Economic Integration)은 각 회원국들이 경제주권을 포기하고 하나의 단일경제단위가 되는 최종단계로 초국가적 기구를 설치하여 완전한 경제적 통합을 이룩하는 형태이다. 완전한 경제통합이라고 지칭하기 위해서는 재화, 용역, 자본, 인의 이동의 자유가 보장되어야 하고, 각종 표준, 적합성평가, 표시광고, 공정거래제도가 일치하여야 하며 단일한 사회정책, 조세정책과 더불어 관련 법제도의 통합을 완수하여야 한다.

제2절 남북한 경제통합의 특수성

1. 남북한간 국민경제생산모형의 차이

(1) 시장경제질서의 생산모형

시장경제질서를 채택하는 자본주의하에서 국민경제 순환모형은 순수자본주의를 가정할 때 정부는 생산과 소비, 수요와 공급 등의 의사결정이 이루어지는 시장부문(가계, 기업)으로부터 세금을 거두어 들여 정부지출을 통하여 공공서비스를 공급하는 역할을 수행하고, 생산요소의 공급과 생산은 원칙적으로 가계와 기업간 관계에서 발생한다. 가계는 소비주체로서 소비를 하고 생산요소의 최종적인 소유주체로서 토지, 노동과 자본 등 생산요소를 공급하며, 납세의 의무를 부담하면서 정부로부터 공공재를 제공받는다. 가계는 개인이 출산, 육아, 교육, 취업, 결혼, 은퇴, 사망에 이르는 생의 전체 주기를 영위하는 넓은 의미의 경제활동의 수행 주체이기도 하다.[1] 기업은 생산주체로서 가계가 공급하는 노동과 자본 등 생산요소를 활용하여 생산물을 만들어 낸 후 이를 공급한다. 기업이 필요로 하는 생산요소는 다른 기업으로부터 공급받기도 한다. 기업의 생산물은 가계나 다른 기업 또는 정부에게 공급된다. 생산물 판매 수입으로 임금, 지대, 이자, 배당 등 생산요소를 공급받은 대가를 지불하고 투자활동에 나선다. 기업 또한 정부에 법인세를 납부하며 그 대가로 공공재를 공급받는다. 정부는 기업과 가계에서 거두어들인 세금을 재원으로 시장실패가 있어 민간부문만으로는

---

1) 이지순, 거시경제학, 2012, 65면 참조.

해결하기 어려운 공공재의 공급, 외부효과가 있는 재화의 공급을 담당한
다.[2] 보건, 교육, 국방, 법질서유지, 환경 보호, 사회간접자본 등이 그러한
재화나 용역의 좋은 예이다.

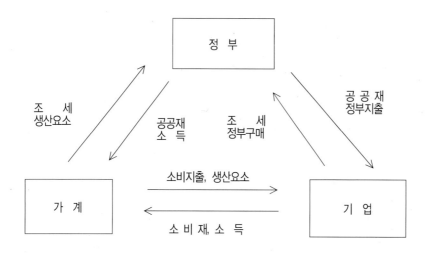

〈그림 1〉 시장경제질서의 국민경제 생산 모형

(출처: 이지순, 거시경제학, 2012, 64면 그림 3-1에서 해외부문을 제외하고 인용)

(2) 계획경제질서의 생산모형

이에 반하여 계획경제질서를 채택하는 사회주의 경제체제는 중앙집권적
계획경제체제이므로 정부가 계획을 통하여 사회에 필요한 물자의 생산과
소비, 수요와 공급 등 모든 의사결정을 담당하고 가계, 기관, 기업소 등은
경제활동의 자율성이 원칙적으로 인정되지 않는 상명하달식 체제이다. 자
본주의와 달리 가계나 기업은 정부와 별개의 경제주체로서의 역할을 수행

---

2) 이지순, 앞의 책(주 1), 67면 참조.

하지 못하고, 원칙적으로 좁은 의미의 정부가 하달하고 지시하는 계획에
의거하여 생산물을 생산하고 소비한다. 모든 재화와 생산요소가 국가소유
로 되어 있고 가계는 이미 결정된 국가계획을 단위(기관, 기업소 등)에 소
속되어 실행하는 역할을 하기 때문이다.

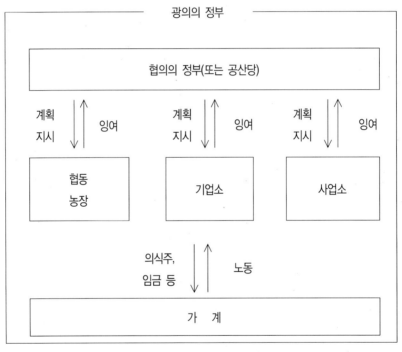

〈그림 2〉 계획경제질서의 생산분배 모형
(출처: 기존 책자들을 중심으로 직접 작성)

이러한 공산주의 생산 모형을 그림으로 나타낸 것이 위의 그림이다. 위
그림에서는 자본주의에서의 국민경제순환모형과는 달리 지시와 보고 관계
를 명확히 나타내고 있으며, 경제가 유기적으로 순환하지 않음을 보여주고

있다. 또한 생산을 담당하는 조직인 협동농장, 기업소와 사업소 및 가계가 광의의 정부 개념에 포함됨을 보여주고 있다.

계획경제하에서 생산물시장과 화폐금융시장의 관계에 대하여 부연하면 전통적인 사회주의 경제에서 원·부자재 조달 등 기업간 거래는 중앙계획에 의하여 무현금거래로 이루어진다. 그리고, 가계는 배급으로 생필품을 받거나 기업이나 기관으로부터 받은 임금으로 국영상점에서 소비재를 현금으로 구입하게 되는데, 이는 '가계의 소득과 지출의 액상 균형 계획'의 형태로 전체적인 경제계획에 포함된다.[3] 기업의 모든 거래는 중앙은행에 의해 세부적으로 통제되며 가계가 국영상점에 지불한 현금도 다시 은행으로 환수되어야 하므로 원칙적으로는 국가가 통제하지 않는 화폐 흐름이 생겨날 수 없다.

2. 남북한 특수관계와 경제통합

(1) '하나의 한국'과 남북한 특수관계

남북한은 서로 상이한 체제와 이념을 가지고 있어 상대방을 규범적으로는 인정할 수 없지만, 현실적으로는 통일을 지향하며 대화와 협력의 실체로서 서로를 인정할 수 밖에 없다. 우리 헌법상 북한은 국가가 아니므로 남북관계에 국제법을 적용할 수는 없으며, 그렇다고 한반도 전체에 단일한 국내법을 적용할 수도 없는 것이 법규범적 딜레마이다. 하지만 국제적으로 남북한은 국제연합의 회원국으로서 엄연히 국가적 실체를 가지고 국제법 주체로서 활동하고 있다.[4] 또한, 우리 헌법 제3조와 제4조는 일견 상호 모

---

3) 김병연·양문수, 북한 경제에서의 시장과 정부, 서울대학교출판문화원, 2012, 19면 참조.

순되어 보이는 것으로 해석될 소지도 있어 양 조항을 둘러싸고 남북통일과 남북한관계에 대한 다양한 해석이 시도되어 왔으며, 남북한특수관계론은 남북관계의 특수성을 규범적 측면에서 설명하는 헌법이론으로서 헌법규범 과 헌법현실, 남북한의 국내법적 지위와 국제법적 지위의 모순적 괴리에 대응하여 법률문제에 대한 해결방안과 규범적 기준을 제시하고 있다.5) 이 러한 남북한관계특수를 도출함에 있어 남한 또는 북한이 단독으로 대한제 국의 법통성을 승계하였다고 보는 견해, 신생국가로서 한반도에 두 개의 국가가 존재한다는 견해, 남한과 북한이 각각 부분국가를 구성하고 있다는 견해, 남북한을 하나의 분단체로 보는 견해 등이 제시되고 있다.6)

남북사이의 화해와 불가침 및 교류·협력에 관한 합의서(이하 '남북기본 합의서'라 한다)7) 전문에 표현되어 있듯이 남북 간에는 '쌍방사이의 관계 가 나라와 나라사이의 관계가 아닌 통일을 지향하는 과정에서 잠정적으로 형성되는 특수관계'라는 점을 명확히 하고 있고, 이러한 점이 헌법, 국적법, 남북관계 발전에 관한 법률 등 국내법에 제도적으로 반영되어 있지만 국제 법적 관점에서는 '하나의 한국'이라는 명제가 아직 확고하게 자리잡고 있 는 것은 아니다.8) 또한, '민족내부거래' 논리의 국제적 취약성을 제기하며, 북한에 대한 관세 면제 등이 WTO협정상 MFN의무 위반 가능성이 높으므 로 우리의 국제법상 의무를 준수하기 위하여 WTO협정상 의무면제(Waiver)

---

4) 국제연합의 회원자격이 '평화애호국'에 한정하고 있음을 근거로 국제연합 가입 이 후 남북한 관계가 '국가 대 국가'로 전환되었다는 견해가 국내외적으로 제시된다. 박명규·이근관·전재성 외, 연성복합통일론: 21세기 통일방안구상, 서울대학교 통 일평화연구원, 2012, 65면 참조.
5) 이효원, 통일법의 이해, 박영사, 2014, 91~126면 참조.
6) 각 견해의 상세 내용은 이효원, "남북한특수관계론의 헌법학적 연구", 서울대학교 박사학위논문, 2006. 2, 62~65면 참조.
7) 남북기본합의서에 대하여 우리 헌법재판소(일종의 공동성명 또는 신사협정에 준하 는 성격)과 대법원 판례(법적 구속력이 있는 것이 아니어서 조약 또는 이에 준하 는 것으로 볼 수 없고)는 법적 효력이 없는 신사협정이라는 입장을 취하고 있다.
8) 박명규·이근관·전재성 외, 위의 책(주 4), 66면 참조.

를 획득하거나 남북간 지역무역협정 또는 자유무역협정을 체결해야 한다
는 주장들9)이 제기되고 있기도 하다.

다만, 과거 초기의 국제연합총회 의결을 보면 '하나의 한국'이라는 명제
는 이미 국제적으로도 상당한 동의를 얻어 왔다고 주장할 여지도 있다. 즉,
분단 이후 이어진 국제연합 총회에서의 일련의 결의10)는 '한국문제(Korean
question)'에 대하여 한반도상에 실효적인 관할권을 행사하는 두 실체가 존
재하는 것은 사실이지만 현재의 분단상태는 언젠가는 해소되어야 할 잠정
적·부정적 상태에 불과하며, 한반도상에는 '한국이라는 하나의 주권국가
(the sovereign State of Korea)'만이 존재하며, 국제연합의 관여는 대표성
있는 정부형태하의 통일되고 독립적이며 민주적인 한국의 수립에 국한된
다는 입장을 취해 오고 있다고 볼 수도 있다.11)

역사적으로 볼 때 한반도상에는 '조선', '대한제국', '대한민국'의 이름으
로 독립국가가 존재해 왔지만, 우리가 스스로를 대외적으로 표시하거나 타
국이 우리를 칭하였던 영문명칭12)으로 알 수 있듯이 국제법적으로는

---

9) 최원목, "남북한 경제협력 정책과 한국의 자유무역협정 추진과의 관계", 국제법학회
   논총 제47권 제3호, 국제법학회, 2002. 12; 최원목·박찬호, FTA체결에 따른 남북한
   관련 국내법제의 개선방안 연구, 한국법제연구원, 2008; Park, Pil Ho, "Questions
   on Inter-Korean Trade and MFN Treatment in the World Trade Order", 국제거래
   법연구 제18집 제2호, 국제거래법학회, 2009 등 참조.
10) Chung, In Seop, *Korean Questions in the United Nations: Resolutions Adopted
    at the Principal Organs of the United Nations with Annotations(1946~2001)*,
    Seoul National University Press, 2002.
11) 박명규·이근관·전재성 외, 앞의 책(주 4), 64~65면 참조.
12) 우리 국호의 영문명칭으로 조선왕조때는 "Corea"(조영수호통상조약), "Korea",
    "Kingdom of Chosen(조미수호통상조약)"이 혼용되었고, 대한제국은 "Empire of
    Korea", "Imperial Korea"(대한제국 발행 우표), "Korea", "Corea"를 혼용하였으
    며, 상해임시정부시절 대한민국은 주로 "Republic of Korea" 또는 "Korea"를 혼용
    하였다. Chung, Henry, compiled, *Korean Treaties*, H. S. Nichols, Inc., 1919;
    Department of State, *Treaties and Other International Agreements of the United
    States of America: 1776~1949*, Vol. 9, US GPO, 1972. 3; 근대한국외교문서 편찬

'Korea 또는 Corea'라는 이름의 주권국으로 승인되어 왔다. 이는 최소한 대한제국시기부터 국가의 동일성 및 계속성을 주장할 수 있는 근거가 되며, 대한민국 임시정부 시기 대한민국의 영문명칭과 현재 '대한민국'의 명칭이 동일하다는 점은 대한민국임시정부의 법통을 지금의 '대한민국'에 잇겠다는 우리의 의지를 국제적으로 천명한 것이라고도 할 수 있다.

이러한 점과 국제법상 강행규범인 '민족자결원칙' 내지 '국내문제불간섭원칙(Principle of non-intervention in domestic affairs)13)'을 활용하여 남북한특수관계를 국제적으로 확고하고 일관되게 주장할 필요가 있다. 특히, '민족자결권(right of self-determination)'은 제2차 대전 이후 국제연합헌장에 '민족자결원칙'이 규정된 이래 1976년 발효한 두개의 국제인권협약14) 제1조 제1항에 규정됨으로써 성문화된 규범이 되었으며,15) 1974년 5월 1일 국제연합총회에서 채택된 '신국제경제질서수립선언(Declaration on the Establishment of a New International Economic Order)16)'과 뒤이어 1974

위원회 편, 근대한국외교문서 3-5, 동북아역사재단, 2012; 정용욱, "19세기 말 20세기 초 외국문헌에 나타난 우리나라 국호 영문 표기", 국제한국학연구 제2권, 명지대학교 국제한국학연구소, 2004; 오인동, 꼬레아, 코리아 서양인이 부른 우리나라 국호의 역사, 책과함께, 2008. 7; 유영익 외, 이승만과 대한민국임시정부, 연세대학교출판부, 2009. 2 참조.

13) '내정불간섭원칙'으로도 일컬어지지만 본 서에서는 경제문제 등도 있을 수 있으므로 '국내문제불간섭원칙'이라 부르기로 한다.

14) 두개의 국제인권협약은 1) 경제적·사회적·문화적 권리에 관한 국제규약(A규약), 2) 시민적·정치적 권리에 관한 국제규약(B규약)을 말하며, 양 협약 제1조 제1항에는 "모든 민족은 자결권을 갖는다. 모든 민족은 이 권리에 의하여 그들의 정치적 지위를 자유로이 결정하며, 그들의 경제적·사회적·문화적 발전을 자유로이 추구한다"라고 되어 있다.

15) 신용호, "한반도 통일과 민족자결권", 법학논총 제12집, 한양대학교 법학연구소, 1995 참조.

16) United Nations, A/RES/S-6/3201, 6th Special Session, 1974. 5. 1. 동 선언 4.d는 "신국제경제질서는 '모든 국가가 자국의 발전을 위하여 가장 적합하다고 생각되는 경제·사회체제를 채택하고 그 결과로 어떠한 종류의 차별도 받지 않을 권리'에 대

년 12월 12일 국제연합총회결의 3281(XXIX)호로 채택된 '국가의 경제적 권리의무헌장(Charter of Economic Rights and Duties of States)[17]'에서도 민족자결권 내지 국내문제불간섭원칙을 규정하고 있다. 이러한 민족자결권의 행사주체는 남북한에 있어서는 한민족 전체, 남한주민, 북한주민의 3자를 상정할 수 있는데, 논리적으로 통일시에는 북한주민의 의사가 가장 우선할 수 밖에 없다.[18] 전체 한민족의 민족자결권의 행사로 한반도 통일국가를 형성하기 위해서는 과거 정부수립시 배제되었던 북한주민의 의사가 가장 중요할 것이기 때문이다. 그러므로, 통일국가 형성에 있어 남북한이 국제사회에서 주도권을 확보하는 통일이 되기 위해서는 전체 한민족의 민족자결권이 행사될 수 있는 정치환경을 만드는 것이 매우 중요한 일이다.[19] 국제사회에 대하여 일관되게 '하나의 한국'이라는 원칙하에 '내한거래(intra-Korean commerce)'는 '국내상거래(domestic commerce)'라는 견해를 지속적으로 설득해 나가는 것이 우리 헌법 해석에 충실한 것이다. 또한, '신국제경제질서수립선언' 및 국제연합총회결의 3281(XXIX)호로 채택된 '국가의 경제적 권리의무헌장'상 규정된 민족자결권 내지 국내문제불간섭원칙을 원용하고 타 분단국(독일, 중국)의 사례도 활용할 필요가 있다. 다만, 중국도 대만과의 관계에서 확고하게 '하나의 중국' 원칙을 일관되게 주장해 오고 있지만 독일의 경우처럼 '민족내부거래'라는 개념을 사용하지 않고 '양안경제협력기본협의(兩岸經濟合作架構協議)'[20]를 체결하였음을

한 완전한 존중을 기초로 하여 건설된다"고 규정하고 있다.

17) United Nations, A/RES/29/3281, 29th Session, 1974. 12. 12. 동 헌장 제2장 제1조는 "모든 국가는 여하한 형태의 외부적 관여, 강제 또는 위협 없이 그 민족의 의사에 따라서 그 경제체제 및 정치, 사회, 문화 체제를 선택할 주권적이며 양도할 수 없는 권리를 가진다"고 규정하고 있다.

18) 신용호, 앞의 논문(주 15), 26~27면 참조.

19) 김병기, "통일후 북한 지역 토지소유문제 해결을 위한 몰수재산처리법제의 이론과 실제", 2014 토지공법학회 학술회의 자료, 2014. 3, 8면 참조.

20) 영문명은 'Agreement'로 번역하지만 원문은 '協議'로 되어 있어 있으며, 서명주체

유념하여야 한다. 이는 중국과 대만의 협력을 정부가 아닌 민간이 주도하는 형태로 해 놓은 점에서 기인한다고 생각한다.

최근 학설은 대체로 '하나의 한국'이라는 명제를 지지하며, 이에 기반을 두고 민족내부거래를 포함한 남북한특수관계를 지지하는 입장이 많다. 현재의 남북한정부를 1919년 대한민국 임시정부를 연속하는 2정부론의 입장에서 통일 때까지의 잠정정부로 인식하는 대한국주의적 관점21)이 제시되기도 한다. '전체로서의 한국'의 입장에서 남북한특수관계론을 반영하여 남한과 북한이 전체로서의 한국의 부분을 이루는 구성요소로서 국제법적으로는 국가성이 인정되지만 국내적으로는 국가간의 관계가 아닌 특수한 관계라는 입장22)도 대한국주의적 관점과 일맥상통한다. 또한, 국가 승계문제에 관하여 남북한은 한반도 상에 오직 하나의 국가만이 존재하고 이 국가는 선행국가(대한제국 또는 조선)와 동일성·계속성을 보유한다는 점에는 일치된 입장을 보이고 있다고 하면서 대외적으로 이와 같은 입장의 일치 또는 합의가 쌍방 간에 발생하는 문제와 관련하여 남북한이 상호 제3국에 비하여 우선적인 권리를 갖는다는 법적 논거를 제공한다는 견해23)도 동일한 취지이다. 다만, 이러한 우리의 입장이 국제적으로 널리 인정받기 전에는 남북간 민족내부거래에 대하여 타국이 최혜국대우위반을 제기할 가능성을 완전히 배제하지는 못한다.

도 '해협양안관계협회(海峽兩岸關係協會)'와 '재단법인해협교류기금회(財團法人海峽交流基金會)'로 되어 있어 형식적으로는 국가간 조약으로 보기 어렵게 해 놓았다.
21) 이헌환, "대한민국의 법적 기초: 헌정의 연속성과 남북한정부의 관계", 전북대학교 법학연구 통권 제31집, 2010. 12 참조.
22) 김병기, 앞의 논문(주 19), 14면 참조.
23) 이근관, "1948년 이후 남북한 국가승계의 법적 검토", 서울국제법연구 제16권 제1호, 서울국제법연구원, 2009, 160~161면 참조.

(2) 남북한 경제통합의 특수성

남북한간 경제의 통합은 몇 가지 측면에서 EU, NAFTA 등과 같은 국제법적으로 주권을 가진 국가간의 기존의 경제통합과는 다른 특수성을 가지고 있다. 이러한 특수성은 남북간 경제통합에 있어 국제법적 원칙을 그대로 적용할 수 없도록 하며, 교류협력단계에서는 남북한특수관계론의 입장에서 그러한 국제법적 원칙을 변용하도록 한다. 아래에서는 남북간 경제통합이 국가간 경제통합과 다른 특수성을 살펴보도록 하겠다.

첫째, 남북한간 경제통합은 이질적 체제간의 경제통합이라는 특수성을 보유하고 있다. 남북한간 경제통합은 이질적인 경제체제간 통합으로서 유사체제간 통합이나 다자간 통합과는 그 성격이 다르다. 유사체제간 경제통합은 이질적인 경제체제간 통합에 비하여 용이하고 빠른 속도로 이루어질 수 있다. 헝가리를 포함한 8개 동유럽 국가가 유럽연합에 가입할 때 유럽연합은 시장경제체제에 기반한 가입조건, 즉 코펜하겐 기준(민주주의, 법의지배 등 정치적 조건, 시장경제 등 경제적 조건, 후보국의 능력)을 제시하였는데, 이는 이질적인 경제체제를 운용해 온 국가에게는 빠른 시일내에 갖추기 어려운 조건이다. 시장경제질서를 채택하고 있는 국가와 계획경제질서를 채택하고 있는 국가간 통합에 있어서는 시장경제의 도입 등 통합을 위한 전제조건이 충족되어야 한다.

둘째, 남북한간 경제 규모 및 수준의 차이로 인하여 국제적으로 개도국과 사실상 선진국간 통합이라는 의미에서 '남-북 국가'간 경제통합이라 할 수 있으며, 이에 따라 그 통합과정에서 경제수준에서 뒤쳐져 있는 북한 지역의 경제 성장을 위한 배려가 필수적이다. 덧붙여 설명하면 남북한 통일은 경제적으로 선진국과 유사한 수준에 다다른 경제권과 최빈개도국 수준을 약간 상회하는 경제권과의 결합이라는 특수성을 보유하고 있는데, 국제적으로 세계무역기구내에서 최빈개도국에 대한 여러가지 혜택이 제공되는 것은 최빈개도국의 역량을 제고하고 성장의 기회를 제공하기 위한 것이다. 현재 북한은 국제경제무대에서 여러 이유로 여타 개도국이 누리고 있는 일반특혜관세제도의 혜택을 누리지 못하고 있다. 한편, 대외개방이 북한 경제의 성장을 촉진하고 경쟁력을 높이는 측면에서 매우 중요하지만 북한 경제의 자생력 확보라는 측면에서 어느 정도는 그 속도를 조절할 필요성이 있다. 또한, 남한은 과거 개방된 국제경제체제를 십분 활용하여 성장함으로써 각종 국제협정상 개도국 지위에서 벗어나 사실상 선진국에 준하는 의무24)를 부담할 것을 요청받고 있는 반면 북한은 오히려 국제경제체제로부터 더욱 멀어져 있는 상황이다. 이러한 상황에서 통일이 이루어진다고 가정했을 때 북한 지역에 대하여도 남한과 같은 수준의 법률과 제도를 시행한다면 북한 경제와 산업이 가지고 있는 경쟁력(낮은 임금)을 활용할 수 없는 상태가 될 것이고 남한이 부담해야 하는 국제적 의무로 인하여 경제 성장에 대한 제약 요인이 크게 증가하게 된다. 이러한 제약은 사실 뒤에서 설명하는 분단국가간 경제통합이라는 세 번째 특수성과도 어느 정도 관련이 있다.

북한이 현 상황에서 부담하기 어려운 국제적 의무를 좀 더 자세히 살펴보면, 남한은 'OECD 협약' 가입시 서비스 및 자본거래의 자유화를 약속하고 외환시장을 개방하였으며, 권고사항이긴 하지만 경제규모 확대에 따라 대개도국 원조를 지속적으로 확대하기로 하였다. 또한 각종 국제협약에서 그 당시까지 누리던 개도국 지위(보조금협정, 기후변화협약, 77그룹, GSP) 문제도 쟁점으로 대두되었었다.25) 특히, OECD가 채택하고 있는 '경상무

---

24) 특히 한국은 1997년 기후변화 기본협약에 관한 쿄토의정서상 개도국으로 분류되어 있지만 세계 제7위의 이산화탄소 배출국(2011년 기준)으로 2009년 코펜하겐 제15차 당사국 회의에서 2020년까지 국가 온실가스를 전망치대비 30% 감축하겠다는 목표를 발표하였다. 상세 내용은 정인섭, 신 국제법 강의: 이론과 사례, 박영사, 2014. 1, 702~703면 참조.

25) 대한민국이 OECD 가입에 따라 부담하는 의무는 크게 세가지로 나뉘는데, 첫째, OECD 협약 자체에 근거한 의무(목적 지지, 제 규약 수락, 분담금 부담), 둘째, 권고적 의무(GATT 11조국 및 IMF 8조국의 의무, 또는 저개발 원조의무), 셋째,

역외거래자유화규약(Code of Liberalization on Current Invisible Operations)'
과 '자본이동자유화규약(Code of Liberalization on Capital Movements)'은
회원국을 구속하는 효력을 갖는 결정의 형태로 채택되어 내국민대우의 원
칙, 무차별 대우의 원칙, 점진적 자유화의 원칙 등이 적용되며, 이 밖에도
OECD는 동 기구가 채택한 결정, 권고, 선언 등으로 일정한 의무를 부과하
고 있다.26) 물론 각 회원국별로 가입시 일정한 사항에 대한 유보나 적용면
제를 받을 가능성은 있지만, 우리의 경우 OECD 가입시 권고적 의무였던
GATT 제11조국(수량제한 철폐), IMF 제8조국(외환 시장 규제 철폐)으로
의 이행을 완료한 상태였기 때문에 통일 이후 북한 지역으로 이러한 의무
를 그대로 확장적용할 경우 북한 지역 경제의 안정적 운용에 큰 부담이 될
것이다. 북한 지역내 외환 및 자본시장의 개방으로 인한 충격은 우리가 겪
었던 1997년 외환위기에 버금가는 충격일 것이며, 북한 지역이 남한과 경
제적으로 분리되어 있지 않은 경우는 곧바로 남한의 외환 및 자본시장에도
이러한 충격이 전달될 것이다. 우리가 자발적으로 부담하겠다고 발표한 온
실가스 감축도 확장·적용하기 어렵다. 오히려 북한 지역에서는 상당 기간
경제 개발로 인하여 온실가스 배출이 폭발적으로 증가할 개연성이 크다.
북한 지역을 남한 지역과 별도 지역으로 설정할 경우 배출과다업종을 북한
에 재배치하는 방안, 배출권 거래제도 또는 청정개발체제(CDM; Clean
Development Mechanism)를 활용하는 방안 등 온실가스 감축 정책의 활용
폭이 넓어질 수 있다.

경상 무역의 거래 자유화 및 자본이동 자유화 실시 의무(경상무역외거래자유화규
약, 자본이동자유화규약)이다. 자세한 사항은 이성덕, "경제협력개발기구(OECD)
가입에 따른 입법적 과제와 대응방안", 법제연구 제6호, 한국법제연구원, 1994. 6,
158면 이하; 재정경제원 대외경제국, OECD가입 이후의 국내제도개선과제, 1997. 2;
대외경제정책연구원, OECD 가입의 분야별 평가와 과제, 1996. 11, 17~19면 참조.
26) 2016년 1월 현재 35개 분야 약 274개의 법규가 시행 중인데, 그 중 환경 분야가
44개로 가장 많다. 더 자세한 사항은 OECD 홈페이지 참조 http://webnet.oecd.org/
OECDACTS/Instruments/ListBySubjectView.aspx(2016. 1. 23 검색).

또한, 대외무역에서 우리가 회원국인 WTO협정을 조약승계방식에 따라 북한 지역에 곧바로 확장 적용하는 경우 이는 자본주의체제를 겪어 보지 못한 북한에게 상당한 부담이 될 수도 있다. 즉, WTO협정은 북한 지역에서 생산되는 생산물 시장을 크게 확대시킨다는 긍정적인 측면이 있는 반면 관세평가, 시장접근, 농업, 섬유 및 의류, 투자장벽, 원산지기준, 통관행정, 동식물검역, 기술장벽 및 무역구제, 서비스, 전자상거래, 경쟁정책, 정부조달, 지식재산권, 노동, 환경, 투명성 등 북한의 기존 제도에는 생경하거나 부합하지 않는 다양한 협정조항들이 한꺼번에 적용되어야 한다. 다만, 구공산권국가들의 사례를 살펴보면 세계무역기구 가입에 장시간이 소요되었으므로 북한 지역이 상당히 오랫동안 국제경제체제로부터 배제될 가능성도 있다.

셋째, 분단국간 경제통합이라는 특수성이 있다. 남북한은 분단국이 통합한다는 점에서 일반적인 국가간 경제통합과는 다르고 경제통합과 정치적 통일과정이 병행하거나 선후관계로 이어질 수 있다. 남북한이 통일하는 경우 두번째 특수성에서도 잠깐 언급하였듯이 조약과 국제기구에서의 회원국 지위 승계에 있어 특수성을 지니게 되는데, '조약의 국가승계에 관한 비엔나협약'은 아직 일반적으로 승인된 국제법규는 아니지만 하나의 준거로서 기능하고 있다. 남북한이 통일하는 방식은 국제법상 합병형과 병합형으로 구분할 수 있는데, 합병형의 경우 남북한이 기존에 체결한 경제관련 조약을 통일한국이 어떻게 통합하여 승계하고 남북한이 동시가입하거나 일방만이 가입한 국제기구의 지위를 통일한국이 어떻게 승계할 지 여부가 중요한 논점이 될 것이다. 병합형의 경우에도 개방경제를 취하여 온 남한이 기체결한 세계무역기구설립협정과 자유무역지역협정 등의 무역협정 등을 북한 지역에도 그대로 확장 적용할 지 또는 북한이 그동안 체결하였던 경제 관련 조약이나 북한만이 가입되어 있는 77그룹 등 국제기구의 회원국 지위를 어떻게 승계하여야 하는지 여부를 살펴볼 필요가 있다. 또한, 해방

후 북한에서 '무상몰수, 무상분배'의 원칙에 의거하여 토지개혁이 실시되
었고, 기업이 소유하고 있던 재산권도 1946년 8월 10일 국유화에 관한 법
령을 공포하여 무상으로 몰수하여 국유화하였는데 이러한 몰수재산의 처
리문제 또한 분단국의 특수성을 반영하는 것이다. 그리고, 민족내부거래라
는 상거래의 특수성 또한 분단국의 특수성을 반영하여 제기되는 것이다.
만약 남북이 분단국이 아니라면 일반적인 국제무역의 법적 틀안에서 수출
입거래를 하면 되겠지만, 남북간 관계는 국가와 국가간의 관계가 아닌 통
일을 지향하는 잠정적인 특수 관계이므로 민족내부거래라는 특수한 개념
으로 이러한 분단국으로서의 경제통합의 특수성을 설명하고 있는 것이다.
　위와 같은 점에서 남북한간 광의의 경제통합은 시장경제질서의 도입, 협
의의 경제통합(또는 시장통합), 경제성장의 세 가지 요소가 어느 정도 동시
에 진행되면서 이루어져야 하는데, 본 논문에서는 시장경제질서의 도입은
경제통합의 전제조건으로, 경제성장과 관련한 부분은 경제통합의 발전조건
이라는 측면에서 다루고자 한다.

(3) 남북한특수관계론과 경제관련법제

　남북한특수관계론은 기본적으로 남북이 통일되기 이전 남북한간 다양하
게 발생하는 법적 관계에서 구체적으로 어떤 법규범이 적용될 것인지를 결
정하는 논의로서 헌법 제3조와 제4조의 규범조화적 해석을 통하여 도출된
다. 통일이 이루어지면 남북한특수관계론이 기초로 하고 있는 규범적 모순
상황은 사라질 것이며, 통일 이후에 남북한간 경제통합을 원활히 하는 법
제도에 대한 고민이 필요하다. 남북통일이전까지의 경제통합과 관련하여서
남북한특수관계론이 유용한 규범적 기준을 제시하는데, 남북한의 관계는
남북관계발전에 관한 법률 제3조 제1항에 규정된 것처럼 "국가간의 관계
가 아닌 통일을 지향하는 과정에서 잠정적으로 형성되는 특수관계"로서 북

한의 이중적 지위를 바탕으로 국내법과 국제법 원칙이 상이하게 적용되는 관계이므로 남북한특수관계론의 입장에서 남북한경제분야 교류협력에 있어 국내법 원칙을 적용할지 아니면 국제법 원칙을 적용할지를 판단할 필요가 있다.27) 남북한특수관계론은 ①국내법적 규범영역에서 소극적 의미로 남북한관계에 대하여 국제법원칙을 적용할 수 없고, ②적극적 의미로 북한의 이중적 지위가 반영되어 반국가단체로 활동하는 규범영역에서는 헌법 3조와 국가보안법 등 국내법이 적용되고, 평화통일을 위한 대화와 협력의 동반자로서 활동하는 규범영역에서는 북한의 실체를 규범적으로도 인정하고 있으므로 국제법원칙을 적용하되 남북한관계의 특수성을 반영하여 이를 변용하거나 탄력적으로 적용할 수 있는 법적 근거 또는 여지를 법률에 명시하는 것이 필요하며, ③국제법적 규범영역에서는 남북한 일방 또는 쌍방과 제3국, 국제기구과의 법률관계에는 국제법원칙이 적용된다고 한다.28) 이러한 남북한특수관계론의 입장에서 남북간 경제통합과 타국과의 경제통합간에는 큰 차이점이 있다. 즉, 우리가 타국과 자유무역협정을 체결할 경우에는 외국인인 상대국 국민과 기업에게 우리 헌법에 의거하여 법률과 동일한 효력이 부여되는 조약에 기반한 권리가 부여될 뿐이지만, 남북간 경제통합시에는 우리 헌법상 북한주민도 대한민국의 국민이므로 원칙적으로 이들에게는 헌법상 기본권을 보장하여야 한다.

  아무래도 경제분야에서는 북한이 평화통일을 위한 화해와 협력의 동반자로서 활동하는 규범 영역이 많을 수 밖에 없으므로 국제법원칙을 변용하거나 탄력적으로 적용하여야 할 필요성이 높을 것이며, 이를 위한 법적 근거도 법률에 마련되어 있어야 한다. 남북교류협력에 관한 법률이 경제분야 규범 영역에서 국제법 원칙을 준용할 수 있는 법적 근거를 담고 있는 대표

---

27) 남북한 특수관계론의 입장에서 교류협력에 대한 규범체계를 헌법학적으로 제시한 연구로 이효원, 남북교류협력의 규범체계, 경인문화사, 2006 참조.
28) 이효원, 앞의 논문(주 6), 357~358면을 요약하였다.

적 법률이다. 즉, 동법 제26조에 의거하여 교역에 관하여 동법에 특별히 규정되지 아니한 사항은 대외무역법 등 무역에 관한 법률을 준용하고(제1항), 물품 등의 반출이나 반입과 관련된 조세에 대하여는 조세의 부과·징수·감면 및 환급 등에 관한 법률을 준용하며 원산지가 북한인 물품 등을 반입할 때 관세법에 따른 과세 규정과 타법률에 따른 수입부과금에 관한 규정은 준용하지 않고 있으며(제2항), 남북한간 투자, 물품 등의 반출이나 반입, 그 밖에 경제에 관한 협력사업과 이에 따르는 거래에 대하여는 외국환거래법, 외국인투자촉진법, 식물방역법 등 총 17개법(이상 제3항) 등 국제법 원칙을 준용하되 남북관계의 특수성을 반영하여 준용되는 법률들을 열거하고 있다. 다만, 준용되는 법률에 '불공정무역행위조사 및 산업피해구제에 관한 법률'은 포함되어 있지 않으므로 불공정교역행위가 발생하여도 이를 시정하거나 반입 증가로 인한 산업피해가 있거나 덤핑 및 보조금 등으로 인한 산업피해가 있어도 동법에 따른 조사 및 구제조치를 신청할 수 없다.[29] 이는 남북간 거래가 국제법상 국가간 거래가 아니라는 특수성을 반영한 것이라 할 터인데, 통상 국내적 불공정행위는 경쟁법으로 이러한 상황을 해결할 수 있지만 북한에는 우리 경쟁법을 적용하는 것이 사실상 불가능하다는 난점이 있다.

한편, 헌법재판소와 대법원이 법적 구속력을 인정하지는 않지만 남북기본합의서 및 3개 부속합의서는 남북한 상호간에 직·간접적으로 국가성을 인정하는 바탕 위에 경제·사회·문화분야의 교류·협력을 추진할 것을 규정하고 있다. 남북기본합의서는 현실적인 남북분단 상황을 인정하면서 남한 지역에서는 남한의 법률이, 북한 지역에서는 북한의 법률이 적용된다는 원칙을 직접적 또는 간접적으로 확인[30]하고 있으며, 또한, 남북한이 체결한

---

29) 다만, 남북교류협력에 관한 법률 제15조 제1항 제4호에 남북교역에 관하여 통일부 장관이 가격·수량·품질, 그 밖의 거래조건 등에 관하여 필요한 조정명령을 내릴 수 있는 경우 중의 하나로 "반출 또는 반입시 공정한 경쟁을 해칠 우려가 있는 경우"가 규정되어 있다.

합의서로 '남북 사이의 투자보장에 관한 합의서', '남북 사이의 소득에 대한 이중과세방지 합의서', '남북 사이의 상사분쟁해결절차에 관한 합의서', '남북 사이의 청산결제에 관한 합의서' 등 4개 경제협력 합의서와 '개성공업지구와 금강산관광지구의 출입 및 체류에 관한 합의서' 등 9개 합의서의 내용에도 직접적으로 남북한은 각각 자신의 지역에서 각각의 법률이 적용된다는 것을 확인하고 있다.[31]

---

30) 이효원, 앞의 책(주 27), 194~195면 참조.
31) 이와는 달리 2012년 2월 10일 제정된 남북 주민 사이의 가족관계와 상속 등에 관한 특례법은 헌법 제3조 영토조항에 의거하여 북한 지역에 대하여 남한의 관련법이 적용됨을 전제로 하고 있다.

제3절 남북한 경제통합의 이론적 틀

1. 경제통합의 전제조건

남북간에 경제통합이 이루어지기 위해서는 북한 지역에 시장경제질서의 도입이 선행되어야 한다. 경제운용원리나 소유권제도측면에서 시장경제질서와 계획경제질서간 간극이 매우 크므로 이러한 간극을 그대로 두고 경제통합을 추진하는 것은 사실상 불가능하기 때문이다. 그러므로, 시장경제와 계획경제라는 이질적인 경제체제간 통합은 어느 일방의 경제질서의 타방의 경제질서로의 전환으로부터 시작된다. 시장경제를 계획경제로 전환하는 것은 시장경제의 우수성, 현재의 국제경제질서 등을 감안할 때 현실적 가능성과 규범적 필요성이 없으므로 본서에서는 북한에 시장경제질서를 도입하는 경우로 한정하여 보기로 하겠다.[1]

사회주의에서 표방하는 시장경제질서와 자본주의에서 얘기하는 시장경제질서의 의미는 약간 다를 수 있겠지만, 이제 북한을 제외하고는 전세계 모든 국가들이 체제와 무관하게 시장경제질서를 표방하고 있다. 일반적으

---

1) 본서에서는 정치·경제적 변화를 모두 내포하는 체제전환(transformation), 체제이행(transition)이라는 용어보다 시장경제질서의 도입이라는 용어를 사용할 것이다. 체제전환은 정치체제나 경제제도의 변화만이 아니라 사회의 공식적·비공식적 연결망구조나 문화, 지배적 가치와 신념체계의 변화를 포괄하는 넓은 개념이며, 체제이행은 사회주의 계획경제에서 자본주의 시장경제로의 변화, 전체주의에서 민주주의로의 공식적 제도 변화를 의미한다(윤대규 편, 사회주의 체제전환에 대한 비교연구, 한울아카데미, 2008, 10면 각주1 참조).

로 시장경제질서는 개인의 경제적 자유(사적 자치의 원칙)를 최대한으로
보장함을 목표로 하며, 시장경제와 가격기구가 경제질서의 핵심적 위치를
차지하고 있다.[2] 시장경제질서의 도입은 넓은 의미의 경제통합에서는 경
제조정방식과 소유권 체계를 자본주의 체제화[3]하는 것이고, 헌법상 경제
질서 측면에서는 일국의 경제질서를 중앙계획경제질서에서 시장경제질서
로 전환하는 과정을 말하는데, 이는 우리 헌법재판소가 얘기하고 있는 '사
유재산제'와 '시장경제'에 입각한 경제질서를 확립하는 과정이 될 것이다.[4]

헌법상 시장경제질서의 주요 요소는 계약체결의 자유, 가격결정의 자유
등 기업의 자유와 경제행위의 자유, 이를 보장하기 위한 사유재산제도의
도입 등이다. 우리 헌법재판소는 "헌법상의 경제질서에 관한 규정은, 국가
행위에 대하여 한계를 설정함으로써 경제질서의 형성에 개인과 사회의 자
율적인 참여를 보장하는 '경제적 기본권'과 경제영역에서의 국가활동에 대
하여 기본방향과 과제를 제시하고 국가에게 적극적인 경제정책을 추진할
수 있는 권한을 부여하는 '경제에 대한 간섭과 조정에 관한 규정'(헌법 제
119조 이하)으로 구성되어 있다"고 판시하였는데[5], 경제적 기본권은 기본
적으로 경제적 자유와 평등, 그리고 재산권 등 경제적 삶에 관련된 사항을
직접 규율하는 기본권을 의미[6]하며, 구체적으로 거주이전의 자유, 직업선
택의 자유, 근로의 자유, 재산권 보장, 기업의 자유(기업설립과 경영의 자
유), 영업의 자유, 경쟁의 자유, 계약의 자유, 소비자의 권리 등이다.[7] 시장

---

2) 헌법의 테두리에서 파악한 '시장질서'의 개념에 대해서는 이장희, "시장질서의 헌
   법적 의미와 구체화 방향", 안암법학 제36호, 2011. 9 참조. 동인은 '시장질서'를 헌
   법상 경제질서의 한 부분으로서 '사적 거래질서로서의 시장질서'와 '공적 질서로서
   의 시장질서'의 측면을 동시에 가지며, 양자는 상호보완적 관계에 있다고 보고 있다.
3) 베르너 푸쉬라·김원식 편, 통독의 경제적 평가와 한반도 통일, 후리드리히 에베르
   트 재단·대외경제정책연구원, 1993, 14면 참조.
4) 헌재 2002. 7. 18. 2001헌마605 참조.
5) 헌재 2004. 10. 28. 99헌바91 참조.
6) 이장희, 국가의 경제개입의 헌법적 근거와 한계, 헌법재판연구원, 2014, 15면 참조.

경제에서는 계약의 자유가 필수적인 요소인데, 계약의 자유는 헌법 제10조에서 도출되는 일반적 행동자유권과 제23조의 재산권 행사의 자유에 의하여 보장된다.8) 무엇을 얼마나 생산할 것인가, 생산품을 얼마에 팔 것인가, 누구와 거래할 것인가 등의 경제적 의사결정은 자본주의에서 개인이나 기업이 경제적 분야에서 보유하고 있는 핵심적 의사결정들이다. 이러한 의사결정이 자율적으로 이루어질 경우 경제 주체들은 그러한 의사결정의 결과를 온전히 자신의 몫으로 받아들인다. 헌법상 이러한 의사결정의 자유를 통칭하여 기업의 자유라 하며 세부적으로는 생산·제조 및 판매의 자유, 나아가 경쟁의 자유로 나눌 수 있다.9)

북한 경제가 발전하고 남한 경제와 성공적으로 통합해 나가기 위해서는 개인과 기업의 경제상의 자유와 창의를 존중하고 기업활동의 자유를 보장하는 경제질서가 되어야 한다. 주택, 식료품가격, 의류가격, 교통비용, 에너지가격, 통신가격 등 사회주의 경제체제하에서 국가가 그 공급가격을 결정하거나 무상으로 제공되었던 재화나 용역을 민간이 공급하거나 민간의 창의를 살리는 방향으로 공급하고 그 가격결정권을 포함한 영업의 자유가 보장되어야 한다. 거주이전의 자유 또한 국가의 간섭 없이 자유롭게 거주와 체류지를 정할 수 있는 자유로서 정치·경제·사회·문화 등 모든 생활영역에서 개성신장을 촉진함으로써 헌법상 보장되고 있는 다른 기본권들의 실효성을 증대시켜주는 기능을 한다.10)

1989~1991년 중동부 유럽과 구소련에서 급속히 진행된 사회주의 체제붕괴로 말미암아 동유럽과 러시아는 빠르게 시장경제질서로의 전환이 일어났던 반면, 중국·베트남은 기존정치체제를 유지하면서 점진적으로 시장

---

7) 이장희, 앞의 책(주 6), 15~16면 참조.
8) 정종섭, 헌법학원론, 박영사, 2014, 227면 참조.
9) 이세주, 기업의 경제활동 보장과 제한에 대한 헌법적 검토, 헌법재판연구원, 39쪽 참조.
10) 헌재 2004. 10. 28. 2003헌가18 참조.

경제질서를 도입하였다. 시장경제질서 도입은 순차적으로 이루어지는 과정인데 대체로 시장경제의 제도적 여건을 먼저 확립하고, 미시적인 기업조직과 자본시장의 안정을 도모하며, 마지막으로 거시경제영역의 산업구조조정과 사회구조정책을 고려하는 순서이다.[11]

마크 크라머(Mark Kramer)는 동유럽 국가의 시장경제질서 도입시 공통적으로 취한 정책으로 ①거시경제의 안정화, ②가격과 상업거래의 자유화, ③소기업의 사유화, ④소기업 설립에 대한 장벽 제거, ⑤대규모 국영기업의 구조조정 및 청산(또는 가능한 경우 사유화), ⑥증권거래소와 상업은행을 포함한 시장 기구나 인프라의 구축 등을 제시하고, 이 중 처음 네 가지 정책은 초기에 시행하여야 하며, 그렇지 않을 경우 큰 대가를 치르게 된다는 견해를 피력하였다. 그는 더 나아가 대규모 국영기업의 구조조정은 매우 시간이 오래 걸리고 불확실한 것이어서 만약 대규모의 사유화 프로그램을 조기에 채택한다면 오히려 상황을 더욱 악화시킨다고 하였다.[12]

---

11) 정영화, "통일후 북한의 재산권 문제에 관한 헌법적 연구", 서울대학교 박사학위논문, 1995, 35면 참조. 동 논문에서는 체제전환의 3단계 모형으로 세 가지를 제시하고 있는데, 뢰쉬(D. Lösch)의 견해로 ①법률·행정개혁·기업분할 등 제도적 조건 형성 ②가격자유화, 통화가치안정, 대외경제개방 ③사유화, 통화·재정정책 조치, 사회정책, 구조정책의 순서이고, 크라코브스키(M. Krakowski)의 견해로 ①시장경제 동작을 위한 법적, 제도적 장치(시장의 유효경쟁보장, 사유재산 및 계약자유의 보장, 중앙은행의 독립성 확보) ②가격자율화를 위한 경쟁적 경제구조 전제(국영기업 사유화가 필수) ③구조조정을 언급하고 있고, 지베르트(Horst Siebert)의 견해로 ①제도적 간접자본의 형성(사경제주체의 행위규범, 회사법·재정·재산권문제, 공공부문과 사경제부문간의 관계, 생산요소시장에 대한 제도적 장치, 중앙은행 등 금융제도), ②통화가치의 안정(과잉통화흡수, 통화·금융의 안정성, 이원적인 금융제도, 중앙은행의 독립성 보장, 효율적인 자본시장육성) ③실물경제의 적응(기업의 생산·투자·고용의 적응력, 새로운 기업의 시장진입제고, 기존기업의 경영영역 조정)을 제시하고 있다.

12) Mark Kramer, "The Changing Economic Complexion of Eastern Europe and Russia: Results and Lessons of the 1990s", *SAIS Review* 19 (No. 2), 1999, pp.16~19.

세계은행은 '1996년도 세계개발보고서: 계획에서 시장으로(World Development Report 1996: From Plan to Market'에서 경제질서 이행(transition)에 있어 세 가지 핵심 개혁을 제시하고 있다. 첫째, 경제를 안정화시키면서 가격·거래 및 시장진입을 정부규제로부터 자유화하는 것이다. 자유화는 다른 모든 시장개혁의 혜택을 가능하게 하는 가장 첫번째 단계이다. 하지만 시장은 높은 인플레이션과 거시경제적 불확실성하에서는 제대로 작동하기 어렵다. 그러므로 안정화는 자유화의 필수적인 보충요소이다. 둘째, 재산권을 명확히 하고 필요할 경우 이를 민영화하는 것이다. 사람들과 기업은 시장의 힘에 효율적으로 반응하려면 명확한 소유권을 가지고 있어야 한다. 국가는 특히 법의 지배(rule of law)를 포함하여 시장거래를 뒷받침하고 소유권을 형성하는 많은 제도들을 창출해야 한다. 셋째, 시장경제질서 도입의 고통을 완화하기 위하여 사회서비스와 사회안전망을 재형성하는 것이다. 극도의 빈곤을 해결하고, 건강과 교육을 증진하며 근로자들이 시장체제의 요구에 적응토록 지원하는 것은 경제성장과 사회적 정의를 동시에 충족시킨다. 또한 근로자의 지식, 기술, 동기, 건강에 따라 결정되는 노동생산성은 경제성장에 있어 핵심적 역할을 수행한다.[13]

이처럼 사회주의 계획경제를 시장경제로 전환시키기 위해서는 경쟁을 위한 규칙과 제도를 설정한 후 토지·건물을 사유화하고 국유기업을 민영화하며 안정적인 화폐질서를 유지하여야 한다.[14] 그러한 면에서 사유재산제도의 확립은 체제전환시 효율적인 시장경제의 형성을 위한 필수불가결한 요소인데, 서구 자본주의 국가에서의 사유화(민영화)[15]와 사회주의 국가의

13) World Bank, *World Development Report 1996: From Plan to Market*, Oxford University Press, 1996, pp.7~8; World Bank, *World Development Report 1996: From Plan to Market*, Executive Summary, 1996, p.2.
14) 정형곤, 체제전환의 경제학, 청암미디어, 2001, 77면 참조.
15) 사유화와 민영화는 엄밀한 의미에서는 구분되지만 여기에서는 구분의 의미가 없어 혼용하여 쓴다.

시장경제질서 도입과정에서의 사유화는 구별할 필요가 있다. 자본주의 국
가에서 사유화는 이미 시장이 안정적으로 주도적 역할을 하는 와중에 국민
경제의 일부인 국유재산 또는 국유기업을 민간부문에 이전함을 의미하지
만 시장경제질서 도입과정에서의 사유화는 모든 경제주체를 위한 게임의
규칙을 바꾸고 시장경제를 위한 제도를 창출하고 경제전반에 걸친 소유권
의 이전을 포함하는 의미이다.16) 시장경제질서 도입과정에서의 사유화와
관련하여 가장 중요한 이슈는 사유재산권을 설정하여 형식적인 소유자를
국가에서 민간으로 변경하는 것이 아니라 어떻게 유능한 민간의 경제주체
에 그러한 소유권을 넘겨줄 것인가 하는 것이 되어야 한다. 이는 경제통합
의 효율성과도 직결되는 문제인데, 사유재산제도의 정립을 통하여 희소한
생산 자원을 효율적으로 사용하고 경제전체의 효용을 증가시켜 사회전체
의 복지를 향상시키는 방법을 찾아야 한다는 것이다.17) 또한 효율성 제고
와 더불어 분배의 형평성에 대해서도 신경을 쓰지 않을 수 없다. 통일한국
의 경우 통합초기 북한 지역에 있어서 토지나 주택의 원소유자와 현재이용
자간 형평성있는 분배가 경제전체의 효율성 제고에 있어 결정적인 변수가
될 수 있다.

생산물 및 생산요소에 대한 재산권을 제대로 설정해 주는 것은 경제적
생활영역에서 가장 중요한 문제이다.18) 해방 후 북한에서는 소위 '무상몰
수, 무상분배' 원칙에 의거 토지개혁을 실시하고 농업의 집단화를 더욱 강
화하여 1958년에는 사회주의적 토지소유제를 완성하였고 현재도 북한은
토지임대법에 의거하여 외국투자가에게도 토지이용권만을 보장하고 있다.
한편, 사회주의 계획경제질서를 채택해 온 국가들에서는 국가에 소속된 기
업소, 사업소의 단위가 경제계획에 입각하여 상부에서 하달된 명령과 지시

---

16) 정형곤, 앞의 책(주 14), 77~78면 참조.
17) 정형곤, 위의 책(주 14), 78면 참조.
18) 경제적 생산활동의 결과가 특정 정치·사회 제도와 관련되어 있다고 하면서 제도의
　　중요성을 강조하는 학파로서 신제도주의 경제학파가 있다.

에 의거하여 생산을 담당하고 있다. 기업소는 원료조달, 생산, 유통, 가격 결정의 자유가 없으며, 계약에 있어 사적 자치의 원칙도 적용되지 않는다. 남북한간 경제통합 이전이라도 북한 내부적으로 재화, 용역, 토지, 건물, 자본에 대한 사유재산권을 어떻게 정립하는가에 따라 현재보다 더 높은 경제발전의 속도를 달성할 수 있을 것이다. 또한, 사유재산권이 제대로 보장되지 않을 경우 투자위험으로 인하여 제대로 된 투자가 일어나기도 어렵고 지속적인 경제 성장을 담보할 수 없다. 그러므로, 남북한 경제통합의 전제조건으로서 사유재산권의 보장을 포함한 시장경제질서의 도입은 아무리 강조해도 지나치지 않는다.

2. 경제통합의 기본 틀

공산주의 체제하에서는 동일한 체제 내에서도 토지라는 생산요소의 사인간 이전이 자유롭지 못하고 거주이전의 자유가 제한됨으로써 노동이라는 생산요소의 이동 또한 자유롭지 못하여 용역의 이동도 자유롭지 못하다. 게다가 공산주의 국가 모두가 민간영역 특히 시장부문이 제대로 형성되어 있지 않아 일정기간 정부주도의 경제정책을 채택할 수 밖에 없고, 이 경우 시장주도의 경제정책을 채택한 나라와 발라사가 말하는 경제통합을 달성하는 것이 거의 불가능하다. 두 개의 경제권이 서로 이질적인 경제질서하에 경제를 운용해 온 경우 사실 발라사가 주창하는 첫 번째 경제통합 단계인 자유무역지역의 창설조차도 용이하지는 않다. 자유무역지역은 관세 등 양적 장벽을 철폐하여 교역을 자유롭게 하는 것인데, 그 동안 시장경제질서를 채택한 국가들은 WTO설립협정(또는 그 이전의 GATT 협정)이나 FTA 체결을 통하여 농산물을 제외한 대부분의 상품이 무관세로 교역되고 있으며 비관세장벽도 낮은 실정이다. 그러나, 개혁개방을 시작했던 해(중국은 1978년, 베트남은 1986년)부터 20년에 가까운 또는 그 이상의 기간이 경과한 후에야 세계무역질서에 편입될 수 있었던 중국(2001년)이나 베트남 (2007년)의 세계무역기구 가입의 예에서도 볼 수 있듯이 기존에 계획경제 질서를 채택하였던 국가들에게 무역자유화의 노정이 쉽지만은 않다는 것을 알 수 있다. 물론 WTO는 단순한 무관세만을 의미하지는 않으며 투자, 지식재산권, 서비스, 위생검역 등 각종 무역과 관련한 제도를 망라하고 있으며, 가입을 추진하는 국가는 개별 회원국과 별도로 협의를 진행해야 하는 부담이 있다는 점은 감안할 필요가 있다.

경제통합의 각 단계는 경제질서를 형성하는 헌법상 조항 및 관련 법제들과 긴밀히 연결되어 있는데, 앞에서도 언급하였듯이 우리가 북한과 경제통합을 추구하는 경우는 통상적인 외국과의 경제통합과는 매우 큰 차이가 있어 북한 기업이나 주민에게도 제한과 한계가 있기는 하지만 우리 헌법상 기본권을 보장하여야 한다. 사회적 시장경제질서를 채택하고 있는 우리 헌법상 기업과 개인에게 보장되고 있는 경제적 기본권은 정치적 통일이 이루어진 후에는 북한 지역의 기업과 개인에게도 당연히 보장되어야 할 것이지만 통일이 이루어지기 이전에도 대한민국 국민으로서의 대우를 항상 염두에 두어야 한다. 이러한 측면에서 아래에서는 남북한특수관계론의 관점에서 남북간 경제통합시 각 생산물과 생산요소별로 관련이 있는 우리 헌법상 경제적 기본권 및 법제도를 상술하고자 한다.[19)]

(1) 재화의 자유로운 이동

현재 일반적으로 국가간 재화의 이동은 세계무역기구설립협정과 이에

---

19) 이론적 틀의 초보적 내용은 헌법재판연구원이 주최한 2015 통일학술대회 자료집에 수록된 발표자료 졸고, "남북간 거래 활성화에 대비한 법제도적 과제", 헌법재판연구원, 2015. 6. 17에도 포함되어 있다.

기반한 양자간 자유무역협정20)에 의하여 주로 규율되고 있다. 자유무역협정은 예외가 있기는 하지만 세계무역기구 회원국간 체결하는 협정이므로 재화의 자유로운 이동은 결국 세계무역기구설립협정의 규범안에서 가능한 것이다. 달리 말하면 상품 교역에 있어서는 1994년 관세 및 무역에 관한 일반협정(이하 'GATT 1994')에 더하여 무역에 대한 기술장벽에 관한 협정(표준, 기술 규제, 적합성평가제도), 무역관련 투자조치에 관한 협정, 관세평가, 선적전 검사, 원산지 규정, 수입허가절차, 반덤핑, 보조금 및 상계조치, 긴급수입제한조치 등에 관한 협정들이 회원국간에 적용되고 있으며, 자유무역협정은 관련 분야에서 WTO협정보다 강화된 규범을 확립하는 협정이다. 그러므로, WTO 회원국과 비회원국과의 자유무역협정 체결은 회원국간의 자유무역협정 체결보다 더 광범위한 분야를 다루어야 하고, WTO협정의 규범 내용을 포괄하고 있어야 한다. 특히, 국가간 자유로운 상품의 이동이 가능하기 위해서는 수출국에서 제조된 상품이 수입국의 표준, 기술규제를 충족시켜야 하며, 이를 위하여 적합성평가21)제도 나아가 상호인정제도가 마련되어 있는 것이다. 또한, WTO협정하에서 상품(goods)과 농산품(agricultural products)간 취급이 다르다는 점과 국제 무역에 있어서는 반덤핑, 상계관세 등 무역구제조치와 긴급수입제한조치22), 농산물에 대한 특

---

20) 김동훈 외, 한-EU FTA의 법적 문제점에 관한 연구, 한국법제연구원, 2007. 9, 37~39면 참조. 자유무역협정(FTA, Free Trade Agreement)은 협정의 당사국간 상품, 서비스, 투자, 나아가 노동력의 자유로운 이동이 가능하도록 관세 및 비관세 등의 무역장벽을 제거하는 것을 목적으로 체결되는 협정 또는 조약이며, 경제분야의 조약의 일종으로 경제통합을 위한 주요한 국제경제법적 수단이다.

21) 제품, 용역, 공정, 체제 등이 표준, 제품규격, 기술규정에서 정한 규격이나 기준에서 정한 요구사항을 얼마나 충족하는가를 평가하는 활동을 말한다. ISO에서 제정한 공식 용어정의는 "제품, 공정 또는 서비스가 규정된 요건을 충족시키는 정도에 대한 체계적인 심사"로 되어 있다.

22) 긴급수입제한조치는 특정 상품의 수입이 급증하여 수입국의 전반적인 경제여건이나 경쟁산업에 심각한 피해를 주거나 줄 우려가 있을 때, 관세 및 무역에 관한 일반협정 제19조에 의거하여 수입국이 당해 상품에 대해 일시적으로 수입제한조치를

별긴급수입제한조치 등의 조치를 취할 수 있다는 점을 염두에 둘 필요가
있다.

분단국인 남북간 재화의 자유로운 이동 및 이에 대한 제한은 남북한특수
관계론의 관점에서 규범적으로 우리 헌법상 경제적 기본권과 직간접적으
로 연결되어 있으므로 우선 우리 헌법상 재화의 자유로운 이동과 관련된
기본권을 살펴보도록 하겠다. 우리 헌법은 경제적 자유의 보장에 관한 포
괄적 규정으로 제119조 제1항을 두고 "대한민국의 경제질서는 개인과 기
업의 경제상의 자유와 창의를 존중함을 기본으로 한다"고 규정하고 있으
며, 제11조 제1항에서 경제적 평등권을 규정하고 있다. 또한, 제2장 기본권
에서는 거주이전의 자유, 직업선택의 자유, 근로의 자유 등의 경제적 자유
권을 규정하고 있으며, 국민 개개인의 자유실현의 물질적 바탕으로 재산권
보장을 규정하고 있다. 이에 더하여 기업(설립과 경영)의 자유, 영업의 자
유, 경쟁의 자유, 계약의 자유, 소비자의 자기결정권 등의 경제적 기본권이
있는데[23], 우리 헌법재판소는 특히 주세법의 자도소주 구입명령제도가 헌
법에 위반되는지 여부가 문제된 사안[24]에서 원칙적으로 경쟁의 자유를 영
업의 자유와 기업의 자유를 포함하는 직업의 자유로부터 도출한다. 즉, 우
리 헌법재판소는 "직업의 자유는 영업의 자유와 기업의 자유를 포함하고,
이러한 영업 및 기업의 자유를 근거로 원칙적으로 누구나가 자유롭게 경쟁
에 참여할 수 있다. 경쟁의 자유는 기본권의 주체가 직업의 자유를 실제로
행사하는 데에서 나오는 결과이므로 당연히 직업의 자유에 의하여 보장되
고, 다른 기업과의 경쟁에서 국가의 간섭이나 방해를 받지 않고 기업활동
을 할 수 있는 자유를 의미한다. 소비자는 물품 및 용역의 구입·사용에 있
어서 거래의 상대방, 구입장소, 가격, 거래조건 등을 자유로이 선택할 권리

취하는 것을 말한다. 김대순·김민서, WTO법론, 삼영사, 2006, 158~159면 참조.
23) 이장희, 앞의 책(주 6), 15~20면 참조.
24) 헌재 1996. 12. 26. 96헌가18.

를 가진다. 소비자가 시장기능을 통하여 생산의 종류, 양과 방향을 결정하는 소비자주권의 사고가 바탕을 이루는 자유시장경제에서는 경쟁이 강화되면 될수록 소비자는 그의 욕구를 보다 유리하게 시장에서 충족시킬 수 있고, 자신의 구매결정을 통하여 경쟁과정에 영향을 미칠 수 있기 때문에 경쟁은 또한 소비자보호의 포기할 수 없는 중요 구성부분이다"라고 판시하고 있어 경쟁의 자유와 이로부터 파생되는 물품의 자유로운 이동을 직업의 자유로부터 도출하고 있다.

남북간 재화의 자유로운 이동에 대하여는 두 가지 설명방식이 가능하다. 첫째, 남북간 거래는 국제법상 국가간 거래가 아니므로 규범적으로는 우리 헌법이 보장하는 북한 주민의 직업의 자유가 그 근거가 되어 물품의 자유로운 이동을 도출할 수 있다. 다만, 북한 주민의 직업의 자유는 절대적 자유는 아니어서 우리 헌법 제37조 제2항을 적용받아 국가안전보장·질서유지 또는 공공복리를 위하여 필요한 경우에 한하여 법률로써 제한할 수 있으며, 남북교류협력에 관한 법률 제13조에 의한 남북간 물품의 반출·반입의 승인제도가 그러한 제한이라고 설명할 수 있다. 또한, 이러한 설명방식에서는 우리 헌법 제127조 제2항이 "국가는 국가표준제도를 확립한다"고 규정하고 있고 이에 근거하여 그리고 소비자안전을 보장하기 위하여 국가표준기본법, 산업표준화법, 제품안전기본법, 품질경영 및 공산품안전관리법, 전기용품안전관리법, 어린이제품 안전 특별법, 계량에 관한 법률 등을 시행하고 있는 점을 고려하여 특히 북한 지역으로부터의 물품의 반입시 국내법상 표준, 인증, 제품안전성 등과 관련한 기준을 준수하고 있는지에 대한 제품검사를 실시할 필요도 있다.

둘째, 남북한특수관계론의 입장에서 남북간 거래가 국제법상 국가간 거래가 아니라는 점은 동일하지만 북한이 평화통일을 위한 대화와 협력의 동반자로서 활동하는 규범영역인 물품의 반출입에 국제법원칙을 적용하되 남북한 관계의 특수성을 반영하여 이를 변용하거나 탄력적으로 적용할 수 있는 법적 근거를 법률에 명시하는 것이 필요하다고 설명할 수 있다. 현재 남북교류협력에 관한 법률 제26조 제1항은 "교역에 관하여 이 법에 특별히 규정되지 아니한 사항에 대하여는 대통령령으로 정하는 바에 따라 「대외무역법」 등 무역에 관한 법률을 준용한다"고 하여 국제법적 원칙이 적용되는 법적 근거를 마련해 두고 있다고 할 수 있다. 다만, 남북간 특수성을 반영하여 동 조 제2항에서는 관세법상 과세 규정과 다른 법률에 따른 수입부과금은 준용하지 않도록 하고 있다.

두 가지 설명방식은 해석 방식에는 큰 차이가 있지만 아직 낮은 수준에 머무르고 있는 남북간 경제 교류의 현황을 감안할 때는 실정법인 남북교류협력에 관한 법률을 적용함에 있어서는 차이를 보이지 않는다고 생각한다. 다만, 향후 남북간 물자 교류가 폭발적으로 증가할 경우에는 두 가지 설명방식에 따른 대응방식은 달라질 것이다. 예를 들면 현재 남북간 교류에 대해서 반덤핑조치, 상계조치, 긴급반입제한조치를 부과하는 것이 가능한지를 상정해 보자. 국내적으로는 덤핑은 일반불공정행위의 하나로 부당하게 경쟁자를 배제하는 행위(독점규제법 제23조 제1항 제2호)이며, 그 세부 유형으로 동법 시행령에 규정된 부당염매(별표 1의2 3호 가목)[25]와 유사하다. 또한, 보조금 지급은 국내법적으로는 독점규제법상 부당한 지원행위(독점규제법 제23조 제1항 제7호)와 이를 구체화하여 동법 시행령에 규정된 부당한 지원행위[26]와 유사한 측면이 있다. 전자의 입장에서는 국내 경쟁법상 인정되는 부분을 제외하고는 그러한 조치가 어렵다고 주장할 수 있으

---

25) 부당염매라 함은 자기의 상품 또는 용역을 공급함에 있어서 정당한 이유없이 그 공급에 소요되는 비용보다 현저히 낮은 대가로 계속하여 공급하거나, 기타 부당하게 상품 또는 용역을 낮은 대가로 공급함으로써 자기 또는 계열회사의 경쟁사업자를 배제시킬 우려가 있는 행위를 가리킨다. 권오승, 경쟁법 제10판, 법문사, 2013, 312면 참조.
26) 부당한 자금지원, 부당한 자산·상품 등 지원, 부당한 인력지원, 부당한 거래단계 추가 등을 통하여 과다한 경제상 이익을 제공함으로써 특수관계인 또는 다른 회사를 지원하는 행위를 말한다.

며, 후자의 입장에서는 남북교류협력에 관한 법률 시행령에 준용할 법령으로 「불공정무역행위조사 및 산업피해구제에 관한 법률」을 추가 규정하면 가능하다고 주장할 수 있다.

(2) 용역의 자유로운 제공

전통적으로 용역[27][28]은 비교역재로 인식되어 왔으나, 기술의 발전, 국가 독점적 용역 공급의 감소 및 상품과 독립된 용역의 공급이 가능하게 된 점 등이 이러한 인식을 바꾸게 되었다.[29] 국제적으로 용역무역은 관세의 감소나 철폐를 일차 목적으로 하는 상품무역과는 달리 내국민대우, 시장접근, 국내규제, 외국자격의 인정, 영업관행 등이 그 자유화에 있어 핵심적인 요소가 된다.[30]

WTO 서비스무역에 관한 일반협정에서 정의하는 용역 제공의 형태는 네 가지이다. '방식 1(국경간 공급)'에서는 한 회원의 영역으로부터 다른 회원의 영역(from the territory of one Member into the territory of any other Member)으로의 용역의 공급, '방식 2(해외 소비)'에서는 소비자의 이동(in the territory of one Member to the service consumer of any other Member)을 통한 용역 공급, '방식 3(상업적 주재)'에서는 상업적 주재를 통한 용역 공급(by a service supplier of one Member, through commercial presence in the territory of any other Member), '방식 4(자연인의 주재)'에

---

27) 국제연합 중앙상품분류(UN CPC)를 모델로 만든 한국 재화 및 서비스 분류(KCPC, Korean Central Product Classification)에 의하면 용역은 건축물 및 건설서비스, 도소매 숙박서비스, 음식점서비스, 운송 및 관련서비스, 금융 및 관련서비스, 부동산서비스, 임대 및 리스 서비스, 전문·기술 및 사업지원서비스, 통신·방송 및 정보서비스, 공공·사회 및 개인서비스로 대별된다.
28) 용역 자체는 상품의 자유로운 이동을 가능하게 한다는 점을 유념하자.
29) 김대순·김민서, 앞의 책(주 22), 191~192면 참조.
30) 김대순·김민서, 위의 책, 207~212면 참조.

서는 자연인의 주재(by a service supplier of one Member, through presence of natural persons of a Member in the territory of any other Member)를 통한 용역 공급[31]을 말한다. 용역의 자유로운 제공이 가능하다는 것은 위의 네가지 방식의 용역 공급이 자유로와야 한다는 것인데, 그러기 위해서는 각 용역과 관련한 국내규제(자격요건과 절차, 용역의 기술표준, 면허요건) 등이 일치하거나 그러한 국내규제가 상호인정[32]되어야 한다. 또한, 각 공급방식별 특수성을 반영하여 방식 1(국경간 공급)에서는 상품과 유사하게 국경을 넘어서 용역의 공급이 가능하도록 우편이나 통신의 자유 등 매개수단을 통한 용역 자체의 이동이 보장되어야 하며, 그러한 용역의 공급이 발생할 때 용역 수입국에서의 용역과 관련한 표준 등 국내규제를 준수하여야 할 것이다. 방식 2(해외소비)는 자연인의 이동을 얼마나 어떤 기준으로 허용할 지와 관련되어 있다. 방식 3(상업적 주재)은 용역분야에서의 투자의 자유화를 의미한다. 방식 4(자연인의 주재)에서는 특히 자연인의 이동을 허용할지 여부에 더하여 택시 면허, 의사 면허, 변호사 면허 등 각종 자격증제도의 상호인정여부가 핵심적 과제가 된다.

국내법적으로 용역 제공은 상법상 상인(자연인 및 법인)에 의하여 이루어지고, 용역의 자유로운 제공도 재화의 자유로운 이동과 마찬가지로 기업의 자유, 영업의 자유, 경쟁의 자유, 계약의 자유 등에 의하여 보장된다. 하지만, 용역은 실질적으로 자연인의 행위를 떠나서 생각하기가 어려우므로 거주·이전의 자유와 관련된다는 점에서 재화의 자유로운 이동과는 다른 특수성을 가지고 있다. 남북간 용역의 자유로운 제공을 위해서는 용역의 각 공급방식별로 전자적·비전자적 수단에 의한 통신의 자유 보장, 소비자의 이동을 보장하기 위한 국내관광의 자유 등 거주·이전의 자유 보장, 기업설립과 경영의 자유가 보장되어야 하고, 각자의 법률에 의거하여 부여한 각

---

31) 세계무역기구 서비스무역에 관한 일반 협정 제1조 제2항.
32) 세계무역기구 서비스무역에 관한 일반 협정 제6조, 제7조.

종 자격증의 효력 상호인정 등이 이루어져야 할 것이다[33]. 남북한특수관계
론의 입장에서 볼 때 북한은 평화통일을 위한 화해와 협력의 동반자이면서
반국가단체로서의 이중적 지위[34]를 가지므로 용역의 자유로운 제공도 국
가보안법, 남북교류협력에 관한 법률, 남북관계발전에 관한 법률 등의 규율
을 받게 된다. 특히 북한은 계획경제질서하에 국가와 민간간 책임과 권한
이 분리되어 있지 않은 상태에서 국영무역을 실시하고 기업소를 운영하고
있으므로 사인이나 기업소가 제공하는 용역이더라도 이를 국가의 지령이
나 책임하에 제공되는 것이라고 볼 여지가 크고, 자연인과 밀접한 관련을
가지고 있어 남북 모두에게 민감한 사안으로서 이중적 지위가 중첩되어 나
타나는 경우가 많을 것이므로 현재와 같은 남북대치상황에서는 법률 적용
에 있어서도 개별 사안별로 심사를 통해 판단할 수 밖에 없다(남북교류협
력에 관한 법률 제9조).

특히 앞에서 언급한 자연인이 직접 이동하는 방식 4(자연인 주재)는 국
가안전보장과도 깊이 관련이 있어 실현되기 매우 어려운 서비스 공급 형태
이다. 현행 북한이탈주민의 보호 및 정착지원에 관한 법률에는 방식 4(자
연인 주재)에 의한 남북간 용역 공급과 관련하여 북한이탈주민의 자격인정

<hr>

33) 방식 1(국경간 공급)은 남북간 방송프로그램의 전송이나 전화나 인터넷과 같은 통
신수단을 이용하여 남한의 변호사가 북한의 기업이나 주민을 대상으로 법률 자문
을 하는 것 또는 설계서비스가 체화된 건축도면을 인터넷으로 전송하는 경우를 상
정해 볼 수 있고, 방식 2(해외소비)의 대표적인 예는 북한으로의 관광, 남한으로의
관광, 유학가서 교육을 받거나 병을 치료하고자 병원에 직접 가서 치료를 받는 경
우 등이다. 방식 3(상업적 주재)에 의한 서비스의 공급은 법인의 설립·인수·유지나
지사 또는 대표사무소의 창설·유지 등을 통한 서비스의 공급으로 그 핵심은 투자
를 통한 국내자본의 이동문제로서 자연인의 이동과 필연적으로 연계되는 것은 아
니다. 방식 4(자연인 주재)에 의한 용역의 공급은 근로자, 의사, 변호사가 직접 이
동하여 용역을 제공하는 경우로서 용역공급자격요건을 일치시키거나 전문직 자격
인정에 관한 합의가 있어야 하고, 근로자의 이동이 자유로와야 한다.
34) 북한의 이중적 지위와 남북한 관계가 형성되고 규율되는 규범영역에 대해서는 이
효원, 남북교류협력의 규범체계, 경인문화사, 2006, 146면 참조.

에 대한 조항35)을 두고 있는데, 동법 및 시행령의 관련 조항에 의하면 보호대상자가 자격인정신청서를 제출하면 관계기관의 장은 '관계 법령이 정하는 바에 따라' 북한에서 취득한 자격에 상응하는 자격이나 그 자격의 일부를 (필요시) 자격인정심사위원회의 심사를 거쳐 자격 인정 여부 및 자격인정을 위한 보수교육 또는 재교육 필요 여부를 통일부장관에게 통보하고, 통일부장관은 이를 신청인에게 통지하여야 한다고 규정하여 북한이탈주민에 대하여 자동적으로 자격을 인정해 주지 않고 심사를 통하여 자격을 인정해 주는 제도를 두고 있다.

(3) 자본의 자유로운 이동

자본 거래는 직접투자, 이와 관련된 자본이익과 원금의 송금, 부동산거래, 자본시장에서의 증권거래, 단기금융시장거래, 기타 양도성증서와 비증권권리의 거래, 공동투자증권의 거래, 국제무역 및 서비스제공 관련 신용, 금융상의 신용 및 대부, 담보·보증 및 보충금융, 예금계정의 거래, 외국환거래, 생명보험 관련 확정연금 송금, 개인적 자본이동, 자본자산의 실물이동, 비거주자소유 봉쇄자금의 처분 등을 포함하는 개념이다.36)37) 법적인 관점에서 자본의 자유로운 이동을 의미하는 투자의 자유는 개인의 입장에

---

35) 제14조(자격 인정) ①보호대상자는 관계 법령에서 정하는 바에 따라 북한이나 외국에서 취득한 자격에 상응하는 자격 또는 그 자격의 일부를 인정받을 수 있다. ② 통일부장관은 자격 인정 신청자에게 대통령령으로 정하는 바에 따라 자격 인정을 위하여 필요한 보수교육 또는 재교육을 실시할 수 있다. ③제1항 및 제2항을 시행하기 위하여 필요한 경우 대통령령으로 정하는 바에 따라 자격 인정 여부를 심사하기 위한 위원회를 둘 수 있다.

36) 박원암, "OECD 자본이동자유화규약의 검토", 국제거래법연구 제5집, 국제거래법학회, 1996, 39~72면.

37) 상품매출과 관련한 경상거래는 그러한 거래가 있게 한 상품 거래에서 파생하는 거래이므로 자본거래에 포함되지 않고 여기서는 상품거래에 수반하지 않고 자본 자체의 이동을 목적으로 하는 거래만을 말한다.

서는 재산권 행사의 자유 또는 영업의 자유에 포함[38])되고, 기업의 입장에서는 기업(설립과 경영)의 자유에 포함될 수 있다. 경제 현실적으로는 자본의 자유로운 이동은 국내적으로는 단일한 계산단위인 화폐를 사용하고 자유로운 계좌간 이체를 가능하게 하는 금융산업의 기반이 발달해 있어야 사실상 보장될 수 있다. 국제적 경제통합의 관점에서는 직접투자 및 간접투자를 모두 포함하는 투자의 자유로운 이동을 보장해 주는 것이 '자본의 자유로운 이동'에 있어 핵심이 된다.

우리나라는 OECD에 가입하면서 동 기구가 채택한 구속력있는 결정인 '자본이동자유화규약'을 받아들였는데, 동 규약은 국제적 자본이동에 있어 중요한 포괄적 다자규약으로서 기능하고 있다. 한편, 무역 등 국경간 경상거래의 지불제한 철폐라는 IMF 제8조국의 의무에 위배되지 않는 한 회원국간 자본이동에 대하여 규제를 할 수 있다. 자본이동자유화규약은 앞에서도 언급하였듯이 직접투자뿐만 아니라 단기자본거래, 선물, 스왑, 옵션 등 새로운 거래형태까지 포함한 거의 모든 자본 거래에 대하여 적용되고 있으며,[39] 우리나라의 자본시장 자유화에 크게 기여하였다. 이에 반하여 북한은 OECD 또는 IMF의 회원도 아니며, 국제간 자본 이동은 말할 것도 없고 국내적으로도 강력한 자본이동통제하에 놓여 있는 상태여서 남북간 자본이동은 규범적으로도 장애요인이 있지만 북한내 금융체제의 낙후성으로 인하여 사실상으로도 큰 제약이 따른다.

(4) 인력 이동의 자유

노동이 중요한 생산요소 중 하나임을 감안할 때 경제통합에 있어 인력이동의 자유는 핵심적으로 다루어야 할 이슈이다. 또한, 남북 경제통합에

---

38) 이장희, 앞의 책(주 6), 16면 참조.
39) 박성욱, "자본이동관리에 대한 국제기준으로서의 OECD 자본 자유화 규약의 가능성과 한계", 주간금융브리프 제21-8호, 한국금융연구원, 2012. 2. 25, 5면 참조.

있어서 북한 주민도 대한민국 국민이라는 남북한특수관계를 반영할 필요
가 있다. 어느 국가내에서 인력 이동의 자유는 거주이전의 자유, 직업선택
의 자유, 근로3권과 관련되어 있는데, 원칙적으로 거주이전의 자유, 직업의
자유의 주체는 내국인이다. 외국인도 일부 기본권 주체성이 인정[40]되기는
하지만 일반적으로 외국인의 입국은 국내법상 출입국관리법 등을 통하여
규율되고 있고 국제적으로는 조약으로 규정하고 있는데, 현재 WTO GATS
는 대체로 용역 공급을 위하여 필수불가결한 인력의 이동만이 보장되고 있
는 것으로 해석된다. 즉, '자연인의 이동에 관한 부속서'는 제2항에서 '서
비스무역에 관한 일반협정이 회원의 고용시장에 접근하고자 하는 자연인
에게 영향을 미치는 조치에 대해서는 적용되지 아니하며 또한 항구적인 차
원에서 시민의 지위, 거주 또는 고용에 관한 조치에도 적용되지 아니한다'
라고 규정하고 있고, 제3항에서 '회원들이 동협정하에 서비스를 공급하는
모든 범주의 자연인의 이동에 적용되는 구체적 약속을 협상할 수 있다
(may negotiate)'고 하여 의무가 아닌 재량으로 규정하고 있는 점에서도
알 수 있다.[41]

평화통일을 위한 화해와 협력의 동반자로서의 북한과의 협력이 확대될
수록 자연인 이동의 필요성이 증대할 것인데 이와 관련하여 북한 주민에
대하여 어떠한 대우를 부여할 것인가가 남북한특수관계론의 중요한 이슈
라 할 것이다. 우선 북한 주민도 우리 국민이므로 남북통일과 경제통합이
상당히 진척된 어느 시점부터는 외국인의 경우와는 다르게 남한 주민과 평
등하게 취급하여야 하겠지만 현 시점에서는 북한의 이중적 지위도 고려하
여야 한다. 북한을 이탈한 북한 주민은 1997년 1월 13일 제정된 북한이탈
주민보호법에 따라 이들에 대한 특별한 보호 및 지원을 제공하고 있고, 대

---

40) 헌재 2011. 9. 29. 2007헌마1083 등은 외국인도 제한적으로 직업의 자유 중 일부
   인 직장 선택의 자유를 향유할 수 있다고 판시하였다.
41) 김대순·김민서, 앞의 책(주 22), 201면 참조.

한민국 국민으로 인정받으려는 의사를 표명한 북한 주민은 우리국민으로 인정되어야 한다.[42] 반면 북한을 이탈하지 않은 주민에 대하여는 남북한특수관계론에 의하여 평화통일을 위한 대화와 협력의 동반자로서 인정하여야 할 규범영역에서도 외국인에 준하는 대우를 부여할 필요성이 있다. 만약 북한을 이탈하지 않은 주민에 대해서도 내국인과 동일한 혜택을 부여하게 된다면 교류협력 자체가 불가능해 질 수도 있다. 또한, 북한이 보유한 이중적 지위로부터 파생되는 현실적 제약 즉, 단순 관광객이나 방문객 등 일시 체류자가 아닌 노동인력의 이동은 반국가단체의 일원으로서 활동하는 북한 주민과 평화통일을 위한 대화와 협력의 동반자로서 활동하는 북한 주민을 구분하는 것이 사실상 불가능할 수도 있다는 측면에서도 매우 신중히 접근할 필요가 있다.

(5) 토지 거래제도의 통일

완전한 경제통합이 이루어지기 위해서는 주요한 생산요소의 하나인 토지에 대하여도 그 토지거래의 자유(계약의 자유)가 폭넓게 보장되어야 한다. 하지만 토지는 유한성, 고정성, 비대체성, 재화생산의 본원적 기초로서의 성질[43]을 보유하고 있어서 우리 헌법은 제23조, 제119조, 제120조, 제122조, 제123조 등에서 토지에 대하여 다른 재산권에서보다 더 강하게 전체 이익을 관철할 것을 요구할 수 있는 가중적 규제에 대한 근거를 마련하고 있다.[44] 토지는 특히 자유로운 이동이 불가능하고, 또한 그 제한이나 의무 부과의 범위가 넓다는 점에서 국내적으로도 농지에 대한 시장, 산업용

---

42) 이효원, 통일법의 이해, 박영사, 2014, 178~180면 참조.
43) 성낙인, 헌법학, 박영사, 2014, 1269면 참조.
44) 헌재 1989. 12. 22. 88헌가13, 헌재 1999. 10. 21. 97헌바26. 우리 헌재는 토지의 특성으로 고정성, 인접성, 본원적 생산성, 환경성, 상린성, 사회성, 공공성, 영토성 등의 특성을 열거하고 있다.

지에 대한 시장, 주택용지에 대한 시장이 사실상 분리된 시장으로 존재하는 경우가 많다. 그리고, 법제도적으로 토지에 대한 사적 소유를 인정하는 남한과 토지에 대한 국가 및 협동단체의 소유만을 인정하는 북한간에 토지거래의 자유를 보장하는 것은 사실상 불가능하다. 그러므로, 본서에서는 다른 생산요소와는 달리 '토지의 자유로운 이동'이 아닌 토지와 관련한 거래제도를 통일한다는 의미에서 '토지 거래제도의 통일'로 칭하고 이에 따라 타국의 사례를 검토하고자 한다.

3. 경제통합의 발전 조건

(1) 대외무역의 개방

제2차 세계대전 이후 세계 경제의 성장과 발전은 대외무역의 개방과 외국인투자의 자유화에 기인한 측면이 크다. 또한 세계교역의 증가세가 생산증대에 선순환의 효과를 가져 오면서 결국 사회주의권과의 체제 경쟁에서도 승리하는 원동력이 되었는데, 이러한 세계교역의 개방을 이끈 주요한 국제규범으로는 1947년 관세 및 무역에 관한 일반협정, 1994년 세계무역기구설립협정 등이 있으며, 이제 세계교역은 규범화된 개방시대를 향유하고 있다.

현재의 남북간 경제 격차를 감안할 때 남북간 경제통합은 '남·북 국가'간 경제통합이라는 특수성이 있다고 언급하였다. 남북간 경제통합이 그 경제 격차를 극복하고 성공적으로 정착하고 발전해 나가기 위해서는 그러한 경제통합 이후에도 남북 경제가 지속적으로 성장하여야 하며 특히 북한 지역의 경제가 남한 지역에 비하여 더 빠른 속도로 지속적으로 성장·발전하여야 한다. 이를 위하여서는 생산물의 시장을 확보하는 것이 가장 중요한

데, 남북 경제를 합치더라도 내수 시장의 규모에 한계가 있으므로 국제시장 확보를 위하여 대외무역을 적극 개방할 필요가 있다. 즉, 우리나라는 거의 전량의 에너지자원을 해외에서 수입해야 하기 때문에 대외무역에 대한 의존도가 높을 수 밖에 없다. 남한보다는 상대적으로 많은 자원을 보유한 북한 지역과 경제통합이 되더라도 대외무역 의존도가 획기적으로 낮아지지는 않을 것이다. 시장경제질서 자체가 경쟁과 개방을 두 축으로 성장하고 있음을 반영하여 시장경제질서를 채택하고 있는 우리 헌법도 제125조에서 국가가 대외무역을 육성하며, 이를 규제·조정할 수 있다고 규정하고 있다. 동 조항에는 대외무역과 관련한 국가의 권한에 규제·조정권한도 포함되어 있기는 하지만 어디까지나 대외무역의 육성이 원칙이다. 이미 상당한 개방수준을 달성한 남한에 비하여 북한에서 특히 대외무역의 개방에 역점을 두어야 하는 이유이다.

(2) 외국인투자의 개방

외국인투자의 자유화 또한 기본적으로 국경을 넘은 자본과 기업의 이동을 가능하게 한다는 측면에서 세계 후생을 총체적으로 증진시키고 글로벌 생산망의 형성을 촉진하고 있다. 특히, 기업의 국경간 이동은 법적으로 외국인직접투자[45]로 나타나는데, 이러한 외국인직접투자는 고용, 기술이전, 국제수지에 미치는 효과 이외에도 선진 경영기법 도입으로 인한 생산성향상 및 기업간 경쟁촉진효과를 지니고 있다. 외국인투자의 개방은 화폐의 흐름을 원활히 한다는 측면에서 앞에서 언급한 대외무역의 개방이 생산물(재화, 용역)의 흐름을 원활히 하는 것과 일맥상통한다.

동유럽국가 등 구공산국가들은 시장경제 편입과정에서 지금은 해체된

---

45) 외국인직접투자를 의미하는 '외국인투자'의 정의는 현행 외국인투자촉진법 제2조 제1항 제4호를 참조.

공산권   국가들간   경제협력기구인   '공산권경제상호원조회의(ComEcon,
Communist Economic Conference)'체제에서 벗어나 관세 및 무역에 관한
일반협정, 세계무역기구설립협정으로 대표되는 자본주의 다자간 국제무역
규범질서를 수용하고 외국인투자 또한 적극 자유화함으로써 경제발전의
원동력을 확보할 수 있었다. 우리나라는 경제협력개발기구 가입 및 1997년
외환위기를 계기로 적극적인 자본시장 자유화정책을 추구하였으며, 외국인
직접투자에 대하여는 기존의 '외국인투자 및 외자도입에 관한 법률'을 폐
지하고 1998년 9월 '외국인투자촉진법'을 제정하여 적극적 유치정책으로
전환하였으며 경제의 개방성도 높아졌다. 남북간 경제통합의 발전을 위해
서는 이러한 외국인투자에 대한 개방적 자세를 견지하여 북한 지역에 대하
여도 원칙적으로 외국인투자를 자유화하여야 할 것이다.

(3) 국유재산의 사유화

경제통합이 발전하기 위해서는 통합된 경제권내 개인과 기업이 유사한
위치에서 경쟁을 이룰 물적 토대가 형성되어 있어야 하고, 그들이 경제상
의 자유와 창의를 잘 발휘할 수 있어야 하므로 북한내 국유 토지, 건물의
재사유화방안은 남북 경제통합의 지속 및 발전가능성을 판가름하는 핵심
요소이다. 또한, 공산주의경제에서 국가는 심판이면서 시장참여자로서의
역할을 동시에 수행하고 있는데, 국가부문과 가계·기업부문의 역할을 명확
히 구분하고 국가가 참여해서는 안 되는 영역에 있는 기업소와 그러한 기
업소가 사실상 보유하고 있는 재산을 '법인전환'과정46)을 거쳐 사유화함으
로써 개인과 기업에게 상호 경쟁의 수단과 장을 마련해 줄 필요가 있다.
북한 지역내 국유화되어 있는 토지, 건물을 재사유화함에 있어서는 뒤에

---

46) 북한 기업소의 법인전환에 대하여는 김익성, "구동독 국영기업의 회사전환에 관한
   법적 연구", 서울대 박사학위논문, 2013을 참조.

서 상술하겠지만 다양한 논점이 제기되는데, 기존 논의는 상당부분 과거 북한정권 확립과정에서 몰수되어 국유로 전환된 몰수토지[47]를 어떻게 원소유자에게 반환시킬 것인가 하는 부분에 집중되어 왔으며, 이는 통일과 관련하여 법학계에서 논의가 가장 활발하게 이루어진 분야[48]이기도 하다. 과거 통일독일 사례를 참조하면 기존 논의에 더하여 경제통합의 발전 관점에서 통일과정에서 북한주민에 대한 경제활동 기반의 확보, 재산권문제 조기 해결을 통한 투자 촉진, 분단 후 토지가치의 상승을 위한 북한주민의 기여에 대한 보상 등을 감안할 필요가 있다.

다음으로 기업매각은 매각 또는 비매각 방식 등으로 진행될 수 있는데, 어느 방식에 의하더라도 한계와 문제점을 지니고 있다. 즉 매각에 의한 사유화방식은 북한내 자본가계층이 형성되지 않은 상태에서 매입주체가 남한 기업이나 외국계 자본으로 집중될 가능성이 높다. 비매각 사유화에 의할 경우 바우처 방식은 기업의 소유권을 아주 광범위하게 배분하여 신속히 사유화를 진행시키는 장점이 있다. 그러나, 비매각 사유화는 초기에 북한주민 중에서 자본주의기업시스템에 익숙한 경영자를 찾기가 쉽지 않을 것이므로 중장기적으로 기업의 생존을 어떻게 보장하느냐 하는 어려운 문제가 있으며, 투자가 개방되는 업종에서는 경쟁력 높은 남한 기업 또는 외국 기업과 경쟁하여 생존하여야 하는 과제도 안고 있다.

---

47) 보상 대상이 되는 무상몰수는 1945. 8. 15일 이후 소련군정 당국이나 정권 수립 이후 북한 정권에 의하여 토지개혁을 통하여 무상몰수된 토지와 북한 정권하에서 정치·사상적 이유로 몰수된 토지를 포함한다.

48) 토지재산권과 관련한 기존의 연구는 김병기, "통일후 북한 지역 토지소유문제 해결을 위한 몰수재산처리법제의 이론과 실제", 2014 토지공법학회 학술회의 자료, 2014. 3, 4면 각주 2에 잘 요약되어 있다. 기업재산의 사유화와 관련한 법적 논의는 상대적으로 드물다.

(4) 사회적 기본권의 보장

사회적 기본권을 보장하는 자본주의 국가와 달리 공산주의 국가에서 사회복지는 경제정책적 측면과 사회정책적 측면이 혼재되어 있으며, 권리가 아닌 국가로부터의 시혜로 여겨지고 있다. 그러므로, 남북한과 같이 이질적 체제간 경제통합이 제대로 발전해 나가기 위해서는 사회복지제도를 포함한 사회정책의 전환은 일상적인 분배정책의 측면뿐만 아니라 기본적인 제도 설계의 변화도 고려하여 정부와 민간의 책임을 명확히 구분하여야 하며, 통합과정에서의 고용 촉진방안과 실업 대책도 필요하다.

북한에서도 복지급여는 권리가 아닌 국가로부터의 선물처럼 여겨지고 있으며, 급여의 형태, 내용, 수준 등이 국가에 의하여 결정되는 구조로서 식품, 주택, 에너지 등 생활에 필수적인 기본 재화에 대한 국가보조가 주요 요소를 이루고 있다.49) 우리 헌법은 사회적 기본권의 핵심으로 사회보장수급권을 규정하고 있으며, 남북한 경제통합시 헌법상의 사회복지국가원리는 당연히 북한 지역에도 적용되어야 할 기본원리이고 그 일부로서 사회보장 수급권도 인정되어야 할 것이지만 구체적인 급부 수준에 있어 남한과 동일한 수준의 급부를 제공할 지 여부 혹은 어느 정도의 수준까지 제공할 지 여부는 경제통합의 발전가능성 측면에서 매우 신중히 결정할 문제이다. 왜냐하면 노동생산성의 수준에 맞지 않는 과도한 사회복지 급부의 제공은 과도한 비용 지출로 이어져 경제통합의 안정성을 해치고 경제통합의 발전을 저해하기 때문이다.

---

49) 오정수·정연택, 사회주의 체제전환과 사회정책: 동유럽국가와 독일통일의 경험, 집문당, 1999. 8, 22~23면 참조.

제4절 경제통합과 남북통일, 법제통합

1. 남북한의 통일방안

(1) 우리의 통일방안

우리가 추구하는 「민족공동체 통일방안」은 내전과 장기간의 분단상황을 감안하여 서로 다른 두 체제가 점진적 방법을 통해 상호 신뢰를 조성하는 과도기를 거쳐 기능적으로 통합한 후 통일에 이르는 방법을 제시하고 있다. 동 방안은 1989년에 「한민족공동체 통일방안」으로 공식화하였다가 1994년에 「민족공동체 통일방안」(정식명칭: 한민족공동체 건설을 위한 3단계 통일방안)으로 발전되어 현재까지 계승되고 있다.[1] 「민족공동체 통일방안」에서는 통일철학으로 자유민주주의를 내세우고 통일에의 접근시각으로 민족 공동체의 건설을 제시하였는데, 민족공동체는 남과 북이 같은 민족으로서 공동체를 발전시켜 민족 구성원 전체의 결합과 공동생활의 방식과 권역을 완성해 나간다는 개념이다.[2] 또한, 통일의 기본원칙으로 자주·평화·민주를 제시하고 있는데, '자주'란 민족자결의 정신에 따라 우리 민족의 역량에 따라 자주적으로 통일이 이루어져야 한다는 것이며, '평화'란 통

---

1) 아래의 내용은 통일교육원, 통일문제 이해 2013, 통일부 통일교육원, 2013. 8, 16~19면 참조. 2010. 8. 15 제시된 3대 공동체 통일구상에 대해서는 박종철 외, 민족공동체 통일방안의 새로운 접근과 추진방안: 3대 공동체 통일구상 중심, 통일연구원, 2010 참조.
2) 민족공동체통일방안의 상세 내용은 통일원, 1995 통일백서, 통일원 통일정책실, 1995, 80~90면 참조.

일이 전쟁을 배제하고 반드시 평화적인 방법으로 추구되어야 한다는 것을 말하고, '민주'란 통일이 민주적 통합의 방법으로 이루어지고 통일이 이루어진 후에도 모두가 주인이 되어 인간답게 살아갈 자유와 권리가 보장되는 사회를 건설해야 함을 말한다.

「민족공동체 통일방안」은 점진적이고 단계적인 통일과정을 추구하여 「화해협력단계」, 「남북연합단계」, 「통일국가 완성」의 3단계 과정을 설정하고 있다[3]. 제1단계인 화해협력단계에서는 남북이 상호 적대감과 불신을 해소시키며, 남북화해를 제도적으로 정착시켜 나가면서 경제·사회·문화 등 각 분야에서 실질적인 교류협력을 실시하여 화해·공존을 추구하는 것이다. 1단계 과정을 거치며 상호신뢰가 더욱 축적되면 통일 완성의 전 단계로 평화를 제도화한 남북연합단계로 발전해 나갈 수 있다. 제2단계인 남북연합단계[4][5]에서는 평화를 제도화하고 민족공동체를 형성해 나가는 과도기적 통일체제로서 하나의 완전한 통일국가 건설을 목표로 하는 잠정적인 연합을 구성하여 민족공동생활권을 형성하면서 사회·문화·경제 방면에서 공동체를 이루어 나가게 된다. 남북연합단계에서는 양자 합의에 따라 법적·제도적 장치가 체계화되고 남북정상회의·남북 각료회의·의회대표간 회의 등

---

3) 제성호, 남북한관계론, 집문당, 2010, 151면 참조.
4) 남북연합의 법적 성격에 대해서 제성호 교수는 이를 첫째, '국가연합(confederation)'의 한 형태로 이해하는 견해(이장희 교수, 장명봉 교수), 둘째, '체제연합'으로 규정하는 견해(이홍구 전 장관, 김학준 교수), 셋째, 국가연합과 '영연합(the British Commonwealth of Nations)'의 중간형태로 설명하는 견해(과거 국토통일원의 견해), 넷째, 부진정 국가연합 또는 민족공동체로서의 準국가연합으로 설명하는 견해(제성호 교수)로 구분한다(제성호, 위의 책(주 3), 153~154면 참조). 이효원 교수는 기본적으로는 국가연합의 범주에 속하는 것으로 이해되나 그 실질적 내용에 비추어 국가연합보다 내부적 결속이 높은 연합체로 보는 견해이다(이효원, 남북교류협력의 규범체계, 경인문화사, 2006, 66~68면 참조).
5) 남북연합(The Korean Commonwealth)은 교과서적 개념의 국가연합도 아니고 연방국가도 아닌 제3의 형태로서 독특한 분단체제간의 과도적 통일결합체이다. 통일연수원, 1991 통일문답, 통일연수원, 1991, 26~27면 참조.

공동 기구에서 국가통합을 위한 여러 방안이 논의될 수 있다. 마지막 3단계인 통일국가완성단계에서는 남북 두 체제를 완전히 통합하여 하나의 정치적 공동체를 이루고 1민족 1국가로의 통일을 완성하게 된다. 남북 의회 대표들이 마련한 통일헌법에 따라 민주적 절차에 따라 선거를 실시하고 통일정부, 통일국회를 구성하여 통일 국가를 완성하는 것이다. 통일국가의 미래상은 자유민주주의와 복지주의를 기반으로 하여 구성원 모두의 자유와 복지, 인간존엄성이 최대한으로 보장되는 선진민주국가이다.

(2) 북한의 통일방안

김일성은 1960년 8월 14일 대남통일공세차원에서 「남북연방제」 채택을 최초로 제안하였으며, 다시 1973년 6월 23일에는 「조국통일 5대 강령」의 일환으로 「고려연방제」를 제안하였다. 이후 북한은 남한의 정치·사회적 불안을 틈타 1980년 10월 10일 조선노동당 6차 당대회에서 기존의 고려연방제 통일방안을 보완하여 「고려연방제 통일방안」[6](정식명칭: 고려민주연방공화국창립방안)을 제시하였다.

북한이 주창하는 통일방안은 근본적으로 '先남조선혁명, 後남북합작통일'을 그 기조로 하고 있다. 즉, 북한이 제시하는 연방제 통일방안의 기저에는 주체사상에 기초한 「남조선혁명론」이 깔려 있다. 이는 대한민국의 영역을 '미제국주의의 식민지' 또는 식민지상태에서 해방되지 못한 지역으로 보고 미해방지역인 '남조선'을 혁명에 의하여 해방시키는 것을 의미한다. 그러므로 우리가 점진적·단계적으로 통일을 추진하는 것과 달리 북한은 즉각적이고 인위적인 방식으로 연방국가를 만들려는 것이다. 또한 북한은 통

---

6) 이는 1991년 1월 1일 김일성이 신년사에서 거론한 「느슨한 연방제」에 대비하여 「높은 단계 연방제안」 또는 '완성국가적 성격의 연방제 통일방안'으로 부르기도 한다. 제성호, 앞의 책(주 3), 146면 참조.

일의 패러다임으로 연방제를 제시하는데, 이는 '1민족, 1국가, 2제도, 2정부'로서 남과 북에 현존하는 사상과 제도를 그대로 두고 연방제 통일을 이루어 나가며(중국의 1국 양제와 유사), 남북한 동수의 대표와 적당한 수의 해외대표로 '최고민족연방회의'를 구성하고, 그 산하에 상임조직으로 '연방상설위원회'를 조직하여 동 위원회에서 남과 북의 지역자치 정부를 지도하고 군사·외교권 등을 관할한다는 것이다.[7]

북한이 상정하는 통일주체는 '조선민족'인데, 여기에는 프롤레타리아 계급이 통일을 주도한다는 계급적 관념이 내포되어 있으며, 북한이 견지하는 통일원칙은 '자주·평화통일·민족대단결'이다. 북한이 주창하는 '자주'는 외세배격 입장이고, '평화통일'은 한반도에서의 전쟁위험 제거이며, '민족대단결'은 각계 각층 인민간 자유접촉·왕래 및 이를 위한 반공법·국가보안법 등 사상적·제도적 장벽의 제거를 의미한다. 북한의 고려연방제 통일방안에서는 통일의 최종형태가 연방으로서 통합을 위한 과정이 무시되어 통일에 이르는 과도기구는 없으며, 통일국가의 구체적인 미래상이나 통일국가의 모습 또한 제시되어 있지 않다.

(3) 남북한 통일방안의 비교

남북한 통일방안은 통일 과정이 점차적으로 이루어져야 한다는 점을 제외하고는 양자간에 통일철학, 통일주체, 과도체제, 통일국가의 형태 등 모든 면에서 큰 차이가 있음을 알 수 있다. 경제통합 측면에서 보면 우리의 통일방안은 정치적 부문의 통일과 경제공동체를 형성하고 발전해 나간다는 경제적 부문의 통합을 병행하여 추진하는 방안인데 반하여 북한의 통일방안은 서로 다른 2 경제제도의 기초위에서 추진[8]되는 것이므로 사실상

---

7) 여기서 북한의 고려연방제 통일방안의 세부 내용은 제성호, 앞의 책(주 3), 158~180면 참조.
8) 심지연, 남북한 통일방안의 전개와 수렴, 돌베개, 2001, 368면에 실린 1980. 10.

경제적 통합없이 정치적 통일만을 앞세우는 방안이라 할 것이다. 유념할
것은 민족공동체 통일방안이 발표된 1994년에 이미 남북간 격차가 상당해
서 그 당시 통일이 되었더라도 즉각적인 경제통합을 이루는 데에는 상당한
시간과 노력이 소요되었을 것이라는 점이다. 즉, 1993년 기준으로 남북한
간 인구는 남한이 44,195천 명, 북한이 21,103천 명이었고, 국내총생산은
남한이 310조 원, 북한이 16.4조 원이었으며, 1인당 GNI는 남한이 700만
원, 북한이 77.9만 원이었는데,[9) 1988년 1월 1일부터 최저임금법에 의한
최저임금제가 실시된 점을 감안하면 민족공동체 통일방안이 발표되었던
1994년 8월 15일에는 시간당 1,085원, 8시간 근무시 1일당 8,680원의 최저
임금이 적용[10]되어 1994년에 이미 북한 근로자의 평균소득보다 우리 근로
자의 최저임금이 더 높았으므로[11] 지금에 비하여는 상대적으로 경제통합
에 소요되는 비용이 작았을 것이지만 여전히 경제통합에는 상당한 비용이
소요되었을 것이다.

　　우리의 공식적인 통일방안에서는 통일 국가의 미래상으로 '자유·복지·
인간존엄성이 보장되는 선진민주국가'를 내세우고 있다. 이는 자유민주주
의, 사회복지국가원리, 국민주권주의 등 우리 헌법의 기본원리를 잘 반영하
고 있으며, '자율과 조화를 바탕으로 자유민주적 기본질서를 더욱 확고히
하여……'라고 선언하고 있는 우리 헌법 전문의 정신을 충실히 실현하는 것
인데, "우리 헌법은 자유민주적 기본질서의 보호를 그 최고의 가치로 인정

---

　　10. 김일성이 주창한 고려민주연방공화국 창립방안의 세부 내용 참조.
　9) 통계청 북한통계(http://kosis.kr/bukhan/index.jsp) 참조(2015. 8. 2일 검색)
10) 연도별 최저임금액은 http://www.minimumwage.go.kr/stat/statMiniStat.jsp (최저임
　　금위원회 홈페이지, 2016. 1. 23일 검색) 참조.
11) 1994년 최저생계비는 1인 가구는 매월 205,402원, 4인 가구는 666,684원으로 추정
　　되었다(한국보건사회연구원, 최저생계비 계측조사연구, 1994. 12, 220면 참조). 한
　　편, 생활보호법이 폐지되던 1999년 생활보호대상자는 소득(인/월) 23만 원, 재산
　　(가구) 2,900만 원을 기준으로 선정되었다(손건익, "국민기초생활보장법과 생활보
　　호법의 비교", 보건복지포럼 통권 제37호, 1999. 10, 21면 참조).

하고 있고……그 내용은……구체적으로는 기본적 인권의 존중, 권력분립, 의회제도, 복수정당제도, 선거제도, 사유재산과 시장경제를 골간으로 한 경제질서 및 사법권의 독립 등을 의미한다”고 천명[12]하고 있는 우리 헌법재판소의 입장과도 일치하는 것이다. 공식적인 통일방안에는 반영되어 있지 않지만 문화국가원리, 국제평화주의라는 우리 헌법의 기본원리와 헌법 전문의 정신에 따라 향후 통일 한국은 위의 미래상에 더하여 ‘항구적으로 세계평화와 인류공영에 이바지’하고 문화민족으로서의 우리 민족의 위상을 드높여야 할 것이다.

2. 경제통합과 남북통일

경제통합을 그 속도에 따라서 점진적 방식과 급진적 방식으로 나눌 수 있는데, 급진적 경제통합은 경제자유화, 경제개혁, 그리고 시장 및 사회경제적 안정화 정책 등 계획경제에서 시장경제로의 급진적 체제전환이 단기간내에 마무리되고 남북한 간 노동, 금융, 사회복지, 화폐정책 등의 통합도 급속히 이루어지는 것을 말한다.[13] 이러한 방식의 특징은 시장경제체제로의 급진적 전환으로 인하여 즉각적인 대규모 지원이 필요하며, 임금, 재화·서비스 가격의 상승으로 물가가 높아지며, 대규모 실업이 야기될 가능성이 높다는 것이다. 다만, 경제통합의 비가역성으로 실행가능성만 높다면 정치적으로는 매력적인 방식이 될 수도 있다. 이와는 달리 점진적 경제통합은 북한의 경제체제를 시장경제로 전환하는 과정과 이를 남한 경제와 통합하는 과정을 점진적·단계적으로 추진하는 것을 말하는데, 이에는 북한경제가

---

12) 헌재 1990. 4. 2. 89헌가113, 헌재 1994. 4. 28. 89헌마221 참조.
13) 홍익표·진시원, 남북한 통합의 새로운 이해, 도서출판 오름, 2004, 211~212면 참조.

일정기간 과도기를 두고 남한경제와 분리된 채로 운영되면서 단계적으로 남한경제와 통합하는 소위 '한시적 분리'방안도 포함될 수 있다. 이 방식의 특징은 첫째, 소위 '통일비용'이 중장기에 걸쳐 다양한 주체들에 배분됨으로써 정부가 직접 지불해야 하는 연간 재정적 부담이 줄어들 것이다. 둘째, 노동생산성 수준에 따른 임금 지급으로 가격경쟁력을 유지하여 북한 스스로 경제성장을 할 수 있는 기회를 부여할 수 있다. 셋째, 점진적으로 통합이 진행되는 와중에 북한 주민이 체제개혁에 저항하며 경제개혁이 지연될 경우 오히려 통일 부담이 만성적으로 발생하고 남북 주민간 소득 격차가 장기간 유지될 가능성도 있다.

(1) '통일비용' 논의

'통일비용' 논의는 급진적 경제통합의 실행가능성과도 맞닿아 있는데, 통일비용은 통일 이후 남북한 간의 경제력 격차[14]를 해소하고 실질적 통합을 이룩하기 위해 필요한 비용[15][16]이며, 협의로 보아 정부 재정지출만을 의미하고, 광의로 보아 체제통합시 중·장기 차원에서 북한의 경제 및 복지생활수준을 남한의 적정수준으로 끌어올리는 데 필요한 총비용이다.[17] 남북한 통일시에도 독일 통일의 경우와 마찬가지로 막대한 지출이 이루어져야 하는데, 이러한 통일비용은 여러가지 기준으로 분류할 수 있으며, 첫

---

14) 2014년 기준으로 남한의 인구는 북한의 약2배, 명목GNI는 43.7배, 1인당 GNI는 21.4배, 무역총액은 144.3배를 기록하고 있다. 더 자세한 사항은 한국은행 홈페이지 참조(http://www.bok.or.kr/broadcast.action?menuNaviId=2236, 2016. 1. 23일 검색).
15) 김욱·황동언, "통일비용과 재원조달", 통일경제 1997년 여름호, 현대경제연구원, 1997, 79면 참조.
16) 통일비용의 정의에 따라 통일비용에 상당한 차이가 발생하게 되지만 연구자에 따라서 가정과 범위가 다르기 때문에 일률적인 비교는 어렵다.
17) 제성호, "통일재원 조달의 방식과 법제화 방안", 2011년 남북법제연구보고서, 법제처, 2011. 8, 371면 참조.

째, 지출 목적 및 시기에 따른 분류(위기관리비용, 체제전환비용, 경제적 투자비용), 둘째, 비용의 회수가능성에 따른 분류(소멸성 비용과 투자성 비용), 셋째, 지역으로 구분한 분류(남한 및 북한 지역의 통일비용), 넷째, 비용 부담 주체에 따른 분류(민간투자, 정부투자, 정부의 민간에 대한 이전지출, 그리고 기타정부지출)로 구분된다.18) 한편 추계하는 방식에 따라 i)북한 지역의 주민소득이나 GDP의 일정한 목표를 설정하고 이 목표 도달시까지의 소요비용을 통일비용으로 보고 동 비용을 거시지표들을 중심으로 추계하는 방법(학자에 따라 민간투자를 포함시키기도 하고 정부지출만 계산하는 경우가 있음)이 있고, ii)통일과정에 필요하리라고 여겨지는 개별적인 비용항목을 찾아내어 이 개별항목별 비용을 계산한 다음 합산하는 방법으로 크게 구분된다.19) 또한, 두개의 다른 경제체제가 통합할 때 나타나는 비용을 비상사태 또는 위기관리비용, 제도통합 또는 체제전환비용, 그리고 경제적 투자비용 등의 세 가지로 대별하는 견해들도 있고,20) 통일과정에서 가장 긴급하게 소요되는 직접비용, 직접 기초생활비 보조 등 사회보장비용, 정부기구 유지비용, 사회 인프라구축비용으로 구분하는 견해도 있다.21)

최근의 비용 추계를 보면 연구자들에 따라 큰 차이를 보이고 있으며, 적게는 74조 원에서 많게는 5,935조 원까지 추산하고 있는데,22) 장기적으로 통일편익이 통일비용보다 더 크다는 점에 대하여는 모든 연구자들이 일치된

---

18) 김욱·황동언, 앞의 논문(주 15), 79~80면 참조.
19) 김유찬, "통일비용의 산정과 절감방안", 바람직한 통일준비와 추진방안, 국가안보 전략연구소, 2010. 11. 22, 64면 참조.
20) 신창민, 통일비용 및 통일편익, 국회예산결산특별위원회, 2007. 8. 31, 3~5쪽; 박태규, "한반도통일에 따른 소요비용의 추계와 재정조달방안", 한반도 통일시의 경제통합전략, 한국개발연구원, 1997, 443면 참조.
21) 김유찬, 위의 논문(주 19), 86~90면 참조.
22) 김은영, "통일비용 관련 기존연구자료", KDI 북한경제리뷰, 2010. 8월호, 64~65면 표 참조.

〈표 1〉 지출 성격 및 주체에 따른 분류

구분		지출 성격	
		투자성 지출	소모성 지출
북한	정부	정부 투자 - 북한내 사회간접자본 조성 등	정부 지출 - 사회보장지출 - 각종 제도 통합 비용
	기업	자본재 구입, 공장 건설 등 민간 투자	임금 지급, 고용유지, 사회보험금 일부 부담, 법인세 납부, 기업의 사회적 책임 활동
	가계	교육 투자	세금
남한	정부	정부 투자 - 남한내 사회간접자본 조성 등	정부 지출 - 북한 사회보장지출 지원 - 공무원 파견 지원 - 각종 제도 통합 비용
	기업	민간 투자 - 생산 시설 투자	민간 경상 지출 - 북한주민 지원 - 사회적 책임 활동
	가계	- 소규모 자영업 투자 - 국공채 투자	민간 경상 지출 - 북한주민 민간 지원
해외	정부/ 국제기구	대일청구권 자금(유동적), 해외 정부 차관	가능성 낮음
	민간	북한 지역 외국인투자, 국공채 투자	북한 주민에 대한 구호지원

견해를 보이고 있다. 통일 비용 내지 경제통합비용에 대한 기존 연구들이 가지는 한계로는 남한을 위주로 한 통일비용과 편익을 기술하고 있다는 점과 남북의 가계, 기업, 정부, 해외 등 경제주체간 적정한 부담의 분배에 대하여는 논의하고 있지 않다는 점이다.[23] 경제통합에는 부담이 존재할 수밖에 없으며, 이러한 부담은 경제주체간 그리고 남북한간에도 공평하고 효율적으로 배분되어야 한다.[24] 이러한 대원칙하에 경제통합의 부담을 적절히

---

23) 분석의 편의상 암묵적 전제로 북한주민이나 기업, 정부는 전혀 비용을 분담하지 않고 남한의 정부나 민간이 전체 비용을 부담한다고 보기 때문이다.

나누는 방안에 대하여 논의하기 위하여 앞 쪽의 <표 1>과 같이 경제통합의 부담을 그 지출 성격 및 주체에 따라 분류해 보고자 한다. 이러한 분류는 기존의 통일비용 논의에서 크게 다루지 않았던 투자성 지출과 소모성 지출의 구분을 한 축으로 하고, 각 경제주체별 항목을 구분하였다는 데에 의의가 있다.

<표 1>에서 나타난 지출 항목별 부담은 사실 경제통합의 구체적 내용에 따라 크게 달라질 수 있다. 가장 큰 영향을 미치는 변수로는 실업률, 화폐교환비율과 사회보장제도의 통합방식이다. 특히 사회보장제도의 통합은 사회보험, 공공부조, 사회복지서비스의 제도 설계 내용에 따라 정부, 기업, 가계가 각각 부담하는 사회복지 지출 규모를 결정하게 된다. 그러므로, 실업률을 낮추기 위한 정책적 노력이 항상 선행되어야 한다. 실업률이 낮을 경우 정부가 지출해야 할 현재의 사회보장지출규모가 그만큼 작아지고 경제의 장기적 발전가능성도 높아져 미래의 사회보장지출규모도 줄이고 경제의 선순환구조를 창출할 수 있다.

독일의 경우 1991년부터 1998년까지 동독 지역에 대한 이전지출의 50% 이상을 사회복지정책을 위한 지출이 차지하고 있고, 인프라구축을 위한 지출은 11.6%, 경제개발을 위한 투자는 6.4%에 그치고 있다는 것은 우리에게 시사하는 바가 크다. 또한, 독일에서 통일에 필요한 재원의 조달을 위한 3가지 방법이 있었다. 첫째, 국가부채를 통한 조달 방식이고, 둘째, 세금, 수수료, 기부금 혹은 특별기부금을 통한 국가수입 확대 방식이며, 셋째, 긴축재정, 예산재편성 및 공공 서비스의 민영화 방식이다.[25] 또한, 독일에 있

---

24) 이와는 다른 차원에서 통일기금을 사전 조성하는 방안에 대한 반대론도 있다. 박진, "통일기금의 유용성 분석", 한국개발연구 제17권 제1호, 한국개발연구원, 1995, 127~144면; 조동호, "통일 기금은 미리 조성되어야 하나?", KDI 정책포럼 제63호, 1994, 1~8면 참조.

25) 베를린자유대 한국학과 통일연구팀, 독일 통일 20년 계기 독일의 통일·통합 정책 연구: 제1권 분야별 연구, 통일부, 2011, 447~449면 참조, 독일에서의 공적 채무

어서 공적채무의 전개상황을 보면, 첫째, 신탁공사의 채무가 1994년 2,300억 마르크에 달하는 점, 둘째, 동독 지역 주정부와 지방정부의 공적 채무가 1995년에 각각 590억 마르크, 460억 마르크로 전체 채무에서 차지하는 비중이 낮은 점에 주목할 필요가 있다. 신탁공사는 당초 출범시 통일비용의 대부분을 부담할 수 있을 것으로 예측하였으나, 오히려 상당액의 부채만을 남겼다. 통일 비용을 지출할 경우 그 혜택은 동독 지역에 집중되는 경우가 많음에도 불구하고, 동독 지역 주정부가 부담한 공적 채무가 전체 채무에서 차지하는 비중이 낮아 독일 통일시 수익자부담원칙이 제대로 지켜지지 않은 것으로 평가할 수 있다.

통일 부담과 관련하여 가급적 투자성 지출(인프라 투자, 경제개발투자)에 우선순위를 둘 필요가 있으며, 남북 주민간, 북한 주민내 세대간 부담을 적절히 배분하여야 할 것이다. 특히 경제개발비용의 수익자부담원칙(북한 지역 자체부담 원칙)과 자체신용에 의한 기채 조달원칙, 보충적 지원원칙을 수립할 필요가 있다. 혜택과 부담의 주체를 연결하여 북한 지역에서 혜택을 보는 사업은 북한 지역에서 우선 부담하도록 하여야 하며, 필요한 경우 남한 정부가 채무 보증을 서는 형태로 북한 지역을 관리하는 기관이 차관을 도입하거나 채권 발행을 통하여 경제개발재원을 마련하도록 해야 한다. 다만 채권시장을 통하여 재원을 조달하는 경우 국채이자율수준에 따라 부담이 증가하거나 국제 채권시장의 수요 여력에 따라 필요한 수준만큼의 조달이 어려울 수 있다.

전개상황은 같은 책 452면 참조.

(2) 기존 경제통합방식 논의

1) 급진적 경제통합의 실행 가능성

남북한간에도 독일과 유사한 방식의 급속한 경제통합이 가능할까? 독일의 경우는 통일 당시 동독 인구가 서독 인구의 약 1/4정도였으며, 1인당 소득 또한 동독 마르크와 서독 마르크간 환율에 따라 차이가 있긴 했지만 그 차이가 남북한간 차이보다 훨씬 작아 경제적으로 급속한 통합을 할 수 있는 잠재력이 있었다. 이에 반해, 우리의 경우 북한의 인구가 남한의 거의 절반에 가깝고, 1인당 소득 격차 또한 동서독보다 훨씬 커서 동서독식으로 급속하게 통합하는 것은 남북한특수관계론의 입장에서 볼 때 사실적·규범적으로 실행 불가능하다. 북한주민의 법적 지위에 관하여는 헌법 제3조의 규범적 효력이 제4조에 비하여 우월적으로 적용되어 헌법 제4조는 제3조와의 관계에서 유동적이고 가변적이다. 즉, 북한주민도 우리 헌법 제3조에 따라 대한민국 국민으로 인정되지만 헌법 제4조에 따라 그 특수성이 반영되어 구체적 기본권 행사는 제한될 수도 있다.26) 한편, 단일헌법전이 채택되어 통일국가가 완성되면 북한주민도 그 구성원으로서 헌법 제4조의 특수성을 반영할 필요가 없고 구체적 기본권을 통일헌법에 규정된 내용에 따라 남한주민과 동등하게 향유할 수 있게 된다. 평등권은 통일헌법에서도 당연히 보장될 기본권으로서 경제통합과 관련하여서 통일 이후 사회급부행정으로서 남한 주민에 제공되는 사회적 급부는 통일헌법에 별다른 유보가 없다면 북한 주민에 대해서도 동등한 수준으로 제공되어야 할 것이다.

이러한 남북한특수관계론의 규범적 측면을 염두에 두면서 현재의 격차가 그대로 유지된다는 가정하에 급속한 통합이 가능한지를 살펴보자. 2014

---

26) 북한주민의 헌법적 지위에 대한 상세한 논의는 이효원, 통일법의 이해, 박영사, 2014, 170~189면 참조.

년 남한의 1인당 국민총소득(GNI)은 2,968만 원이고, 북한의 1인당 국민총소득은 138.8만 원이며[27] 고용노동부고시 제2015-39호(2015. 8. 5)에 의하면 최저임금법에 따른 남한의 최저임금은 시간당 6,030원으로서 주40시간제이면 월급 1,260,270원이고 이를 연소득으로 환산하면 15,123,240원이다. 2014년 북한 인구는 2,466.2만 명이므로 남북한에 동일한 최저임금법이 적용된다고 한다면 북한 인구의 대부분이 최저임금 이하에서 근무하고 있는 것이다. 2015년 현재 개성공단에서의 북측 근로자의 월 최저임금이 73.87불임을 감안하면 급속한 경제통합으로 북한주민에 대하여 남한의 최저임금법을 그대로 적용할 경우 기업이 부담할 인건비 수준이 적게 보아 10배 이상 증가한다는 점을 알 수 있다. 또한 국민기초생활보장법에 근거한 보건복지부고시 제2014-142호(2014. 8. 29)에 의하면 2015년 남한의 월 최저생계비는 1인가구 617,281원, 4인가구 1,668,329원으로서 통일 과정에서 급속한 경제통합의 방식을 통해 북한 지역 주민 모두에게 남한의 국민기초생활보장법에 의한 최저생계비를 적용한다는 것은 재정형편상 불가능하다. 남한의 경우에도 지역에 따라서 1인당 지역내총생산액의 수준이 차이가 있는데, 2014년 가장 높은 지역(울산광역시, 61.10백 만원)과 가장 낮은 지역(대구광역시, 18.94백 만원)간 수준 차이가 약 3.2배에 이르고 있다.[28] 경제적 영역에서 남북한간 법률 통합은 북한 지역의 1인당 총생산액 수준이 남한의 1/4 정도에 근접하는 수준에 이르렀을 때 현실적으로 가능해 질 수 있을 것이라 생각한다.

2) 점진적 경제통합의 불가피성

현재의 남북한 경제 격차 및 북한의 경제 여건이 불변인 상황에서 급진

---

27) 통계청 국가통계포털(http://kosis.kr/bukhan/index.jsp, 2016. 1. 23일 검색) 참조.
28) 통계청 국가통계포털(kosis.kr 지역통계, 2016. 1. 23일 검색) 참조.

적 경제 통합은 남한과 북한의 사정을 감안할 때 실행가능성이 거의 없는 방식이다. 그럼에도 불구하고 급진적 경제 통합을 추진한다면 노동시장의 혼란이 야기되고 남한 근로자의 임금수준이 하락하거나 실업률이 상승할 것이고, 남한근로자에 적용되는 최저임금수준이나 사회 급부수준을 낮출 수 밖에 없다. 북한 지역에서도 생산성이 뒷받침되지 않는 임금 인상으로 높은 실업률이 발생하고 이는 커다란 사회불안요인이 될 것이다. 화폐금융시장에서도 원화의 안정성을 유지하기가 쉽지 않아 물가가 상승할 것이며, 북한 지역으로의 외환의 유출입을 적절히 관리하지 못할 경우 외환시장의 안정성을 해치고 외환 위기를 불러올 수도 있다.

재화, 용역, 자본, 인력 등 4가지 요소 중에서 인력과 자본의 이동을 일정 기간 제한함으로써 급속한 경제통합에 따른 부작용을 감소시킬 수 있다. 다만, 뒤에서 언급하듯이 先통일-後경제통합시 인력이동의 제한과 관련하여서는 거주·이전의 자유의 본질적 내용을 침해할 수 없다는 한계가 있고 남한 주민과 북한 주민에 대한 평등권의 보장이라는 측면에서도 한계가 있다. 또한, 인력과 자본 이동에 대한 지나친 제한은 북한 지역으로의 투자에 큰 영향을 미칠 것이고, 더군다나 남북주민간 평등권 보장을 위하여 남한 인력의 북한으로의 이동이 제한되는 경우에는 북한 지역의 신속한 경제발전에 제약요인이 될 수도 있다.

현 상황에서 점진적 경제통합은 통일부담 측면에서 남북한간에 불가피한 선택이다. 가장 좋은 시나리오는 정치적 통일이 이루어지기 전에 남북한간 재화, 용역 등 생산물과 자본, 인력 등 생산요소간 통합이 상당수준으로 진행되어 남북한간 경제적 수준의 격차가 크게 감소하여 통일부담이 남한 경제가 감내할 수 있는 정도로 축소되는 것이다. 이는 평화적인 방식으로 남북한 합의하에 점진적으로 통합해 나간다는 민족공동체 통일방안의 주요 내용이기도 하다. 하지만 이러한 시나리오는 최상의 상황을 가정한 것이므로 그보다 좋지 않은 상황을 가정하였을 경우에도 대비할 필요가 있다. 어떤 방식에 의하든 정치적인 측면에서는 통일이 이루어지더라도 남북한간 경제의 통합은 급진적으로 이루어질 수 있는 성질의 것이 아니다. 유로존 통합의 사례를 보더라도 섣부른 통합은 경제력이 낮은 지역의 화폐·금융정책적 수단을 제약하여 경쟁력이 높은 지역과 낮은 지역 모두에게 경제적 부담을 안기기 때문이다. 통일과정을 구분하여 분단해소 단계, 체제통합단계, 국가완성 단계로 나누는 견해가 있는데, 분단해소 단계는 통일협상을 진행하여 남북이 통일국가를 선포하는 순간까지이며, 체제통합단계는 통일선언 이후부터 각 분야의 통합이 진척되는 단계이며, 국가완성단계는 실질적인 통일의 마무리 단계로 북한의 제반 지표가 남한에 근접하여 단일국가로 진행되기 직전까지를 말한다.29) 이러한 구분도 암묵적으로 점진적 통합만이 가능한 시나리오라는 것을 상정하고 있는 것이라 할 수 있다. 先통일-後경제통합시 통일부담을 낮추기 위해서는 신속하게 북한내에 시장경제질서를 도입하고 대내외 투자를 활성화하여 북한내 일자리를 창출하고, 국제경쟁에서 생존할 수 있도록 기업조직을 전환하고 북한근로자의 노동생산성을 제고할 필요가 있다. 이러한 목표를 달성하기 위해서 최근 일정기간 과도기를 설정하여 남북한경제를 분리하여 운영하자는 방안에 대한 연구들30)이 증가하고 있는데, 북한경제 분리운영방안은 통일 후 일정기간 한시적으로 북한경제를 남한경제와 분리하여 운용한다는 것을 의미한다.31) 또한, 명시적으로 과도기의 설정을 내세우지는 않았지만 급진적 경

29) 김규륜 외, 통일 비용·편익의 분석 모형 구축, 통일연구원, 2012, 83~88면; 조한범 외, 정치·사회·경제분야 통일비용·편익 연구, 통일연구원, 2013, 15면 참조.
30) 대표적인 연구로는 전홍택 편, 남북한 경제통합 연구: 북한경제의 한시적 분리 운영방안, 한국개발연구원, 2012; 고일동 편, 남북한 경제통합의 새로운 접근방법: 독일식 통일의 문제점과 극복방안, 한국개발연구원, 1997; 안예홍·문성민, "통일이후 남북한 경제통합방식에 대한 연구", 금융경제연구 제291호, 한국은행, 2007.1; Sung Min Mun & Byoung Hark Yoo, "The Effects of Inter-Korean Integration Type on Economic Performance: the Role of Wage Policy", *Working Paper No. 477*, The Bank of Korea, 2012. 7.

제통합이 바람직하지 않거나 추진되어서는 안 된다고 결론짓는 연구도 다수 존재한다.[32] 앞에서 언급하였듯이 이렇게 남북한 경제를 분리하여 운영하는 방안도 결국은 점진적 경제통합의 한 유형에 속하는 것이다.

3. 경제통합과 법제통합

   남북통일과 경제통합의 과정이 서로 구분되어 진행될 수 있듯이 경제관련 법제의 통합[33]도 통일과정 또는 경제통합과정과 구분되어 진행될 수 있다. 이는 경제는 기본적으로 사실의 영역이고 법제도는 규범의 영역이라는 차이가 있고 남북한이 통일과정에서 개인과 기업의 자유와 창의를 기초로 이를 보완한 시장경제질서를 지향하더라도 이를 만족시키는 경제질서의 모습이 일의적인 것은 아니기 때문이다. 우선 경제통합이 정치적 통일

---

31) 전홍택 편, 앞의 책(주 30), 36면 참조.
32) 문성민·문우식, "남북한 화폐통합방식에 관한 연구: 사례분석을 중심으로", 경제논집 제48권 제1호, 서울대학교 경제연구소, 2009, 40면에서 중국-홍콩 사례를 들어 남북한이 정치통합을 이룰 경우 1국 2통화체제를 유지하면서 통화통합을 단계·점진적으로 추진하는 것이 바람직하다고 하고, 전홍택·이영선 편, 한반도 통일시의 경제통합전략, 한국개발연구원, 1997, 192~196면에서는 즉각적이고 급진적인 통화통합은 바람직하지 않다고 하고 있으며, 노용환·백화종, 통일 후 남하이주의 정책과제-사회보장제도의 한시적 분리운영을 중심으로, 보건사회연구원, 1998, 70면은 북한 지역의 개별 기업 및 근로자들의 사회보험기여금 분담능력이 갖추어질 때까지 사회보장제도의 한시적 분리운영이 바람직하다고 주장하고 있다.
33) 제성호 교수는 "법통합이라 함은 두 개 이상의 상호 이질적인 법체계 내지 법질서를 단일한 법질서로 만드는 작업으로 하나의 법질서가 다른 법질서를 대체하거나 양자가 절충된 제3의 법질서가 새로이 만들어지거나 어느 하나의 법질서가 절충·변형된 형태로 다른 쪽에 부과되는 방식으로 이루어진다"고 한다. 제성호, "남북통일과 법체계 통합", 통일정책연구 제9권 제1호, 통일연구원, 2000. 6, 103면 참조.

에 앞서 이루어지는 경우를 가정한다면 점진적으로 경제통합이 이루어져
야 하고 이를 뒷받침하기 위하여 남북간 경제관련 법제의 통합도 내용적
측면에서는 어느 정도 통일에 앞서 이루어질 것이다. 경제법제통합을 이루
는 수단은 국가간 자유무역협정과 유사한 내용의 '남북경제협력합의서'이
며, 동 합의서는 국가간 조약은 아니지만 남북관계발전에 관한 법률에 따
라 남북간에 구속력 있는 합의서의 일종으로 체결할 수 있다. 그 세부 내용
은 경제통합의 정도에 따라 재화의 자유로운 이동을 보장하는 법제, 용역
의 자유로운 제공을 보장하는 법제, 자본의 자유로운 이동을 보장하는 법
제, 인력이동의 자유를 보장하는 법제 등을 포함할 수 있으며, 헌법상 기본
권조항과 관련되기도 하고 경제조항과 관련되기도 하며, 구체적 법률과 관
련되기도 한다.

한편, 통일이 경제통합에 앞서 이루어진다면 법제 통합도 거의 이루어지
지 않은 상태일 가능성이 높다. 기실 남북 법제통합에 있어 가장 큰 장애요
인은 북한에는 법치주의가 정립되어 있지 않아 법이 기본적인 생활규범으
로 기능하지 못하고 있다는 점이다. 북한도 법의 필요성과 법이 가지는 사
회통합의 기능을 인정하기는 할 테지만, 계급성에 기초한 북한의 법은 법
에 대한 정치의 우위를 인정하는 사회주의 국가들의 법의 일반적 속성을
가지고 있다.[34) 이에 더하여 북한은 다른 사회주의 국가들에서는 볼 수 없
는 수령 1인 독재체제를 구축하고 있고 이는 주체사상이라는 북한 특유의
사상으로 뒷받침되고 있다. 이러한 체제적 특성으로 인하여 비공식규범이
지만 수령의 교시나 지시, 당의 지시가 매우 중요한 규범이 되고 공식적 규
범인 법은 오히려 이러한 비공식적 규범의 실천을 위한 수단적 도구로 보
일 정도가 된다.[35) 북한 주민의 행동을 규율하는 비공식적 규범 가운데 가

---

34) 법무부, 베트남 개혁개방법제 개관, 2005, 513면 참조.
35) 북한 사회의 법의 지위, 공식적 규범과 비공식적 규범에 대하여는 이규창, "분단 65
    년-북한법의 성격과 기능의 변화", 북한법연구 제13호, 북한법연구회, 2011, 270~
    274면 참조.

장 중요한 것은 "당의 유일사상체계 확립의 10대 원칙"36)인데, 경제분야에서는 김정은의 '현지지도'를 통한 지시가 다른 무엇보다 더 중요한 규범이나 지침이 될 수 밖에 없다. 일례로 '대안의 사업체계'도 1961년 12월 김일성이 현지지도 후 확립한 공장관리지침이었다.

경제통합을 위해서는 북한내 시장경제질서의 도입이 전제되어야 하며, 시장경제가 효율적으로 작동하기 위해서는 사유재산제가 확립되어 있어야 한다. 또한, 사유재산제를 뒷받침하는 재산법, 계약법, 상법, 외국인투자법, 경쟁법 및 파산법 등이 마련되어 있어야 한다.37) 좀 더 세분화하면 첫째, 시장기구에서는 소유권의 특정이 중요하므로 사유재산권 보장, 국유기업의 주식회사로의 전환, 국제적 수준의 지식재산권 보호가 필요하다. 둘째, 재산권의 정립과 함께 시장에서의 자발적 교환을 위한 계약법이 필요하다. 계약법의 기초로서 계약의 자유는 자기결정과 자기책임성을 전제로 한다. 셋째, 경제조직으로서의 회사의 설립절차, 종류, 내부 조직기준, 이사회의 권리 의무, 합병과 청산 및 해산 등의 규칙을 포함하는 회사법, 파산법, 외국인투자법이 필요하다. 이는 개별경제주체들이 헌법상 결사의 자유를 보장받는 것이 출발점이다. 넷째, 시장에서의 독점을 금지하거나 제한하는 경쟁법이 제정될 필요가 있다.

기존 연구들을 살펴보면 경제 관련 법제와 경제 비관련 법제를 구분하지 않고 일반적인 법률 제도의 통합원칙과 통합분야 및 통합절차를 제시하고 있다. 통일독일의 법통합 사례를 분석하여 남북한의 법통합은 점진적이고 단계적으로 추진하는 것이 현실적이지만 전체적으로 그 기간은 최대한 단축할 것을 제시하는 견해38), 통합의 원칙으로 ①남한법의 원칙적 확장 적

---

36) '10대 원칙'은 김일성의 교시나 김정일(현재는 김정은)의 지시를 신성불가침한 지상명령으로 만들며 일인독재와 세습체제를 수호하게 한다.

37) 정영화·김계환, 북한의 시장경제이행, 집문당, 2007. 10, 35~51면 참조.

38) 제성호, 앞의 논문(주 33), 101~134면 참조. 제 교수는 북한 급변사태에 따른 흡수통일이 실현되더라도 법질서의 즉각적이고 총괄적인 통합은 가능하지도 않을 뿐더

용, ②일부 법의 적용 유보 ③일부 북한법 규정의 한시적 효력 인정을 제시하는 견해,[39] 남한 주도에 의한 조기 통일시에는 남한법의 원칙적 확장 적용과 일부법의 적용유보, 일부 북한법 규정의 한시적 효력 인정을 추진하고, 남한 주도에 의한 점진적·단계적 통일의 경우 ①화해·협력 복원·발전단계에서는 법률실무협의회를 구성하여 경제분야에서 교류협력을 활성화할 수 있는 법제를 마련하고, ②남북연합단계에서는 법제통합을 위한 기구(초기에는 가칭 통일법제기획단→말기에는 통일법제추진단)를 구성하여 제한적 내지 부분적 법제통합을 추진하는 것을 적극 고려하여, 경제분야에서 점진적인 화폐통합이 이루어져야 하고 각종 경제·노동·재정 관련 정책의 통합이 이루어져야 하며, ③통일국가단계에서는 통일조약, 통일헌법을 채택하여 법제통합을 추진하며, 조약 승계, 월남자 혹은 월북자의 재산권과 상속, 가족관계, 대북투자자 등과 관련한 다양한 문제에 대한 법률적 검토와 조치가 고려되어야 한다고 주장하는 견해[40] 등이 있다.

남북한 경제통합은 시장경제질서를 근간으로 하여 추진될 것이므로 경제통합시 법제도의 통합은 상당부분 남한의 기존 법률의 내용이 바탕이 될 수 밖에 없다. 그래서 기존 법제통합 논의의 대부분은 원칙적으로 남한 법을 확장·적용하는 방안을 제시하고 있는데, 동독이 서독연방의 일부 주로 편입되는 방식으로 통일이 이루어지고 서독연방법을 동독 지역에 확대 적용하였던 통일 독일의 사례와는 달리 남북한 통일시에는 그와 같은 방식은 지양하여야 할 것이다. 우리는 독일 사례와 상이한 점이 많아서 첫째, 지방자치제를 채택하고 있지만 연방국가인 서독과 달리 지방자치단체의 권한이 그렇게 크지 않은 점, 둘째, 북한 지역 주민들이 자본주의체제에 노출된

리 바람직하지도 않다고 한다.
39) 박수혁, "통일한국의 법률통합", 법조 통권 제530호, 2000. 11, 71면 참조.
40) 이규창 외, 남북 법제통합 기본원칙 및 가이드라인, 통일연구원, 2010. 10 참조. 동 연구에서는 대등한 입장에서의 합의에 의한 통일방식은 우리 헌법 제4조에 비추어 타당하지 않다고 하며 그러한 경우의 법제통합에 대하여는 설명하지 않고 있다.

경험이 거의 없는 점, 셋째, 통합추진시 동·서독간 격차에 비하여 남한과
북한의 경제력 차이가 너무 큰 점, 넷째, 큰 경제력 차이로 인하여 급진적
통합시 그 부담이 감당하기 어려운 점 등이 있기 때문이다.[41]

　정부조직법 등 국가기관의 조직이나 운영에 관한 법률이나 정치 영역에
적용되는 법률들은 그 법률의 성격과 내용상 남북한 전역에 통일적으로 적
용되어야 할 필요성이 강하다. 하지만, 헌법상 지방자치조항과 이에 근거한
지방자치법을 북한 지역에도 그대로 적용할지를 검토할 필요성이 있듯이
정치적 영역에서도 단일법을 적용하기 어려운 부분이 있을 수 있다. 경제
영역에서는 원칙적으로 계획경제질서에 입각한 북한의 법률이나 조항은
통일 이후 폐지하거나 개정되어야 할 것이다. 이러한 부분을 제외하고 북
한의 경제 현실에 맞추어 제정된 법률들은 통일 헌법상 경제질서에 위배되
지 않는 한 한시적으로 적용하거나 약간의 개정을 거쳐 적용할 필요가 있
다. 이러한 이유로 경제분야에서는 남북한 지역에 통합 적용해야 할 법률
의 비율이 정치영역에서보다 더 낮을 것이며 사실상 '1국가, 2개의 법영역'
이 존재하게 된다.[42] 또한, 남한의 현행법률을 그대로 북한에 적용하기 어
려운 경우도 있다. 이는 현행 남한의 법이 북한 지역과 북한 주민에 대해서
까지 적용될 것을 염두에 두고 제정된 법이 아니기 때문에 북한의 현실과
맞지 않는 부분이 많다는 점에 기인한다. 예를 들면, '귀속재산처리법'은
아직까지도 시행되고 있는 법률인데, 동법 제2조는 "북위 38도 선 이북 수

---

41) 이러한 문제점을 감안하여 북한 급변사태시라도 급속도로 체제통합이 완결되어서
　　는 안 되고, 일정기간 '과도기적 연방제'를 시행하는 방안을 제시하는 학자도 있다.
　　최창동, "북한체제 흡수통합시의 법적 과제", 비교법연구 제2권, 2001, 485면 참조
42) 과도한 통일비용을 이유로 북한 행정특구 내지 경제특구를 설치해야 한다는 최근
　　의 주장은 암묵적으로 '1국가, 2개의 법영역'을 전제로 한다. 박정원, 통일과정과 통
　　일 이후의 헌법재판소의 기능과 역할, 헌법재판소 정책개발연구용역보고서, 2011.
　　11, 28면에서도 법통합의 과정을 이행하는 경우 잠정적으로 '1국가, 2개의 법영역'
　　상태가 되는 것은 분단 상황에서 조성된 남북한간의 현저한 차이를 감안할 때 불
　　가피한 선택이라고 한다.

복지구내에 있는 재산으로서 단기 4278년 8월 9일 현재 일본인인 개인, 법인, 단체, 조합, 그 대행기관이나 그 정부의 조직 또는 통제한 단체가 직접, 간접 혹은 전부 또는 일부를 소유한 일체의 재산은 전항에 규정하는 귀속재산으로 취급하여 본법을 적용한다"고 규정하고 있다. 통일 이후에 남한의 법을 그대로 북한에 확장 적용하는 경우 과거 사실상 추진하지 못하였던 북한지역에서의 귀속재산처리를 개시하여야 하는데, 북한이 1946년 3월 「북한토지개혁법」 및 「주요산업 국유화법」을 공포·실시하고 토지, 건물, 기업체 등 모든 종류의 부동산을 국유화하고 이를 다시 분배하였으며 등기부도 멸실된 것으로 알려져 있어 '귀속재산처리법'을 적용하는 것이 사실상 불가능할 수 있다.

4. 법제통합관점에서 본 통일

(1) 경제·법제통합과 통일

기존 우리 사회에서는 통일을 합의통일과 흡수통일이라는 2분법으로 바라보았는데, 합의통일은 남북한이 합치된 의사에 기반하여 새로운 통일국가를 수립하는 것을 의미하고, 흡수통일은 북한 붕괴 등으로 인해 북한 체제가 소멸하고 남한에 병합되는 의미로 사용하고 있다.[43] 또한, 통일의 속도에 따라 점진적·단계적 통일, 급진적 통일로 구분하고 있는데, 이러한 구분에서는 '통일'이라는 개념이 경제통합과정, 법제통합과정을 내포하고 있으며 그러한 과정이 점진적·단계적으로 이루어지는 경우는 점진적·단계적

---

43) '흡수통일'은 기존의 대한민국헌법의 효력을 확대 적용·실시하는 것으로 법치주의에 입각한 평화적 통일을 추구하는 우리 헌법이 예정하지도 않으며 현재의 남북한 경제상황으로는 사회적·경제적으로도 실현하기 어려운 통일방식이라 할 수 있다.

통일, 급진적으로 이루어지는 경우는 급진적 통일로 지칭하고 있는 것으로 보인다.

본서에서는 통일개념을 경제통합 혹은 법제통합과 구분하여 사용하고 있으므로 이러한 시각하에서 통일과 경제·법제통합의 선후에 따라 시나리오를 구성하고 이를 기존의 통일유형과 관련지어 설명해 보고자 한다. 첫째, 정치적 통일-경제·법제통합 병행 시나리오이다. 경제·법제통합과 정치적 통일을 병행하여 추진한다는 것은 단일헌법을 채택하는 과정과 경제관련 법제도를 통합하는 과정을 병행하여 추진한다는 것을 의미한다. 헌법통합과 경제관련 법제도 통합이 병행하여 추진되는 경우 이론적으로는 그러한 과정이 급박하게 발생하는 경우와 시간을 두고 단계적·점진적으로 발생하는 경우로 나누어 볼 수 있다. 급박하게 통일-경제·법제통합이 병행하여 이루어지는 경우는 소위 '흡수통일'의 경우로서 이러한 형태의 법제통합은 통일부담이나 북한 지역내 법제통합의 수준을 감안할 때 바람직하지 않으며 가능하지도 않을 것이다. 한편, 통일-경제·법제 통합이 점진적·단계적으로 병행하여 이루어지는 경우는 통일의 개념 정의상 그러한 경우를 상정하기가 어렵다.

둘째, 先정치적 통일-後경제·법제통합 시나리오이다. 정치적 통일을 우선하여 추진하고 경제통합을 나중에 추진하는 경우는 우선 단일헌법을 채택한 후 그 다음에 경제관련 법제도를 통합하는 방식이다. 정치적 통일을 위한 천재일우의 기회가 올 경우 경제적 부담을 이유로 통일을 주저해서는 안 되며 우선 단일헌법을 채택하여 정치적 통일을 이룩할 필요가 있다. 그 후 경제관련 법제도를 급속히 통합하는 경우와 점진적·단계적으로 통합하는 경우로 구분할 수 있는데, 급속히 통합하는 경우는 사실상 첫번째 통일-경제·법제통합 병행방식과 큰 차이가 없을 것이다. 일단 정치적 통일이 이루어지면 급속한 경제적 통합에 대한 정치적 요구가 분출될 가능성이 높은데, 실제로 그러한 통합이 추진된다면 일인당 소득이 낮은 지역에서 임금은 상승하지만 실업률이 증가하여 생산량이 감소하고, 부유한 지역은 임금 감소 또는 경기침체가 일어날 가능성이 크다.44) 현재와 같은 남북한간 경제력 격차가 그대로 유지된다고 가정했을 때에 先정치적 통일-後 급속한 경제·법제통합방식은 지나친 '통일비용'이 부담이 되므로 이를 시간적으로 분산시킬 법제도의 설계가 필요하다. 즉, 先정치적 통일-後경제·법제통합 방식에서도 점진적·단계적으로 경제관련 법제도를 통합시킬 필요가 있는 것이다. 이 방식에서는 어떤 정치공동체(국가연합, 단일연방국, 또는 여타 복합적 정치공동체)를 구현하고 제도화하느냐 그리고 북한 지역의 자생적 경제성장을 지원하고 북한 주민에 대하여 경제적 측면에서 어떠한 비전을 제시하고 실현해 나갈 것인지가 매우 중요하다. 헌법의 영역에서는 거주·이전의 자유의 인정여부, 자치권의 범위 등에 있어 주도면밀한 법제도적 설계가 요청된다.

셋째, 先경제·법제통합-後정치적 통일 시나리오이다. 먼저 경제·법제통합을 이루거나 상당한 진척이 이뤄진 후 정치적 통일을 이루는 방식으로서 분단국간 경제력 격차가 클 경우 경제적 통합을 우선적으로 추진하여야 양 지역간 소득격차를 줄여 그 이후의 정치적 통일에 대한 지지를 받기 용이하므로 가장 선호되는 방식이다. 다만, 남북한과 같이 이질적인 경제체제를 보유한 국가간에 성공적인 경제통합을 이룬 사례는 존재하지 않으므로45) 어느 일방이 채택하고 있는 경제질서로 통합하여야 하는데, 남북한의 경우는 실패한 계획경제질서가 아닌 시장경제질서가 유일한 선택지로 남는다. 그러므로, 북한이 시장경제를 자생적으로 운용하는 데 필요한 최소한의 제도적 변화는 선행46)되어야 한다. 그렇다고 하더라도 시장경제질서가 경제

---

44) 박명규·이근관·전재성 외, 연성복합통일론: 21세기 통일방안구상, 서울대학교 통일평화연구원, 2012, 195면 참조.
45) 박명규·이근관·전재성 외, 위의 책(주 44), 190면 참조.
46) '연성복합통일론'에서는 이러한 요소로 집단농장의 가족농으로의 전환, 국가와 기업 또는 가족농간 계약책임제적 개혁, 사유재산권의 실질적 보장, 교환의 자유 보

현실에서 실현되는 법제도적 양태는 다양한 모습을 취할 수 있으므로 남북한에 반드시 동일한 법제를 적용할 필요는 없을 것이다.

(2) 소결

앞에서 남북통일과 경제통합, 법제통합의 관계에 기반하여 기존의 통일 유형을 재구성하여 간단히 서술하였는데, 우리가 지향하는 통일은 법치주의의 이념에 기반을 둔 통일이라는 점에서 통일 관련 논의에서 법제도적 관점을 소홀히 하여서는 안 될 것이다. 또한, '흡수통일'과 '합의통일', '급진적' 통일과 '점진적' 통일의 구분보다 법제 통합이라는 측면에서 통일 유형을 구분하였을 때 자유민주주의, 법치주의에 기반을 둔 평화적 통일 논의가 조금 더 명확해 지는 측면이 있다. 본서에서는 경제통합과 남북통일, 법제통합을 종합하여 특히 법치주의의 이념을 실현한다는 기조하에 '先경제통합-後통일'의 경우와 '先통일-後경제통합'의 경우로 구분하여 법제도적 과제를 도출하고자 한다.

先경제통합-後통일의 경우는 우리의 공식적 통일방안과 일맥상통하는데, '민족공동체통일방안'에서는 경제·사회·문화 공동체를 형성, 발전시켜 궁극적으로는 하나의 민족, 하나의 국가로 정치적 통일을 완성해 간다는 것을 골자로 하므로[47] 이를 법제통합측면에서 바라보면 단일한 헌법전을 채택하기 전에 특히 경제를 규율하는 법률 등 규범을 우선 통합하자는 것에 다름 아니다. 이 방식으로 통일과 경제통합이 이루어지는 경우 경제와 관련된 법제도는 통일에 우선하여 혹은 통일과 병행하여 통합시키고 경제와 무관하거나 관련이 적은 법제도는 정치적 통일이 이루어진 후 동화 내지

장이라는 네 가지 개혁을 제시하고 있다. 박명규·이근관·전재성 외, 앞의 책, 192~193면 참조.

47) 박종철 외, 민족공동체 통일방안의 새로운 접근과 추진방안: 3대 공동체 통일구상 중심, 통일연구원, 2010, 15면 참조.

통합되어야 한다. 경제통합과 법제통합의 관계도 반드시 동시에 이루어져
야 하는 것은 아니다. 우선 북한이 경제통합의 전제조건(시장경제질서의
도입 등)을 구축하는 노력이 선행된다면 중국-홍콩, 중국-대만의 사례처럼
양 지역간 재화나 용역의 반출입을 촉진하기 위한 합의서 체결을 추진하고
이를 통하여 북한경제의 발전을 위한 최소한의 시장을 확보해 줄 수 있다.

  '先통일-後경제통합'의 경우는 통상 '급진적' 통일이라고 일컬어지는 통
일유형과 일맥상통하는데, 이 방식으로 통일과 경제통합이 이루어지는 경
우 일의적으로 명쾌하게 잘라 말하긴 어렵지만 법제통합은 형법이나 행정
조직법 등 경제 영역과 직접적 연관관계가 적은 법역을 우선 통합하고, 경
제와 관련된 법제도는 경제통합의 속도에 맞추어 동화 내지 통합하여야 할
것이다. 현재의 남북간 경제격차 및 관련법제가 그대로 유지된 상태에서
통일이 이루어진다고 가정할 때 급속한 경제·법제통합이 불가능하기 때문
이다. 先통일-後경제통합의 경우에도 통일이 '점진적' 방식으로 추진될 가
능성이 전혀 없지는 않다. 즉, 북한이 시장경제질서를 도입하고 개혁개방정
책을 추진하며, 법률 또한 형식적으로는 통합되어 있지 않으나 내용적으로
는 상당한 정도로 유사하게 이루어진 상황이라면 남북한간 헌법 통합이 이
루어지고 단일국가를 형성하는 과정이 점진적으로 이루어질 수도 있다. 다
만, 북한경제가 위와 같이 시장경제질서를 이미 채택한 상황에서 남북간
경제통합을 저해하는 경제 내적 요인은 거의 없을 것이고 남북한에 적용되
는 법률의 내용이 실체적으로 상당히 유사하다면 경제 관련 법제의 통합도
상당히 용이할 것이므로 이러한 경우는 통일에 선행하여 남북간 경제통합
이 상당히 진행되어 전술한 '先경제통합-後통일'의 경우와 구분할 실익이
크게 감소할 것이다.

제3장

경제통합사례

제1절 독일

1. 경제통합의 전제조건 구축

(1) 동독내 시장경제질서의 도입

동독[1]은 사회주의적 계획경제체제로서 생산 및 분배, 임금, 가격, 경제성장목표 등을 국가가 총괄하여 정하였으므로 산업구조전환이나 신기술도입이 거의 일어나지 않았으며 생산업자들이 수요량보다 더 많은 중간재 및 원자재를 창고에 보관해 두는 등 엄청난 자원의 낭비를 초래하였으며, 그 결과 사회간접자본이 노후화하고, 노동생산성이 낮았으며, 국제시장에서 경쟁력을 갖출 기업이 적어 서비스부문이 낙후되고 경제성장이 크게 둔화되어 주민생활이 궁핍하였다.[2]

이러한 상황하에 동독 지역에서의 경제질서 전환은 필연적으로 서독의 사회적 시장경제질서를 동독 지역에 확대 적용하는 과정이 될 수 밖에 없었으며 이는 매우 신속하게 진행되었다. 동독이 서독에 편입되는 형식을 취하면서 연방 차원에서는 (일부 개정해야 할 법률이 필요하였지만) 새로운 제도를 도입할 필요는 없었고 동독 지역에 시장경제질서에 기반한 서독의 법과 제도를 변용(조약을 통한 폐지, 변경, 수정 등)을 거쳐 사용하였으며, 일부 에너지 가격과 집세 등을 제외한 대부분의 가격을 자율화하였다.

---

1) 정식 명칭은 Deutsche Demokratische Republik 또는 German Democratic Republic 으로 불리었다.
2) 독일 경제사회통합 연구를 위한 단기조사단, 독일경제사회통합에 관한 연구, 대외경제정책연구원, 1990. 12, 22~25면 참조.

동서독간 경제 통합의 주요 요소는 첫째, 자유로운 경제활동을 보장하고 가격을 자유화함으로써 경쟁시장체제의 기반을 구축한 것이다. 둘째, 동독 지역내 사유재산제도를 확립하고, 셋째, 화폐를 단일화하는 등 화폐금융시장을 통합하며, 넷째, 사회보장제도를 일원화하고 다섯째, 이들을 뒷받침하는 조세·재정정책을 통일한 것이며, 여섯째, 해외 시장과의 연계를 위하여 대외무역자유화 등 경제의 대외개방이다.3) 경제질서 전환의 주요 요소들과 과정들은 동서독간 체결된 합의문서에 잘 나타나 있는데, 동서독은 통일이 이루어지기 전에 국가조약을 통하여 화폐·경제·사회부문에서 1단계 법률 통합을 추진하다가 통일조약에서 서독이 동독을 흡수통합하는 방식으로 바뀌면서 연방법의 확대적용을 원칙으로 하는 법률통합을 추진하였다. 독일통일의 과정에서 법적 통일은 모든 법영역에 걸쳐 광범위하게 그리고 상당히 급진적으로 전개되었으며, 그 가장 큰 특징은 기본법상의 법치국가원칙에 부합하는 철저한 법의 통일을 진행한 것이었다. 어쩌면 독일인들은 법치주의의 공백상태를 잠시라도 참을 수 없었는지도 모른다.4)

(2) 사유재산제 보장

서독과 동독은 1990년 5월 18일 서독의 화폐와 시장경제질서를 바탕으로 '화폐·경제·사회통합에 관한 국가조약(이하 '국가조약')'을 체결하였고, 동 조약은 그 해 7월 1일자로 발효되었다. 동서독간 경제 통합 과정을 살펴 보면 1989년 10월부터 11월까지의 평화혁명기부터 1990년 봄 동독인민회의 선거시까지는 주로 동독측의 자체입법조치에 의하여 부분적으로 법적 동화가 진행되었다.5) 예를 들면, 1989년 11월 9일 베를린장벽이 무너진

---

3) 김영윤, 사회적 시장경제와 독일 통일, 프리드리히 에베르트 재단, 2000, 123면을 참조하여 재구성하였다.
4) 법무부, 독일 법률·사법통합 개관, 법무자료 제165집, 1992, 37면 참조.
5) 법무부, 위의 책(주 4), 35면 참조.

후 동독내 산업체 및 국공유재산을 관리하고 종국적 사유화를 위하여 1990
년 3월 1일 '신탁공사(Treuhandanstalt)6)'가 우선 설립되기도 하였다.7) 그
러나, 1990년 3월 18일 동독 최초의 자유선거 실시를 계기로 동독의 민주
정부는 통합 작업에 박차를 가하여 서독과 '국가조약'을 체결하였다. 이로
써 동독과 서독은 정치적 통일을 이룬 통일조약 체결 이전에 경제적 통합
을 우선 추진하여 경제분야에서의 법률통합을 위한 토대를 마련하였다.
'국가조약'의 성격에 대하여는 동독이 그 주권의 일부를 양도하고 있고 동
독 헌법개정의 효과를 가져오고 있어 헌법조약으로의 성격을 가지고 있는
것으로 보고 있다.8) 이후 체결된 통일조약 제40조 제1항에서 '국가조약'에
기한 의무는 동 조약에서 달리 규정하지 아니하는 한 계속 유효하다고 규
정하고 있다.

　'국가조약'은 사적 소유, 효율적 경쟁, 가격 결정의 자유, 계약의 자유,
영업활동의 자유, 직업의 자유, 노동·자본·서비스의 자유로운 이동을 동독
지역에서의 경제활동의 기본원칙으로 채택하였다. 즉, 국가조약 제1조 제3
항은 '…경제통합을 통해서 특히 사유재산제와 경쟁원리에 입각한 자유로
운 가격형성과 원칙적으로 노동·자본·재화 및 용역의 완전한 자유이동의
원칙이 적용된다…'고 규정하고 있으며, 제2조 제1항에서 '쌍방은 자유, 민
주, 연방, 법치국가 및 사회적 기본질서의 수용을 승인한다. 쌍방은 본 조
약에 명시되었거나 본 조약의 실시를 위한 권리를 보장하기 위해 특히 계
약체결의 자유, 영업의 자유, 주거의 자유, 직업선택의 자유, 독일화폐가 통
용되는 전 지역에서의 이전의 자유, 노동 및 경제적인 조건 유지 및 지원을
위한 단체를 구성할 자유를 보장하며, 본 조약의 부속문서 IX장에 의거, 민

---

6) 신탁청, 신탁공단 등으로도 번역되는데 동 기관이 국가기관이 아니며, 수익사업을
　　하지 않는 공법적 기능을 가진 한시적 기관이라는 점에서 신탁공사로 번역하였다.
7) 신탁공사가 우선 설립되고 그 활동을 규정하는 신탁법(Treuhandgesetz)이 1990년
　　6월 17일 동독내에서 통과되었음을 유념할 필요가 있다.
8) 법무부, 앞의 책(주 4), 62면 참조.

간투자자의 경작지와 토지 및 생산수단의 취득을 보장한다'고 하였으며, 제11조 2항 하단에서는 '기업조직은 본 조약 제1조에 명시된 사회적 시장경제의 원칙에 입각하여 재화의 종류, 수량, 생산과정, 투자, 노동관계, 가격 및 이익의 처분에 대해 기업 스스로 자유로운 결정을 내릴 수 있도록 형성된다'고 기업의 자유를 규정하고 있다.

이러한 경제통합을 제도적으로 뒷받침하기 위하여 국가조약 제4조에서는 '화폐·경제·사회통합에 따라 필요한 동독법의 조정은 본 조약 제2조 제1항에 명시된 기본원칙과 공동의정서9)10)에서 합의된 준칙에 따른다'고 하고 있다. 이에 따라 부속서에서 동독이 시행할 서독 법률, 동독이 폐지 또는 변경할 법률, 동독이 신규제정해야 할 법률, 서독이 개정해야 할 법률, 동독이 향후 제정을 위해 노력해야 할 법률의 목록을 제공하여 사회적 시장경제질서를 구성하는 제 요소를 도입하고 있다. 법률 통합의 시기는 분류에 따라 달라지는데, i)동독이 시행할 서독 법률의 경우는 국가조약 효력발생시까지 조치하며 이에 필요한 경과규정을 두도록 하고 있고, 동 조약의 효력발생 이후에는 동 범주에 포함되는 서독법 또는 그 일부가 변경될 경우 이와 관련된 동독법도 개정되는 것으로 보고, ii)동독이 폐지 또는 변경할 법률의 경우는 국가조약 시행 전 폐지하거나 변경할 것을 보증하며, iii)동독이 신규제정해야 할 법률의 경우는 국가조약 효력발생 이전까지 혹은 부속문서에 명시한 별도 시점까지 신규 제정토록 하고 있고, iv) 서독이 개정해야 할 법률의 경우는 동 조약 발효전에 일련의 법규정을 개정하거나 효력을 확장하여 적용하며, v)동독이 향후 제정을 위해 노력해야 할 법률의 경우는 그 성격상 특별한 시기를 규정하지 않고 있다.

---

9) 이하에서는 '지도원칙에 관한 공동의정서'라 칭한다.
10) 지도원칙에 관한 공동의정서는 I. 총칙 제2호에서 사회주의적 국가질서, 국민경제의 중앙통제와 계획이 더 이상 적용되지 않으며, II. 경제통합 제2호에서 계약의 자유를, 제3호에서는 '기업운영에 대한 결정의 자유를, 제5호에서는 가격결정의 자유를 규정하는 등 지도원칙을 제시하고 있다.

동서독간 국가조약이 1990년 5월 18일 체결되어 동년 7월 1일 발표되었음을 감안할 때 상당히 촉박한 형태로 경제 통합이 이루어지고 있음을 알 수 있으며 이런 이유로 통합의 경제적 부담은 통합 당시의 동·서독 주민들이 나누어 질 수 밖에 없었다. 서독 주민은 통합이후 엄청난 경제적 부담, 소위 통일비용을 떠안게 되었다. 이는 세금 증대, 재정적자 확대, 공공지출의 대폭 삭감으로 이어졌다. 이로 인하여 서독 지역내 빈곤층의 복지 수준은 더욱 낮아진 반면, 기업의 동독 지역으로의 투자유인을 위한 감세 조치로 고소득층이 혜택을 받는 모순적 상황에 직면하게 되었다. 동독 주민들 또한 통합으로 인한 동독 지역경제의 급속한 붕괴로 인하여 엄청난 고통을 받았다. 신탁공사(Treuhandanstalt) 주도로 이루어진 국유재산의 사유화와 급속한 시장경제질서로의 이행으로 인하여 동독 지역내 생산 감소, 실업율 증가, 상대적 빈곤의 지속을 경험하였다.[11]

2. 경제통합의 주요 내용

독일의 통일은 1990년 8월 31일 "독일 통일완수에 관한 독일연방공화국과 독일민주공화국간의 조약(이하 '통일조약')"이 체결되고 동년 10월 3일 통일조약이 발효됨으로써 법적으로 완성되었다. 통일조약은 동독의 각 주가 서독연방공화국의 일부로 편입되는 것에 대한 제반 규정들이 주된 내용을 이루는데, 전문과 45개의 조항, 의정서와 3개의 부속서로 구성되어 있다. 부속서 I은 구동독 지역에 대한 서독연방법률의 확대적용에 관한 특별규정을 주로 하고, 부속서 II는 구동독 법률의 효력지속에 관한 특별규정들

---

11) 임채완 등, 분단과 통합-외국의 경험적 사례와 남북한, 한울아카데미, 2006, 117~
121면.

이며, 부속서 Ⅲ은 미해결재산문제에 대한 공동성명이다. 국가조약 체결을 통하여 1차적 법제 통합을 추진하고 경제통합의 전제조건을 구축한 동독과 서독은 통일조약에서 조금 더 상세하고 세밀한 법제 통합을 시도하고 있다. 특히 소위 흡수통일의 형식을 취하고 있어서 기본법 규정 중 일부 개정 후 적용되는 규정, 경과규정을 통하여 효력이 유예되는 다수의 규정, 재정헌법 관련 규정 등을 통일조약에 포함시켰으며, 통일 이후 동독 지역에 확대적용되는 연방법, 효력이 지속되는 구동독법률, 유럽공동체(EC)법의 범주로 나누어 법제 통합을 시도하였다. 통일조약은 그 내용이 대부분 일반법률적 내용이지만 부분적으로 기본법 개정 내용도 포함하고 있으므로 '헌법조약(Verfassungsvertrag)'의 성격을 지니고 있다고 본다.12) 통일조약 제3조에 따르면 기본법13)은 동독 주들의 독일연방공화국 편입발표와 동시에 1990년 10월 3일부로 동독에 대하여 효력을 발생한다.

다만, 기본법 제143조에 경과규정을 두었는데 제1항은 '상이한 여건으로 인하여 기본법질서를 기준으로 한 완전한 조정이 성립하지 않을 경우 통일조약 제3조에 열거한 동독 지역의 법에 대해서 늦어도 1992년 12월 31일까지 기본법의 효력을 유예할 수 있다. 그러나, 기본법 제19조 제2항에 반해서는 안 되며, 또한 기본법 제79조 제3항에 명시된 기본원칙에 합치되어야 한다'고 규정14)하고 있고, 제2항은 '제2장, 제8장, 제8a장, 제9장, 제10장과 제11장은 1995년 12월 31일까지 그 효력을 유예한다'고 하고,15) 제3항은 '상기 제1항과 제2항에도 불구하고 통일조약 제3조에 명시된 영역(동

---

12) 법무부, 앞의 책(주 4), 67, 70~71면 참조.
13) 본 서의 독일연방공화국 기본법 번역문은 심익섭, M. 치맥 공편, 독일연방공화국 60년, 오름, 2009 부록1을 참조하였다.
14) 제19조 제2항 "기본권의 본질적 내용은 어떤 경우에도 침해되어서는 안 된다." 제79조 제3항 "연방을 각 주로 편성하는 입법에 있어서 주의 원칙적인 협력 또는 제1조와 제20조에 규정된 원칙들에 저촉되는 기본법 개정은 허용되지 아니한다."
15) 제2장 연방과 주, 제8장 연방법의 집행과 연방행정, 제8a장 공동과제, 제9장 사법, 제10장 재정제도, 제11장 경과 및 종결규정이다.

독 지역)에서의 재산권침해에 대한 원상회복의 가능성을 배제하는 동 조약 (통일조약) 제41조와 그 시행규정들은 유효하다'고 규정[16]하고 있다.

(1) 재화의 자유로운 이동

통일전에도 동서독은 내독거래의 국제법적 근거로 제시[17]되는 포츠담 협정 제Ⅲ부(독일) B.(경제원칙) 제14항에 기초하여 1951년 9월 20일 서독 의 내국교역신탁소(Treuhandstelle für den Interzonenhandel)와 동독 대외 교역부간에 체결한 "서독마르크 사용지역과 동독마르크 사용지역간의 통 상에 관한 협정"(이하 '베를린협정')에 의하여 내독간 거래를 규율하였다.[18] 베를린 협정에 따라 추진된 내독간 거래는 EC 설립시에도 적용되었으며, 특히 EC비회원국이 EC시장에 농산품을 수출하는 경우 적용되는 '가변수입 부과금(Abschöpfungspflicht)'이 동독의 농산물에는 적용되지 않았다.[19]

베를린협정 이후 내독 거래량이 1950년 7억 4,500만 DM에서 1989년 153억 6백만 DM에 이르렀으며, 교역구조 또한 서독이 주로 기초자재 및 생산재, 투자재를 반출하고 동독도 소비재 등을 상당부분 반출하는 구조로

16) 통일조약 제41조는 재산문제에 관한 규정으로서 '미해결의 재산문제 해결에 대한 공동성명'이 주된 내용을 이룬다.
17) 이에 대하여는 이장희 외, "동서독내독거래의 법적 토대가 남북한 민족내부거래에 주는 시사점", 국제법학회논총 제38권 제2호, 대한국제법학회, 1993. 12, 102~105 면 참조.
18) 제성호, 남북경제교류의 법적 문제, 집문당, 2003, 44~45면 참조. 동독은 대서독교 역을 국제무역으로 처리했으나, 서독은 내부거래로 간주했다.
19) 황병덕, 분단국 경제교류·협력 비교연구, 민족통일연구원, 1998, 23면 참조. 가변 수입부과금은 EC비회원국의 농산품이 EC시장으로 수입될 때 농산품가격이 국내 시장가격보다 낮을 때 그 차액을 부과금으로 부과하는 제도를 말한다. 원문에서는 Abschöpfungspflicht를 '상계관세의무'로 번역하였으나, 여기서는 '가변수입부과 금'으로 번역하였다(상세는 배종하 외, 현장에서 본 농업통상 이야기, 지니릴레이 션, 2006, 37면 참조).

어느 정도 보완적인 교환구조를 이루고 있었고, 서독 기업이 동독의 교통 시설, 중화학공업 등에 직접투자 또는 공동생산을 추진하고 있었다. 또한 서독주민의 동독 방문시 일정량의 DM을 1:1 비율로 동독 마르크와 강제교 환하기도 하였다.[20]

(2) 용역의 자유로운 제공

국가조약 제1조 제3항은 '......경제통합을 통해서......경쟁원리에 입각한 자유로운 가격형성과 원칙적으로 노동·자본·재화 및 용역의 완전한 자유 이동의 원칙이 적용된다'고 규정하였다. 또한, 동 조약 제2조 제1항에서 '......쌍방은 본 조약에 명시되었거나 본 조약의 실시를 위한 권리를 보장하 기 위해 특히 계약체결의 자유, 영업의 자유, 주거의 자유, 직업선택의 자 유, 독일화폐가 통용되는 전 지역에서의 이전의 자유, 노동 및 경제적인 조 건 유지 및 지원을 위한 단체를 구성할 자유를 보장하며, 본 조약의 부속문 서 Ⅸ장에 의거, 민간투자자의 경작지와 토지 및 생산수단의 취득을 보장 한다'고 하여 용역의 4가지 공급 방식에 있어 원칙적으로 제한을 없앴다.

이에 더하여 통일조약 제10조에서 개정·보충사항을 포함한 유럽공동체 (EC)에 관한 조약들 및 동 조약과 함께 시행되는 국제 협정, 조약과 판결 들이 동독의 편입과 동시에 동독 지역에 유효하다고 규정함으로써 그 당시 유럽공동체에 적용되던 '단일유럽의정서(Single European Act)'에 의하여 보 충된 유럽경제공동체설립조약(Treaty establishing the European Economic Community) 제8a조[21]도 적용이 되는 것이다.

---

20) 독일 경제사회통합 연구를 위한 단기조사단, 앞의 책(주 2), 42~43면 참조; 이 외 에도 동서독간 경제교역 추세에 대하여는 김철수, 독일 통일의 정치와 헌법, 박영 사, 2004, 216~222면 참조.

21) 원문은 "The internal market shall comprise an area without internal frontiers in which the free movement of goods, persons, services and capital is ensured in

(3) 자본의 자유로운 이동

동서독간 거래의 기본 청산단위로 'VE(Verrechnungseinheit; 청산통일)' 가 사용되었으며, 이는 중앙은행의 청산계좌를 통하여 결제되도록 제도화 되었다.[22] 서독 마르크는 유로화로 통합되기 전에도 국제적으로 통용되는 기축통화 중의 하나였는데, 이러한 점이 양 독일간 청산결제에 영향을 미 쳤을 것으로 보인다.

동서독은 국가조약 제1조 제2항에 따라 1990년 7월 1일부로 서독 마르 크가 공통으로 통용되는 단일 통화권역으로서의 화폐통합을 이룩하였다. 서독 연방은행이 이 통화 지역의 중앙은행으로서 통화은행 및 발권은행이 되고, 동독 마르크로 표시된 채권·채무는 동 조약이 정하는 기준에 따라 서독 마르크 표시로 대체되었는데, 서독 연방은행은 베를린에 임시사무소 를 설치하고 동독 중앙은행 지점이 있던 곳에 15개의 지역사무소를 설치하 여 이러한 통화 단일화작업을 추진해 나갔다. 국가조약 제10조에는 화폐통 합의 조건과 원칙이 규정되어 있는데, 쌍방간의 화폐통합으로 서독마르크 가 화폐 통용 전 지역에서 지급수단, 결제수단, 가치보전수단의 기능을 가 지게 되고, 쌍방은 화폐가치의 안정을 보장하여 독일 전 지역에서 인플레 이션을 유발시키지 않는 동시에 동독에서의 기업 경쟁력을 제고시키는 통 화교환방식을 채택한다고 규정하고 있다. 하지만 동서독 통화의 교환비율 은 임금·급여·장학금·연금·집세·지대 그리고 기타 정기적인 지급금에 대 하여는 1:1의 등가교환을 이루도록 하고, 일정 한도액[23]을 넘는 동독 마르 크 표시 채권·채무는 원칙적으로 동독 마르크와 서독 마르크의 교환비율을

---

accordance with the provisions of this Treaty"이다.

22) 황병덕, 앞의 책(주 19), 19~23면.

23) 1976년 이후 출생한 자 1인당 2천 마르크까지, 1931년 7월 2일부터 1976년 사이 출생한 자 1인당 4천 마르크까지, 1931년 7월 2일 이전 출생한 자 1인당 6천 마르 크까지이다(국가조약 부속서 I 화폐통합과 통화전환에 관한 규정 제6조 제1항).

2:1로 적용함으로써 동독 지역내 물가상승 및 임금상승으로 인한 경쟁력 상실을 초래하였다. 동독 외의 지역에 거주하는 개인의 동독내 예금에 대해서도 규정을 두어 1989년 12월 31일 이전의 예탁금에 대하여는 2:1, 1990년 1월 1일 이후의 예탁금에 대하여는 3:1의 교환비율을 적용하였다.

또한, 국가조약은 화폐통합이 금융정책과 밀접하게 관련되어 있는 점을 고려하여 제10조 제4항에서 '통화정책은 동독 지역에 시장경제적인 금융 신용제도의 정착을 전제로 한다. 이와 같은 시장경제적 금융신용제도는 민간은행과 공공은행들이 서로 경쟁관계를 이루면서 활동할 수 있는 은행제도의 확립과 자유금융시장과 자본시장이 조성되고 금융시장에서의 자유금리가 형성됨으로써 성립된다'라고 금융시장에서의 영업의 자유 등에 관하여 규정하였다. 이외에도 지도원칙에 관한 공동의정서에서 동독 지역에서 금융시장이 제대로 형성되지 않고 그 기능을 발휘하지도 못한 점을 감안하여 'Ⅱ. 경제법' 제1호에서 토지저당권을 설정토록 하고, 제2호에서 이자율을 자율화시키고 유가증권(주식 및 채권)을 유통시켜 자본시장이 존재할 수 있는 여건을 조성하며, 제4호에서 보험독점을 폐지하고 제5호에서 지불거래와 관련된 현행 장애 요인들을 제거토록 하였다. 서독 연방은행은 통화가치 안정을 위하여 동독 정부의 예산적자를 엄격히 제한하였으며, 모든 형태의 차입에 대하여 서독정부와 직접적인 협의를 거치도록 하였다.[24]

또한 동독은 국가조약 부속문서 Ⅰ 화폐통합과 통화전환에 관한 규정 제7조 제3항에 의거하여 국가조약 발효 후 3개월 이내에 서독의 회계관계법을 기초로 "DM대차대조표법"을 제정하기로 하였다가[25] 통일조약에서 DM대차대조표법이 통일조약의 발효와 함께 유효하다고 함으로써 형벌규정을 제외하고는 1990년 7월 1일부터 소급적용하였다.[26] 우리 상법 제30조 제2

---

24) 김영윤, 앞의 책(주 3), 130면 참조.
25) 신현윤, "남북한 경제법제의 동화에 따른 법적 갈등과 문제점", 통일연구 제5권 제1호, 연세대 통일연구원, 2001, 68면 참조.
26) '통일조약 부록 Ⅱ 제3장 연방법무장관 업무영역(Sachgebiet) D: 상법과 회사법, 보

항에 의거하여 상인이 영업을 개시한 때나 회사가 성립한 때 개시대차대조표를 작성하듯이 DM대차대조표법은 1990년 7월 1일자로 동독에 본점을 두고 있는 상인으로서 독일상법전에 의하여 경리책임을 의무화하고 있는 기업은 독일 마르크로 개시대차대조표를 작성하여야 한다(동법 제1조)[27]고 규정하였다.

(4) 인력 이동의 자유

통일 이후 동서독간 노동력의 이동을 알 수 있는 동서독간 이주 추이를 보면 <표 2>와 같다.

인력교류에 있어 1971년 12월 17일 "독일연방공화국과 서베를린 간의 민간인 및 물자의 통행에 관한 독일연방공화국 정부와 독일민주공화국 정부 간의 협정"이 우리에게 참고가 될 수 있다. 다만 동 협정은 서독과 서베를린만을 연결하는 한계는 있었지만 서독민에게 통과의 자유를 법적으로 보장함으로써 동서독 간 자유로운 인적 교류의 기틀을 잡았다는 평가이다.[28] 통일 이후 기본법 제정시 독일은 제117조에서 전쟁직후의 주택난을 고려하여 기본법 제11조의 이주의 자유권을 제한하는 법률은 연방법으로 이를 폐지할 때까지 계속 효력을 갖는다고 규정하여 법적 안정성 내지 사회적 평화를 이유로 헌법에 저촉된 법률의 한시적 효력을 인정[29]하였음은 참고할 만하다.

험계약법(Handels-und Gesellschaftsrecht, Versicherungsvertragsrecht) 제1절(Abschnitt I)' 참조.

27) DM대차대조표법의 상세 내용은 법무부, 앞의 책(주 4), 177~188면 참조.

28) 제성호, 남북한관계론, 집문당, 2010, 497면; 이장희 "동서독 통행협정에 관한 연구", 통일문제연구 제2권 제1호, 1990, 252~277면 참조.

29) 법무부, 위의 책(주 4), 41면 참조.

<표 2> 동·서독간 이주 추이

(단위: 명)

연도	동독→서독 (A)	서독→동독 (B)	순유출 (A-B)	동독 지역인구대비 순유출 비중(%)
1989	388,396	5,135	383,261	2.33
1990	395,343	36,217	359,126	2.24
1991	249,743	80,267	169,476	1.07
1992	199,170	111,345	87,825	0.56
1993	172,386	119,100	53,286	0.34
1994	163,034	135,774	27,260	0.18
1995	168,336	143,063	25,273	0.16
1996	166,007	151,973	14,034	0.09
1997	167,789	157,348	10,441	0.07
1998	182,478	151,750	30,728	0.20

* 자료: 김창권, "독일 통일 이후 구동독 지역 인구이동 및 인구변화와 한반도 통일에 주는 정책적 시사점", 경상논총 제28권 제1호, 한독경상학회, 2010, 35면에서 인용

(5) 토지 거래제도의 통일

통일 독일은 국가조약과 통일조약을 체결함으로써 동독에 적용되는 토지거래제도를 과거 서독에 적용되던 토지거래 제도로 통일시켰다. 국가조약에서 동독이 폐지 또는 변경할 법률로 국유농업용지의 농업생산협동조합으로의 소유권 이전과 관련된 법(폐지), 동독 민법(삭제, 개정, 삽입 등), 토지 및 토지권리의 국가적 문서화에 관한 명령 일부(개정), 토지거래에 관한 명령 일부(개정), 토지사용수수료에 관한 명령(개정) 등을 열거하고 있었다. 다만, 이 과정에서 거래 기반으로서 등기소의 빠른 회복[30]이 큰 이슈였으며, 미해결 재산권의 처리 또한 분단국 특수문제로서 등장하여

---

30) Ossenbühl., F., 강태수 역, "통일된 독일의 문제와 과제로서의 법질서 통합", 공법연구 제22집 제1호, 1994, 107면 참조.

'미해결의 재산문제 해결에 대한 공동성명'을 발표하여 동 문제에 대처하
였다.

3. 경제통합의 발전조건 구축

(1) 국유재산의 사유화

통일 당시 동독의 농업은 타 공산주의권 국가와 마찬가지로 협동농장과
국영농장이 주를 이루고 있었으며, 전체 경지면적 617만 ha 중에서 89.8%
인 554만 ha를 협동농장과 국영농장에서 경작하고 있었다.[31]

독일은 동독 정부 수립(1949. 10. 9) 이후의 미해결재산문제에 관하여
원상회복주의원칙을 채택함으로써 구동독 지역에 대한 투자시 그러한 원
칙이 중대한 장애요인으로 작용하였다. 특히 막대한 시간과 비용이 소요되
는 행정불복절차가 마무리될 때까지 그러한 재산이 방치되고 통일로 열린
기회의 창을 제대로 활용하지 못하는 결과를 낳았다. 이에 따라 독일내부
에서 동 원칙의 수정과 관련한 많은 논의가 전개된 끝에 통일조약상의 원
상회복주의 원칙은 유지하되 구동독 지역 투자촉진을 위하여 광범위한 예
외를 두기로 하였다.[32] 이러한 정부의 입장은 1991년 3월 22일 "기업의 사
유화에 있어서 장애의 제거와 투자촉진을 위한 법률"로 구체화되었지만 이
또한 구동독 지역 경제회복에 미흡하여 1992년 7월 14일 제2차 재산법 개
정 법률을 제정하여 투자우선규정을 단일법에 모아 명확하게 하고 재산법
의 적용을 손쉽게 하며, 물권법의 일부를 개정하였다.[33]

---

31) 임홍배·송태수·정병기, 기초자료로 본 독일 통일 20년, 서울대학교 출판문화원,
    2011. 11, 145~146면 참조.
32) 법무부, 앞의 책(주 4), 589~590면 참조.
33) 두 법의 상세 내용은 법무부, 위의 책, 541~558면 참조.

농업 관련 구조조정을 촉진하고 이를 지원하기 위하여서는 1990년 6월 29일의 "농업조정법"과 1990년 7월 6일의 "농업촉진법"이 제정되었는데 동법에서는 협동농장(Landwirtschaftliche Produktionsgenossenschaft, LPG)을 1992년 1월 1일부터 등기된 농업협동조합으로 전환토록 하였다. 농지·산지의 사유화는 신탁공사의 자회사인 '토지매각 관리회사(Bodenver-wertungs-und-verwaltungs GmbH; BVVG)'가 담당하였다.[34] 사유화과정에서 농지 및 임야의 매매가격은 1935년 단위가격(임야는 농지의 절반 정도)의 세 배를 원칙으로 하였다. 매입 규모도 제한을 두어 일반인은 평균 50ha, 법인은 평균 135ha 정도를 취득할 수 있었다.[35]

통일전 동독정부는 기업창설에 관한 1989. 12. 12일자 법률과 노동조합의 권리에 관한 1990. 3. 6일자 법률을 통하여 생산주체에 대한 개혁을 시작하였고, 국가조약에 따라 1990년 6월 17일 "동독헌법의 개정과 보충에 관한 법률"로 통일 전에 이미 체제 전환을 시도하였는데, 동 법률에서는 기업부문에서 자유민주적 기본질서, 재산권의 보장, 경제적 활동의 자유, 결사의 자유 등을 규정하였다.[36] 통일 독일의 국유재산 사유화는 '국유재산의 사유화 및 재편에 관한 법률(이하 '신탁법')'에 의거하여 설립된 신탁공사(Treuhandanstalt: THA)에 의하여 진행되었다. 공산주의하에서 동독은 대부분의 재산을 국유재산의 형태로 관리하고 있었으며, 이에는 학교, 병원 등 주요 사회서비스 급부시설도 포함되어 있었다. 이러한 이유로 인하여 국유재산 사유화 과정은 사실상 전체 체제전환 과정과 연결되어 있었다고 할 수 있으며, 단순한 경제적 전환과정이 아닌 사회문화적 전환과정이라고도 할 수 있다.[37]

---

34) 농업조정법에 대해서는 신종갑, 사회주의 국가의 토지사유화와 통일한국의 토지문제 연구, 한국토지공사, 1998. 3, 143면, 161~162면 참조, 농지·산지의 사유화는 310면 이하 참조.
35) 통일부, 독일통일총서 4-구동독 지역 인프라 재건 분야 관련 정책문서, 2013. 12, 39면.
36) 법무부, 앞의 책(주 4), 61~63면 참조.

　　통일독일에서의 국영기업 사유화 과정을 상세히 살펴보면 1990년 10월
부터 시작되어 1994년 12월 신탁공사가 해체될 때까지 4년 이상 진행되었
다.[38] 당초 6,000억 DM(1990. 12. 31일 기준 약 287.6조)의 매각대금을 목
표로 하였으나 500억 DM의 매각대금과 2,750억 DM라는 부채만을 남기고
사실상의 실패로 매듭지어졌다. 1990년 3월 1일 모드로우 정권하에서 출범
할 당시 (구)신탁공사는 국영기업을 유지하는 전제 하에 주식회사 또는 유
한회사로 전환하는 것을 목적으로 하였는데, 1990년 6월 17일 제정된 '신
탁법'하에서 동 기관은 사유화를 추구하는 기구로서 변모하게 되었고, 통
일조약 제25조에서도 '연방 직속 공법기관'으로 자리매김하였다.[39] 한편,
철도나 우편 같은 특수분야는 특별재산으로 취급하여 별도의 과정에 의하
여 처리하였다.

　　출범 초기 신탁공사 본부의 업무분장은 기능별로 이루어져 이사회의 업
무분장도 출자, 사유화, 기업회생/정리, 특별재산/관리, 재금융/부동산, 지소
담당, 재무, 인사 등으로 나누어져 있었다. 하지만 이러한 기능적 분류의
비효율성으로 인하여 1991. 1. 1자로 기업군과 산업군별 편제로 바꾸는 개
편안을 시행하였으며, 권한과 책임, 업무귀속문제를 명확히 하였다.[40] 국
가조약 체결 이전 동독의 대부분의 국영기업들은 약 150개의 콤비나트(기
업복합체, Kombinat)에 소속되어 있었는데, 콤비나트는 규모의 경제효과를
극대화하고 중앙계획당국에 의해 채택된 생산계획을 보다 효율적으로 달
성하고 산업간 조정을 원활히 하기 위하여 형성된 산업조직으로 각 콤비나
트에는 1명의 최고경영자가 있어 그에 의하여 운영되는 고도의 중앙집중형
생산체제였다.[41] 아래 표에서는 신탁공사가 사용하였던 신탁 기업의 분류

37) 상세 내용은 신종갑, 앞의 책(주 34), 279~309면 참조.
38) 양운철, 북한 경제체제 이행의 비교연구, 한울아카데미, 2006, 114~115면.
39) 신우철, '체제전환'과 국가: 독일통일·중국개혁의 비교헌법론, 영남대학교출판부,
　　2003, 84~86면 참조.
40) 재정경제원 국유재산과, 앞의 책(주 6), 38~39면 참조.

기준을 보여주고 있다. 동 표에서 1~4군에 소속된 기업들은 사유화 절차를
진행할 수 있는 기업이고, 5~6군의 기업들은 청산절차를 밟아야 하는 기업
들이라는 점에서 신탁기업의 분류기준은 사유화대상기업의 분류 기준에
다름 아니다.[42]

<표 3> 신탁기업의 기업회생능력별 분류

군 별	신 탁 기 업
1 군	영업이 안정적인 기업 - 회생조치가 필요없으므로 사유화 지속 추진
2 군	연내에 안정권에 진입할 수 있는 기업 - 갱생조치가 필요없으므로 사유화 지속 추진
3 군	기업계획이 성공적으로 보이는 경우
3-1	확실하게 인수할 기업이 있을 경우 (인수기업이 없을 경우에는 5 또는 6군으로 재분류)
3-1-1	약간의 유동성이 필요한 기업 (일정 시점에서 인수기업 물색 필요)
3-1-2	유동성이 많이 필요한 기업 (단기간내 인수기업 물색 필요)
3-2	인수기업은 없으나 기업계획이 성공적으로 작성된 경우 (사유화 지속 추진)
4 군	회생능력은 있는 것 같으나 회생계획이 구체화되지 않고 탁월하지 않은 경우 (제2의 회생계획을 작성하여야 함)
4-1	전체기업을 구제할 방안이 있는 경우
4-2	기업의 중요부문만이라도 구제할 수 있는 경우
5 군	회생능력이 의문시되는 경우 (기업진단 필요)
6 군	회생능력이 없는 기업(파산 또는 청산 중 양자 택일 필요)
6-1	청산대상기업
6-2	완전 경매절차 진행대상 기업

* 출처: 신탁공사-Handbuch-업무편람 및 실무절차. 재정경제원 국유재산과, 통일독일의 사유화 전개
과정, 재정경제원, 1994, 89면에서 재인용

　　구동독의 국영기업은 신탁관리법에 따른 '법정조직전환' 방식에 의하여
물적회사로 전환되었는데, 법정조직전환 방식은 '법률규정에 의하여' 일괄

---

41) 독일 경제사회통합 연구를 위한 단기조사단, 앞의 책(주 2), 259면 참조.
42) 재정경제원 국유재산과, 앞의 책(주 6), 140면 참조.

적으로 인민콤비나트 등의 국영기업이 주식회사 또는 유한회사로 전환되고 회사로서의 실체는 사후에 추완되는 방식이었는데, 이러한 방식에서는 설립추완중의 회사의 실체형성 문제와 법정조직전환의 경직성 문제가 발생하였다.43)

1988년 동독의 총가구수는 약 7백만 가구였으며, 건물수명, 주거시설, 주거면적을 고려한 주거환경은 서독에 비하여 열악하였다. 동독에는 서독보다 낡고 오래된 집이 많았으며, 건물내 목욕탕이나 샤워시설, 화장실이 제대로 갖춰져 있지 못한 집도 20~30%에 달했다.44) 통일 이후 1995년까지 56만 호의 주택이 원소유주들에게 반환되었고 38만 호가 개인에게 매각되었는데, 조합주택은 약 77.5%를 세입자가 매수한 반면 지자체소유의 공공주택은 29.6%만 세입자가 매수하였다.45) 통일 이전 서독은 민간위주·시장기능 위주의 주택정책을 폈는데, 국가조약 제26조에서 향후 '주택건설을 위한 정부차입은 현존하는 유형자산을 담보로 개별사업에 배정된다'는 방향과 주택·교통·에너지 부문의 보조금 감축을 규정하고 있다. 서독정부는 임대주택 건설업자에 대한 세제지원, 국민주택건설보조금 지원, 주거보조비 지원에 의한 임대료 완화 등의 정책을 사용해 왔는데, 이는 규모의 변화는 있더라도 동독에도 적용될 수 있었다.46) 하지만 동독의 임대료가 서독지역에 비하여 상당히 저렴하므로 이를 소득수준에 맞게 인상하여야 하는 과제가 있었다. 주택사유화를 위하여 동독시절인 1990년 7월 22일 국가소유 주택관리기업을 주택건설회사로 전환하기 위하여 동독은 '인민소유

---

43) 김익성, "구동독 국영기업의 회사전환에 관한 법적 연구", 서울대학교 박사학위논문, 2013, 1~7면 참조. 동 논문은 구동독 경제체제 전환과정에서 국영기업의 회사전환에 관심을 둔 연구이다.

44) 독일 경제사회통합 연구를 위한 단기조사단, 앞의 책(주 2), 203~206면 참조.

45) 주택조합(Genossenschaft)과 (건설)자본회사(Kapitalgesellschaft)가 보유한 주택 3,235,850호의 16.6%인 537,910호가 원소유자에게 반환되었는데, 이 중 조합주택은 7천여호에 불과했다고 한다. 통일부, 앞의 책(주 35), 38면 주 32, 39면 참조.

46) 독일 경제사회통합 연구를 위한 단기조사단, 위의 책(주 2), 328면 참조.

주택관리기업을 공익주택건설회사로 전환하고 토지소유권을 주택조합에 양도하기 위한 법'을 제정하였다. 또한 통일 후 1993년 6월 23일에는 독일은 '구채무지원법'을 제정하여 임차인을 위한 사유화와 개인 주거소유권의 형성을 도모하였다.

(2) 사회적 기본권의 보장

통일 이전 서독의 복지 제도는 일반적으로 사회보험, 공공부조, 사회복지서비스로 구성되어 있었으며, 사회보험은 연금보험·실업보험·산재보험·질병보험으로 구성되어 있었다. 우리와 마찬가지로 공공 부조는 최저 소득자를 지원하는 제도이고 사회복지 서비스는 가족·장애인·청년·고령자·여성 등 특정 집단을 대상으로 제공하는 서비스이다. 사회보험은 가입자의 보험료로 재원이 마련되고 수급액은 가입기간과 납부액에 따라 차별적으로 결정되며, 부조는 생계능력이 없는 자에게 자산 조사를 거쳐 조세를 재원으로 하여 지방정부가 관할하여 운영하였다.[47]

동독의 경우 1949년부터 1960년대 중반까지 인간소외와 착취가 제거된 사회주의에서 사회정책이 불필요하다는 이유로 사회정책을 실시하지 않았다. 그러다가 1971년 호네커 집권 이후 사회정책의 틀을 갖추기 시작하였으며, 사회정책의 다섯 가지 축으로 ①노동권(완전고용 보장을 내용으로 함), ②일원적 사회보험(노령·질병·실업 등에 대처하는 조치를 하나로 묶은 통일적 사회보험 체제), ③재생산 영역의 사회정책(가족 및 여성 정책, 주택정책), ④기업 차원의 사회정책(노동권 실현), ⑤특권층의 부가 규정 및 특별규정을 들고 있다.[48] 동독 사회보험 제도의 가장 큰 특징은 일원적 사회보험체제인데, 보험료는 가입 대상자별로 다르게 설정되었으며 기본

---

47) 황규성, 통일 독일의 사회정책과 복지국가, 후마니타스, 2011, 25~26면 참조.
48) 황규성, 위의 책(주 47), 57면 참조.

보험료 납부 대상 소득은 월 600마르크로 한정되었고, 이를 초과하는 경우
는 임의 추가 보험제도와 특권층에게 적용되는 보충 및 특별 부양 제도가
있었다. 통일 당시 보충 및 특별연금 수급자는 약 35만 명에 달했고, 인구
의 약 10%인 160만 명이 수급을 기다리고 있는 상황이었다. 하지만 동독
연금제도 아래 연금 수급액이 매우 낮아 다수의 연금 수급자가 일자리를
찾아 나설 수 밖에 없었다.49)

　　동·서독간 사회보장제도의 통합은 2단계 과정을 거쳐 이루어졌는데, 우
선 동독의 사회보장제도를 서독과 동일한 체계로 전환하였으며, 그 후 이
를 서독과 최종적으로 통합하였다. 1990년 7월 정식으로 동독 '통합사회보
장제도'가 공공예산으로부터 분리됨으로써 개별 사회보험제도들은 수입과
지출에 대하여 각각 독립된 계정을 갖게 되었으나, 완전한 통합이 이루어
진 1992년 1월 1일까지는 연금보험과 의료보험의 수입·지출은 동서독 지
역을 구분하여 별도 계산되었다.50) 이러한 사회보장제도의 통합은 한마디
로 '서독 사회보장제도의 동독 이식 후 통합'이었는데, 이러한 통합 이후
동독 지역의 기업이 파산함으로써 실업자 수를 증가시키고 이로 인한 서독
정부의 부담이 증가하면서 본래 의도하였던 효과를 가져오지 못하였다. 국
가조약 제18조에서는 사회보험 통합의 원칙을 제시하고 있는데, ①연금·
의료·산재·실업보험은 국가의 법률적 감독하에 공공법상의 각 자치행정기
관을 통해 실시하며, 보험료 징수를 통해 그 재정이 충당되도록 하기 위하
여 연금·의료·실업보험의 보험료는 서독의 보험료 분담기준에 준해 사용
자와 노동자가 원칙적으로 각각 반반씩 부담하며 산재보험은 사용자가 전
액 부담한다. 또한, 임금대체급부는 피보험자로부터 갹출되는 보험료 수준
에 맞추어 지급된다. ②연금·의료·산재보험의 업무는 공동 운영기관에 의
하여 실시하되 가능한 한 1991년 1월 1일까지 각각 독자적인 운영체를 설

---

49) 황규성, 앞의 책, 61면 참조.
50) 김영윤, 앞의 책(주 3), 130~146면 참조.

립한다. ③과도기 동안 동독은 기존의 포괄적 사회보장에 대한 보험료 납입의무제도를 유지할 수 있다. ④1990년 7월 1일 이전 최종 근로소득 정산 기간 동안의 임금소득이 근로소득 과세에 관한 1990년 12월 22일 명령 제10조에 명시하고 있는 특별과세기준에 미치지 못하는 근로소득자는 1990년 12월 31일까지 월급액수에 따라 일정액의 연금보험료 보조금을 지급받는다. 국가조약 제20조 제3항에서는 연금보험 가입자의 보험급여를 서독마르크로 전환·책정할 때 그 기준은 평균 국민소득 수준의 수입을 가진 근로자가 45년 동안 근무하여 보험료를 납입한 후 받는 과세 후 연금액이 동독 노동자 전체평균수입의 70%가 되는 수준으로 확정한다고 규정하였다. 그 외 제20조 제1항, 제21조 제1항, 제23조 제1항, 제24조 등에 의하여 동독의 연금보험, 의료보험, 산재보험, 사회부조제도 등을 서독의 그것과 일치시키기 위하여 필요한 조치를 취하도록 하고 있다.

(3) 대외무역과 외국인투자의 개방

독일은 1990년 10월 22일자로 GATT[51])에 서한을 보내 양 독일이 병합 통일되어 하나의 주권국가를 이루었으며, 향후 'Germany'라는 명칭으로 활동하게 될 것이라고 하였다. 이로써 통일 이전 서독만이 체약당사자였던 GATT협정이 동독 지역에도 확대 적용되게 되었다. 특기할 것은 서독은 1951년 토키의정서에 의하여 GATT협정에 가입하면서 내독거래(Intragerman trade)의 특수성을 인정받아 내독거래를 최혜국대우의 예외로 인정받았다는 점이다.[52]) 또한, 서독은 경제협력개발기구의 창립회원국으로서 1961년 9월부터 참여해 왔으며, 통일 이후에는 동독에도 경제협력개발기구의 자본이동자유화규약이 확대 적용되었다.

---

51) GATT, "German Unification: Communication from Germany", L/6747, 1990. 10. 22.
52) 이장희 외, 앞의 논문(주 17), 115면 참조.

한편, 소련 및 동유럽 국가들간 조직인 '상호경제원조이사회(Council for Mutual Economic Assistance; COMECON)'의 회원국들은 5년마다 무역협정을 체결하고, 이 협정에 근거한 구상무역방식으로 교역 대상품목과 수량을 할당하는 의정서에 합의하여 상호 교역해 왔는데, 독일 통일과정에서 동 협정의 처리 문제가 대두되었다. 동·서독은 1990년 3월 18일 체결한 국가조약에서 '정당한 기대의 보호'라는 개념을 원용하여 동독의 기존 대외무역관계를 존중할 것이라 선언하였다.53) 동 조약 제13조는 대외경제 부문에 적용되는데, 제1항에서 동독이 GATT에 명시되어 있는 자유교역의 원칙을 준수해야 함을 인식하고 서독은 동독이 보다 용이하게 세계경제로 편입할 수 있도록 그들의 경험을 광범위하게 제공한다고 규정한 반면 제2항에서 동독의 기존 대외경제관계, 특히 코메콘 제국과 현재 체결되어 있는 대외경제조약상의 의무는 그 이행이 보장되고, 이러한 대외경제적 의무는 화폐 및 경제연합상의 여건과 조약체결 당사자의 이해관계를 고려, 시장경제원칙을 준수하며 더욱 발전시켜 이행될 것이며 필요하다고 판단될 경우 현재 동독이 체결하고 있는 조약상 의무는 조약체결 당사자의 동의하에 화폐 및 경제연합에 부합되는 방향으로 조정된다고 하였다. 제3항에서는 대외경제적 이해관계 표방을 위해 쌍방은 유럽공동체의 관할하에 긴밀히 협력한다고 하였다.

4. 분단국 특수문제의 처리

(1) 경제관련 협정의 승계

서독과 동독은 통일 이전인 1973년 9월 18일 같은 날 국제연합에 가입

---

53) 이순천, 조약의 국가승계, 열린책들, 2012, 187면 참조.

하여 통일전까지 별개의 회원국으로 활동하고 있었다. 독일은 통일조약 제
11조에서 서독측 조약은 일부 예외를 제외하고는 구동독 지역에도 적용되
고 개별적 조정이 필요한 경우 당사국과 협의한다고 규정하고, 제12조에서
동독측 조약은 체결 당사국들과 논의를 거쳐서 계속 유효, 조정 또는 효력
상실 여부 등을 결정 또는 확인하되, 신뢰보호, 관련국들의 이익, 서독 측의
조약상 의무의 관점에서 그리고 자유, 민주, 법치국가적 기본 원칙에 따라,
또한 EC의 권한을 존중하는 범위 내에서 진행되어야 한다고 규정하였다.

독일은 1990년 10월 3일자로 UN54)에 서한을 보내어 양 독일이 병합통
일되어 하나의 주권국가를 이루었으며, 향후 'Germany'라는 명칭으로 활
동하게 될 것이라고 하였다.

(2) 과거불법청산: 몰수재산권 처리

사유재산제도의 확립과 관련하여 동서독간 중요한 합의문서는 1990년 6
월 15일 발표된 "미해결의 재산문제 해결에 대한 독일연방공화국과 독일
민주공화국 정부의 공동성명(이하 '공동성명')"인데, '미해결의 재산문제'
란 공산주의 체제 형성을 위하여 보상없이 수용된 재산을 말한다. 또한 서
독은 동독 지역내 토지·부동산 등 생산 수단의 사유화를 위하여 '신탁법'
을 1990년 6월 17일 제정하였다. '공동성명'은 통일조약 제41조 제1항에
따라 통일조약의 본질적 요소로 수용되었고, 통일 조약은 1990년 9월 23일
동의법률(Zustimmungsgesetz)55)의 형식으로 연방법으로 전환되었다.56)

54) 서한의 내용은 United Nations, *Multilateral Treaties deposited with the Secretary-General: Status as at 1 April 2009*, Vol. I, 2009, Historical Information p.30.
55) 이는 기본법 제59조 제2항에서 유래한 것으로 동 조항은 "연방의 정치적 관계를
규정하거나 연방의 입법사항과 관련을 갖는 조약은 연방법률의 형식으로 하되 그
때마다 연방입법에 관한 권한을 가진 기관의 동의나 참여를 필요로 한다."고 규정
되어 있다.
56) 표명환, "통일한국과 재산권", 헌법학연구 제8권 제4호, 2002, 397면.

'공동성명' 전문에서 독일은 법적 안정성 및 권리의 명확화가 재산권과 마찬가지로 재산문제를 해결함에 있어서 양 정부를 이끌어 가는 기본원칙임을 천명하여 법적 평화를 중시하고 있다. '공동성명' 제1조에 의하면 소련의 점령권 내지 점령고권에 근거한 몰수(1945~1949년)에 대해서는 소련 및 동독정부가 재심할 가능성이 없다는 이유로 이를 취소하지 않는다고 하였다. 그러므로, '공동성명'은 동독 정부 수립 이후 몰수재산만을 대상으로 함을 알 수 있다.

'공동성명' 제3조에 의하면 몰수되었던 토지재산(Grundvermögen)은 원칙적으로 원소유자 또는 그 상속인에게 반환되고 반환이 불가능한 경우 보상이 이루어진다고 하여 원물반환원칙을 규정하였다. 제13조(c)는 보상청구를 충족시킬 수 있도록 동독내에 법률상 독립적인 보상기금을 국가재정(Staatshaushalt)과 분리하여 설치토록 규정하고 있다.

(3) 자치권의 부여: 연방국가의 자치권

서독은 연방공화국으로서 독일 통일은 동독을 구성하던 주(Land)들이 독일연방공화국으로 편입하는 방식으로 이루어졌다. 통일조약은 구서독의 기본법이 통일과 동시에 동독 지역에도 그 효력이 미친다고 규정(제3조)한 반면, 제131조(전임공무원에 관한 규정)의 적용을 잠정적으로 배제(제6조)하고 재정헌법에 관한 사항의 적용에도 예외를 인정하였다(제7조).[57] 통일독일은 연방국가로서 통일 후에도 큰 변경이 없었던 기본법에는 입법관할권에 관하여 연방의 전속적 입법권, 연방과 주의 경합적 입법권, 연방의 원칙적 입법권을 구분해 놓고 있지만 주들도 지방입법, 지방사법, 지방행정에 있어서 권한을 보유하고 있었다. 연방법이 지방법의 상위에 있긴 했지만

---

57) 장명봉, "독일통일후의 헌법개혁에 관한 고찰", 공법연구 제23집 제3호, 1995, 61~62면, 김철수, 앞의 책(주 20), 356~365면 참조.

동독을 구성하던 주들이 어느 정도의 자치권을 보유함으로써 경제적 통합
에 있어 상대적으로 여유를 가지고 임할 수 있었다는 점은 우리에게 시사
하는 바가 적지 않다.

제2절 베트남

1. 경제통합의 전제조건 구축

(1) 시장경제질서 도입 이전

1975년 4월 30일 남부 베트남이 붕괴되고 베트남 전체가 공산화되었다. 통일 베트남은 남부 베트남의 자본주의적 경제구조를 사회주의 경제구조로 변형시키는 작업을 추진하여 상공업은 국유화하고 농업은 집단농장화하였다.[1] 통일 직후 베트남 경제분야의 주요 특징을 살펴보면 다음과 같다. 첫째, 사회주의 계획경제구조를 바탕으로 남부지역의 경제구조 변화를 모색하였는데, 공산당 지도부는 남부를 사회주의로 전환시키되 그 정책의 수행은 점진적으로 추진하고자 하였다. 최우선 과제는 '자본가와 지주세력의 제거', 구정부의 재산과 외국인 소유 생산시설의 국유화 등이었는데, 이를 통해 생산과 분배수단에 대한 통제를 강화하였다. 1976년 제4차 당대회에서 채택된 제2차 경제개발 5개년 계획(1976~1980)은 남부지역에서의 생산수단의 국유화, 생산방법의 집단화, 가격메카니즘이 없는 통제적 시장제도의 도입 등을 주요 내용으로 하고 있었다. 둘째, 통일 베트남정부는 생산시설에 대한 개인 소유를 금지하여 국가가 생산관계를 직접 통제하려 하였다. 이에 따라 1978년에는 개인의 상행위 금지조치와 화폐개혁 조치를 단행하여 사회주의 국가소유구조로 전환하였다. 1976년 4월 26일 남북통일

---

1) 임채완 등, 분단과 통합-외국의 경험적 사례와 남북한, 한울아카데미, 2006, 202~206면.

총선거를 실시하여 7월 2일 베트남 사회주의 공화국을 수립한 이후 남쪽지역에 대한 급속한 사회주의의 도입을 추진하던 베트남은 사회주의 체제 도입 이후 중공업 편중의 산업구조와 생산력 증대의 실패, 1978년 말 캄보디아 침공 및 1979년 초 중국과의 전쟁에 따른 전비부담 등으로 경제가 급속히 악화되어 갔으며, 또한 재정적자를 해소하기 위한 통화증발로 초인플레이션이 초래되었다.[2]

(2) 시장경제질서의 도입

위와 같은 계획경제질서의 문제점을 해결하기 위하여 통일 베트남은 1986년 12월 제6차 공산당 전국대표대회에서 개혁개방정책(도이모이, Doi Moi)을 채택한 이후 사회주의적 시장경제질서를 추진하고 있으며 생산수단은 사회주의적 소유관계에 바탕을 두고 있다.[3]

우선 베트남 헌법의 주요 내용을 경제 관련 조항을 중심으로 살펴보면, 베트남은 1992년 4월 15일 개정 헌법에서 외국인 투자에 대한 권리 보호 등을 명문화하였고, 2001년 12월 25일 개정 헌법에서는 '사회주의 지향의 시장경제체제(socialist-oriented market economy)'를 베트남의 경제체제로 규정하여 사회주의와 시장경제질서의 조화를 꾀하고자 하였다.[4] 2001년 헌법 제15조는 "⋯국가는 사회주의를 지향하는 시장경제의 발전을 위한 일관된 정책을 채택한다. 다양한 생산 및 기업조직을 가진 다부문 경제구조는 집단적 소유제, 사적 소유제와 함께 전 인민 소유제에 기반을 두며,

---

2) 통일 이후 도이모이정책 추진 전까지 베트남 경제상황과 베트남 정부의 타개 노력은 이한우, 베트남 경제개혁의 정치경제, 서강대학교출판부, 2011, 16~18면; 현영미, 사회주의 체제 전환 진보인가 퇴보인가, 선인, 2004, 117~121면 참조.

3) 최은석, "시장경제제도로의 전환을 위한 법제도 구축", 통일문제연구 2006년 하반기호(통권 제46호), 평화문제연구소, 2006, 192~193면.

4) 이효원, "베트남사회주의공화국 헌법과 정치체제", 아시아법제연구 제3호, 2005. 3, 246, 259~260면.

이 중 전 인민의 소유제와 집단적 소유제가 그 중심이다"라고 규정하였고 제17조는 "토지, 산림, 하천과 호수, 수자원, 지하천연자원, 영해·대륙붕· 영공에 있는 자원, 국가가 경제, 문화, 사회, 과학·기술, 외교, 국방 등 다양한 분야에 속한 기업과 프로젝트에 투자한 자본 및 재산과 기타 법률이 국가소유로 규정한 재산은 모두 전 인민 소유제에 속한다"라고 규정하였다.[5] 여기서 전인민의 소유란 국가 소유를 말하며, 집단 소유는 농업협동조합을 위시한 각종 사회주의적 집단들의 소유를 말하며 '다부문 경제구조'는 국가는 전체적으로 사회주의를 지향하는 경제 관리를 하고, 개별 경제주체들은 각 부문에서 시장경제질서의 요소를 도입하여 경쟁력과 생산성을 향상시킨다는 의미이다.[6]

이러한 2001년 헌법의 규정의 정신은 2014년 1월 1일부터 발효한 현행 헌법에서도 변함없이 유지되고 있지만, 전인민소유제나 집단적 소유제가 중심이라는 표현 대신 제51조 제1항에서 "베트남 경제는 다양한 형태의 소유구조와 다양한 부문의 경제구조를 가진 사회주의를 지향하는 시장경제이다. 국유경제부문이 주도적 역할을 수행한다"고 하고, 제2항은 "모든 경제 부문은 국가경제의 중요한 구성요소이다. 다른 경제부문의 행위주체들은 동등하며 법에 의거하여 협력하고 경쟁한다"고 규정하여 과거보다 사경제부문의 역할을 강조하고 있다. 또한, 제53조에서 "토지, 수자원, 광물자원, 지하에 존재하거나 바다 및 영공으로부터 오는 부, 기타 천연자원 및 국가가 투자하여 관리하는 재산은 국가에 의하여 대표되고 통일적으로 관리되는 전 인민의 소유제에 속하는 공공의 재산이다"라고 규정하고 있다.[7]

---

5) 2001년 베트남 헌법 국문은 주호치민대한민국총영사관 홈페이지에 게시한 베트남 헌법(2001년 개정판) 번역본; 법무부, 베트남 개혁개방법제 개관, 법무부 특수법령과, 2005, 288~289면을 참조하여 일부 수정하였으며, 영문은 주미베트남대사관 홈페이지 참조.

6) 법무부, 위의 책(주 5), 289~290면 참조.

7) 2014년 1월 1일 발효한 현행 베트남 헌법의 비공식 영문 번역본은 http://www.

제32조에서는 사적 소유를 규정하고 있는데, 이에 따르면 "모든 사람은 합법적인 수입, 저축, 주택, 생활자재, 생산자재, 기업 또는 기타 경제조직내 기금의 소유권을 가진다"고 하고, 제54조 제2항은 "조직과 개인은 토지 배분, 토지 임대, 그리고 국가에 의한 토지사용권의 인정을 받을 자격이 있다. 토지 사용자는 법에 따라 토지사용권을 양도하고 관련 권리와 의무를 실시할 권리가 있다. 토지사용권은 법에 의하여 보호된다"고 하여 조직과 개인의 토지에 대한 사용권을 명시하고 있다.

베트남의 시장경제 전환과정은 중국과 동일하게 경제적 측면에서 사회주의 체제로 통합되었다가 다시 자본주의 체제로 전환하고 있는 점진적 체제전환사례이다. 도이모이 정책을 채택한 제6차 당대회에서는 ①기존의 농업과 공업의 발전을 기반으로 한 공업화 중심의 경제운용 → 농산물, 소비재, 수출품 생산에 진력하는 생산구조 ②사유제를 축소하고 공유제를 확대한다는 기존 논리 → 다부문 경제를 장기간 유지한다는 경제부문 쇄신 ③ 중앙집중 명령경제 → 국가관리하의 시장메커니즘을 수립하는 경제운용 쇄신을 포함한 새로운 정책을 채택하였다.[8] 이후 1987년 11월 14일 가격자유화 등 기업의 의사결정 자유화와 관련된 각의 결정을 내리고, 1988년 1월 새로운 외국인투자법을 시행하였으며, 1988년 8월에는 공산당 정치국 제10호 결의(Resolution 10 NQ/TW dated 5 April 1988 by the Politburo)에 의한 농가계약제를 채택하여 합작사가 농가에 토지를 분배하여 약 15년간 경작하게 하고, 계약량을 5년간 고정시켜 농민이 생산량 중 40% 이상을 수입으로 획득할 수 있도록 보장하였다. 1989년을 전후하여서는 국영기업에 대한 보조금을 폐지 또는 축소하고 원칙적으로 상품의 가격을 시장에서 결정토록 하는 조치들이 취하여져 시장경제로 전환하였다.

---

constitutionnet.org/files/final_constitution_of_vietnam_2013-english.pdf(2016. 1. 23일 검색) 참조.

8) 이한우, 앞의 책(주 2), 19~21면 참조.

베트남 국유기업에 대하여 살펴보면 도이모이 정책 추진 이후로는 국유
기업의 자율성 확대, 국유기업에 대한 보조금 삭감 내지 중단을 통하여 국
유기업의 개혁을 추진하였으며, 1990년 초부터는 민영화 작업에 착수하였
다.9) 베트남 국유기업 개혁과정에서 주목할 만한 점은 국유기업 개혁으로
100만 명 이상의 해고자가 발생하였지만, 비국유부문이 새로운 고용을 창
출해 내면서 이를 흡수하여 정치문제로 이슈화되지 않았다는 것이다.10)
1987년 각의 217호 결정(Decision 217/HDBT by the Ministerial Council,
1987. 11. 14)은 개혁개방정책이 채택된 6차 공산당대회 이후 나온 첫번째
법적 문서로 국유기업에 원가회계제도를 도입하고, 그 자율성을 보장해 주
는 경제관리체제로 바꾸는 것이었다. 동 결정은 그 이후 국유기업에 대한
개혁의 이정표가 되었는데, 개혁조치는 엔지니어링공장, 섬유공장, 맥주공
장 이렇게 세곳에서 시범적으로 실시되었다.11)

1988년 3월 22일자 제50호 영(Decree No.50/HDBT)은 국유기업에 대한
새로운 정관을 규정하고, 1988년 6월 2일자 제98호 영(Decree No.98/ HDBT)
에 의해서는 근로자에 의한 집단소유권을 규정하였다. 국유기업은 하나의
법적인 단위이며 독립된 회계주체가 되어 근로자집단이 경영권을 행사하
고 공산당의 사회경제적 발전지침과 정책을 집행하도록 되었다. 새로운 국
유기업 정관은 첫째, 국유기업이 생산계획을 세우고 집행하며, 효율성을 증
진하고 생산을 확대하며, 수지균형을 맞추고, 둘째, 작업량과 사회적 형평
에 따라 분배의 원칙을 적용하고, 근로자의 사기를 적절히 진작하여 끊임
없이 교육수준과 기술수준을 높이며, 셋째, 모든 경제부문의 협력상대자들

---

9) 윤대규 편, 사회주의 체제전환에 대한 법제도적 비교연구, 한울아카데미, 2008. 7,
   155면.
10) 정재완, 베트남의 경제개혁 추진현황 및 경제전망, 대외경제정책연구원, 1997. 12,
   34면 참조.
11) Yuen, Ng Chee et.al. edited, *State-owned Enterprise Reform in Vietnam: Lessons
   from Asia*, Institute of Southeast Asian Studies, 1996, p.49.

과 경제협력을 확장하며, 국가부문에서 핵심역할을 담당하고 국가경제에 기여하며, 넷째, 기업을 수호하고 안전과 사회적 안정을 제공하며, 국방의 의무를 다하고 법과 금융 규정을 지킨다는 네 가지를 주요 내용으로 하고 있었다.12) 217호 각의 결정이 시행된 이후에 국유기업의 수가 크게 증가하였으나, 상당수의 국유기업은 손실을 보고 있었고, 이에 따라 1990년 5월 10일자 제144호 결정(Decision No.144/HDBT은 국유기업의 관리 강화를 목표로 하였으며, 1990년 9월 1일자 제315호 결정(Decision No.315/HDBT)은 국유기업 영업의 재조직에 대하여 규정하였다. 특히 제315호 결정은 관련기관이 모든 국유기업의 영업효율을 분석하여 적자기업에 대하여는 그 원인을 결정하고, 이에 따라 시정조치를 취한 후에도 상황이 개선되지 않을 경우 동 결정에 정해진 절차에 따라 문을 닫을 수 있도록 하였다.13)

베트남이 추구하는 국영기업 개혁의 방향은 대형 국영기업을 중심으로 '총공사' 또는 '경제집단'을 형성하고, 그 외의 기업은 '주식회사화'하거나 매각·위탁경영·양도·임대·해체 등의 방법으로 처리하여 구조조정하는 것이다.14) 우선 베트남 정부는 계속 적자를 내는 기업을 청산하고 국영기업의 경영 개선을 위하여 1991. 11월에 모든 국영기업을 재등록15)하도록 한 후, 1994년 3월에는 총리결정 제90호, 제91호로 몇 개의 국영기업을 묶어 '총공사'화하는 작업에 착수하였다. 총리결정 제90호는 최소 5개 기업을 포함하는 자본규모 5천억 베트남 동 이상의 총공사를, 총리결정 제91호는 최소 7개 기업을 포함하는 자본규모 1억 동 이상인 총공사의 설립을 추진하였다. 총공사는 전체 국영기업 수의 약 25%, 자본의 65%, 고용의 55%를 점하였으며, 2005년부터는 대형국영기업을 중심으로 '경제집단'화를 추

---

12) Yuen, Ng Chee et.al. edited, *op.cit.(footnote 11)*, pp.49~50.
13) Yuen, Ng Chee et.al. edited, *ibid.*, p.55.
14) 이한우, 앞의 책(주 2), 135면 참조.
15) 이는 국유기업의 자산을 재평가하고 경영상태를 파악한 후 일정기준에 합격한 기업만을 정부사업체로 재등록하는 것이다. 현영미, 앞의 책(주 2), 125면 참조.

진하였다.16) 또한, 총공사화 작업과는 별개로 국가전략적 분야를 제외한
분야의 기업들을 주식회사화17)하는 방안을 추진하였는데, 1992년 6월에
총리의 "약간의 정부사업체의 시험적 주식회사화에 대한 결정'으로 시작되
었다. 이에 따라 1992년에 시험적 대상으로 7개 기업을 선정하고 이 가운
데 3개 기업을 대상으로 처음 주식회사화에 착수하여 정부 20%, 기업고용
인 최대 40%, 기업 내외 개인 및 경제조직 40%가 주식을 배분하기로 하였
다. 그러나, 이러한 주식회사화는 지체되었으며, 정부는 1998년 6월 29일
총리령 제44호(Decree No. 44/1998/ND-CP)18)에 의거하여 다시 국영기업
의 주식회사화를 강화하는 조치를 취하였다.19) 동 법령과 함께 발표된 부
록에 따르면 주식회사화할 국유기업은 다음과 같다. 첫째, 아직 주식회사화
하지 않을 국영기업으로 직접적으로 국방이나 안보업무를 담당하거나 국
가적 계획에 의거하여 비영리목적으로 운영되는 공공시설업체, 폭약, 유독
화학품, 방사성물질, 지폐와 가치있는 증서의 인쇄, 국가정보망 등의 사업
을 독점하고 있는 생산품이나 서비스와 관련된 기업은 주식회사화할 대상
에서 제외하고, 둘째, 공공시설기업(100억 동 초과자본), 희유금속개발업,
대규모광물개발업, 석유 및 가스개발에 대한 기술적 지원업, 비료·살충제·
의약품 제조업, 대규모 비철 및 희귀금속제조업, 대규모 발전 및 송배전
업, 항공기수리업, 우편통신업, 철도항공항만운수업, 대규모 주류·연초생
산업, 투자은행 및 저소득층지원은행업, 대규모 석유사업은 주식회사화될

---

16) 이한우, 앞의 책(주 2), 26~27면 참조.
17) 베트남에서 '주식회사화'는 기존 국가가 100% 보유하던 국영기업의 소유권 일부
   를 기업고용인인 경영자 및 노동자, 그리고 일반인에게 판매하고 그 나머지를 국가
   가 보유하는 것을 말한다. 이한우, 위의 책, 27면 주8 참조.
18) 정식 명칭은 Decree No.44/1998/ND-CP of June 29, 1998, On the transformation
   of state enterprises into joint-stock companies이다.
19) Yutaka Shimomoto, "Developing the capital market-Vietnam", *Rising to the
   Challenge in Asia: A Study of Financial Markets: Volume 12 - Socialist Republic
   of Vietnam*, Asian Development Bank, 1999. 12, p.56.

때 국가가 과반 이상 또는 특별한 주식을 소유할 필요가 있는 국유기업이 되며, 셋째, 과반 이상 또는 특별한 주식을 소유할 필요없이 주식회사화 (equitized)되어 다른 형태의 소유구조를 적용할 나머지 국유기업들로 구분 하였다.

체제전환 국가들의 법제도화 특징을 보면 대부분의 영역에서 정부 정책 이 결정되고 난 이후 동 부문을 규율하는 법률은 시차를 두고 제정되는 경 우가 많다. 베트남의 국유부문도 마찬가지여서 국유기업법(Law on State Enterprises)[20]은 1995년 4월 20일에 제정되었다. 동법은 모두 9장 58조로 구성되어 있는데, 국유기업을 독립국유기업(Independent State Enterprise), 국영 총공사(A State Corporation), 총공사 산하기업(A Member Enterprise of a State Corporation) 등 세범주로 나누고, 각각의 권리와 의무, 설립·해 산절차, 경영위원회 등 기업운영에 대하여 규정하고 있다.[21]

베트남의 국유기업 개혁은 여전히 종결되지 않아 2008년말 기준 약 3,000개의 국영기업이 국내총생산의 40%, 수출액의 50%, 국가재정수입의 40%를 담당하고 있음에도 그 경영효율은 낮아서 1/3 이상의 기업이 적자 를 내고 있었다.[22] 베트남 정책결정자들에게 국유부문 개혁은 여전히 크나 큰 숙제이다. 개정 헌법에서도 다부문경제체제(multi-sector economy)[23]에 서 국유부문의 주도적 역할을 인정하고 있지만 현실은 오히려 그 반대인 것이다.

베트남의 기업경영형태는 국영, 집단경영, 공사합영, 자본주의적 합영,

---

20) 동법의 제정근거는 1992년 헌법 제19조(국영기업의 생산과 거래의 자율성 등)와 제84조(국회의 권한과 의무)이다.

21) 정재완, 앞의 책(주 10), 37면 참조.

22) 이한우, 앞의 책(주 2), 133면 참조.

23) 베트남에서 다부문경제체제는 국유경제, 집체경제, 국가자본경제, 개인/소(小) 소유 자 경제, 사유경제, 외국투자경제 등 6개 부문이 포함된 것이라 한다. 이한우, 위의 책, 134면 주3 참조.

개인경영 등으로 나뉜다. 1990년 12월 21일 회사법(Law on Companies)과 개인기업법(Law on Private Enterprises), 1994년 6월 22일 회사법의 몇 개 조항 수정과 첨가에 관한 법률(Law on Amendment of and Addition to a Number of Articles of the Law on Companies), 개인기업법의 몇 개 조항 수정과 첨가에 관한 법률(Law on Amendment of and Addition to a Number of Articles of the Law on Private Enterprises)을 제정하여 기업과 관련한 사항을 규율하도록 하였다. 동 법률들은 2000년 1월 1일자로 발효한 기업법(Law on Enterprises)으로 대체되었다.

각 분야별 주요 내용을 살펴보기에 앞서 베트남의 시장경제질서 도입 과정을 요약하면 1989년까지가 도이모이 정책의 형성기라면 1990년대는 전개기[24]라 할 수 있는데, 이 시기 민법 제정 및 토지법 개정을 통한 토지제도 정비 및 법제화가 이루어졌으며, 기업부문에서는 국영기업의 소유제 개혁이 추진되었다. 시장경제의 도입은 가격의 자유화를 기본으로 한다. 가격의 자유화를 위하여 각 개별경제주체의 의사결정의 자유, 영업의 자유가 보장되어야 한다. 베트남에서의 가격 자유화는 1987년 각의 217호 결정(Decision 217/HDBT by the Ministerial Council, 1987. 11. 14)에 따라 단행되어 공정가격과 시장가격간 격차 축소, 전시배급제 폐지, 무역자유화를 추진하기 시작하였고 1989년에는 전력, 수도, 교통, 통신, 철강, 시멘트 이외의 품목에서 모두 국가통제가격을 폐지하였다. 이와 같은 개혁의 결과 1987년의 경우 가격 통제 품목이 소비재는 98개, 생산재는 95개였으나, 1990년에는 각각 6개, 8개로 감소하였다.[25] 농업부문에서도 가격자유화가 진행되어 1987년부터 1989년까지 최종생산물계약제에서 농가계약제로 전환됨으로써 정부책정 관리가격제가 협의가격제로 변환되었다. 또 1993년

---

24) 이한우, 앞의 책(주 2), 21면 참조.
25) 진승권, 사회주의, 탈사회주의, 그리고 농업, 이화여자대학교출판부, 2006, 189면 참조.

부터는 에너지, 수송서비스, 수입 자본재 및 원재료 등에 한해서만 적용하
던 국가통제가격도 거의 폐지하였다.[26]

1986년부터 1988년까지 가격 자유화와 함께 경제의 모든 부문에서 계획
이 아닌 시장이 중심이 되는 시장경제를 도입하기 시작했는데, 베트남에서는
농업, 도매 및 소매에서 시작하여 산업 및 서비스 부문으로 확대되었다.[27]

(3) 사유재산제 보장

통일 이전 북베트남에서는 1940년대에 수행한 외국인의 토지몰수와 배
분과정의 경험을 바탕으로 1953년에 토지개혁을 실시하고, 1959년부터
1968년까지 집단화를 추진하여 약 90%의 농지를 집단화하였다. 이에 반해
남베트남은 프랑스 식민통치하에서 불평등하게 배분되어 있던 토지에 대
하여 1956년부터 1958년까지 3년에 걸쳐 토지개혁을 실시하였다.[28] 통일
이후에는 남베트남지역에 대한 토지개혁을 통해 사유토지의 국가소유화를
추진하였다. 이러한 작업은 단계적으로 추진되었는데, 국가소유농장 건설,
2~3가구를 단위로 하는 상호부조조의 구성, 농업합작사를 통한 농업생산의
집단화 등이다.[29] 통일 이후 남베트남에서는 1978년부터 1979년까지의 제
1차 토지조정, 1983년부터 1984년까지의 제2차 토지조정이 있었다.

앞에서도 언급하였듯이 현행 베트남 헌법(2014년)은 제51조 제1항에서
사회주의를 지향하는 시장경제라는 혼합경제질서를 채택하고 있다. 그래
서, 토지는 국가 소유로 헌법에 규정되어 있고, 민법, 토지법에서 토지사용
권에 대하여 규정하고 있다. 베트남 현행 민법은 1995년 10월 28일 베트남

---

26) 정재완, 앞의 책(주 10), 14면 참조.
27) KINU, *Economic and Social Reform of Vietnam and its Lessons for North Korea*, Korea-Vietnam International Conference Report, 2005. 9, pp.23~24.
28) 김국신 외, 분단극복의 경험과 한반도 통일(II), 한울아카데미, 1994, 32~37면 참조.
29) 김국신 외, 위의 책, 84면 참조.

국회를 통과하여 1996년 7월 1일에 발효되었는데,[30] 제정 당시 일본 학자들의 도움을 일부 받아 법제를 정비하였다.[31] 베트남 민법은 전문, 총 7편, 838개의 조문으로 구성되어 있는데, 제1편은 총칙, 제2편은 재산과 소유권, 제3편은 민사의무와 민사계약, 제4편은 상속, 제5편은 토지사용권의 양도에 관한 규정, 제6편은 지적재산권과 기술이전, 제7편은 섭외관계에 대하여 규정하고 있다.[32] 베트남 민법은 개인, 법인에 더하여 가족호(家族戶)와 협동조의 권리주체성을 인정하고 있는 점이 특색이다. 다른 공산주의 국가들이 그렇듯이 베트남 또한 이러한 법제의 정비 이전인 1988년 8월 공산당 정치국 제10호 결의에 의하여 기존 합작사라는 집단농장제도에서 농가계약제로의 전환을 결정함으로써 새로운 토지제도를 채택할 수 밖에 없는 경제적 여건이 이미 조성되어 있었다.

2. 경제통합의 주요 내용

(1) 재화의 자유로운 이동

재화의 자유로운 이동은 법적인 측면에서는 기업 경영의 자유, 영업의 자유, 경쟁의 자유, 계약의 자유 등의 보장을 의미하고, 사실적 측면에서는 재화의 이동을 가능하게 하는 도로, 철도, 항만, 공항 등 사회간접자본의 충분한 공급을 필요로 한다.

통일 초기의 베트남 경제는 사회주의 경제를 채택하고 있어 위와 같은

---

30) 윤대규 편, 앞의 책(주 9), 199면 참조.
31) 계경문, "베트남 민법상 '권리의 주체' 연구", 아시아법연구소 세미나 발표자료, 2011. 5. 3, 2면 참조. 동 자료는 아시아법연구소 홈페이지(www.lawasia.org, 2016. 1. 23일 검색) 자료실에 게재되어 있다.
32) 베트남 민법의 상세 내용은 법무부, 앞의 책(주 5), 323~344면 참조.

자유가 보장되지 않다가 도이모이정책을 채택한 이후 1987년 각의 217호 결정에 따라 가격 자유화가 단행되어 공정가격과 시장가격간 격차를 축소시키고 무역자유화를 추진하기 시작하였다. 농업부문에서도 1987년부터 1989년까지 최종생산물계약제에서 농가계약제로 전환되는 등 가격 자유화가 추진되어 농산물의 자유로운 이동이 촉진되었다.

(2) 용역의 자유로운 제공

베트남에서 용역의 자유로운 제공은 1979년 8월의 국무회의에서 기업이 각종 수리와 조립 등의 서비스업에 종사할 수 있다는 성명을 발표하면서 시작되었다.[33] 하지만 베트남내 거주이전의 자유가 지방정부의 통제를 받음으로써 용역의 자유로운 제공 또한 상당부분 제한을 받았다. 또한 세계무역기구설립협정에서 규정한 용역 제공의 네 가지 형태에 비추어 볼 때도 통신의 자유가 상당폭 제한되고 소비자의 이동이 자유롭지 못하며, 기업의 상업적 이동과 용역을 공급하는 자연인의 이동 또한 제한을 받음으로써 용역의 자유로운 제공은 큰 폭의 제한하에 있었다.

베트남 내에서 용역의 자유로운 제공은 '도이모이' 정책 추진과 베트남의 세계무역기구 가입을 계기로 크게 제고되었다.

(3) 자본의 자유로운 이동

자본의 자유로운 이동을 위해서는 채권시장, 단기자금시장, 증권시장의 개설, 은행제도의 발전 및 내외국인의 투자의 자유 보장 등이 필수적이다. 증권시장 개설을 위해서는 (주식)회사 설립의 자유가 선행적으로 보장되어

---

33) 구성렬 외, 베트남의 남북경제통합과 한반도경제통합에 대한 시사, 연세대 동서문제연구원, 1995, 101~111면 참조.

야 하며, 증권거래소, 증권회사를 설치하고, 감독기구로서 국가증권위원회, 관련법률로서 증권법, 주식회사법 등이 준비되어 있어야 한다. 베트남과 같은 사회주의 국가에서는 국영기업들이 주식회사로 재편되고 경성예산제약을 받아들일 수 있을만큼 기업회계제도도 제대로 시행되는 과정이 선행되어야 한다.

베트남 은행시스템도 여타 사회주의 국가들과 마찬가지로 독점은행체제 혹은 단일은행체제를 채택하여 베트남국가은행법에 의하여 1951년 설립된 베트남중앙은행이 독점적 지위를 누리고 있다가 1990년 1월 은행법이 시행되면서 금융제도의 개혁을 본격화하여 비국영상업은행 및 합작은행의 설립이 허용되었다.[34] 1998년 중엽 국무회의에서는 금융제도의 변화를 기하여 국립은행을 중앙은행 기능에 특화하고 상업은행의 기능은 국영상업은행에 이관할 것을 결의하였다.[35] 간접투자와 관련하여 1997년 증권위원회(State Securities Commission)을 설립하고[36] 증권시장의 개설은 2000년 6월 호치민시에서 처음 이루어졌다.

베트남의 화폐·금융 재정 관련제도의 변화를 살펴보면 우선 1975년 4월 남북 베트남의 무력통일 이후 북 베트남은 1975년 9월 남베트남의 화폐였던 피아스터(piaster)의 사용을 금지시키고 남 동(dong)으로 교환하는 화폐개혁을 단행하였다. 하지만 이를 북 베트남에서 사용하던 북 동과는 교환할 수 없도록 하여 경제적으로 완전히 통합되기 전까지 경제를 분리하여 관리하였다. 이 때 교환비율은 1동 대 500피아스터였는데, 교환비율의 산출근거는 확인할 수 없었다. 1978년 4월 25일 남 동과 북 동을 통합하였는데, 이러한 화폐개혁 과정에서 남베트남 주민의 재산권을 크게 침해하였다.[37]

일원화된 은행체제하에서 베트남 국가은행(State Bank of Vietnam)은 발

---

34) 한국수출입은행, 베트남 국가현황 및 진출방안, 2008. 12, 107면 참조.
35) 구성렬 외, 앞의 책(주 33), 114~115면 참조.
36) Yutaka Shimomoto, *op. cit.(footnote 19)*, p.57.
37) 구성렬 외, 위의 책, 30~31면 참조.

권업무와 예금업무, 대출업무, 결제서비스업무 등을 제공하였다. 이 외 베트남 무역은행(Bank for Foreign Trade of Vietnam)과 투자개발은행(Bank for Investment and Development)이 각각의 서비스를 제공하였는데, 1990년 10월 신은행법 제정을 계기로 중앙은행의 기능과 상업은행의 기능을 분리하는 이원화 정책을 추진하였다. 이로써 중앙은행은 국민경제의 안정적 운용이라는 본연의 업무에 충실할 수 있게 되었다. 상업은행은 기존 베트남 국가은행에서 산업 및 상업대출부문을 따로 떼어내 상업은행(The Industrial and Commercial Bank)을 만들고, 농업신용부를 떼어내어 농업개발은행(The Agricultural Development Bank)을 출범시키는 형태를 취하였으며, 민간에서도 은행을 설립할 수 있도록 진입장벽도 완화하여 1992년과 1993년에 많은 일반주식은행과 지방주식은행이 설립되었다.38)

직접투자를 장려하기 위하여 1990년 12월 공포된 회사법 및 개인기업법을 통합하여 2000년 1월 1일부터 기업법을 시행하였으며, 1995년 1월부터는 국내투자장려법을 시행하여 개인경제를 포함한 다부문경제로부터 자본동원도 늘어나게 되었다.39) 기업법에 의하면 개인과 기업의 생산·경영 및 투자 기회 확대, 기업설립·경영에 대한 등록절차 간소화, 개인과 기업의 자주권과 경영권의 확대 등을 규정하였다.40)

(4) 인력 이동의 자유

베트남 헌법에서 거주이전의 자유가 보장되고 있다. 1980년 헌법41)에서는 제71조 후단에서 "거주 이전의 자유는 법률에 따라 보장된다"고 규정하여 실질적으로는 보장되지 못하였고, 2001년 헌법에서는 제68조 전단에서

---

38) 정재완, 앞의 책(주 10), 58~60면 참조.
39) 구성렬 외, 앞의 책(주 33), 129면 참조.
40) 법무부, 앞의 책(주 5), 267면 참조.
41) 1980년 베트남 헌법과 2001년 헌법은 법무부, 위의 책, 585~658면을 참조.

"공민은 국내에서 이전과 거주의 자유가 있으며"라고 규정하고 있어 형식
적으로는 폭넓은 자유가 보장되고 있으나, 실질적으로는 각 지방행정단위
가 개개인의 주거 이동을 철저하게 사전, 사후적으로 통제하고 있었다.[42]
현행 헌법은 제23조에서 "공민은 국내에서 이전과 거주의 자유를 보유하
며, 출국과 입국의 자유를 가진다. 이러한 권리의 행사는 법률에 따른다"라
고 규정하고 있으며, 제14조 제2항에서 공민의 권리를 제한할 수 있는 사
유로서 국방, 국가안보, 사회질서 및 안전, 공중도덕 및 공동체의 복지를
이유로 필요한 경우에만 법률로 제한할 수 있다고 규정하고 있어 이전의
헌법에 비하여 제한 사유가 명확해졌음을 알 수 있다.

(5) 토지 거래제도의 통일

통일 이전 남북 베트남간 상이하던 토지 관련 법제는 통일 이후 남베트
남에 대한 토지개혁을 통해 농업생산의 집단화를 완성하였다. 통일 베트남
에서 토지는 ≪토지법≫으로 규율하고 있는데, 토지는 국가소유이며 집단
소유나 개인 소유를 인정하지 않고 있다. 주요 법원으로는 1987년 토지법,
1993년 토지법 및 이를 개정보충한 1998년 토지법, 2001년 토지법 그리고
현행 2003년 토지법이 있다.[43] 베트남 토지법[44] 제5조에 의하면 "토지는
토지 소유자의 대표자로서의 역할을 하는 국가와 더불어 전체 국민의 소
유"이다. 국가는 토지에 대한 처분권과 관리권을 보유하고(각 제5조, 제6
조), 토지사용자들에게 토지사용권증서를 교부한다(제10조). 제10조 제2항
에서 "국가는 베트남민주공화국, 남부베트남공화국 임시혁명정부와 베트남
사회주의공화국의 토지정책을 시행하는 과정에서 국가 규정에 따라 다른

---

42) 법무부, 앞의 책(주 5), 295면 참조.
43) 김대인, "베트남의 토지법", 아시아법연구소 세미나 발표자료, 2011. 4. 5, 2~3면 참
　　조. 동 자료는 아시아법연구소 홈페이지(www.lawasia.org 2016. 1. 23일 검색) 참조.
44) 베트남 토지법은 법무부, 위의 책, 제5편 부록에 수록된 조문 참조.

사람에게 이미 할당한 토지에 대하여는 그 토지의 반환을 요구하지 않는
다"고 하여 기존의 토지사용권 관계를 인정하여 법적 안정성을 추구하고
있다. 또한 제33조에서 국가는 일정한 토지에 대하여 토지사용세를 부과하
지 않고 토지를 할당한다고 규정하고 있다. 여기서 일정한 토지에는 제1항
의 가정 또는 개인이 직접 농경·임업·수산업·제염업에 종사하거나, 베트남
토지법 제70조에 규정된 할당량(3ha) 내에서 농업용으로 토지를 할당한 경
우 이외에도 제2항에서 제7항까지 연구나 테스트, 실험 목적 사용, 국가안
보 목적 등 다양한 경우가 규정되어 있다. 베트남 토지법 제50조에 따르면
"본 조 제1항에 규정된 서류 없이 현재 토지를 사용하고 있으나, 1993년
10월 15일[45] 이전에 분쟁없이 토지를 사용해 왔으며, 지역공동체·구·군
인민위원회로부터 현재 분쟁의 소지 없이 토지사용 구상과 부합하게 토지
를 사용하고 있다는 증명을 받은 가정이나 개인은 토지사용권증서를 발급
받을 수 있으며 토지사용세를 낼 필요가 없다"고 하여 토지사용권과 관련
하여 다툼이 없는 경우 일정한 서류가 없더라도 현상을 인정하여 토지사용
권증서를 발급하여 주고 사용세도 부과하지 않았음을 알 수 있다. 전국적
으로 토지 할당이 개시된 것은 1981년 생산물계약제가 채택된 전후였고,
1988년 농가계약제 채택 이후 한차례 조정되었다가 1993년 위에서 언급한
토지법이 발효된 후 재조정되었다. 북부는 이미 토지가 상당기간 국가 소
유여서 토지의 할당은 가족구성원 수를 기준으로 큰 이의 제기 없이 이루
어졌으며, 남부는 1975년 통일 이후 국유화되었던 토지를 원소유주에게 반
환하는 방식으로 이루어졌는데 이 과정에서 원소유자와 반환 당시 경작자
간 또는 원소유자와 국가간 토지분규가 발생하기도 하였다.[46] 건물에 대하
여는 베트남 토지법 제34조에서 가정이나 개인이 거주지로 토지를 할당받
은 경우 토지사용세를 징수토록 하였다.

---

45) 동 일자는 1993년 개정 토지법의 발효일이다.
46) 이한우, 앞의 책(주 2), 103~113면 참조.

3. '도이모이'를 통한 발전조건 구축

베트남의 대외개방을 살펴보면 2000년 미국과 양자간 무역협정을 체결한 후 동 협정이 발효한 2001년 12월부터 미국으로부터 '잠정적 정상무역관계'를 부여받다가 2007년 1월 WTO 가입을 통하여 미국으로부터 '항구적 정상무역관계(Permanent Normal Trade Relations; PNTR)'[47] 혜택을 향유받게 되었다.[48] 2002년 미국과 베트남간 교역은 약2,944백만 불을 기록하여 바로 전 해에 비하여 107%가 증가하는 놀라운 신장세를 보였고, 2012년에는 24,889백만 불을 기록하였다.[49] 2007년 WTO가입을 통하여 베트남의 무역이 한 단계 상승할 것으로 기대하였으나, 2008년부터 글로벌 금융위기의 영향으로 베트남 경제는 물가가 상승하고 성장률이 하락하고 있다.[50] 경제학자들은 베트남이 국유기업개혁, 취약한 은행부문, 광범위한 관료주의와 부패 등 구조적 문제를 해결하지 못한 것이 계속적인 성장에 걸림돌이 되고 있다고 지적한다.[51] 하지만 세계경제 회복에 따라 베트남의 경제도 안정세를 되찾고 있으며, 개혁이 지속될 경우 향후 전망도 밝은 편이다.

통일 베트남은 1977년 외국인투자법(Regulation on Foreign Investments, Decree 115/CP, 18 April 1977)의 선포로 외국인투자를 유치하기 위한 첫

---

47) 미국의 정상적 무역관계 정책에 대해서는 Vladimir N. Pregelj, "Normal- Trade-Relations (Most-Favored-Nation) Policy of the United States", *CRS Report for Congress*, 2005. 12. 15 참조.

48) 상세 내용은 Mark E. Manyin, "The Vietnam-U.S. Normalization Process", *CRS Issue Brief*, 2005. 8. 3 참조.

49) Mark E. Manyin, "U.S.-Vietnam Relations in 2013: Current Issues and Implications for U.S. Policy", *CRS Report for Congress*, 2013. 7. 26, p.13 표 참조.

50) CIA, *World Factbook*, 2014. 3. 11.

51) Mark E. Manyin, *ibid.(footnote 49)*, p.27 참조.

걸음을 시작하였다. 하지만 동 규정은 국가의 역할을 지나치게 중시하고 외국인투자를 계획경제적 구조에 종속시킴으로써 국가만이 외국투자자와 합작(Joint Venture)을 할 수 있었고 외국투자자는 49% 이상을 투자할 수 없었으며, 또한 국유화의 가능성도 배제하지 않았다. 이러한 이유로 동 법령은 1건의 예외를 제외하고는 사회주의 국가들로부터만 약간의 투자를 유치할 수 있었을 뿐이었다.[52] 개방정책의 채택이후 베트남 정부는 1987년 12월 29일자 외국인투자법(Law on Foreign Investment in Vietnam)을 공포하였으며, 1990년 6월 30일, 1992년 12월 23일 두 차례 개정한 후 1996년 11월 12일 외국인투자법을 전면 개정하였고, 이후 2000년 7월 1일에 한 차례 개정하였다.

4. 분단국 특수문제의 처리

베트남은 사회주의 국가였던 북쪽이 자본주의 국가였던 남쪽을 무력으로 통일함으로써 독일과는 다르게 몰수재산권 처리문제가 표면적으로 등장하지 않았다. 그보다는 앞에서 언급하였듯이 사회주의 국가에서 토지는 국가 소유를 기본으로 하고 토지사용권을 할당하는 과정에서 과거 원소유자와 당시 경작자간 사실상의 토지 분쟁이 발생하는 경우가 빈번히 발생하였다. 베트남은 조약승계와 관련하여 1976년 7월 2일 남북베트남이 통일되

---

52) Le, Tang Than Trai, "The Legal Aspects of Foreign Investment in Vietnam", *Scholarly Works*, Paper 792, 1995, p.46 (available at:http://scholarship.law.nd. edu/ law_faculty_scholarship/792, accessed Jan. 23, 2016); John Quigley, "Vietnam's Legal Regulation of Foreign Trade and Investment", 6 Md. Journal of Int'l Law. 24, 1980 (available at: http://digitalcommons.law.umaryland.edu/mjil/vol6/iss1/6, accessed Jan. 23, 2016).

어 새로운 국가(Socialist Republic of Viet Nam)를 형성하였다는 사실을
UN에 통보하고 그 이외의 사항은 언급이 없다.[53)]

---

53) United Nations, *Multilateral Treaties deposited with the Secretary-General: Status as at 1 April 2009*, Vol. I, 2009, Historical Information p.52.

제3절 예멘

예멘은 2012년 현재 한반도의 2.4배 면적에 25.4백만 명의 인구를 보유하고 있는 국가로서 산유국임에도 불구하고 1인당 GDP가 1,538달러에 불과한 중동국가이다.[1] 통일 전이던 1989년 북예멘(정식국명은 예멘아랍공화국, Yemen Arab Republic)의 국토 총면적은 194,250km², 인구는 880만 명이었고, 남예멘(정식국명은 예멘인민민주주의공화국, the People's Democratic Republic of Yemen)은 336,869km²의 면적에 240만 명이 살고 있었다. 1989년 북예멘의 GDP는 660.7억 리얄, 1인당 GNP는 670달러, 남예멘의 GDP는 107.1억 리얄, 1인당 GNP는 540달러였다.[2] 역사적으로 남북예멘은 1873년 오스만 투르크와 영국간 협정에 의하여 분단되었다가 1918년 오스만 제국이 패망하여 물러나면서 북예멘이 독립하여 회교군주국을 수립하였고 남예멘은 영국의 보호령으로 남아있다가 1967년에 독립하였는데, 북예멘은 권위적인 군사독재체제가 자리잡고 있었고, 남예멘은 독립 초기에는 중도적인 세력이 집권하다가 1969년 정변 이후는 사회주의 세력이 정권을 장악하고 있었다.[3] 남북예멘은 1967년 남예멘 독립 이후부터 재통합을 위한 협상을 지속하였지만 지정학적 환경요인에 의한 외세개입, 정파간 대립심화에 따른 정국불안, 상호간 이념과 체제의 차이로 인한 적대행

---

1) 한국수출입은행 해외경제연구소, 예멘 국가신용도 평가리포트, 2013. 8, 1면.
2) 김국신, 예멘 통합 사례 연구, 민족통일연구원, 1993. 12, 37, 41면; World Bank, *Republic of Yemen: Institutional and Policy Environment for Industrial Development*, Report No. 9008-ROY, 1991. 12. 2, para. 1.01 참조.
3) 임채완 등, 분단과 통합-외국의 경험적 사례와 남북한, 한울아카데미, 2006, 137~139면.

위 등으로 인하여 통일이 쉽지는 않았다. 그러나, 단일민족성을 바탕으로 공통의 역사적·종교적 배경이 통일의 구심점이 되어 국경분쟁에도 불구하고 1972년 카이로협정 및 트리폴리성명을 거쳐 통일의 방법 및 기본원칙과 통일헌법의 기본원리에 합의하고 수많은 우여곡절이 있었지만 결국 평화적 통일을 이룩하게 되어 1990년 5월 22일 남예멘의 수도 아덴에서 통일을 위한 최종문서에 서명하고 '예멘공화국(Republic of Yemen)'의 성립을 알렸다.[4]

산악이 많고 농업중심 사회였던 북예멘은 자본주의체제를 채택하고 있었는데 독립 이후 줄곧 지방의 부족장세력이 강했고 사우디아라비아의 영향력으로부터 자유롭지 못했으나, 1987년 마리브주에서 석유가 개발되면서 재정자립도를 높이기 시작하여[5] 통일이전이던 1989년 말에는 중앙정부가 부족 세력에 대해 상당한 영향력을 행사할 수 있게 되고 사우디아라비아에 대한 의존도도 줄일 수 있게 되었다. 이러한 점은 북예멘 정부가 부족 세력과 사우디아라비아의 영향력에서 벗어나 비교적 자유롭게 남예멘과 통일을 추진할 수 있는 원동력이 되었다.[6] 남예멘은 건국 이후 사회주의 계획경제를 채택하여 토지를 무상몰수하여 농민들에게 분배[7]하였고, 외국기업, 은행 및 보험회사를 국유화하였다(남예멘헌법 제15조). 하지만 사적 소유권도 헌법에 의하여 일정부분 인정하였다(남예멘헌법 제18조). 남북예멘은 두 개의 별개체제가 존재하기는 했지만 사실상 이슬람교를 배경으로

---

4) 예멘통일의 자세한 과정에 대해서는 김국신, 앞의 책(주 2); 장명봉, "남북예멘 통일헌법에 관한 연구: 남북한 통일헌법 구상을 위한 한 시도", 공법연구 제21집, 한국공법학회, 1993. 7 등 참조.

5) 예멘내 석유 확인매장량은 약30억배럴로 세계 29위 수준이며, 일일 석유생산량은 2005년 40만 배럴에서 2012년 18만 배럴로 감소하였다. 주예멘대한민국대사관, 예멘 개황, 2013. 5, 54면, 67면 참조.

6) 김국신, 위의 책, 25~27면 참조.

7) 남예멘헌법 제19조(토지소유의 범위와 제한). 남예멘헌법은 장명봉, 분단국가의 통일과 헌법: 독일과 예멘의 통일사례와 헌법자료, 국민대출판부, 2001 부록 참조.

양 예멘의 사회구조가 상당히 동질적이었고 아랍민족주의가 근저에 깔려
있었으며, 1980년대말경 남예멘이 주택건설에 개인투자 허용, 예멘국립은
행에서 발행한 증권을 사우디 시장에 유통케 하는 등 자체개혁조치를 취하
였는데 동 조치는 소련으로부터의 경제원조 감소, 사회주의 경제제도 실패
등에 대한 대응책으로 양 지역간 경제제도의 간극을 줄여 통일을 앞당기는
촉진제 역할을 하였다.[8]

1. 경제통합의 전제조건 구축

통일 이전부터 남예멘과 북예멘은 상호 밀접한 교류를 진행하면서 경제
통합 환경을 구축해 나갔으며, 경제통합을 진척시키기 위한 합의서도 체결
하였다. 1979년 11월 17일부터 11월 19일 사나에서 이루어진 '남북예멘 내
무장관 합의서'를 통하여 남북예멘 주민간 왕래에 편의를 제공하고 남북간
교역증대를 위해 승객과 상품 운송수단에 대하여 목적지까지 모든 편의를
제공한다고 합의하였다.[9] 또한, 1980년 5월 6일 아덴합의서는 경제분야 활
성화를 비롯한 모든 분야에 있어서 남북예멘간 접촉을 강화하고 조정한다
는 내용으로 산업분야, 광물자원분야, 교통분야, 금융분야, 통계 및 개발계
획 분야, 관광분야, 전시분야 등에서 구체적 협력사업을 제시하였다. 1980
년 6월 12일에는 그 후속조치로 남·북예멘이 각각 50:50 지분을 투자하여

---

8) 중동문제연구소, 통일예멘과 남북한, 중동문제연구소 제6회 세미나자료, 한국외국
   어대학교 외국학종합연구센터, 1992. 7, 10~15면 참조. 이외에도 예멘정부부처들
   은 제도통합을 위하여 통일 전에 45개의 법안과 147개의 행정조례법안을 제정하였
   다고 한다.
9) 이하 남북예멘간 경제통합과정의 세부 내용은 주로 주예멘대한민국대사관, 앞의
   자료(주 5) 참조.

예멘관광주식회사를 설립하는 협정과 예멘해상운송회사 설립협정을 체결
하였으며, 천연자원 공동사업에 관한 양국 정부간 협정도 체결하였다.

　1981년 11월 30일부터 12월 2일간 진행된 협의를 통하여 '남북예멘간
조정 및 상호협력에 관한 합의서'를 체결하였으며, 경제분야에서는 남북예
멘의 경제, 사회 개발계획의 상호 조정, 지질 및 수자원분야 공동협력, 농
업분야 공동협력사업 진행 등을 합의하였다. 또한, 1982년 11월 29일부터
12월 1일까지 개최된 '공동각료회의 제1차 회의'에서 1981년의 합의서에
의거하여 주민 왕래, 예멘주식회사, 교역, 통일로 사업, 농업분야 등에 대하
여 합의가 이루어졌다. 1983년 8월 18일에는 교역 활성화를 위한 조세 및
관세 면제 원칙에 합의하여 '특별공동위원회'를 설치하고, 1988년에는 '아
랍경제사회개발기금'에서 63백만 달러를 지원받아 '남북 예멘간 전력체계
통합'이 이루어졌다.[10] 1988년 4월 석유 매장량이 최소 50억 배럴 정도로
추정되는 남북예멘의 국경지대에서 양국 군 병력이 충돌했다는 언론보도
가 있었으며,[11] 1988년 5월 4일의 '남북예멘 공동합의서' 제5항에서 유전
지대인 북예멘의 마리브(Ma'rib)주와 남예멘 샤브와(Shabwah)주의 2,200
㎢에 걸친 공동구역에서 군사기지를 철수시키고 석유부장관들이 공동으로
투자개발하는 사업을 실시하는 것을 합의하였다. 경제통합에 관한 합의는
1988년 11월 19일 '남북예멘간 공동지역개발에 관한 합의'를 거쳐 1989년
11월 30일 '아덴 정상회담 합의' 및 1990년 4월 22일 '예멘공화국선포 및
과도기 관련 사항에 관한 합의서(Agreement on the proclamation of the
Republic of Yemen and arrangements for the transitional period, 이하 '사
나합의서')를 통하여 통일에 이르게 되었다. 남북 예멘은 1990년의 사나합
의서에서 30개월간의 과도기를 설정하였는데, 그 전문에서 과도기는 유한

---

10) 홍성민, 행운의 아라비아 예멘, 북갤러리, 2006, 135~136면 참조.
11) 유지호, 예멘통일이 한국에 주는 교훈, 공관장 귀국 보고시리즈 93-8, 외교안보연
　　구원, 1993, 12~13면 참조.

하지만 예멘공화국의 미래를 준비하고 의원총선거를 실시하는 데 충분한 기간이며 단일국가의 헌법과 그 정통성이 무시당하거나 개정되지 않고 유지될 것을 보장한다고 선언하고 있다.[12]

경제 통합을 통하여 예멘인은 남예멘의 풍부한 광물자원, 관료체제 및 북예멘의 노동력, 기업활동이 시너지효과를 발휘하여 경제적 측면에서 안착할 것이라는 기대와 함께 남예멘의 수도 아덴항을 자유무역지대(free trade zone)로 만들어 경제의 중심으로 발전시키겠다는 계획을 가지고 있었다.[13] 특히, 통일 직전까지 북예멘의 원유 생산은 일당 약 20만 배럴이고 남쪽에서는 1만~1만 5천 배럴이 생산되었는데, 국경지대에서 매장량 추정치가 약 50억 배럴인 새로운 유전이 발견됨으로써 통일분위기 형성에 큰 기여를 하였다.[14] 하지만 1990~1991년의 걸프전 당시 이라크 지지의 반향으로 약 85만 명의 해외거주 예멘노동자들이 귀국하여 경제에 부담을 안기고, 1994년에는 남·북 예멘간 내전까지 치르면서 경제가 지속적으로 어려움을 겪었으며, 내부정국이 불안하여 원유·가스 생산이 목표치를 하회하고 있는 상황이며, 타 산업을 발전시키겠다는 계획도 제대로 달성하지 못하여 여전히 경제의 대부분을 석유판매수입에 의존하고 있는 취약한 경제구조를 보유하고 있다. 남북예멘간 1990년 5월 1일에서 5월 4일까지 사나에서 개최된 '남북예멘 양국 각료회의 의장 공동회의' 합의문에는 통화, 재정, 운송과 통신, 민원과 노동 등 경제분야의 통합에 관한 내용이 주로 담겨 있으며, 1991년부터 시행된 예멘통일헌법도 경제질서 관련 조항, 재산권 관련 조항 등을 규정하고 있다.

---

12) 사나합의서 영문본은 http://www.al-bab.com/yemen/unity/unif6.htm(2016. 1. 23일 검색) 참조.
13) 임채완 등, 앞의 책(주 3), 164~166면.
14) 중동문제연구소, 앞의 자료(주 8), 16면 참조.

(1) 이슬람식 시장경제질서 도입

경제적 측면에서 볼 때 남예멘은 국가통제 경제체제를, 북예멘은 시장경제체제를 채택하고 있었으며, 통일된 예멘공화국은 이슬람 샤리아에 바탕을 둔 경제체제를 표방하였다. 이는 완전한 시장경제체제라기 보다는 사회주의적 색채가 상당히 강한 혼합경제체제였다[15]. 1991년 5월 16일 국민투표로 확정된 예멘헌법 제6조에 의하면 통일예멘의 국가 경제는 i) 생산 및 사회적 관계에 있어 이슬람식 사회정의, ii) 주요한 생산수단을 소유할 수 있는 근대적 공공부문의 설립, iii) 공익을 목적으로, 법률에 따른 공정한 보상을 제외하고는 간섭받지 않는 사유재산권의 보호, iv) 대외의존적이지 않은 효율적인 국가경제의 건립 및 아랍 이슬람의 유산과 예멘사회의 상황으로부터 도출된 사회주의적 관계의 형성을 보장하는 종합적 발전의 실현에 총력을 기울일 것이라는 원칙하에 건설된다.[16] 위 규정을 보면 예멘공화국은 이슬람식 사회정의를 강조하고, 주요한 생산수단을 소유할 공공부문을 설립하며 아랍 이슬람의 유산과 예멘사회의 상황으로부터 도출된 사회주의적 관계의 형성을 중시한다는 점에서 서구식 자본주의와는 차이가 있으며, 규범적으로는 국가나 공공부문의 역할이 더 강조된다고 할 것이다.[17] 학자에 따라서는 아랍국가에서의 사회주의는 통상의 공산주의국가에서 얘기하는 맑스레닌주의와는 다르다고 주장하기도 한다.[18]

그 외 통일헌법 제7조에서는 천연자원이 국가의 소유이며, 국가는 공익을 위하여 이를 개발하여야 한다고 규정하였으며, 제8조에서는 국가의 경

---

15) 장명봉, 앞의 책(주 7), 152면 참조.
16) 본서에서 1991년 예멘헌법 조문은 Maktari, A. & McHugo, J. "The Constitution of the Republic of Yemen". *Arab Law Quarterly* Vol. 7, No.1, BRILL, 1992, pp.70~82 참조.
17) 김국신, 앞의 책(주 2), 100~101면 참조.
18) 중동문제연구소, 앞의 자료(주 8), 24~25면 참조.

제정책이 공익과 국가경제 발전을 위한 정부 개발계획의 테두리안에서 공공·자연자원의 개발과 투자를 담당하는 공공법인의 설립과 모든 경제·사회 발전분야에서 공공, 민간 그리고 혼합 부문의 능력과 기회의 확대개발을 보장하는 방향으로 과학적 계획에 의거하여야 한다고 규정하였다. 제7조와 제8조의 헌법규정을 볼 때도 경제내에서 국가의 역할이나 정부계획의 역할이 매우 강조됨을 알 수 있다. 또한, 제9조에서는 국가가 외국과의 무역을 지도하고 이를 성장시키기 위하여 노력하며, 그 효과성을 높이고 국가경제에 이바지할 수 있도록 총괄하며, 소비자를 보호하고 시민들에게 생필품을 공급할 목적으로 내부 교역을 감독한다고 규정하고 있다. 제10조에서는 법률에 의하여 국가의 공식적인 통화 및 금융·은행제도를 규제하며, 표준과 도량형을 정의하도록 하고 있어 표준화에 관심을 두고 있다. 제11조에서는 조세부과시 사회의 이익과 국민들간의 사회정의의 실현을 염두에 둘 것을 규정하고 있고, 제12조에서는 조세법률주의, 제15조에서는 재정의회주의를 규정하고 있었다.

통일헌법은 내전을 거쳐 1994년에 1차 개정되고 2001년에 2차로 개정되었는데, 개정헌법은 제3조에서 이슬람 샤리아가 '모든' 입법의 원천이 된다고 규정하였고, 제7조 전단에 "국가경제는 개인과 사회 양자 모두에 이익이 되고 국가의 독립성을 제고하는 경제적 행위의 자유에 기초한다"고 규정하고, 후단에서 국가경제가 기초하는 원칙도 이슬람 사회정의, 합법적 경쟁, 사유재산권의 보호와 존중 등 세가지로 규정함으로써 좀 더 시장경제질서에 가까운 모양새를 보여주고 있다.[19][20]

---

19) 1994년 헌법 번역문은 http://www.al-bab.com/yemen/gov/con94.htm(2016. 1. 23일 검색) 2001년 헌법 번역문은 http://www.refworld.org/docid/3fc4c1e94.html (2016. 1. 23일 검색) 참조.
20) 1994년 헌법 개정은 예멘공화국이 남예멘지역과의 정치·군사적 대결로 빚어진 내전 진압 후 새로운 국가체제 정립의 일환으로 이루어졌다. 장명봉, 앞의 책(주 7), 157면 참조.

정치적 통합 이후 예멘정부는 두 개의 상이한 경제체제를 통합하기 위하여 노력하려 하였으나, 남북예멘 모두 아랍권으로부터의 원조와 해외근로자들의 송금[21])이 중요한 원천이었다. 1990~1991년의 걸프전 당시 예멘정부가 쿠웨이트를 침공한 이라크를 지지하는 바람에 이전부터 사우디 아라비아에서 일하고 있던 약 85만 명의 예멘인들이 1990년 사우디아라비아에서 쫓겨나 귀국하고 원조도 취소되는 바람에 국내 실업률이 대폭 상승하고 정부 재정도 크게 악화되었다. 특히 재정의 전반적인 상황이 매우 안 좋아져서 1991년 GDP대비 10%를 차지하던 재정적자가 1992~1994년사이에 GDP의 16%까지 증가하였고, 1995년에는 60%를 초과하는 물가상승률을 기록하였다.[22]) 예멘통합초기 통일예멘정부는 그 이전 존재하고 있었던 남북예멘의 공무원 모두를 유지하고 그 비용은 임금이 더 높았던 북예멘 수준으로 지급키로 결정하였는데, 이러한 결정은 통일예멘정부의 재정에 큰 압박 요인이 되었다. 특히 통일이전 북예멘 공무원수는 10만 명 정도였으나 통일 후 남예멘 공무원 조직 30만 명을 흡수함으로써 행정인력의 비대화를 초래하였다.[23]) 통일국가로서의 초기단계에 예멘은 높은 통일비용으로 인하여 재정불균형이 증가하였고 이로 인하여 인플레이션율이 증가하는 결과를 낳았다.[24]) 화폐가치도 급락하여 리얄화의 달러화 대비 환율이 1990년 14:1에서 1991년 9월에는 35:1로 상승하였고 경제위기 극복을 위하여 통일예멘정부는 세계은행 국제개발협회(IDA)로부터 3천 3백만 달러

---

21) 북예멘의 경우 약 100만 명에 달하는 해외근로자들로부터 GNP의 약 40%에 달하는 17억달러의 송금이 있었으며, 남예멘도 약 8만 5천 명으로부터 GNP의 70%에 달하는 송금이 있었다. 홍성민, 앞의 책(주 10), 143면 참조.
22) World Bank, *Republic of Yemen: Public Expenditure Review*, Report No. 16147-YEM, 1996. 11. 27, p.2.
23) 국가정보원, 각국의 통일·체제전환 사례집, 2003.
24) Abdulmajeed Al-Batuly et. al. "Assessing Development Strategies to Achieve the MDGS in the Republic of Yemen", *Country Study*, United Nations Department for Social and Economic Affairs, 2011. 7, p.7.

의 긴급경제복구자금을 융자받았다.[25]

화폐·금융정책 측면에서 통일 이전 양국 각료회의 경제·재무위원회에서는 단일관세, 중앙은행과 화폐의 통일, 소득세, 상업은행제도, 일반재정제도의 정비를 촉구하였다. 통화통합은 1990년 5월 1일부터 5월 4일까지의 '남북 예멘 양국 각료회의 의장 공동회의' 합의문을 통하여 통일정부는 과도기간 중 남예멘의 디나르(Dinar)화와 북예멘의 리알(Rial)화를 동시에 법화로서 사용토록 결정하였다. 1991년에 남예멘의 디나르화는 시장에서 회수되었는데, 당시의 환율은 북예멘의 리알화에 대해 통합전 1D=13~14YR에서 회수시에는 1D=26YR로 평가절상되었다.[26]

예멘의 사회복지는 빈곤, 식량부족, 높은 문맹률, 식수 부족 등으로 매우 열악한 상황이며, 정부 재정 또한 적자를 거듭하여 이러한 상황을 개선하는 데에 역부족이다. 인구의 48%에 대해서만 안전한 식수가 공급되고 있고 인구의 대략 1/3이 영양부족 상태여서 기초적인 생존도 제대로 보장받지 못하고 있는 상황이다. 예멘 국민 1인당 총보건비 지급은 57불 수준으로 타 중동국가 평균의 절반에도 미치지 못하며 보건담당부처의 예산이 정부예산의 4.5%에 불과한 실정이다.[27] 통일 당시에도 상황은 유사하였는데, 이는 제대로 된 사회안전망을 갖추지 않은 상태에서 얼마되지 않는 재정의 대부분을 비효율적인 보조금에 투입하고 그 혜택 또한 저소득층에게 전달되지 않았기 때문이다. 통일예멘정부는 밀과 밀가루, 석유 및 전기 등 세 가지 주요 소비품에 대하여 보조금을 지급하는 정책을 취하고 있었으며, 이로 인하여 막대한 재정상 부담을 증가시키고 있었는데, 보조금 합계가 1996년 GDP대비 9%에 가까운 규모로 추계되었다. 또한 저소득층에 대하여 저렴한 식재료를 공급한다는 명목하에 지급된 밀에 대한 보조금이 주로

---

25) 김국신, 앞의 책(주 2), 103면 참조.
26) 장명봉, 앞의 논문(주 4), 140면 참조.
27) 주예멘대한민국대사관, 앞의 자료(주 5), 97~98면 참조.

밀의 수입업자에 대하여 지급됨으로써 국내 생산 밀 가격에 부정적인 영향을 미쳐 국내생산농가의 소득을 인하시키고 있어서 저소득층에 혜택이 돌아가는 제대로 된 사회안전망의 구축이 필요하였다.[28] 다만, 사회보험노동부(Ministry of Social Affairs, Social Insurance and Labor)에서 노인, 장애인, 미망인, 고아 등 노동능력이 없는 저소득층에 대한 소득이전사업을 시행하고 있었는데, 1994년 31천개 가구에 대하여 31백만 리얄의 식품 및 현금 지원이 주어졌다.[29] 노동능력이 있는 저소득층에 대한 최선의 지원은 고용창출과 농촌지역에서의 사회서비스의 공급 증가 및 저소득층을 지원할 비정부기구의 설립인데, 통일예멘에서 이러한 작업은 세계은행 사업의 맥락에서 추진되었다.[30]

1992년부터 1996년까지 예멘의 GDP 대비 경상이전 및 자본이전의 비중을 보면,[31] 경상이전의 약 70~80%는 사회보장 이전 및 연금기여로 충당되고, 나머지는 공공법인에게 돌아가며, 평균 GDP의 1.5%를 차지하는 자본이전의 대부분도 공공법인에게 돌아간다. 1996년 예멘에는 4가지 주요 연금기금이 있는데, 각각 공무원연금(공공법인 근로자도 포함), 군인, 경찰, 그리고 민간 부문 근로자를 위한 것이다. 공무원연금을 예로 들면 강제가입이며, 근로자가 봉급의 6%를 납부하고 정부가 동일한 비율을 기여하는데, 60세 은퇴와 35년 근무 후 연금 전액을 받을 수 있고 매년 연금액은 근무기간과 마지막 연도 봉급을 고려한 산식에 따라 계산한다.[32]

---

28) World Bank, *op. cit.(footnote 22)*, p.18.
29) 1995년 세 가지 보조금 총액 144억 리얄(밀 101억, 석유 25억, 전기 18억)에 비하면 매우 작은 수치이다.
30) World Bank, *ibid.*, p.23.
31) World Bank, *ibid.*, p.26.
32) World Bank, *ibid.*, pp.26~27.

(2) 사유재산제 보장

위에서도 언급하였듯이 통일예멘헌법 제6조는 통일예멘의 국가 경제가 기초하는 네 가지 원칙 중 하나로 '공익을 목적으로, 법률에 따른 공정한 보상을 제외하고는 간섭받지 않는 사유재산권의 보호'를 들고 있어 사유재산제를 보장하고 있다. 한편, 통일예멘헌법 제7조에서는 천연자원이 국가의 소유이며, 국가는 공익을 위하여 이를 개발하여야 한다고 규정하였다. 남예멘은 사회주의체제로 토지의 무상몰수·무상분배를 실시하였기 때문에 통일정부는 과도기간 중 남예멘 지역의 사유화 정책을 제한된 범위내에서 실시하였지만 이 과정에서 술탄과 부족장 등 전소유자들이 소유권을 주장하였고 현사용자들의 보상 요구 또한 이어졌었다.

2. 경제통합의 주요 내용

재화의 자유로운 이동을 위하여 남북 예멘은 1983년 8월 18일 교역 활성화를 위한 조세 및 관세 면제 원칙에 합의하여 '특별공동위원회'를 설치하는 등 통일 이전부터 협의가 지속되었으며, 통일헌법에도 재화의 자유로운 이동을 제한하는 규정은 없다. 다만, 통일예멘정부는 밀과 밀가루, 석유 및 전기 등 세 가지 생필품에 대하여 보조금을 지급하고 있었으므로 그러한 물품의 시장 경쟁이 왜곡되는 측면이 있었다. 한편, 남북예멘은 농림어업과 공공부문의 비중이 매우 높고 제조업의 비중이 매우 낮았다. 통일 후 예멘 경제에서 용역은 1996년 실질 국내총생산의 약 35%를 차지하였다.[33] 남북예멘간 용역의 자유로운 제공은 재화의 이동과 마찬가지로 법적으로

---

33) World Bank, *op. cit.(footnote 22)*, p.56.

는 큰 장애가 없으나, 예멘내 용역산업의 발달이 미비하고 용역의 네 가지 제공형태의 발달과 관련된 물적 토대(통신망, 도로, 항만, 철도 등)가 제대로 갖추어지지 않아 용역의 자유로운 제공은 사실상의 제한을 받았을 가능성이 크다.

자본의 자유로운 이동측면을 살펴보면 통일헌법 제3조에서는 "이슬람 샤리아법이 주요한 입법 원천이 된다(The Islamic Shari'a law is the principal source for legislation)"고 규정하고 있고, 제10조에서는 "법률은 국가의 공식 화폐와 금융·은행제도를 규율한다. 법률은 표준, 측정, 도량형을 정의한다(The law shall regulate the State's official currency and the financial and banking system. It shall define standards, measures and weights)"고 규정하고 있다. 남북예멘이 통일헌법의 원리로서 이슬람법 샤리아(Shari'a)를 채택하고 있으므로 금융 또한 이러한 원칙에 따른다. 샤리아에 나타난 이슬람 금융거래의 주요 규범은 첫째, 이자 수수 금지, 둘째, 부도덕한 거래 금지, 셋째, 투기와 불확실성의 배제, 넷째, 자본축재 금지 등이 있다.[34] 남예멘 지역에는 식민지의 유산으로 1960년대에 북예멘보다 더 많은 자본주의 기업들이 소재하고 있었으나, 독립 이후 국유화되었다. 북예멘 또한 자본주의를 채택하고 있기는 하였지만 이슬람의 사회정의 원칙에 따라 공공부문과 정부계획이 중시되었다. 1990년 통일로 인하여 통일 예멘에서는 140여개 공공기업이 73,000명을 고용하게 되었다.[35] 1991년 통일 헌법에서는 공공부문에서 주요한 생산수단을 소유하도록 하고 있고, 자연자원의 개발과 투자를 담당하는 공공법인을 설립토록 하고 있다. 1990년대초 예멘기획부장관에 따르면 모든 국가소유회사를 민영화한다고 하였는데, 여기에는 무역, 은행, 운송, 어업, 관광, 농업, 산업 및 건설의 7개 분

---

34) 샤리아 및 이슬람금융의 특징에 대하여는 손태우 외, "이슬람금융상품의 국내도입을 위한 이슬람은행에 관한 연구", 법학연구 제54권 제2호, 부산대학교 법학연구소, 2012. 5.

35) World Bank, *op. cit.(footnote 22)*, p.27.

야가 포함되며, 구체적으로는 2개의 항공사, 예멘국립은행과 예멘은행, 시
멘트 공장, 섬유공장, 콘크리트공장, 생선통조림공장, 채석업, 호텔, 극장,
농장이 모두 포함된다. 실제로 공공부문과 민간부문간 공동투자회사인 예
멘통신(Yemen Telecommunication)사는 영국의 회사와 국제 전화선을 건
설하기 위한 20.4백만불짜리 계약을 체결하였다.36) 이와 같은 예에서 볼
때 예멘에서 국유기업 등 공공부문의 비중이 비대함을 알 수 있다.

인력이동의 자유와 관련하여서 통일헌법 제38조(그 이후 개정헌법에서
는 조항만 바뀌고 내용은 불변)는 "예멘영역내에서 모든 시민들에게 이전
의 자유를 보장하고 있으며, 이는 시민들의 평화와 안전상 필요로 법에서
규정된 경우를 제외하고는 제한받지 않는다"라고 규정하고 있어 헌법상 인
력 이동의 자유와 관련한 제한은 없는 것으로 보인다. 하지만 실제 노동시
장에서의 인력의 이동은 정부의 관리하에 있었다. 즉, 1970년 북예멘 노동
법과 1978년 남예멘 노동법을 통합한 1995년 통일예멘 노동법은 동법 제
14조에서 모든 고용주들이 공석이 발생한 지 7일 이내에 노동부에 그 사실
을 통보하고 노동부가 통보일로부터 15일 이내에 적당한 근로자를 지명하
지 않는 경우 고용주가 요구사항을 충족하는 신청자를 고용할 수 있다.37)
1994년 예멘의 각 직업군별 근로자 분포를 보면 농림어업에 종사하는 근
로자가 52.3%를 차지하고 제조업에는 4.1%, 나머지는 서비스업에 종사함
을 알 수 있다.38) 토지거래제도의 통일측면에서 통일 후 예멘은 등기제도
를 확립하려 하였는데, 2010년 현재 사부문에서 제공하는 등기 관련 서비
스는 있으나 공적으로 유효한 등기제도는 확립되어 있지 않다.39) 예멘은

---

36) Bhattacharyay, Biswa N. "Trends in Privatisation in the Arab World and its
    Problems and Prospects", *Savings and Development*, Vol. 20, No.1, Giordano
    Dell-Amore Foundation, 1996, p.14.
37) Enders, K., et al., *Yemen in the 1990s: From Unification to Economic Reform*,
    IMF occasional paper No. 208, IMF, May 2002, p.59.
38) Enders, K., et al., *ibid.*, p.87.

경작가능한 토지가 전 국토의 약 1% 정도에 지나지 않으며,[40] 토지 소유
형태는 네 가지인데, 국가토지(전체토지의 90%, 경작가능지의 10%), 사유
토지(경작지의 84%), 종교토지(전체 토지의 3~4%), 공동토지(communal
land)가 그것이다.[41] 민법(Civil code)과 국가토지 및 부동산법(the Law on
State Lands and Real Estate)이 있지만 국가토지와 공동토지간 구분이 명
확하지 않은 상태이고 보상받지 않은 국유화 또는 국유토지의 사적인 불법
전용 등이 빈번하다.[42]

3. 경제통합의 발전조건 구축

통일예멘의 대외개방부문은 사우디아라비아, 쿠웨이트, 카타르, 바레인,
오만, 아랍에미리트연합 등 6개 아랍국가간 경제연합체인 걸프협력회의
(GCC; Gulf Cooperation Council) 및 WTO와의 관계가 가장 중요하다. 예
멘은 1996년부터 걸프협력회의 회원국이 될 의향을 표명해 왔으나, 걸프협
력회의사무국의 약한 역량과 기존 회원국들의 낮은 관심으로 아직까지 가
입이 되지 않고 있다.[43] 걸프협력회의 회원국 중 가장 긴 국경을 맞대고

---

39) Thompson, H., *Landmines and Land Rights in Yemen*, Geneva International
Center for Humanitarian Demining, 2010. 11, p.5.
40) Thompson, H., *ibid.,* p.5.
41) World Bank, *Republic of Yemen: Land Tenure for Social and Economic
Inclusion in Yemen*, Report No. 54923-YE, 2009. 12, p.9.
42) World Bank, *ibid.,* pp.9~10.
43) Burke, Edward, *'One blood and one destiny'? Yemen's relations with the Gulf
Cooperation Council*, Kuwait Programme on Development, Governance and
Globalisation in the Gulf States, the London School of Economics and Political
Science, 2012, pp.23~24.

있는 사우디아라비아와는 지속적으로 국경분쟁이 이어져 왔으며, 2000년
에 국경분쟁을 종식하고 협정을 체결하였다.[44] 한편, 예멘은 2013년 12월
4일 발리 각료회의에서 WTO 가입이 승인되었으며, 2014년 6월 26일 160
번째 WTO 회원국이 되었다.[45]

통일예멘의 사유화는 전쟁 등으로 매우 지체되어 1996년 중순 사유화대
상을 확정할 센서스가 실시되어 총 192개의 국영기업이 특정되었는데, 이
중 110개 이상이 남예멘에 위치하고 있었다. 1996년 사유화의 실제과정을
담당하는 '사유화청(TPO, Technical Privatization Office)'이 설립되었으며,
1999년 11월 '사유화법(Privatization law)'이 공포되었다.[46]

4. 분단국 특수문제의 처리

통일예멘은 조약승계와 관련하여 새로 성립하는 예멘공화국(Republic of
Yemen)이 UN의 단일회원국이 되고, 통일 이전 남북예멘이 타 국가나 국
제기구와 국제법에 따라 체결한 기존 조약은 효력을 유지한다고 통보하였
으므로, 예멘공화국은 남북 예멘중 일방이 먼저 조약을 체결한 일자부터
동 조약 당사국이 된다.[47]

농업은 예멘 경제활동가능인구의 50%이상이 종사하지만 국토의 6%만
이 경작가능할 정도로 토지는 희소한 자원이다. 통일 이전 남예멘은 사회

---

44) Burke, Edward, *op. cit.(footnote 43)*, p.7.
45) https://www.wto.org/english/thewto_e/acc_e/a1_yemen_e.htm, accessed Jan. 23,
   2016.
46) Enders, K., et al., *op. cit.(footnote 37)*, p.40.
47) United Nations, *Multilateral Treaties deposited with the Secretary-General:
   Status as at 1 April 2009*, Vol. I, 2009, Historical Information p.52.

주의 계획경제하에 토지의 무상몰수·무상분배[48]를 실시하였기 때문에 통일이후 남예멘 지역에 대하여 사유재산제를 정립할 필요가 있었다. 통일정부는 과도기간 중 남예멘 지역의 사유화 정책을 제한된 범위내에서만 실시하여 소규모 공장과 토지는 사유화하지만 외국인 소유 토지나 대지주의 토지에 대해서는 국유화를 계속 견지하였다. 이 과정에서 술탄과 부족장 등 전소유자들이 소유권을 주장하였지만 재정 형편상 보상조치가 이루어질 수 없었으며,[49] 현사용자들의 보상 요구 또한 이어져 경제혼란이 더욱 가중되었다.

---

48) Carapico, Sheila, "The Economic Dimension of Yemeni Unity", *Middle East Report*, No. 184, Middle East Research and Information Project, 1993. 10, p.10.
49) 김국신, "예멘 통일방식이 한반도 통일에 주는 시사점", 「예멘 통일의 문제점」 학술회의 발표논문집, 민족통일연구원, 1994. 5. 17, 26면 참조.

제4절 중국

1. 사회주의 시장경제질서 도입

중국은 북한과 동일하게 사회주의를 채택하고 있으나, 개혁개방정책을 추진한 이래 '사회주의 시장경제'를 표방하여 사회주의와 시장경제질서의 접목을 추진하고 있다. 이렇게 두 가지 이질적인 체제의 통합 또는 점진적인 체제 전환을 장기간 추진해 왔으며, 사유재산권 인정 범위를 점차 넓혀 왔다는 측면에서 우리에게 다양한 시사점을 제공해 주고 있다.[1] 중화인민공화국은 1949년 10월 1일 공식 수립 이후에도 1954년 9월 20일 제1기 전국인민대표회의 제1차 회의에서 '1954년 헌법'이 제정되기 이전까지 명문헌법은 없는 상태였으며, 건국 직전인 1949년 9월 소집된 중국인민정치협상회의 제1차 전체회의에서 채택한 ≪중국인민정치협상회의공동강령≫(이하 '공동강령')[2]이 사실상 헌법으로서의 기능을 하였다. 중국의 헌법은 1954년 9월 20일, 1975년 1월 17일, 1978년 3월 5일 및 1982년 12월 4일

---

1) 신우철, '체제전환'과 국가: 독일통일·중국개혁의 비교헌법론, 영남대학교출판부, 2003, 118면.
2) 임시헌법의 성격을 띠고 있는 공동강령에서 재산권을 위주로 한 경제질서에 관한 사항은 제4장 경제정책에 주로 담겨 있는데, 제26조에서는 국영경제, 합작사경제(合作社經濟), 농민과 수공업자의 소상공인 경제(個體經濟), 사인자본주의경제 및 국가자본주의경제간 역할 분담에 대하여 규정하였고, 제27조는 토지개혁의 중요성과 경자유전의 실현에 대하여 규정하였다. 기타 상세내용은 이창호, "중화인민공화국 헌법 제정사", 법학연구 제13집, 2005, 117~118면 참조.

통과된 네 개의 헌법으로 크게 구분하고, 1982년 헌법이 네 차례 수정을 거쳐 오늘에 이르고 있다. 그 중 1949~1982년은 중화인민공화국 성립 이후 사회주의 질서를 구축하고 계획경제질서를 추진했던 시기이며, 개혁개방 정책을 뒷받침한 헌법으로 1982년 12월 4일 제5차 전인대를 통과한 헌법(이하 '1982년 헌법')이 있다. 1982년 헌법은 1988년 4월 12일(이하 '1982년 수정헌법')3), 1993년 3월 29일(이하 '1993년 수정헌법'), 1999년 3월 15일(이하 '1999년 수정헌법'), 2004년 3월 14일(이하 '2004년 수정헌법') 네 차례의 수정을 거쳐 오늘에 이르고 있다.

이러한 헌법의 변천과정과는 별개로 중국 공산당은 중앙위원회 제3차 전체회의(3중 전회), 전국대표대회4) 등을 통하여 개혁개방의 이념에 입각하여 노선을 전환함으로써 경제체제를 변화시켜 왔는데, 헌법 개정에 앞서 개최되는 3중 전회는 실질적으로 중국의 개혁개방을 이끄는 중요한 회의로서 1978년 12월 18일부터 22일까지 열린 제11기 삼중전회5)에서는 중국 개혁개방의 방침을 확정하고 계급투쟁 노선을 포기하는 한편 경제발전중

---

3) 1988년부터 중국의 헌법 개정 방식이 그 이전의 전면 수정에서 부분 수정으로 변경되었다.

4) 전국대표대회는 중국공산당 최고영도기관으로 매5년마다 1회씩 개최되며, 중앙위원회를 선출하고 당장정(黨章程)을 개정할 수 있는 권한을 보유한다.

5) 중앙위원회 전체회의는 전국대표대회를 제외한 최고 회의체로서 공산당 총서기 및 정치국 상무위원, 정치국 위원 등의 지도자들을 선발하는 1차, 2차 회의가 있고, 통상 가을에 개최되며 5년간의 국정 운영의 주요계획을 제시하는 3차 회의 등이 있는데, 세 번째 개최되는 전체회의를 일컬어 3중 전회라 한다. 장명봉 교수는 제11기 3중전회 이후 중국경제의 변화를 '경제 원칙에 입각한 개혁 추진'(1978. 12, 제11기 3중 전회) → '계획경제爲主, 시장경제爲從'(1982. 2, 제12차 전국대표대회) → '사회주의 상품경제론'(1984. 10, 제12기 3중 전회) → '국가는 시장조절, 시장은 기업유도원칙'(1987. 10, 제13차 전대) → '계획경제와 시장경제의 조화'(1989. 6, 제13기 4중 전회) → '사회주의 시장경제 이론'(1992. 10, 제14차 전대)의 순서를 거쳐 시장경제기능이 핵심개념이 되었다고 한다. 장명봉, "중국 헌법개정(93)의 배경·내용·특징: 경제개혁을 중심으로", 법제연구 제4호, 한국법제연구원, 1993, 195~196면 참조.

심의 노선을 택하였다. 1993년 제14기 삼중전회에서는 '국가는 각종 소유제 경제가 공평한 조건에서 시장경쟁에 참여하는 환경을 조성해야 한다'고 규정하여 사회주의 시장경제를 체계화하였다.

중국에서 사유재산권의 보장은 2004년 3월 헌법 개정시 최초로 규정[6]되었는데, 국가가 공민의 합법적인 수입, 저축, 건물과 기타 합법적인 재산의 소유권을 보유하며, 국가는 법률규정에 의거하여 공민의 사유재산의 상속권을 보호한다고 규정하고 있다. 자본주의 국가의 헌법과 달리 중국 헌법은 사회주의 공유재산의 신성불가침성을 규정하고 있다. 중국에서 소유권은 그 주체에 따라 국가소유권, 집단소유권, 개인소유권의 3가지로 나뉜다. 소유권과 유사한 재산권으로는 경영권, 토지사용권 등이 있다. 토지소유권은 토지의 점유, 사용, 수익, 처분 권능을 포함하는 개념이다. 중국도 점점 사유재산권을 보장하는 방향으로 나아가고 있지만 토지의 소유권자는 국가 또는 일정 집단(集体)으로서 국가토지소유권과 집체토지소유권으로 구분된다. 즉, 중국 헌법 제10조는 "도시의 토지는 국가소유에 속하고 농촌과 도시근교의 토지는 법률에 국가소유라고 규정된 경우를 제외하고는 집체소유다"고 규정하고 있다. 개인은 토지에 대한 사용권을 취득하거나 그 사용권을 유상양도할 수 있다. 도시의 경우는 국유토지에 대하여 소유자인 국가가 토지사용권을 공급하며, 농촌의 경우는 집체토지의 소유권과 경영권을 분리하여 토지는 집체가 소유하고 각 농가가 토지생산경영의 모든 책임을 부담하고 있다.[7]

---

6) 중국 헌법의 주요 내용은 張千帆, 憲法學導論, 法律出版社, 2008, 139~147面 참조
7) 박인성, "중국의 토지사용제도", 국토연구, 2001, 77~83면 참조.

2. 사회주의 시장경제질서의 주요 내용

(1) 재화시장

중국정부는 1979년 혼합가격체계를 도입하여 가격변동을 허용함과 동시에 가격규제 권한을 유지하려고 하였으나, 큰 성과를 보이지 못하다가 1984년 5월 국영기업의 자주권 확대를 위한 잠정규정을 발표하여 이중가격제(雙軌制)[8]를 도입하였다. 그 후 1989년 들어 인플레이션이 극심해지자 가격개혁은 일시적으로 후퇴하였다가 1992년 곡물가격의 완전자유화, 1993년 식량배급제의 폐지 등의 조치로 가격자유화를 재추진하였다.[9]

(2) 용역시장

용역의 네 가지 공급방식 중 자연인의 이동과 관련된 방식 4에서 중국은 거주이전의 자유가 호구제도를 통하여 실질적으로 제한되어 도시민과 농민공간 자동차등록에서부터 사회복지제도, 자녀교육까지 다양한 차별을 실시하고 있다.

또한, 용역은 자연인의 행위와 밀접하게 관련되어 있고 상당수의 세부부문들(의료, 법률, 교육 등)이 영업허가제도를 시행함에 있어 그러한 용역을 공급할 수 있는 자격요건을 규정하는 경우가 많으므로 영업허가제도에 있어 중국이 어떤 변화를 겪었는지를 살펴볼 필요가 있다. 중국은 계획경제

---

8) 이중가격제는 계획내 부문에서는 정부가 가격을 결정하고 계획외 부문에서는 시장에 의해 가격을 결정하는 것을 말한다. 1985년 곡물, 기능작물, 면화, 담배 등을 제외한 모든 농산물과 손목시계, 선풍기 등 일부 공산품 가격이 자유화된데 이어 1986년에는 자전거, 흑백 TV 등 749개 품목이 자유화되었으며 1988년에는 담배와 술가격이 자유화되었다. 한국은행, 중국경제의 개혁성과와 개혁정책 평가, 조사연구자료, 1998. 8, 13면 참조.

9) 한국은행, 위의 자료, 59~60면.

시기(1949~1979)에 전면적 영업허가방식을 통하여 사유경제나 민간투자 주체의 영업에 대하여 기본적으로 제한 또는 금지하는 정책을 추진하였다. 이러한 입장은 개혁개방 이후에는 점차로 완화되어 2003년 이후로는 영업 허가의 대상 범위가 매우 한정되어 국가안전, 경제안정, 사회공익 및 환경 생태에 관한 사업에 한하여 영업허가를 취득하도록 하였다.10) 특히, 2005 년 2월 19일 발표한 '개체사영경제 등 비공유제경제 발전을 장려·지원 및 인도에 관한 약간의 의견'은 민간부문의 진입규제를 완화하고 평등대우 및 평등진입의 원칙을 선언하였다.11)

(3) 자본시장

개혁·개방 이후 중국의 금융개혁은 금융기관의 다원화, 금융시장의 형성 과 정비, 금융기관을 통한 거시경제 조절기능의 강화 등 세 가지 방향으로 추진되었다.12) 1973년 3월 농업은행과 인민건설은행 설립, 1984년 중국공 상은행을 신설하여 인민은행의 상업금융 업무를 이관하였고, 전국적 상업 은행인 교통은행을 설립하였다.13) 또한, 1986년 1월 광저우, 우한, 선양, 충칭, 창저우 등 5개 도시를 금융시범지구로 정하고 동 지역에 은행간 콜 시장과 어음할인시장을 설립하였으며, 1990년 12월 상하이증권거래소, 1991년 7월 선전증권거래소가 개설되었고, 채권의 유통 또한 1986년 8월 부터 가능토록 하였다.14)

중국은 내국인 투자전용주식인 A주식과 외국인과 기관투자가만 거래 가

---

10) 김은환·정이근, 중국의 영업허가제도에 대한 법제분석, 한국법제연구원, 2012, 19~22면 참조.
11) 김은환·정이근, 위의 책, 23면 참조.
12) 한국은행, 앞의 자료(주 8), 63면.
13) 한국은행, 위의 자료, 63~64면.
14) 한국은행, 위의 자료, 65~66면.

능한 B주식으로 증권시장이 분리되어 있다가 A주식에는 2002년 12월 2일 부터 허가를 받은 외국인기관투자가의 투자가 허용되었고, B주식에는 2001년 2월 내국인의 투자가 허용되어 단계적으로 통합해 나가려 하고 있다. 외국인에 의한 중국내 주식투자는 점진적으로 자유화되어 2011년 10월 이후 '적격외국인기관투자가'의 인가 및 투자쿼터 부여를 가속화하고 투자 범위 등에 대한 규제 완화도 추진하고 있다.[15]

(4) 인력 이동의 자유 제한: 호구제도

호구(戶口)제도는 중국의 독자적 인구관리방법으로서 중국인은 출생지에 따라 호구가 결정되며, 어느 지방의 호구를 가지고 있느냐에 따라 취학, 취업, 사회보장제도의 향유 등에 있어서 차이가 있다. ≪중화인민공화국호구등기조례(中華人民共和國戶口登記條例)≫[16](이하 '중국호구등기조례'라 한다)는 1958년 1월 9일 전국인민대표대회 상무위원회 제91차 회의를 통과하고 동 일자로 중화인민공화국주석령으로 공포 시행되었다. 중국호구등기조례 제3조에 의하면 호구 등기업무를 각급 경찰조직에서 주관토록 하고 있어 지방행정기구에서 하고 있는 우리와는 차이가 있다. 중국호구등기조례 제4조에 의하면 호구등기기관은 호구등기부를 설립하며, 호구등기부와 호구부등기의 사항은 공민의 신분을 증명하는 효력을 가진다. 중국호구등기조례 제5조에 의하면 호구등기는 호를 단위로 하며 호주(戶主)를 주관인으로 하여 주관인과 공동거주하는 사람들을 하나의 호로 한다. 중국호구등기조례 제7조에 의하면 영아는 출생 후 1개월내에 호주, 친족, 부양인 혹은 이웃이 영아가 상주하는 곳의 호구등기기관에 출생등기를 신청한다. 중

---

15) 한국은행, "중국 적격외국인기관투자가(QFII) 제도 완화 추진", 상해주재원 현지정보, 2012. 12. 14.

16) 원문은 www.npc.gov.cn/wxzl/gongbao/2000-12/10/content_5004332.htm (2016.1. 23일 검색)을 참조.

국호구등기조례 제10조에 의하면 공민이 호구관할지를 옮길 때는 본인 혹은 호주가 이사전에 호구등기기관에 이사등기(遷出登記)를 신청하여 이사증명을 얻고 호구 기록을 말소(注銷)한다. 공민이 농촌에서 도시로 이사할 경우에는 도시의 노동 관련 부서의 고용증명(彔用證明), 학교의 합격증명, 또는 도시호구등기기관의 이사허가증명을 반드시 지참하여 상주지 호구등기기관에 이사 수속의 처리를 신청한다. 중국호구등기조례 제15조에 따르면 공민은 상주하는 시, 현의 범위를 벗어난 지방에 3일 이상 잠시 거주하는 경우 호구등기기관에 등기하여야 하며, 제16조에 따르면 사적인 이유로 상주지를 벗어나 잠시 거주하는 시간이 3개월을 초과하는 경우에는 호구등기기관에 시간 연장 또는 이사 수속을 신청하여야 한다.

중국의 호구제도하에서 거주이전의 자유가 제약되어 있는 상태에서 개혁개방이후 동부연안지역에 외국인투자가 증가하여 제조업이 발달하고 일자리가 증가함에 따라 농촌호구를 보유하면서 도시지역에서 일하는 사람들을 일컫는 '농민공(農民工)'이라는 말이 생겨나게 되었다. 이러한 농민공의 경우 도시지역 호구를 가진 사람들에게 제공되는 교육, 의료, 주택, 복지 등의 공적 서비스가 예산제약상 등의 이유로 제공되기가 어려웠다.

(5) 토지시장

역사적으로 중국은 1949년부터 1979년까지 공유화에 입각하여 토지시장이 형성되지 않았고 정부에 의한 공여분배제(할당제)에 의하여 토지를 공급하였다.[17] 오히려, 중화인민공화국이 성립되기 이전 공산당이 지배하던 일부 지역에서는 토지개혁이 이미 실시되었고, 그 이외의 지역 또한 단기간내 토지개혁이 실시되었다. 즉, 1927년 소위 '8.7 회의'(중공중앙이 제1차 내전 패배 이후 1927년 8월 7일 호북성에서 개최한 회의)에서 확정한

---

17) 법제처, 2001년 중국의 개혁개방관련 법제자료집 1, 2001, 68면.

토지혁명방침정책에 의거하여, 중국 공산당은 ≪정강산토지법(井岡山土地法)≫, ≪홍국토지법(興國土地法)≫, ≪중화소비에트공화국토지국(中華蘇維埃共和國土地法)≫ 등 토지법을 제정하였다.[18] 또한 항일전쟁시기에 중국공산당은 토지정책을 조정하여 "지대 및 이자를 감소(減租減息)"하는 원칙을 확립하고 동 원칙에 따른 토지입법을 진행하여 ≪협감녕변구토지조례(陝甘寧邊區土地條例)≫, ≪협감녕변구토지조전조례(초안)(陝甘寧邊區土地租佃條例)(草案)≫, ≪협감녕변구지권조례(陝甘寧邊區地權條例)≫ 등의 법규를 제정하였다. 동법들의 주요 내용은 토지소유권을 확정하고 지대와 이자를 감소하는 것이었다. 국공내전시기인 1946년 5월 4일에는 소위 '5.4 지시'[19]를 내리고 지대와 이자를 감소시키는 정책을 지주토지를 몰수하는 정책으로 바꾸었다. 1947년 9월 13일에는 동 지시에 근거하여 중국 공산당 중앙회의는 전국토지회의를 개최하고 ≪중국토지법대강(中國土地法大綱)≫을 통과시켰는데, 그 주요내용은 토지개혁의 기본 임무가 봉건, 반봉건적 착취적 토지제도의 철폐와 경자유전의 제도를 실행하는 데 있음을 규정하였다.

중국 성립 이후 토지개혁은 크게 세 가지 단계로 구분할 수 있는데, 1949년부터 1985년까지 토지법률제도의 초기형성단계, 1986년부터 1998년까지 토지법률제도의 발전단계, 1998년부터 지금까지 토지법률제도의

---

18) 王守智·吳春岐, 土地法學, 中國人民大學出版社, 2011. 6, 25면 참조. 이외에도 중국의 토지제도에 대해서는 賈登勛·脫劍鋒 主編, 房地産法新論, 中國社會科學出版社, 2009; 孟祥沛, 房地産法律制度比較硏究, 法律出版社, 2012; 吳春岐, 中國土地法體系構建與制度創新硏究, 經濟管理出版社, 2012; 王守智·吳春岐 著, 土地法學, 中國人民大學出版社, 2011; 劉道遠, 集體地權流轉法律創新硏究, 北京大學出版社, 2011; 曹泮天, 宅基地使用權流轉法律問題硏究, 法律出版社, 2012; 陳 健, 中國土地使用權制度, 機械工業出版社, 2003 등을 참조.

19) 당일 중국공산당이 내린 토지문제에 관한 지시의 약칭으로 정식 명칭은 ≪關于淸算減租及土地問題的指示≫이다.

지속발전단계가 그것이다.[20] 초기형성단계에는 주요한 다섯 가지 특징이 있는데, 첫번째는 농민토지사유(私有)제도의 건설로 1949년 9월 29일 공동강령을 제정하여 전국단위에서 단계적으로 농민토지소유제로 변화할 것을 명확히 규정하고, 1950년 ≪토지개혁법(土地改革法)≫, ≪도시교외토지개혁조례(城市郊區土地改革條例)≫를 반포하여 농민토지소유권을 규정하였으며, 1954년 헌법에서도 국가가 법률에 따라 농민의 토지소유권과 기타 생산수단소유권을 보호할 것을 명확히 하였다. 두 번째 특징은 국가의 토지징발제도(國家徵地制度)의 건설로 1953년부터 1957년까지 중국의 소위 '사회주의 개조시기' 및 제1차 5개년 계획과도 궤를 같이 한다. 토지징발제도와 관련한 가장 중요한 법은 ≪국가건설징용토지방법(國家建設徵用土地辦法)≫이며, 1954년 헌법에도 토지징발제도가 규정되어 있어 국가는 공공이익의 필요를 위하여 법률에 규정된 조건에 따라 도시 및 농촌 토지, 기타 생산수단에 대하여 징발 구매할 수 있다. 셋째는 농촌토지에 대한 3급소유제도[21]로서 토지개혁운동 이후 농촌집단화운동이 개시되어 초급합작사[22], 고급농업합작사 및 인민공사의 단계를 거쳐 농촌토지의 사인소유제가 신속하게 집단소유제(集體所有制)로 변화하였다. 1956년 6월 제1차 전인대 제3차회의는 ≪고급농업생산합작사시범장정(高級農業生産合作社示範章程)≫을 통과시켰는데, 동 장정은 합작사에 입사한 농민은 장차 반드시 사유인 토지를 합작사의 집단소유로 전환할 것을 규정하여 농민에 의한 사적 토지 소유제가 종료되고, 농촌토지의 집단소유제도의 골격이 형성되었다.

---

20) 王守智·吳春岐, 前揭書(註 18), 26~27面 참조.

21) 초기에는 초급합작사, 고급농업생산합작사, 인민공사의 세가지 집단소유형태를 의미하였는데, 후기에는 생산수단과 생산물을 인민공사, 생산대대, 생산대의 新 3급으로 나누어 집단소유하는 것을 말한다.

22) 초급합작사는 집단생산의 한 형태로 토지 및 기타 생산수단에 대한 사적 소유를 인정하되, 가입농민이 자발적으로 이를 출자할 수 있고 출자금만을 납부할 수도 있는 형태이다. 합작사는 집단적으로 경영되고 지출된 노동력과 출자한 토지 등 생산재의 지분에 따라 분배가 이루어진다.

1962년 중공중앙회의는 ≪농촌인민공사업무조례수정초안(農村人民公社工作條例)(修改草案)≫을 발표하여 정식으로 농촌의 "생산대를 기초로 하는 3급소유(三級所有, 隊爲基礎)"라는 토지권리귀속관계를 확정하였다. 넷째는 농촌토지의 호별 도급생산책임제의 추진이다. 1958년 이후 개혁개방이전에 중국은 '대약진', 3년의 자연재해와 10년의 '문화대혁명'이 있었다. 이러한 시기 토지제도는 매우 무질서했는데 생산력이 크게 제한되었다. 70년대말 중국농촌은 토지의 도급경영운동을 개시하여 토지소유권에는 변화가 없었지만 토지사용권은 인민공사에서 농민의 수중으로 돌아왔다. 즉, 1978년 11월 24일 안휘성(安徽省) 풍양현(風陽縣)의 소강촌(小崗村)에서 농민들이 생사협약서를 체결23)하고 이를 중국정부가 추인함으로써 호별 도급생산책임제(包産到戶, 각 가정에 농지를 배분하여 도급경영권을 부여하는 것)를 실시하기 시작하였고, 마침내 1985년에는 인민공사가 모두 해체되고 호별 도급경영이 전면 실시되게 되었다. 다섯째, 도시·농촌간 이원적 토지소유구조의 확립이다. 1982년 이전 중국 도시의 토지소유권은 실제로는 두가지로 구분되어 있었는데, 하나는 국가토지소유권이고 다른 하나는 사인토지소유권이다. 1982년 헌법 개정시 중국은 토지소유권제도를 정비하여 도시토지는 국가소유로 하고, 농촌과 도시교외의 토지는 법률에 국가소유로 규정한 경우를 제외하고는 집단소유(集體所有)24)로 하였다. 택지(宅基地)와 자류산지(自留山, 自留地)도 집단소유로 하였다.

1986년부터 1998년까지는 토지법률제도의 발전단계인데, 이 시기에는

---

23) 호별 도급생산책임제, 샤오강 생산대 생사협약에 대해서는 박인성, "샤오강 생산대 농민들의 생사협약", 국토 제335호, 2009. 9, 113~115면; 박인성, "중국의 토지정책이 통일한국에 주는 시사점", 국토 제359호, 2011. 9, 32면을 참조.

24) 중국의 집체소유는 우리 민법상 총유에 가장 가깝다. 집체소유는 경영·관리 주체에 따라 鄕(鎭)농촌집체경제조직이 경영·관리하는 '향(진)농민 집체소유', 촌집체경제조직 혹은 촌민위원회가 경영·관리하는 '촌농민 집체소유', 촌내 각 해당 농촌집체경제조직 혹은 촌민소조가 경영·관리하는 '촌내 두 개 이상 집체경제조직중의 농민 집체소유'로 구분된다. 중국 토지관리법 제10조 참조.

도시화의 진전으로 인한 경작지면적의 감소에 대응하여 《토지관리법》을 최초로 반포 시행하였다. 또한, 토지자원의 시장화 개혁을 추진하여 1982년부터 시범적으로 심천과 광주 등지에서 도시토지사용비를 징수하다가 1987년에 심천에서 토지(엄밀히는 토지사용권)의 경매를 진행하였으며, 1988년 수정헌법은 토지사용권이 법률의 규정에 따라 유통될 수 있다고 규정하였다. 1988년 12월 토지관리법이 제1차 수정되어 국유토지와 집단소유토지의 사용권이 법에 따라 전양(轉讓, 토지사용권의 제3자로의 양도)될 수 있다. 중국이 국유토지의 유상사용제도를 실행함으로써 국가재정을 매우 튼튼히 할 수 있는 토대를 마련하였다. 1990년 중국 국무원은 《도시국유토지사용권설정및양도임시시행조례(城鎭國有土地使用權出讓和轉讓暫行條例)》를 제정하여 토지유상사용제도를 세부적으로 규정하였다. 그리고, 1992년말부터 1994년까지 중국은 개발열풍이 불었는데, 부동산관리와 농경지보호를 강화하기 위하여 1994년 7월 《부동산관리법(房地產管理法)》을 제정하였고, 1994년 8월에는 《기본농지보호조례(基本農田保護條例)》를 제정하였다.

1998년부터 지금까지는 토지법률제도의 지속발전단계인데, 이 시기 중국은 토지용도관리제도를 구축하여 농경지의 엄격한 보호를 추진하고 있다. 공업화·도시화로 인한 토지 수요 증가를 한 축으로 하고, 경지의 엄격한 보호를 다른 하나의 축으로 함으로써 토지 관리 측면에서 모순이 날로 증가하였다. 이러한 현실적 배경하에 토지관련 법률도 조금씩 변화하였다. 즉, 토지용도관리제도를 수립하여 경지보호를 엄격히 하려 하였다. 1997년 국무원이 발표한 《토지관리·경지보호를 더욱 강화함에 대한 통지(關于進一步加强土地管理切實保護耕地的通知)》에 근거하여 1998년 8월 《토지관리법》이 전면수정되었고 《토지관리실시조례》가 반포되었으며, 《기본농지보호조례》 등이 수정되었다. 또한, 토지사용권 설정(土地出讓)시 경매제도(招拍挂制度)를 실시하였다. 중국 국토자원부는 2002년 《국유토

지사용권경매설정규정(招標拍賣挂牌出讓國有土地使用權規定)≫과 2003
년 ≪국유토지사용권협의설정규정(協議出讓國有土地使用權規定)≫을 발
표하였다.

이상에서 살펴보았듯이 중국에서 농민의 토지는 집단소유로 변경하였다
가 토지사용권을 중심으로 점점 개인의 권리를 인정하는 쪽으로 변화하고
있다. 하지만 토지소유권의 내용 중 관리처분권은 여전히 집단의 소유로
남아 있으며, 등기(確權登記)를 하더라도 등기부상 권리자로 개인을 인정
하지는 않는다. 주택과 관련하여 1980년 4월 협서성 서안과 광서자치구의
유주 등지에서 주택의 유상분양을 시도하였는데, 주택건설원가 전액을 분
양가격으로 하여 개인에게 분양하였고 1981년에는 이같은 방식을 전국 23
개 성, 시, 자치구의 60여개 시 및 현진(縣鎭)으로 확대하였다. 그러나, 분
양가격이 주민소득에 비하여 너무 높아 분양실적이 부진하였다고 한다.[25]
1991년 11월 23일 국무원은 住房제도개혁영도소조의 ≪關于全面推進城鎭
住房制度改革的意見≫[26]을 발표하였고, 이어서 1994년 7월 국무원은 ≪關
于深化城鎭住房制度改革的決定≫[27]을 발표하였다. 동 결정은 주택건설
투자에 있어서 국가, 단위중심체제에서 국가, 단위, 개인의 삼자가 합리적
으로 그 부담을 결정하는 체제로 전환하는 것을 그 기본내용으로 하고 있
었다.

---

25) 박인성, "중국의 주택정책과 통일 후 시사점(하)", 국토 제196호, 1998. 2, 59면 참조.
26) ≪關于全面推進城鎭住房制度改革的意見≫, 國辦發(1991) 73號.
27) ≪關于深化城鎭住房制度改革的決定≫, 國發(1994) 43號.

3. 사회주의 시장경제질서의 발전

1978년 12월 개시된 중국의 개혁개방정책은 2001년 중국이 세계무역기구에 가입함으로써 전세계로부터 인정을 받았으며, 이로써 사회주의 시장경제질서의 발전을 위한 필요조건을 모두 확보하였다. 이보다 앞서 홍콩은 중국에 반환될 때 이미 별도 관세구역으로서 GATT의 체약당사자의 지위를 확보하고 있었으며, 중국 또한 홍콩특별행정구역이 1997년 7월 1일부터 GATT 제26조 제5항(c)의 요건을 계속적으로 충족시킬 것임을 표명하였다. 또한, 중국은 1995년 6월부터 '외상투자산업지도목록(外商投資産業指導目錄)'[28]을 공포하여 시행함으로써 첨단기술을 보유한 외국인투자를 장려하고 있으며, 가장 최근의 수정판은 2015년판이다. 특히 동 수정판은 '네가티브방식(규정된 것 외에는 모두 허용)'을 취하여 외상투자 제한목록에서 외자의 부동산투자에 대한 기존의 모든 제한 조항을 삭제하였고, 2015년 8월 27일에는 중국 상무부와 주택도농건설부, 발개위, 인민은행, 공상총국, 외환국 등 6개 부처가 공동으로 <부동산 시장 외자진입 및 관리 유관정책 조정에 관한 통지>를 발표하여 외국인과 외국기관의 중국내 부동산 구매 특히 주택 구매를 허용하였다[29]. 이와 함께 2013년 신설된 상해 자유무역시험구는 특히 서비스업종에서의 투자자유화를 실험적으로 추진하고 있는데, 최근에는 광동, 천진, 복건까지 동 시험구의 설치를 확대하였다.[30]

---

28) 중국정부가 외국인 투자유치에 대해 업종별로 정한 가이드 라인으로서 1995년 6월 처음 공포한 이후 6차에 걸쳐 수정하였으며, 외국인투자업종을 장려-제한-금지 등 3종류로 나누고 있다. 자세한 사항은 대한무역투자진흥공사 북경무역관, "중, '외상투자산업지도목록(2015년 수정판)' 4월 발효", 대한무역투자진흥공사, 2015. 3. 24.
29) 대한무역투자진흥공사 청도무역관, "중국, 10년만에 외국인 부동산 투자 '제한령' 완화", 대한무역투자진흥공사, 2015. 9. 11 참조.
30) 한국무역협회 북경지부, "중국자유무역시험구 현황 및 발전방향", 2015. 8 참조.

중국에서 국유기업의 사유화는 현재 진행형이다. 기업은 사회의 기본적인 생산단위로서 중국에서 국유기업[31]은 전민소유제기업으로 불리우며, 자주경영·손익분담·독립채산을 하면서 상품생산과 경영에 종사하는 기업을 말한다. 1978년부터 개혁개방[32]을 추진해 오던 중국은 2001년 12월 WTO에 가입하면서 개방을 실질적으로 촉진하였는데, 이는 타국의 개방화와 비교할 때 동 기구에 가입은 되었지만 아직까지 핵심국가(미국, EU)들로부터 시장경제의 지위를 부여받지 못하고 있다는 차이점이 있다.

또한, 국유기업이 전부였던 산업에서 민영기업, 향진기업[33] 등 다양한 기업들이 혼재하면서 산업내 경쟁을 가속화함으로써 현재는 알리바바, 화웨이, 하이얼 등 세계적 민영기업들이 중국 경제의 발전을 이끌고 있다. 이는 신자유주의 경제모델에서 애기하는 민영화와는 근본적으로 입장이 다른 것이다. 자본주의 사회에서는 공공부문과 민간부문이 양립해 있으면서

---

31) 1993년 3월 29일 헌법개정에서 사회주의 시장경제를 전면적으로 수용하면서 국영기업·국영경제를 국유기업·국유경제로 개정함으로써 소유와 경영을 분리하였다는 점에서 국영기업과 국유기업은 엄밀한 의미에서는 구분된다. 즉, '국영기업'은 국가가 소유 및 경영까지 담당한다는 의미가 내포된 용어인 반면, '국유기업'은 자산은 국가가 소유하지만 그 경영은 기업 자율에 맡기겠다는 의지가 내포된 것이다. 이상은 현영미, 사회주의 체제 전환 진보인가 퇴보인가, 선인, 2004, 29면 각주 10 참조. 국영기업은 경영측면에서 바라본 것이고 국유기업은 소유측면에서 바라본 것으로서 이론적으로는 사유지만 국영의 기업도 있을 수 있고, 국유지만 사영의 기업도 있을 수 있다. 중국의 국유경제에 대해서는 李曙光, 企業國有資産法釋義, 法律出版社, 2012; 陳雄根, 國有資産監管法律制度研究, 中國經濟出版社, 2012; 陳 鴻, 國有經濟布局, 中國經濟出版社, 2012 등을 참조.

32) 중국의 개혁개방은 체제전환과정이라는 점에서 자본주의에서의 개방화, 민영화 과정과는 차이가 많다.

33) 향진기업(鄕鎭企業)은 중국 '농촌 지역'에 존재하고 '농민들'에 의해 설립된 공업, 운수업, 서비스업 등 '비농업 부문'의 각종 경제활동을 담당하는 다양한 형태의 '비국유기업'을 총칭하는 용어이다(이근·한동훈·정영록, 중국의 기업, 산업, 경제, 박영사, 2005. 10, 252면 참조). 이러한 향진기업의 대표적 사례가 중국 최고 부자 마을로 알려진 강소성 강음시 '화시촌'이다.

흔히 행정의 제3섹터라 일컫는 영역 또는 전통적으로 정부의 영역에 속하던 영역을 민간에 이양하고 민간의 효율성을 활용하겠다는 것이 민영화인 반면에 중국에서 민영화는 민간부문의 창출에 다름아니다. 중국은 민영기업 등을 육성하는 동시에 국유기업의 개혁을 추진하였는데, 이는 크게 다섯 가지의 단계를 거쳤다. 1)기업 자주권 확대, 2)경영책임제, 3)利改稅 도입, 4)청부·임대경영, 5)현대적 기업제도의 순서가 그것이다.[34]

2003년 5월 13일 국무원 제8차 상무회의토론을 통과하고 2003년 5월 27일 공포되어 시행된 ≪기업국유자산감독관리임시시행조례(企業國有資産監督管理暫行條例)≫(국무원령 제378호)에서는 국유기업을 국유기업(國有企業), 국유주식관리기업(國有控股企業), 국유주식참여기업(國有參股企業)으로 구분하였다. 2008년 10월 28일 제11기 전인대 상무위원회 제5차 회의에서 중화인민공화국기업국유자산법이 통과되었다. 중국에서 이러한 방대한 국유기업과 국유경제를 관리하기 위하여 국무원 산하에 국유자산감독관리위원회를 두고 있다.

4. 분단국 특수문제의 처리

(1) 자치권의 부여: 1국 양제

중국은 홍콩, 마카오에 대하여 1국 양제를 적용하고 있고 대만과도 1국 양제에 기반한 통일방식을 지향하고 있다.[35] 홍콩, 마카오 반환 이후 이들 특별행정구에는 사회주의, 인민민주독재, 공산당의 영도와 마르크스·레닌

---

34) 좀 더 자세한 내용은 문준조, 중국의 개혁·개방법제 변천을 통해서 본 북한의 외국인투자 법제 전망, 법제처, 2011, 7면 참조. '利改稅' 제도는 기업이 정부에 이익을 상납하는 대신 소득세를 납부하도록 한 것으로 1984. 9월 모든 기업에 확대되었다.
35) 王 禹, "一國兩制" 憲法精神硏究, 廣東人民出版社, 2008 등 참조.

주의 등 네가지 기본원칙을 적용하지 않는 특수성이 있다.36)

홍콩, 마카오는 중국의 일 부분으로서 고도의 자치권을 가지는 지방행정구역이며, 중앙정부는 홍콩, 마카오의 외교, 국방 등을 관리하고, 특별행정구는 종전의 사회·경제제도와 생활방식을 50년간 유지하며, 사회주의 제도와 정책을 실시하지 않는다. 특별행정구는 행정관리권, 재정 독립을 보장 받으며, 독립된 관세지구로 보존되어 외국과 경제협정을 체결할 수 있다.37)

중국이 통일의 기본원칙으로 제시한 일국양제는 사회주의와 자본주의가 1개 국가에서 공존하는 세계사에서 그 전례를 찾을 수 없는 새로운 시도로서 그 유례는 등소평이 주창하였는데, '一個國家, 兩種制度'의 약칭으로 하나의 국가안에 성격이 다른 두 제도(체제)가 동시에 존재한다는 것을 의미한다.38) 일국양제는 이론에 그친 것이 아니라 법제화되어 1982년 12월 개정 중국헌법 제31조에서 '국가는 필요한 경우 특별행정구를 설치할 수 있고, 특별행정구에서 실시하는 제도는 구체적인 상황에 따라 전국인민대표대회에서 법률로 정한다'라고 규정하였고, 동 조항에 의거하여 홍콩에 대해서는 1990년 4월 4일 제7기 전인대 제3차 회의에서 중화인민공화국 홍콩특별행정구기본법이 통과되어 1997년 7월 1일부터 시행되고 있으며, 1993년 3월 31일 제8기 전인대 제1차회의에서 중화인민공화국 마카오특별행정구기본법이 통과되어 1999년 12월 20일부터 시행되고 있다.39) 이들 기본법에는 홍콩(기본법 제5조)과 마카오(기본법 제5조)의 자본주의제도가 50년간 불변한다고 규정하여 법률적 보장을 주고 있다.

특별행정구는 단일제 국가인 중국의 일부로서 성급 행정구역의 하나로

---

36) 허숭덕, "일국양제와 중국의 통일방안", 공법연구 제22권, 한국공법학회, 1994, 10면 참조.
37) 허숭덕, 위의 논문, 13~14면 참조.
38) 법무부, 홍콩·마카오 특별행정구기본법 해설, 2003, 3면 참조. 일국양제 구상의 구체적인 배경에 대해서는 같은 책 4~6면 참조.
39) 법무부, 중국과 홍콩·마카오 CEPA의 이해, 2009, 25면.

독립된 국가로 분리될 수 없고 그 권력은 중앙으로부터 수여받은 파생권력으로서 연방제하의 연방정부와 주의 관계는 아니다. 특별행정구는 중앙인 민정부 직할에 속하며, 전인대로부터 수권받은 고도의 자치권을 누리는데, 이러한 자치권은 중앙정부의 각 부문, 각 성, 자치구, 직할시로부터도 보장되는 것이다. 일반지방성급정부 등과의 차이점을 보면[40] 첫째, 특별행정구는 자본주의, 일반 지방은 사회주의를 시행한다. 둘째, 특별행정구는 고도의 자치권을 향유한다. 셋째, 특별행정구와 중앙의 관계는 특별행정구기본법의 명문규정에 의한다. 넷째, 특별행정구의 행정구역은 임의로 변경·확대·축소할 수 없다. 다섯째, 특별행정구의 설립 및 그 제도는 인민대표대회에서만 결정한다. 여섯째, 특별행정구는 중국의 통일을 실현하기 위한 제도라는 측면에서 소수 민족문제 해결을 위한 민족자치구와 차이가 있다. 일곱째, 특별행정구 설립은 긴 역사성, 목적성을 가지고 있어 경제특구처럼 중국 내지에 설립할 수 있는 것이 아니다.

경제제도측면에서 홍콩특별행정구를 살펴보면, 특별행정구 기본법 제106조에 의거하여 재정상 독립을 유지하고, 제108조에 의거 독립된 조세제도를 실행하며, 제110조, 제111조에 의거하여 화폐금융정책을 스스로 제정·실행하고, 별도의 법화를 보유하며 화폐발행권과 준비금제도를 유지한다. 제112조는 홍콩의 국제금융중심으로서의 지위를 유지하기 위한 외환관리제도의 불실행, 화폐의 자유태환 등을 규정하고 있으며, 제114조, 제115조, 제116조는 자유무역항으로서의 지위를 유지하여 관세를 부과하지 않으며, 자유무역정책을 실행하고, 홍콩은 단독의 관세지구가 되어 '中國香港'의 명칭으로 GATT를 포함한 국제무역협정에 참가할 수 있다고 규정하고 있다. 또한, 제117조는 별도의 원산지규칙의 적용, 제118조, 제119조는 산업진흥을 위한 별도의 투자 및 산업정책 적용을 규정하고 있다. 홍콩기본

---

40) 특별행정구와 중앙과의 관계, 특별행정구와 일반지방성급정부 등과의 차이점에 대해서는 법무부, 앞의 책(주 38), 49~64면 참조.

법 제6조 및 제7조에 따르면 특별행정구내 사유재산권은 보장하되 토지[41])
와 지하자원은 국유로 하고 있는데, 영국은 자본주의를 시행하면서도 홍콩
의 토지에 대해서 이를 국유[42])로 하고 개인에게는 임대차관계로 사용권만
을 부여하고 있었다.[43]) 이에 대하여 특별행정구 설치 이전에 허가·결정 또
는 반환예정일인 1997년 6월 30일을 초과한 기한이 연장된 토지계약과 이
와 관련한 일체의 권리를 법률에 의하여 승인·보호한다고 선언하여 기득권
을 보장하였다. 제145조, 제147조에 의거하여 사회보장정책과 노동정책에
있어서 자율성을 인정받고 있으며, 제151조는 경제, 무역, 금융, 문화 등의
영역에서 대외 관계를 증진하고 협의를 진행할 수 있도록 하고 있다.

  홍콩이 중국에 반환될 때 조약의 승계 문제가 발생하였는데, 중국은 UN
과 관련하여 중국이 당사국이었던 조약(UN헌장, 외교영사관계의 특권과
면제 관련, 인권 관련, 마약 및 향정신성 물질 관련, 세계보건기구설립협정,
아시아개발은행설립협정, 아시아태평양개발센터헌장 등)이 홍콩에도 적용
되며, 중국이 당사국이 아니지만 홍콩이 당사국이었던 조약(난민과 무국적
자, 인신매매, 외설물, 운송·통신, 교육·문화 관련사항, 여성의 지위, 형벌,
환경 등) 또한 홍콩에서 계속 적용된다고 통보하였다.[44]) 또한, 홍콩이

---

41) 마카오의 경우는 마카오기본법 제7조에서 경내의 토지와 지하자원은 마카오특별행
    정구 성립 이전에 이미 법에 따라 사유토지로 확인된 것을 제외하고는 국가의 소
    유에 속한다고 하여 중국으로의 주권 환수 이후에도 기존관계에 변동이 없도록 조
    치하고 있다.
42) 영국은 중세에서 근대로 넘어오면서 봉건적 토지보유관계를 중심으로 발전하여 온
    법을 판례구속성의 범위내에서 변경시켜 가면서 점차 자유로운 소유권에로 변모시
    키는 방법을 취하여 토지의 소유권은 국왕의 것이고, 국민은 사용권을 가질 뿐이라
    는 사상이 흐르고 있어 부동산도 대부분 999년간의 대여라는 형식을 취하고 있는
    데, 이러한 역사적 전통이 홍콩에도 반영된 것으로 보인다. 영국의 토지소유권에
    대하여는 황명찬·이상태, "영국 토지소유권의 특질에 관한 일고찰", 대한부동산학
    회지 제1권 제1호, 1982, 48~56면 참조.
43) 홍콩의 토지재산법률에 대한 상세내용은 동리쿤 저, 법무부 편역, 중국 내지와 홍
    콩의 법률충돌 및 조정, 2006, 376~389면 참조.

1948년 이래 영국 대표단에 의하여 그 이익이 대변되는 형태로 GATT 규범을 적용받아 오다가 1986년 4월 23일부터 GATT 1947 체약당사자가 되었는데, 이 때 영국은 GATT 제26조 제5항(c)를 원용하여 홍콩이 별도 관세구역임을 표명하는 선언서를 GATT 사무국에 제출하였고, 중국 또한 홍콩특별행정구역이 1997년 7월 1일부터 GATT 제26조 제5항(c)의 요건을 계속적으로 충족시킬 것임을 표명하는 선언서를 제출하였다.45) 마카오에 대하여도 비슷한 과정이 적용되었다.

중국이 시행하고 있는 일국양제를 우리의 통일 과정에서 도입가능한 별도관세구역 내지 특별행정구와 비교한 차이점과 유사점에 대하여 살펴보자. 우선 유사점으로는 첫째, 양자 모두 자본주의와 사회주의 체제간 결합을 위한 과도기적 형태이다. 둘째, 특별행정구는 경제정책에 있어 고도의 자치권을 향유한다. 셋째, 독립된 관세지구로 다른 지역과 분리된 시장을 형성한다. 이는 북한 지역의 경제적 비교우위를 살리면서 세계적 기업과의 경쟁에서 살아남기 위한 필수적인 제도적 틀이 될 수 있다.

다음으로 차이점을 살펴보면, 첫째, 중국의 경우 특별행정구의 제도를 그대로 두면서 중국 內地(홍콩, 마카오를 제외한 중국대륙을 지칭, 이하 동일)의 경제질서와 법률 제도를 변화시켜 나가고 있는 반면 우리의 경우 '(가칭)북한특별행정구'가 설치된다면 우리의 제도는 그대로 두면서 특구 내 제도를 지속적으로 변화시켜 법제 통합을 이루어야 한다는 차이점이 있다. 둘째, 등소평에 따르면 중국의 경우 홍콩, 마카오의 자본주의체제는 50년간 불변이고 중국 내지의 사회주의 또한 불변일 것이다. 우리의 경우는 통일 한국에서 남북한을 시장경제질서로 통합하기 위한 과도기적 성격의

---

44) United Nations, *Multilateral Treaties deposited with the Secretary-General: Status as at 1 April 2009*, Vol. I, 2009, Historical Information p.7.

45) GATT, *Hong Kong Becomes a Member of GATT*, GATT/1384, 1986. 4. 24; GATT, *Admission of Hong Kong as a Contracting Party: Communication from the People's Republic of China*, L/5987, 1986. 4. 24.

제도로서 특별행정구는 경제영역이나 이와 관련된 영역의 제도 위주로 구성되어야 할 것이다. 셋째, 중국과 홍콩·마카오간 상품시장, 서비스시장 등의 통합 속도에 대비하여 노동시장, 화폐금융시장의 통합은 요원한데, 우리의 경우는 이러한 시장을 단계적으로 통합해 나갈 것이다. 넷째, 중국의 경우 일국양제 구상에 기하여 설립된 특별행정구에서는 중국헌법이 규정하고 있는 인민민주독재, 사회주의 시장경제, 공유제 등의 국체와 인민대표대회, 인민사법제도, 검찰제도를 시행하지 않으며, 중국헌법상의 공민의 권리와 의무가 아닌 기본권을 보장하여야 한다.46) 우리의 경우 특별행정구에서 자유민주주의, 사회적 시장경제질서, 사유제를 부정하고, 사회주의식 정치·사법제도를 존속시키며, 기본권을 보장하지 않는 것을 상정하기가 어렵다. 이러한 경우는 민족공동체 통일방안에서 주창하는 국가연합의 단계에서는 가능할 지 몰라도 이미 정치적으로 하나의 국가를 형성한 경우에는 받아들이기가 어렵다.

(2) 양자간 경제협력협정

일국 양제를 채택하고 있는 중국과 홍콩·마카오 사이에서 경제부문의 통합은 경제협력동반자협정(CEPA, Closer Economic Partnership Arrangement)을 통하여 추진되고 있는데, 경제분야의 통합을 위한 협정 체결이 홍콩과 마카오가 정치적으로 반환이 이루어지고 상당기간이 흐른 후 체결되었다는 점에 주목할 필요가 있다.

홍콩은 중국과 2003년 6월 29일 경제협력동반자협정(內地与香港關于建立更緊密經貿關系安排)을 체결했고 마카오는 2003년 10월 17일 경제협력동반자협정(內地与澳門關于建立更緊密經貿關系安排)을 체결하였는데, 이는 자유무역협정(FTA, Free Trade Agreement)보다 범위가 넓은 경제 교류

---

46) 법무부, 앞의 책(주 38), 45면.

협정이어서 상품, 서비스 시장 개방뿐만 아니라 투자 증진과 경제 산업 협력 등 경제적 유대관계를 포괄하고 있다. 홍콩의 협정은 본문(Main Text)과 6개의 부속서(Annexes)로 구성되어 있으며, 2009년 5월까지 6번의 경제협력동반자협정 보충협의(Supplement)를 진행하여 보충협의 I, II, III, IV, V, VI을 체결했다. 중국과 홍콩·마카오간 관계가 국가 대 국가의 관계가 아니어서 당초 홍콩이 제안한 FTA라는 명칭이 아닌 CEPA라는 명칭을 사용하였다.

중국과 대만간에는 2010년 6월 경제협력기본협정(海峽兩岸經濟合作框架協議, ECFA, Economic Cooperation Framework Agreement)이 체결되었는데, ECFA는 상품무역의 관세 및 비관세 장벽을 철폐하고, 서비스무역개방, 투자보장, 분쟁해결, 지식재산권 보호 등까지 포괄하는 광범위한 무역협정인데, 자유무역협정(FTA)과 유사한 것이지만 중국이 '하나의 중국'이라는 원칙하에 대만을 정식 국가로 인정하지 않아 대만과의 FTA 체결이 불가능하므로 그 대안으로 제시된 개념이다. ECFA는 FA(framework agreement)인데 이는 자유무역지역을 만들기 이전에 양측 간 협상의 큰 틀을 일단 정하고 세부적인 논의는 추후에 추진하며, 우선 관세를 철폐할 수 있는 부분부터 조기수확 프로그램을 가동하고, 그 외의 분야는 나중에 논의해 나가는 식이다. 개방 수준은 FTA에 비해 떨어질 수 밖에 없지만 서로 다른 체제이면서도 통일을 지향하는 중국과 대만에 있어 통합의 속도를 조절하는 장치로 추진한 것으로 볼 수 있다. 대만은 1995년 12월 7일 WTO 가입을 신청한 이후 회원국과의 협상을 거쳐 2002년 1월 1일 별도 관세구역으로 WTO에 가입하였다.[47]

---

47) WTO Decision(WT/L/433, Nov. 23, 2001) 참조.

(3) 내지와의 출입제도

1997년 홍콩 반환 이후 홍콩특별행정구 정부는 특구 영주민 중 중국공
민에 대하여 다시 여권을 발급하였다. 동 여권은 홍콩주민으로서의 신분을
표시하는 동시에 홍콩 주민의 중국국적 신분을 표명하는 것이다. 동 여권
소지자는 세계의 다른 국가와 지역 어디에서든 중국영사관에 외교적 보호
를 요청할 수 있다. 중국 내지와 홍콩간 출입과 관련된 규범으로는 '중국공
민의 사적용무로 인한 홍콩 또는 마카오지구 왕래의 잠정관리방안(中國公
民因私事往來香港或者澳門地區的暫行管理辦法)', 1997년 4월의 '내지거
주민홍콩지구정주심사관리업무규범(內地居民赴港地區定居審批管理工作
規范)', 1998년 3월 공안부의 '내지주민의 상업·교육·취업 등 비공무활동
으로 홍콩특별행정구를 왕래하는 잠정시행관리방안(內地居民從事商務培
訓就業等非公務活動往來香港特別行政區的暫行管理辦法)', 1999년 1월 공
안부의 '홍콩, 마카오 주민의 내지부임 수속처리지침(港澳居民赴內地手續
辦理指南)', 2003년 8월 1일자 공안부의 '북경시·상해시·광주시·심천시 및
주해시 주민 개인의 홍콩·마카오지구 여행업무처리에 관한 통지(關于北京
市上海市广州市深圳市和珠海市辦理居民个人赴港澳地區旅游工作的通知),
홍콩 입경조례(入境條例) 등이 있다. 위의 규정들에 의하여 중국 본토와 홍
콩·마카오 특별행정구간 출입왕래 특히 본토 거주민의 홍콩 등지로의 거
주·이전의 자유는 제약을 받았다. 이러한 출입제도는 경제적으로 노동시장
의 통합 속도를 늦추어 특별행정구 설치의 실효성을 높이는 효과가 있다.

제5절 유럽연합과 동구권 국가

1. 동구권 국가의 시장경제질서 도입

1990년대 초반 구소련 몰락 이후 동구 공산권국가들은 헌법 개정을 관리하는 정부기관[1]을 수립하는 등 사유재산권을 확대 보장하는 체제전환과정을 거쳤다. 법제도적 측면에서는 자유로운 기업활동을 보장하고 외국자본을 유치하기 위하여 회사법, 회계법, 외국인투자법, 파산법, 반독점법, 증권법, 세법, 고용법 등 새로운 법률의 도입을 추진하였다.[2] 동유럽국가에서 체제이행의 속도나 결과는 국가마다 차이가 있지만 모두 단기간에 시장 메커니즘을 도입하는 급진적 전환정책을 추진하였으며, 이로 인하여 일반적으로는 생산 감소, 높은 물가상승률, 재정적자 증자, 임금체불의 증가 등의 현상이 나타났다.[3] 앞에서도 살펴보았듯이 마크 크라머(Mark Kramer)는 거시경제의 안정화, 가격과 상업거래의 자유화, 소기업의 사유화, 소기업 설립에 대한 장벽 제거를 초기에 시행하여야 한다는 견해를 취하고 있다.[4]

---

1) 폴란드의 사유화부(Ministeramt für Eigentumsumwandlungen), 헝가리의 국가재산 관리청(Staatliche Vermögensagentur), 루마니아의 국가사유화청(Nationale Agentur für privatisierung) 등으로 독일의 신탁공사와 유사한 기능을 수행하였다.
2) 최은석, "시장경제제도로의 전환을 위한 법제도 구축", 통일문제연구 2006년 하반기호(통권 제46호), 평화문제연구소, 2006, 190면.
3) 양운철, 북한 경제체제 이행의 비교연구, 한울아카데미, 2006, 114면.
4) Mark Kramer, "The Changing Economic Complexion of Eastern Europe and Russia: Results and Lessons of the 1990s", *SAIS Review* 19 (No. 2), 1999, pp.18~19.

체코의 체제전환 과정을 살펴보면, 1989년 11월 민주화혁명인 일명 '벨벳 혁명'이 있은 후 1990년 1월부터 실질적인 자본주의로 전환하기 시작하여 1991년 가격 및 무역자유화, 사유화 등이 시작되었고 1993년 일반 시장경제의 세금체계를 갖게 되었다. 또한 체코에서의 경제적 자산의 사유화는 국유화된 재산의 반환, 토지의 사유화, 국가기업의 사유화 등 크게 세 개의 범주로 진행되었는데, 1994년말까지 10만 개에 이르는 아파트와 업무용 빌딩, 그리고 소매상가 등의 국유화 재산이 원소유자 또는 상속인에게 반환되었다. 국가기업의 사유화는 1990년 10월 25일 소규모 사유화법이 통과되면서 공공경매를 통해 소규모가게, 식당 등 소규모 서비스업을 사유화하도록 하였는데, 이러한 경매에는 체코인만이 참여할 수 있었다.5) 이 과정은 1991년 1월 시작하여 2년 후에 끝났다. 대규모 산업체의 사유화는 외국인 투자자 및 국내 기업인을 참여시키거나 직접 매각을 통해 진행하였는데, 주식을 바우처, 쿠폰 등의 제도를 활용하여 매각하였다.6)

2. 동구권 국가의 사유재산제 보장

시장경제는 경쟁을 가능하게 하는 기제로서 개인과 기업이 보유하는 기본적인 경제적 자유를 전제로 하므로 체제이행기에 있었던 동구권 국가들은 이러한 자유들에 기초한 법체계를 재건하여야만 하였다. 유럽재건개발은행(European Bank for Reconstruction and Development)은 1994년에 발

---

5) 공공경매를 통해 사유화된 점포는 곧장 매각되지 않고 초기에는 3년, 나중에는 5년 간 임대하도록 하였다. 기타 상세내용은 진승권, 동유럽 탈사회주의 체제개혁의 정치경제학(1989~2000), 서울대학교출판부, 2003, 298, 302면.

6) 박영호 외, 체제전환국의 시장-민주제도 건설 지원, 경제인문사회연구회 협동연구 총서 11-15-03, 통일연구원, 2011, 57면.

표한 '이행보고서'[7])에서 이러한 법을 재산법, 계약법, 상법, 증권법, 파산법, 경쟁법, 회사법 등 6가지 범주로 나누어 설명하고 있다. 이 중에서 재산법은 시장경제에서 핵심적 역할을 수행하는데, 동구권은 과거 국가재산(state property), 협동재산(cooperative property), 개인재산(personal property), 사적재산(private property)의 구분이 있었고, 이러한 구분사이에 계층이 존재하여 각 재산간 보호의 수준이 불평등하였다.[8]) 그러므로, 이러한 구분과 불평등한 보호의 수준을 없애는 것이 급선무여서 헌법이나 임시법의 형태로 사유재산제를 보장하였다. 다만, 토지에 대한 사유재산제가 도입되었지만, 재산에 대한 모든 권리가 주어지지 않는 경우도 있었으며 그러한 경우 다른 투자가들과 합작투자를 방해하는 요인으로 작용하기도 하였다. 또한 일반적으로 이행기에 있던 국가들은 제대로 된 등기제도가 부족하여 투자활성화를 방해하였다.[9])

---

7) EBRD, *Transition Report*, European Bank for Reconstruction and Development, Oct. 1994, p.69 이하 참조.

8) 동 이행보고서(69면)에 의하면 '사적 재산'은 헝가리, 폴란드, 동독에 있었던 범주로서 임대주택, 소규모자영업자의 자산과 같은 생산수단의 사적 소유를 의미한다. EBRD, *ibid.*, p.69.

9) EBRD, *ibid.*, pp.69~74.

3. 유럽연합 가입

(1) 가입 전제조건

1) 코펜하겐 기준

유럽연합은 1952년 7월 출범한 유럽석탄철강공동체(ECSC, European Coal and Steel Community)로부터 시작하였으며, 동 유럽석탄철강공동체는 이후 1957년 체결한 로마협약으로 1958. 1. 1. 발족한 유럽원자력공동체(EAEC, European Atomic Energy Community), 유럽경제공동체(EEC, European Economic Community)와 1967년 7월 유럽공동체(European Communities)로 합쳐지게 되었다.

유럽연합은 시장경제체제에 기반한 유럽의 통합을 목표로 하고 있었으므로 가입조건(Copenhagen criteria)[10]으로 ①민주주의, 법의 지배, 인권 등 정치적 조건, ②기존회원국으로부터의 경쟁압력에 대처할 수 있는 능력과 제대로 기능하고 있는 시장경제의 존재 등 경제적 조건을 제시하는 한편, ③유럽연합 회원국의 의무를 수용할 수 있는 후보국의 능력을 전제로 한다고 하였다.

---

10) 1993년 6월 코펜하겐에서 개최된 유럽이사회에서 결정된 가입조건으로 "Membership requires that candidate country has achieved stability of institutions guaranteeing democracy, the rule of law, human rights, respect for and protection of minorities, the existence of a functioning market economy as well as the capacity to cope with competitive pressure and market forces within the Union. Membership presupposes the candidate's ability to take on the obligations of membership including adherence to the aims of political, economic and monetary union."이라고 발표되었다. Copenhagen European Council, *Presidency Conclusions*, 21-22 June, 1993.

2) 아키(Aquis)

EU는 통합의 과정에 있어서 EU 모든 회원국에 구속력을 가지는 공동의
권리와 의무의 집합체인 '아키(Acquis)'[11]를 중시한다.[12] EU는 회원국 확
대 과정에서 신규 후보국이 '아키'를 받아들이고 EU법을 그 국가의 국내
법의 일부로 만들도록 하고 있으며, 현재 '아키'는 35개의 각기 다른 정책
영역(혹은 챕터)[13]으로 구성되어 있는데, 이는 상품, 용역, 자본, 인력의 자
유로운 이동 및 이와 관련된 매우 방대한 각종 정책을 포함하고 있다. 그러
므로, EU는 가입협상과정을 통하여 신규회원국의 국내법을 EU법과 일치
시키고 있다. 제24장(정의, 자유, 안보)에는 EU내부에서 국경통제조치를
없앤 '셍겐 아키(Shengen Acquis)'가 포함되어 있다

(2) 유럽연합 확대과정

1) 안정화 및 연합과정

동구권 국가중에서 폴란드, 헝가리, 체코, 슬로바키아, 슬로바니아 및 발
트해 3국이 2004년 5월 1일자로 유럽연합에 가입하였다. 이후 2007년 1월

---

11) http://ec.europa.eu/enlargement/policy/glossary/terms/acquis_en.htm, accessed Jan.
23, 2016. '아키'는 ①EU 조약들의 내용, 원칙 및 정치적 목표, ②조약들에 따라
채택된 입법 및 EU사법재판소의 판례법, ③EU에 의하여 채택된 선언(declaration)
과 결의(resolution), ④공동 외교안보정책하의 법적 장치(instrument), ⑤EU에 의
하여 체결된 국제협정과 EU의 행위 범위안에서 회원국들간 발효된 협정들로 구성
되어 있다.
12) Acquis에 바탕을 두고 유럽연합의 동구권 국가 등과의 통합과정을 법적으로 분석
한 것으로는 Blockmans, S. & Łazowski A., ed., *The European Union and its
Neighbours*, T·M·C·Asser Press, 2006 참조.
13) http://ec.europa.eu/enlargement/policy/conditions-membership/chapters-of-the
-acquis/index_en.htm, accessed Jan. 23, 2016.

에는 불가리아, 루마니아도 유럽연합에 가입하였다. 특히, 유럽연합은 알바
니아, 보스니아-헤르체코비나, 마케도니아, 몬테네그로, 세르비아, 코소보
등 6개국 서발칸 국가(Western Balkans)들에 대해서는 코펜하겐 기준에 더
하여 '안정화 및 연합 과정(SAP, Stabilisation and Association Process)'을
통하여 역내협력과 주변국과의 안정된 관계 유지라는 추가 조건을 부과되
고 '안정화 및 연합협정(SAA, Stabilisation and Association Agreement)을
체결하고 있다.14)

2) 조약 가입

1957년 베네룩스 3국과 독일, 프랑스, 이탈리아 등 6개 국가로 출범한
유럽경제공동체(European Economic Community)는 1973년, 1981년, 1986
년, 1995년까지 네 번의 확대 과정을 거쳐 서유럽국가를 거의 모두 포함하
는 경제연합으로 발전하였고 2004년 5월 1일에는 체코, 에스토니아, 사이
프러스, 라트비아, 리투아니아, 헝가리, 몰타, 폴란드, 슬로바키아, 슬로베니
아 등 10개국이 신규로 가입하였으며, 불가리아와 루마니아는 2000년 2월
가입협상을 시작하여 2007년 1월 가입하여 27개국으로 회원국이 증가하였
다. 가장 최근에는 2013년 7월 1일 크로아티아가 유럽연합 회원국으로 가
입하였다.15)

유럽연합은 경제통합의 정도에서 가장 앞서 나가고 있는 경제권으로서
회원국들의 화폐는 'Euro'로 통일되어 있고, 역내시장에서는 재화, 용역,
자본·노동의 생산요소의 자유로운 이동이 보장되며, 역외국가에 대해서는
공동관세가 부과되고 금융·통화정책 등 경제정책의 조정과 협력이 이루어

---

14) http://ec.europa.eu/enlargement/policy/conditions-membership/index_en.htm, accessed
Jan. 23, 2016.
15) http://ec.europa.eu/enlargement/policy/from-6-to-28-members/index_en.htm, accessed
May 28, 2015.

지고 있다.16) 이러한 유럽연합의 통합을 제도적으로 뒷받침하고 있는 것이
2007년 12월 13일 채택되고 2009년 12월 1일 발효한 '리스본 조약(Treaty
of Lisbon Amending the Treaty on European Union and the Treaty
Establishing the European Community)'이다.17) 리스본 조약은 유럽연합을
구성하는 두 가지 조약, 즉 마스트리히트 조약(Treaty on European Union)
과 로마 조약(Treaty Establishing the European Community)을 개정하고,
로마조약은 '유럽연합의 운영에 관한 조약(Treaty on the Functioning of
the European Union)'으로 개칭되었다.

유럽연합의 운영에 관한 조약 제26조는 '역내시장은 본 조약의 규정에
일치하여 재화, 사람, 서비스 및 자본의 자유로운 이동이 보장되는 내부 국
경이 없는 지역으로 구성된다18)'라고 규정하고 있으며, 제28조에서 제44조
까지 농수산품을 포함한 재화의 자유 이동을 규정하고 제45조에서 제66조
까지 사람, 서비스 및 자본의 자유이동에 관하여 규정하고 있다. 제101조
에서 제109조까지는 역내시장에 적용되는 경쟁규칙을 규정하여 회원국간
무역에 영향을 끼치고 경쟁을 제한, 금지, 왜곡하는 모든 약속이나 결정을
금지하고 있다. 경쟁을 왜곡하는 보조금도 금지되지만 독일의 일부지역(동
독)에 대하여 분단으로 인한 경제적 불이익을 보상하기 위하여 필요한 지
급되는 보조금을 예외(제107조 제1항 (c)호)로 하는 등 여러 가지 예외를
규정하고 있다.

---

16) 김두수, EU법, 한국학술정보, 2014, 9면 참조.
17) 이는 2002년 마련된 '유럽헌법조약(Treaty Establishing a Constitution for Europe)'
   이 일부 국가의 국민투표 부결로 채택되지 못함으로써 제안되었다.
18) 원문은 "The internal market shall comprise an area without internal frontier in
   which the free movement of goods, persons, services and capital is ensured in
   accordance with the provisions of the Treaties"이다.

(3) 인력이동의 자유: 셍겐지대(Schengen Area)

인력 이동의 자유는 로마조약때부터 유럽연합에 의하여 그 시민에게 보장된 기본적 권리로서, 모든 유럽연합 시민은 모든 유럽연합 회원국에서 특별한 형식없이 여행, 거주, 근로의 권리를 가진다. 하지만 이는 1985년 6월 14일 유럽연합 일부국가간 자유로운 이동을 보장하는 국경통행 자유화협정인 셍겐조약(Schengen Agreement)이 체결되고 1995년 3월 26일 베네룩스 3국, 독일, 스페인, 프랑스, 포르투갈 사이의 국경 통제를 철폐하는 셍겐실시조약(Schengen Convention)이 발효함으로써 현실이 되기 시작하였다.[19] 본래 셍겐조약은 유럽연합과는 별개로 존재하였으나, 1999년 암스테르담 조약을 통해 유럽연합은 동 조약을 유럽연합의 법체계내로 통합시켰다. 셍겐 회원국은 공공정책이나 내부치안에 심각한 위협이 있는 경우 원칙적으로 30일을 넘지 않는 기간동안 예외적으로 국경통제조치를 재도입할 수 있다.

4. 경제통합의 발전조건 구축

동구권 국가들의 사회적기본권 보장이나 대외무역과 외국인투자의 개방 등 경제통합의 발전조건 구축은 사실상 유럽연합에의 가입협상을 통하여 이룩되었으므로 아래에서는 사유화 과정을 집중적으로 살펴보기로 한다.

---

19) 현재는 27개국이 참여하고 있으며 유럽연합 비회원국인 아이슬랜드, 노르웨이, 스위스, 리히텐슈타인이 참가하고 있고 유럽연합 회원국 중 불가리아, 크로아티아, 사이프러스, 아일랜드, 루마니아, 영국은 불참하고 있다. http://ec.europa.eu/dgs/home-affairs/what-we-do/policies/borders-and-visas/schengen/index_en.htm, accessed May 28, 2015.

대부분 동구권 국가들의 사유화 과정에서 전통적 방식(경매, 입찰, 주식
시장매매, 현금매각합의, 리스-구매계약)으로 국유기업을 자국민에게 사유
화하는 것은 토착자본이 부족하고 금융시장이 제대로 형성되지 않아 불가
능하였다. 또 다른 선택안은 외국인에게 매각하는 것인데, 이 경우 올바른
기업가치의 평가도 문제되고 그러한 평가를 진행할 수 있는 자료 또한 제
대로 구비되어 있지 않아 그러한 방식을 사용하기가 어려웠다. 그러므로,
이들 국가들에 있어서 유일한 방식은 일반 대중에게 바우처를 제공하여 사
유화하는 대중 사유화의 방식이었다. 바우처 방식은 공평의 원칙에 맞고,
정부가 경매 전에 기업의 가치를 평가할 필요가 없으며, 외국인을 배제할
수 있고, 사유화 과정이 신속하게 진행될 수 있다는 장점이 있다.[20] 바우처
방식의 단점은 국고로 매각대금이 귀속되지 않는다는 것이다. 그래서 자금
을 조성하기 위하여 주식의 일정비율은 바우처로 제공하지 않고 정부가 보
유하기도 한다. 1993년 여름경 거의 모든 동구권 국가들이 이러한 바우처
방식에 의한 사유화를 계획하거나 집행하고 있었는데, 실제로는 체코, 리투
아니아, 러시아만이 대중적 바우처 방식을 활용하였다.

폴란드의 경우 국영기업의 사유화 관리를 위하여 '민영화부(Ministry of
Privatization)'를 신설하고(1990년 7월), '국영기업 민영화법'을 제정하였으
며, 국영기업의 자율적 경영과 금융을 허용하는 법안들을 채택하는 등 제
도적 장치를 마련하였으나, 국내 정치불안과 독일 자본에 대한 반감, 자유
노조의 반대 등으로 더디게 진행되었다. 하지만 지방정부에 소기업의 사유
화를 맡겨 1993년까지 민간부문의 중소기업의 수가 폭발적으로 증가하여
100만개에 육박하였으며,[21] 이러한 민간부문이 총고용의 60%와 총생산의
50%를 담당하게 되었다.

---

20) Moore, Thomas Gale "Privatization in the Former Soviet Empire", in Edward P.
Lazear, ed., *Economic Transition in Eastern Europe and Russia: Realities of
Reform*, Hoover Institution Press, 1995, p.183.
21) 국가정보원, 동유럽 제국의 체제전환 유형과 특성, 2008. 2, 9~10면 참조.

한편, 폴란드정부는 비교적 큰 규모의 기업을 사유화하기 위하여 네 가지 방식을 마련하였다.22) ①경영자가 동 회사를 거래소에서 주식이 거래되는 주식회사로 전환시키거나, ②그 자산을 직접 (외국인이든 내국인이든) 구매자에게 매각하거나, ③경영자나 근로자들이 일종의 경영자매수(MBO) 형태로 사업체를 인수하거나, ④대중 사유화 프로그램을 통하여 사유화할 수 있는 방식을 준비하였다. 1993년 5월 폴란드정부는 중대규모의 기업을 사유화하기 위하여 스무 개의 투자기금을 설립하였다. 각 투자기금은 서구의 금융가들에 의하여 운영되는데, 15개에서 30개의 국영기업에 대하여 각 33%의 주식을 보유하며, 27%는 타 투자기금들에서 분산보유하게 된다. 각 투자기금은 차례대로 국영기업을 선택하게 되며, 10%의 주식은 근로자가 보유하고 나머지는 정부가 보유한다. 폴란드인 중 성인은 적당한 가격으로 20개 투자기금의 소유권증서를 구매할 수 있다.

체코슬로바키아에서는 바우처 방식의 민영화, 원소유권자에 대한 소유권 반환, 경매, 협동조합의 전환, 지자체에 대한 소유권 이전 등 다양한 방식으로 국영기업의 민영화가 진행되었다. 체코슬로바키아에서는 약 30%에 가까운 소기업체에 대하여 원소유자들의 소유권 반환 요청이 있었다. 1992년 여름 체코는 바우처방식의 사유화 프로그램을 선보였는데, 체코에서는 18세 이상의 성인이라면 누구나 국영기업의 주식을 구매할 수 있는 용도로만 사용할 수 있는 바우처를 구매할 수 있다. 각 바우처안에는 1천개의 쿠폰이 들어있고 바우처 가격은 당시 환율로 1.2$이었으며, 행정비용을 충당하기 위하여 34$에 쿠폰들을 등록할 수 있었는데, 이는 한달치 월급 평균의 약 1/4에 해당하는 비용이었다. 약 437개의 투자기금이 생겨나 주식을 집중시키기 시작함으로써 바우처 프로그램은 성공적으로 진행되어 체코에서는 약 1천개의 사업체를 민간에 매각하였다. 최초 경매단계에서 정부가 쿠폰이 부여될 기업의 가치를 산정하고 이러한 예측치에 비례하여 주식을

---

22) Moore, Thomas Gale, *ibid.*, pp.187~189.

발행하였으며, 최초 가격은 한 주당 3장의 쿠폰으로 고정되어 있었다. 각 개인과 투자기금은 구매하고 싶은 회사와 구매량을 선택하며, 신청기간이 종료된 후 정부공무원이 신청된 주식수와 당초의 예측주식수를 비교하여 신청주식수가 당초 예측치의 125%이상일 경우는 경매가격을 올려서 새로운 경매에 들어가고 125%가 넘지 않을 경우는 안분하여 주식을 분배한다. 만약 신청주식수가 예측치에 미치지 못하는 경우는 우선 쿠폰 3장당 1주를 분배하고 나머지 주식을 새로운 경매대상으로 내놓는 방식이다.23)

헝가리의 경우 1989년 '조직변경법'을 제정하여 국가소유 재산을 민간이 공동소유할 수 있도록 하고, 1990년에는 '국가재산관리청'을 신설하여 국영기업의 매각과정을 감독하고 사유화를 추진하였으며, 1992년에는 '일시적 국유재산 관리법'과 '영구적 국유재산 관리법'을 제정하여 포괄적 사유화 법규를 마련하였다. 1993년 8월 헝가리에서는 국영기업의 주식을 구매하는 용도로 약 1천 불에 해당하는 무이자신용을 모든 성인에게 제공하였으며, 제한된 수의 펀드를 중개기구를 두었다.

불가리아의 경우 1992년 4월 '국유 및 시유기업의 전환과 사유화에 관한 법률'을 마련하고 각료회의 산하에 사유화청을 신설하여 민영화 작업에 착수하였으나 1993년 말부터 수차례의 외환위기가 발생하는 등 경제가 불안정하였다.

루마니아의 경우 1995년 대중사유화법을 제정하여 국가사유화청, 국가소유권 기금 및 민간 소유권 기금 등의 기구를 설치하고 토지·주택·국영기업 및 농업부문의 사유화를 추진하였다.24)

대부분의 동구권 국가들에서 소기업체는 가장 높은 가격을 제시한 사람에게 경매방식으로 매각되었다. 헝가리와 체코는 그러한 사유화를 그 국민에게로 제한하였다. 모든 국가들에서 이러한 사유화는 지방정부가 담당하

---

23) Moore, Thomas Gale, *op.cit.(footnote 20)*, pp.189~191.
24) 국가정보원, 앞의 책(주 21), 10~14면 참조.

였으며, 실제로 이전된 것은 5~10년의 임대, 상점이나 기업의 상호, 재고와 기타 고정물들이었고 건물과 토지는 국가나 지방정부의 소유로 남아 있었다. 대부분의 국가에서 종업원들이 이러한 소기업체를 우선 인수할 수 있는 특권을 요청하였는데, 체코에서는 그러한 종업원들이 과거에 제공한 서비스 수준이 높지 않았기 때문에 어떠한 특권도 주어지지 않았다.25)

주택의 사유화도 매우 중요한 이슈인데, 리투아니아에서는 바우처방식에 의하여 이를 진행하였다. 국가는 건설비용에 고정하여 주택가격을 정하였으며 바우처를 사용해서만이 주민들은 주택을 구매할 수 있었고, 주택가격의 10%를 계약금으로 지급하도록 하였다.26)

---

25) Moore, Thomas Gale, *ibid.*, p.179.
26) Moore, Thomas Gale. *op.cit.(footnote 20)*, pp.180~181.

제6절 사례 비교와 주요 시사점

1. 독일

서독의 많은 지도자들과 경제전문가들은 급속한 화폐와 경제통합이 가져올 부작용에 대한 우려를 표명하였다. 1989년 11월 28일 서독의 콜 수상이 발표한 10개항의 통독방안에도 이러한 우려가 반영되어 정치적으로는 연방제, 경제적으로는 하나의 공동체를 구성한다는 내용으로 점진적 통일 방안과 함께 대동독 경제지원을 약속하였다.[1] 하지만 동독 주민의 급속한 이주에 대응하여 결국 독일은 서독의 경제력으로 정치·경제적 통합을 급진적으로 추진할 수 밖에 없었다.

독일은 밑에서부터 위로의 통일이 이루어지며, 경제적 통합과 함께 정치적 통일을 급속히 추구한 급진적 흡수통일 사례로 분류되고 있다. 그러나 엄밀히 말하면 동독 주민의 자유로운 의사에 의거하여 서독에 편입되었으므로 이는 합의통일로 분류함이 좀 더 정확할 것이다. 또한 독일은 정치적 통일과 경제통합 그리고 법제통합이 거의 동시에 이루어졌지만 시간적으로 따져보면 경제통합→정치적 통일→법제통합의 순서를 거쳤다. 경제통합은 1990년 7월 1일 '국가조약'의 발효로, 정치적 통일은 1990년 10월 3일 '통일조약'의 발효로 법적으로 완성된 것으로 볼 수 있으며, 법제통합은 양 조약을 통하여 법제도의 동화 내지 통합을 추진하였지만 상당수의 조항

---

1) 독일 경제사회통합 연구를 위한 단기조사단, 독일경제사회통합에 관한 연구, 대외경제정책연구원, 1990. 12, 51면 참조.

이나 법률에 대하여 경과규정을 두는 방식이나 잠정적 적용배제방식 또는 (구)동독법률의 효력 존속방식을 통하여 정치적 통일이 이루어진 상당 기간 이후까지 미루어졌다. 물론 베를린 장벽이 무너진 후 초기에는 양 독일이 단계적으로 경제통합을 먼저 이룬 후 정치적 통일을 추진하는 방식을 지향하다가 상황이 급변하여 어쩔 수 없이 그러한 단계적 방안을 포기하고 급박하게 정치적 통일을 추진[2]하였으므로 그 순서는 큰 의미가 없다고 반박할 수도 있다. 하지만, 법치주의에 입각하여 법질서통합과정을 훌륭하게 이루어낸 하나의 모델을 제시하고 있다[3]는 점에서 경제통합을 제도적으로 이루고 난 후 정치적 통일을 이루어 낸 통합의 순서가 우리의 통일과정에서도 시사하는 바가 크다.

독일의 통일 과정을 요약하면 단기간내 비교적 성공적인 체제전환과 경제통합을 이루어 나갔지만 신탁공사에 의하여 추진한 콤비나트 등 생산조직의 사유화 과정은 동독내 토착자본이 형성될 기회를 제공하거나 산업경쟁력을 유지하기 위한 산업정책적 관점보다는 조속한 사유화라는 관점에서 이루어졌다. 이로 인하여 경쟁력있는 동독기업 육성에는 사실상 실패하였다. 시장경제의 역동성은 구동독의 자산을 다른 주인에게 이전하는 데 있는 것이 아니라 기업가 정신을 활용하여 새로운 기업을 일으키는 것인데, 신탁공사는 동독의 재산을 매각하는 데에만 관심을 두었다.[4] 한편, 생산요소에 대한 사유재산제도 정립과정에서도 몰수토지 처리에 치중함으로써 초기에 신속한 투자를 저해하는 측면을 간과하여 내외국 기업에 의한 투자가 제 때 활성화되지 못하였다.

또한 노동생산성의 차이를 무시하고 화폐교환비율이 결정되었으며, 화폐통합도 지나치게 급진적으로 이루어져 동독이 보유하고 있던 상대적으

---

2) 박종철 외, 민족공동체 통일방안의 새로운 접근과 추진방안: 3대 공동체 통일구상 중심, 통일연구원, 2010, 95~97면 참조.
3) 허 영 편저, 독일통일의 법적 조명, 박영사, 1994, 106면.
4) 김영윤, 사회적 시장경제와 독일 통일, 프리드리히 에베르트 재단, 2000, 171면 참조.

로 저렴한 노동력 등의 비교우위를 활용할 기회를 놓쳐 버렸다. 마지막으로 고용제도와 사회보장제도의 통합도 급진적으로 이루어졌는데, 특히 사회보장제도의 경우 동독 지역 거주민에게도 서독 주민과 동일한 수준의 사회보장급여를 제공함으로써 형식적 평등에 치우쳐 과도한 복지지출을 부담하였다. 사회보장제도의 통합은 고용시장의 통합이 서로 연계되어 있고 통일 초기 서독 정부의 의지와는 상관없이 이미 노동시장의 통합이 경제적으로는 사실상 마무리된 상태5)여서 법적으로 이를 다시 분리하기에는 늦었다는 점을 감안할 때 위와 같은 선택이 서독 정부로서도 불가피한 선택이었을 것이다. 하지만, 당초 기대했던 통일의 혜택을 살리지 못하고 대량의 기업도산과 실업 등으로 지불하지 않았어도 되었을 댓가를 과도하게 지불한 것은 아닌지 아쉬움이 남는다. 통일 이후 20년을 전후하여 등장한 연구나 기사들을 보면 대체로 동독 지역 경제성장률의 증가, 1인당 GDP의 상승에 대해서는 긍정적인 평가를 보내는 반면 여전히 11%에 달하는 높은 실업률과 낮은 인구 증가율에 대하여는 부정적인 평가를 보내고 있다.6)

법제도를 통합한 방식을 살펴보면 동서독 통합시 독일은 국가조약에서 동독이 시행할 서독 법률, 동독이 폐지 또는 변경할 법률, 동독이 신규제정해야 할 법률, 서독이 개정해야 할 법률, 동독이 향후 제정해야 할 법률을 목록화하고 통일조약에서도 동독 지역에 확대적용되는 서독연방법률(연방법 시행시 적용 제외되는 법규정, 폐지·개정 또는 보충되는 연방법규정, 일

---

5) 동서독간 인적교류는 통일 이전에도 1972. 5월 교통조약, 1972. 12월 기본조약의 체결로 이미 제도화되어 가족·친지 방문을 포함하여 연간 수백만명이 상호방문하는 상태였으며, 통일 시기에는 베를린 장벽 붕괴로 동독인의 대규모 서독 이주를 초래하여 1990. 3월말까지 약 50만 명의 동독 주민이 서독 지역으로 넘어와 동독은 수개월 사이 고급숙련자를 포함한 전인구의 3%를 상실하였던 것이다.
6) 독일의 대표적 언론사인 슈피겔지의 독일 통일 이후 20년 후에 대한 기사는 http://www.spiegel.de/international/germany/20-years-after-reunification-eastern-germany-on-the-road-to-western-prosperity-a-717136.html, accessed Jan. 23, 2016 참조. 블룸버그나 이코노미스트지의 평가도 대체로 유사하다.

정 조건에 따라 효력을 발생하는 연방법규정)과 효력이 지속되는 구동독법률(연방법 시행시에도 효력을 유지하는 동독법, 폐지·개정 또는 보충되는 동독법규정, 일정조건에 따라 효력을 발생하는 동독법규정)로 범주를 나누어 목록을 제시하여 통합을 추진하였다.

2. 베트남

공산주의 정권에 의하여 강제 흡수통일된 베트남은 경제 발전을 위하여 개방정책을 실시하고 우선 가격자유화조치를 추진한 후 토지, 건물에 대한 재산권을 제도적으로 보장하기 시작하였다. 이 과정에서 가장 기본적인 생산요소인 토지의 소유권은 여전히 국가가 보유하되 일정량(3ha)의 토지에 대한 사용권을 기존의 경작자에게 인정하였다. 국유기업의 소유구조 개편은 비교적 늦은 시기에 이루어지기 시작하여 ①가격자유화, ②사유재산권 제도 도입, ③기업 소유구조 개편의 순서로 이루어졌다.

베트남은 무력에 의한 통일 후 점진적으로 체제전환을 이루고 있는 사례로서 경제 개혁 과정의 특징을 살펴보면 첫째, 공산화 초기에는 사유재산제를 철폐하고 집단농장화를 추진하여 사회주의적 소유형태를 구축하였다. 둘째, 사회주의 계획경제질서가 전체 국민의 생활을 하향평준화시키고 경제발전도 이끌어갈 수 없는 상황에서 내부적 동인에 의하여 베트남 전역을 대상으로 하는 개혁개방정책이 추진되었다. 셋째, 경제적인 측면에서는 미국과의 국교정상화를 통한 최혜국대우의 향유(2001년)와 WTO 가입(2007년)이 시장 확대측면에서 중요한 계기이다.

중국과 베트남간 가장 큰 차이점은 농촌 토지에 대한 집체소유를 인정하지 않는다는 것이다. 베트남 또한 1946년 헌법과 1959년 헌법에서는 국가

소유, 집단소유, 사적 소유라는 세 가지의 토지 소유권 유형을 승인하였고,
1960년대부터는 협동조합에 농민의 토지를 귀속시켜 사회주의적 소유형태
를 점진적으로 형성하려 하였었다.[7] 또한 베트남의 경제개혁과정은 중국
에 비해서 상당히 급진적으로 이루어졌다. 중국과 같은 이중가격제를 실시
하지도 않았고, 개방 초기 3~4년에 상당히 많은 법제도의 개선이 이루어졌
다. 그래서, 세계은행은 베트남의 자유화 및 안정화 조치들이 중국보다는
동유럽과 유사하다고 평가하고 있다.[8] 중국과 마찬가지로 베트남 또한 개
혁개방이후 노동생산성이 지속적으로 증가하였다.[9]

3. 예멘

세계은행에 의하면 2014년 예멘의 인구는 24.9백만 명, 2013년 GDP는
359억 불, 성장률은 전년대비 4.2%, 물가상승률은 11.0%이다.[10] 통일 이
후 10년간 예멘 경제의 상황은 물가상승률 등을 감안할 때 최빈국의 경제
성장률로는 낮은 편이며 특히 통일 후 6년간은 걸프전쟁, 소련붕괴, 내전
등의 영향으로 물가상승률이 상당히 높았다.[11] 남북의 경제력이 차이가 나
면서도 합의에 의하여 추진된 예멘 통일의 과정이 우리에게 주는 시사점과

---

7) 김대인, "베트남의 토지법", 아시아법연구소 세미나 발표자료, 2011. 4. 5, 1면; 김
   대인, "베트남의 토지법제 동향", 동남아시아의 법제동향, 한국법제연구원, 2011.
   6. 16, 29면 참조.

8) World Bank, *World Development Report 1996: From Plan to Market*, Oxford
   University Press, 1996, p.21.

9) World Bank, *ibid.*, p.20.

10) http://www.worldbank.org/en/country/yemen, accessed August 12, 2015.

11) World Bank, *Economic Growth in the Republic of Yemen: Sources, Constraints,
    and Potentials,* 2002, p.12.

교훈에 대하여 살펴보자. 첫째, 통일 헌법에 우선 합의하고 통일 선포 후 과도기를 설정하여 통합으로 인한 후유증을 줄이려 하고 통일국가의 법·제도적 기틀을 마련함으로써 평화적이고 규범적인 합의통일을 달성한 선례12)라는 점이다. 평화적인 방식을 통하여 통일을 이룩하였지만 흡수통일이 아닌 새로운 국가를 건설한 합병통일이었다는 점에서 독일의 경우가 차이가 있다. 또한, 예멘은 독일과 달리 위로부터 아래로의 통일이다.13) 둘째, 통합 이전에 경제적인 측면에서 관광사업, 석유개발사업 등을 공동으로 추진하고, 국민들간 교류도 상대적으로 활발하였다. 이에 더하여 1인당 GDP 수준도 별 차이가 없어 생활수준도 비슷하였으며, 소련의 위기에 따른 원조 삭감에 해외노동자 송금 수입감소와 내란까지 겹치면서 남예멘에 경제위기가 발생하여 이에 대한 대응책으로 1980년대말 남예멘이 경제개혁 프로그램을 발표하면서 경제적으로는 체제 유사성이 증가하였다. 셋째, 통일을 준비하는 과정에서 '사나합의서'를 채택하여 통일선언 이후 30개월 간(1990. 5. 22~1992. 11. 22)의 과도기를 설정하였다는 점이다. 1989년 11월 30일의 남북예멘 정상회담에서는 북예멘은 헌법초안대로 6개월의 과도기를, 남예멘측은 72개월을 주장하였으며, 북예멘은 외무부와 국방부의 완전 통합을 제의한 데 반하여 남예멘측은 이에 반대하였고, 과도정부의 고위직 안배 방식에 대하여도 견해 대립이 있었다. 남예멘측이 외무부 및 국방부의 완전 통합에 반대한 것은 과도기간에 사실상 양 정부가 분리·운영되는 일종의 국가연합 형태에 가까운 느슨한 통합을 선호했기 때문으로 보인다.14) 넷째, 정치이념과 권력구조의 차이에도 불구하고 정치체제의 실질

---

12) 장명봉, "남북예멘 통일헌법에 관한 연구: 남북한 통일헌법 구상을 위한 한 시도", 공법연구 제21집, 한국공법학회, 1993. 7, 116면 참조.

13) 중동문제연구소, 통일예멘과 남북한, 중동문제연구소 제6회 세미나자료, 한국외국어대학교 외국학종합연구센터, 1992. 7, 10면 참조.

14) 유지호, 예멘통일이 한국에 주는 교훈, 공관장 귀국 보고시리즈 93-8, 외교안보연구원, 1993, 21~22면 참조. 인구가 북예멘의 1/4에 불과한 남예멘은 총선 대비를

적 운영에서는 유사점이 많아 권력이 소수 집권자에 집중되어 있었고 정권교체는 선거가 아닌 암살이나 쿠데타를 통하여 이루어졌다. 또한, 사회구조도 이슬람교와 아랍민족주의를 배경으로 하여 매우 유사한 형태를 띠고 있었으며 남북예멘 사람간의 동족의식도 상존하고 있었다. 다섯째, 경제질서 또한 북예멘이 자본주의 시장경제체제를, 남예멘이 사회주의 계획경제체제를 추구하였다는 규범적인 측면에서의 차이에도 불구하고 둘 다 표방하는 목표에 불과하였고 실질적으로는 큰 차이가 없었다.15) 예멘의 경제문제는 타협 불능의 이념적 차이에서 연유된 것이라기 보다는 예멘 고유의 빈곤과 투자의 부족에서 기인한 면이 더 컸다.16) 여섯째, 합의 통일 이후 내전을 통하여 재통합을 이루었다는 점이다. 이렇게 된 원인은 이질적인 사회체제 위에 선언적으로 정치적 통합을 이룸으로써 경찰·정보조직과 일반 행정조직 등에서 실질적인 통합을 이루지 못한 상태였고, 걸프전과 해외노동자의 귀국 등으로 실업과 인플레이션이 지속하는 가운데 석유 개발을 통한 소득 증대의 기대가 충족되지 않아 경제적 불만이 상존하고 있었기 때문이다. 특히 통일이후 개발된 남예멘의 유전에서 나오는 수입을 북쪽이 주로 가져감으로써 석유자원의 공평한 분배와 관련한 남쪽의 불만이 컸었다.17)

이렇게 표면적으로는 모범적인 통일예멘이 여전히 안정적인 통합을 이루지 못하고 있는 이유는 무엇일까? 그것은 경제통합의 발전조건이 제대로 실현되지 못했기 때문이라 생각한다. 즉, 걸프협력회의와는 아직까지 단일경제권을 형성하지 못하고 있고, 세계무역기구에도 2014년에야 겨우 가입하였으며, 사유화도 늦게 진행되어 안정적인 경제 성장을 이룩할 수 있는

위해 되도록 많은 시간적 여유를 바랐고, 북쪽은 사우디와 부족사회의 통일 반대 움직임을 경계하여 최소한의 과도기를 선호하였다.

15) 김국신, "예멘 통일방식이 한반도 통일에 주는 시사점", 「예멘 통일의 문제점」 학술회의 발표논문집, 민족통일연구원, 1994. 5. 17, 15~17면 참조.

16) 유지호, 앞의 자료(주 14), 20면 참조.

17) 경향신문, "남북예멘 1국 2체제의 예고된 활화산", 1994년 5월 23일자 10면.

토대가 구축되지 못한 것이 가장 큰 원인일 것이다.

4. 중국

중국은 전반적으로는 점진적 체제전환사례로 분류할 수 있는데, 중국의 체제 전환은 아직 현재 진행형이다. 2013년 시진핑 정부 출범 이후 11월에 개최된 18기 3중 전회에서 중국 정부는 시장이 자원배분 과정에서 결정적 역할을 하도록 하고, 이를 위하여 정부와 시장의 관계를 잘 처리하기 위한 경제체제 개혁을 실시하며, 재산권과 관련하여서는 공유제를 주체로 하여 다양한 소유제의 경제가 함께 발전하도록 하는 데 중점을 두고 있다.[18] 또한, 1978년 이후 농촌 개혁개방의 시작으로 홍보되어 온 농민간 생사협약서의 고장인 안휘성은 2013.11.12.일자로 '안휘성인민정부 농촌종합개혁심화 시범사업방안(安徽省人民政府 關于深化農村綜合改革 示范試点工作的指導意見)'[19]을 발표하면서 토지시장에 대한 개혁 의지를 천명하였다. 하지만 여전히 중국에서 토지는 농민들이 집단적으로 소유한다는 집체소유의 성격 자체가 변화한 것은 아니므로 근본적인 변화라고 보기는 어렵다. 체제 안정과 사회 분배의 불공평 문제를 해결하기 위하여 중국정부는 사회보장제도의 개혁과 농촌-도시 호구제도의 개선을 위하여 중소 도시에서의 도시화율을 제고하는 한편 농촌-도시 통일호구제도를 추진하고 있으며, 도시와 농촌간 불균등한 사회보장제도의 수준을 공평하게 하려는 시도도 하고 있다. 하지만 엄청난 예산이 소요되는 이러한 작업이 쉽지만은 않을 것

---

18) 이철용, "중국 3중 전회, '점진적 개혁 통한 안정적 성장' 노선 채택", LG경제연구원, 2013. 11 참조.

19) http://www.ah.gov.cn/UserData/DocHtml/1/2013/11/12/8868238140628.html, accessed Jan. 23, 2016에서 원문 참조.

이다.

홍콩·마카오의 경우는 중국보다 정치, 문화, 경제적 수준이 높은 상태에서 통합이 되었다는 점에 유의하여야 한다. 정치, 문화, 경제적 수준이 높은 어느 한 지역을 여타 지역과 분리시켜 그 수준을 유지하는 것은 정치, 문화, 경제적 수준이 낮은 광범위한 지대의 정치, 문화, 경제 수준을 향상시키는 것보다는 훨씬 쉬운 일이다. 또한, 홍콩·마카오는 시장경제질서를 유지하며 공산주의 체제로 통합된 것이어서 우리가 예상하는 남북한의 통합과정과는 반대가 될 것이다. 이러한 측면에서 입법, 사법, 행정의 자율성을 보장하기가 상대적으로 쉬웠을 것인데, 북한 지역의 경우 경제적 부문은 점진적 통합을 이루더라도 입법, 사법, 행정 부문은 제도적인 부문에서 통합이 좀 더 빨리 이루어질 수 밖에 없을 것이라 생각한다. 특히 법치주의의 정립이라는 측면에서 경제부문을 제외한 법제통합 및 司法제도의 통합은 신속히 이루어질 필요가 있다. 중국-홍콩·마카오간 경제협력동반자협정은 중국이 개혁개방 이후 사회주의적 시장경제질서를 목표로 경제적인 영역에서 자본주의적 요소를 체제 내로 상당히 수용하고 있는 과정에 있고 홍콩·마카오의 인구나 면적이 전체 중국에서 차지하는 비중이 지극히 낮다는 점에서 가능했으리라 생각한다. 홍콩·마카오의 경우 장기간의 고도의 자치권이 보장된 특별행정구인데, 특히 경제제도측면에서는 사회주의 경제질서와 달리 사유재산제를 보호하고, 독립적인 재정운영과 조세제도, 화폐와 금융제도의 독자적 운영, 자유무역정책과 무관세의 독립관세구역 등의 특징을 보유하고 있다. 이러한 1국 양제는 우리의 통일과정에 있어 경제분야에 있어 고도의 자치권이 보장된 특별행정구역이 가능한 하나의 형태가 될 수 있음을 시사한다. 다만 가장 큰 차이는 중국-홍콩은 서로 다른 경제체제를 채택하지만 남북한의 경우는 동일한 경제체제를 채택할 것이므로 실질적으로는 1국 1체제 2지역의 형태가 될 것이다.

5. 유럽연합-동구권 국가

유럽통합이라는 큰 흐름속에 놓여 있었던 동구권국가들은 우선 체제전환을 이루고 어느 정도 경제적 안정을 이룬 후 유럽연합에 가입함으로써 그러한 큰 흐름에 동참하였다. 이러한 과정은 유럽연합 출범시를 기준으로 가장 빠른 경우에도 약 10년의 준비기간이 필요하였다. 자유무역이 장기적으로는 필연적으로 효율성과 사회복지를 증가시키지만, 현실적으로 동구권 내에서 반 이상의 산업이 세계적 경쟁을 견딜 수 없어 실업이 증가할 것이기 때문에 단기적으로 시장을 개방하기가 어려운 측면도 있었는데, 코펜하겐 기준으로 제시된 "기존회원국으로부터의 경쟁압력에 대처할 수 있는 능력과 제대로 기능하고 있는 시장경제의 존재 등 경제적 조건"은 우리의 경우에도 시사하는 바가 크다. 시장경제체제는 안전한 재산권과 이를 보호하고 계약을 집행하는 법제, 토지이용에 관한 최소한의 규제, 상법·반독점법·파산법의 법제화 및 안정적인 조세·규제 환경하의 사적재산권의 합법화를 필요로 한다.[20] 사유화 과정이 성공하기 위해서는 형평성이 있어야 하고, 납세자에게 공정한 보상을 제공해야 하며, 최소한 부분적으로 기업과 관련된 집단의 요구를 충족시켜야 하고, 근로자나 경영자의 복지를 과도한 위험에 빠뜨리지 않아야 한다.[21] 사유화하기 전에 구조조정을 거쳐야 하는지에 대하여 서구학자들간에 논쟁이 있었다. 대중 사유화를 한 동구권 국가들에 있어서 先구조조정-後사유화는 과정을 늦추고 장애를 유발할 것이라고 생각하여 구조조정 과정을 소유자에게 맡겼다.[22]

---

20) Moore, Thomas Gale, "Privatization in the Former Soviet Empire", in Edward P. Lazear, ed., *Economic Transition in Eastern Europe and Russia: Realities of Reform*, Hoover Institution Press, 1995, pp.160~161.
21) Moore, Thomas Gale, *ibid.*, p.176.
22) Moore, Thomas Gale, *ibid.*, p.177.

6. 소결: 사례의 종합

앞에서 살펴본 독일 통일, 중국과 홍콩·마카오, 동유럽과 EU의 통합, 베트남 통일, 예멘 통일 등의 사례를 경제통합의 전제조건(시장질서의 채택, 사유재산제 보장) 측면, 재화의 자유로운 이동, 용역의 자유로운 공급, 자본의 자유로운 이동, 인력 이동의 자유, 토지거래제도 측면, 경제통합의 발전 측면에서 살펴보고자 한다.

우선 시장경제질서의 채택(가격자유화)은 계획경제질서의 비효율성과 저생산성의 문제를 치유하기 위한 필수적 개혁조치로서 급진적 개혁과 점진적 개혁으로 나뉘어진다. 동독과 동유럽국가는 급진적 개혁이외의 다른 선택의 여지가 없었던 반면, 중국과 베트남은 체제전환과정에서 점진적 가격자유화 및 시장경제질서의 도입을 추진하였다. 중국과 베트남은 국민들의 시장경제 학습능력을 살펴가면서 체제전환의 속도를 결정해 나간 것이라 볼 수 있다.[23] 사유재산제를 도입함에 있어서 통일 독일은 초기 몰수토지에 대하여 원물반환을 원칙으로 하고, 원물반환이 어려운 경우 보상을 제공하였으며, 중국과 베트남은 토지의 국유 또는 집단소유제를 유지한 가운데 배분당시 현재의 점유자에게 토지사용권을 배분하는 방식을 사용하였다. 사유재산제를 도입함에 있어 기반이 되는 등기제도의 확립이 매우 중요함을 예멘과 동구의 사례에서 알 수 있다.

유럽연합은 단일화폐를 사용하고 경제정책까지 조화시켜가는 과정에 있어 경제통합의 모범사례로서 유럽연합과 동구권 국가의 경제통합은 재화의 자유로운 이동, 용역의 자유로운 공급, 자본의 자유로운 이동, 인력 이동의 자유, 토지거래제도의 통일 측면에서 우리에게 시사하는 바가 크다. 유럽연합은 재화의 자유로운 이동측면에서 관세부과 및 수량제한을 금지

---

23) 정영화·김계환, 북한의 시장경제이행, 집문당, 2007. 10, 15면 참조.

하고 반덤핑관세나 상계조치 대신 경쟁법의 엄격한 적용을 추진하고 있음을 눈여겨 볼 필요가 있다. 자본의 이동에 제한을 두지 않고 솅겐조약 등을 통하여 인력 이동의 자유까지 보장하고 있음은 남북한간 점진적 통합의 방향을 제시하는 사례라 할 것이다.

경제통합이 발전하기 위해서는 대외무역을 개방하고 외국인투자를 적극 유치하는 것이 필요하다. 대외무역은 세계무역기구에 가입하거나 미국이나 유럽연합과 같이 규모가 큰 시장에 접근하는 방식으로 실현할 수 있으며, 외국인투자의 유치는 빠른 속도로 민간부문을 구축하고 자본이 부족한 국가들의 기업의 사유화 과정을 원활히 하기 위한 필수적인 요소이기도 하다. 중국은 홍콩·마카오에 장기간의 고도의 자치권이 보장된 특별행정구를 설치하였는데, 그 핵심은 국제적으로 독립된 관세구역으로 세계무역기구에 별도의 회원으로 가입하여 활동할 수 있다는 것이다. 이러한 독립 관세구역의 형태는 또 다른 형태의 남·북 국가간 결합으로서 경제협력개발기구나 세계무역기구, 국제통화기금 등의 국제기구상 의무나 국제환경협정상 의무를 이행하는 여건이 전혀 다른 우리와 북한간의 결합에서 시사하는 바가 크다.

제4장

남북한 경제 법제 비교

제1절 남북한의 헌법상 경제질서

　남북한 통일은 궁극적으로 법질서 통합에 의하여 완성되므로 경제통합에 있어서도 남북한이 현재 시행하고 있는 규범에 대한 이해가 선행되어야 하며, 여러 규범 중에서도 근본규범으로서 헌법상 경제질서가 가장 중요하다. 우선 우리의 헌법을 살펴보면 전문, 제10조, 제34조, 제119조 등에서 경제질서의 기본원칙을 선언하고 있다.[1] 또한, 헌법전에 경제에 관한 독립된 章을 규정하여 국민의 경제적 자유와 평등의 실현을 기하고자 하는 것도 우리 헌법의 특징 중의 하나이다.[2]

　사유재산과 시장경제를 골간으로 한 경제질서를 포함하는 자유민주적 기본질서는 대한민국의 실정법질서가 추구하는 최고의 원리이며 실정법해석의 기준이다.[3] 우리 헌법재판소는 우리 헌법상 '자유민주적 기본질서'를 '다수의 의사에 의한 국민의 자치·자유·평등의 기본원칙에 의한 법치주의적 통치질서'라 하고 구체적으로는 '기본적 인권의 존중, 권력분립, 의회제도, 복수정당제도, 선거제도, 사유재산과 시장경제를 골간으로 한 경제질서 및 사법권의 독립 등'이라고 밝혀[4] '시장경제 및 사유재산권 보장'을 핵심으로 하는 경제질서가 자유민주적 기본질서의 일부임을 명백히 하고 있다.

　시장경제질서는 계획경제질서에 대비한 개념으로서 시장경제의 작동을 위한 핵심적인 제도들에는 재산권, 안전한 계약, 진출입의 자유, 정보의 자

---

1) 김철수, 헌법개설, 박영사, 2013, 81면 참조.
2) 성낙인, 헌법학, 박영사, 2014, 272면 참조.
3) 성낙인, 위의 책, 148면 참조.
4) 헌재 1990. 4. 2. 89헌가113, 헌재 1990. 6. 25. 90헌가11, 헌재 2001. 9. 27. 2000 헌마238등.

유, 법의 지배 등이 있다.[5] 시장경제는 자유로운 공개경쟁에 의하여 주요
한 경제적 의사결정 즉, 가격, 생산, 고용과 분배 등을 결정하는 경제구조
인데, 자유로운 경쟁은 '개인과 기업의 경제상의 자유'를 전제로 하며, 사
유재산권이 뒷받침되어야 한다. 사유재산권이 있어야 소유자들은 자기의
자산을 투자하고 증진하며, 기업가들은 혁신을 하는 동기를 갖게 되는 것
이다. 안전한 계약은 계약의 신성함이 보장됨으로써 가능한 것으로 계약준
수 원칙(pacta sunt servanda)을 이르는 말이다. 계약이 준수될 것임을 믿기
때문에 사람들은 처음 보는 사람과도 협의를 통하여 계약을 맺고 이는 교
환과 투자 등의 경제활동이 일어나는 범위를 확대시켜 대규모 시장이 형성
될 수 있도록 한다. 시장 진출입의 자유는 시장의 경쟁성을 유지하기 위한
필수 전제 조건이며, 독과점업체가 출현하는 것을 막음으로써 시장 실패가
일어나는 것을 막는다. 시장경제에 있어 정보의 자유는 올바른 경제적 의
사결정권 행사의 근간이 된다. 자유로운 정보의 흐름이 차단된 상태에서
이루어진 경제적 의사결정이 올바르게 이루어졌다고 평가하기는 어렵기
때문이다. 마지막으로, 일관성 있고 공평하게 집행되는 법의 보호는 법치주
의를 이르는 것으로 자유롭고 공정한 경쟁을 가능하게 한다.

   이에 반하여 북한은 계획경제질서를 채택하고 있는데, 북한의 헌법(정식
명칭은 조선민주주의인민공화국 사회주의 헌법, 이하 '북한 헌법'이라 약
칭한다)은 1948년 제정되었으며 현행 헌법은 2013년 4월 1일 개정된 것이
다.[6] 사회주의국가의 경제질서는 생산수단의 국유화, 사유재산제도의 부
인, 계획경제, 공동생산 및 공동분배, 이윤추구의 불인정 등을 원칙으로 한
다.[7] 북한이 채택한 경제질서도 기본적으로 사회주의 계획경제질서로서
그 핵심은 사회주의적 소유제[8]이며 이는 생산수단의 국유제 및 가격통제

---

5) 박영호 외, 체제전환국의 시장·민주제도 건설 지원, 경제인문사회연구회 협동연구
   총서 11-15-03, 통일연구원, 2011, 51면.
6) 1948년 제정 이후 북한헌법은 총 12차례 개정되었다.
7) 헌법을생각하는변호사모임 편저, 남북한 헌법의 이해, 삼광출판사, 2002, 143면 참조.

를 그 근간으로 하고 있다.

북한의 경제는 사회주의 국가들 중에서도 가장 전형적인 중앙집권식 사회주의 계획경제시스템을 유지하여 왔으나, 1990년대의 경제난으로 1990년 후반부터는 '계획지표'가 아닌 '기업 자체의 지표'에 따라 경제를 운영하였으며 암시장 또한 광범위하게 발달하였다. 이에 따라 북한은 2002년 어쩔 수 없이 시장 기능을 부분적으로 활용하려는 의도하에 7·1 경제관리개선조치를 시행하였다. 그러나, 7·1 조치는 시장화 현상의 급격한 확대를 불러일으켜 기존의 중앙집중식 북한 경제체제 작동방식에 균열을 야기하여 2005년 10월 이후 7·1 조치를 후퇴시키고, 2009년 11월 30일 화폐개혁, 2010년 4월 인민경제계획법을 다시 개정함으로써 중앙집권적 계획시스템을 더욱 강화하는 방향으로 경제운영방향을 선회하였다.9)

---

8) 헌법을생각하는변호사모임 편저, 위의 책, 144~145면.
9) 통일부 통일교육원, 2012 북한 이해, 통일부, 2012. 3, 166~172면 참조.

제2절 재화 및 용역시장 관련 법제

1. 영업의 자유 및 가격결정의 자유

우리 헌법이 시장경제질서를 근간으로 하고 있으므로 재화의 공급은 기업의 생산과정상 자기결정권을 보장하는 영업의 자유 및 기업의 자유와 직결되고, 용역의 공급 또한 직업의 자유, 영업의 자유 및 기업의 자유와 직접적 관련이 있다. 우리 헌법재판소는 "직업의 자유는 영업의 자유와 기업의 자유를 포함하고, 이러한 영업 및 기업의 자유를 근거로 원칙적으로 누구나가 자유롭게 경쟁에 참여할 수 있다. 경쟁의 자유는 기본권의 주체가 직업의 자유를 실제로 행사하는 데에서 나오는 결과이므로 당연히 직업의 자유에 의하여 보장되고, 다른 기업과의 경쟁에서 국가의 간섭이나 방해를 받지 않고 기업활동을 할 수 있는 자유를 의미한다. 소비자는 물품 및 용역의 구입·사용에 있어서 거래의 상대방, 구입장소, 가격, 거래조건 등을 자유로이 선택할 권리를 가진다. 소비자가 시장기능을 통하여 생산의 종류, 양과 방향을 결정하는 소비자주권의 사고가 바탕을 이루는 자유시장경제에서는 경쟁이 강화되면 될수록 소비자는 그의 욕구를 보다 유리하게 시장에서 충족시킬 수 있고, 자신의 구매결정을 통하여 경쟁과정에 영향을 미칠 수 있기 때문에 경쟁은 또한 소비자보호의 포기할 수 없는 중요 구성부분이다"라고 판시[1]하여 직업의 자유로부터 영업의 자유, 기업의 자유 및 경쟁의 자유를 도출하고 있다.

---

1) 헌재 1996. 12. 26. 96헌가18.

시장경제에서 가격은 상품이나 용역에 대한 수요, 공급의 원리에 따라 결정되는 것으로서 사업자의 가격결정의 자유는 영업의 자유, 기업의 자유의 핵심적 요소이다. 남한에서 독점규제 및 공정거래에 관한 법률, 물가안정에 관한 법률, 농수산물유통 및 가격안정에 관한 법률 등은 가격결정의 자유를 제한하는 법률들이다. 특히, 공동의 가격협정 등 부당한 공동행위(독점규제법 제19조 제1항) 또는 부당한 가격차별 등 거래상대방을 차별적으로 취급(독점규제법 제23조 제1항)하는 경우는 독점규제법에 의거하여 금지되는 행위이다. 하지만 이러한 법률들은 헌법에 근거를 둔 법률들이며 시장의 자율을 과도하게 저해하는 법률은 아니므로 동 법률들의 존재만으로 남한의 경제질서를 계획경제질서로 볼 수는 없다.

이에 반하여 북한은 계획경제질서하에서 인민경제계획이 경제의 계획적 관리를 실현하기 위한 기본수단이 된다. 북한에서 가격법은 1997년 1월 29일 최고인민회의 상설회의 결정 제81호로 채택된 이후 1999년에 두 차례 수정되었는데, 동법에 따르면 가격은 중앙과 지방의 가격제정기관이 정하며(가격법 제11조), 국가가격은 유일가격이며 계획가격이다(가격법 제2조). 그 외에도 인민경제계획법, 북한 민법, 사회주의상업법 등도 영업의 자유와 가격결정의 자유를 제한하는 법들이다. 특히, 북한 민법 제45조 제2호에서 중공업, 경공업, 수산업, 림업을 비롯한 인민경제 여러 부문의 중요 공장, 기업소와 농기계작업소, 관개관리소 같은 농촌경리부문에 복무하는 기업소, 수매량정, 도시경영, 중요상업 및 출판인쇄 기업소는 국가만이 소유할 수 있도록 하고 있으며, 제69조에서 '채권채무관계에서 값은 국가가 정하였거나 평가한 값 또는 당사자들이 합의한 값으로 정하고 계산한다. 국가의 가격규률을 어기고 더 주고 받은 돈이나 물건은 상대방에 돌려주며 의식적으로 가격규률을 어기고 더 주고받은 돈이나 물건은 돌려주지 않고 국고에 넣는다.'고 규정하여 사적 자치의 원칙이 보장되어 있지 않음을 알 수 있다. 또한, 북한 민법 제2장에 규정된 '계획에 기초한 계약'은 인민경제계획을 실행하는 주요한 수단으로서 사적 자치의 원칙에 대한 중대한 제한이다.

2. 용역시장 관련 법제

남한의 경우 타 분야의 개방과 함께 용역분야의 개방도 진행되어 1996
년 유통서비스시장을 개방하였고, 1998년에는 소매업에 대한 실질적 전면
개방까지 이루어졌으며, 한·미 FTA협상을 통하여 스크린쿼터가 축소되는
등 문화서비스산업이 대폭 개방되었다. 금융서비스 또한 OECD가입과 외
환위기를 계기로 빠르게 진행되었다. 경제협력개발기구 경상무역외거래자
유화규약(Code of Liberalization of Current Invisible Operations)은 두 개
의 구속력있는 규범의 하나로서 경상무역거래를 제외하고 용역 거래 등의
자유화를 목표로 하고 있다.

재화시장과 대비하여 용역시장에는 그 자유로운 제공에 대한 제한이 많
이 있는데, 헌법 제119조 제2항에 근거를 두고 제정된 독점규제 및 공정거
래에 관한 법률이 그러하며, 대규모점포 등에 대한 영업시간의 제한과 의
무휴업일을 규정한 유통산업발전법상 대형유통업체 영업활동 규제 또한
용역의 자유로운 제공을 제한한다. 직업선택의 자유에 대한 공공복리 차원
의 제한으로 전문직용역에 대하여 개별법령상 국가자격요건을 규정하는
경우도 있다. 국내적으로 국가자격은 자격기본법, 국가기술자격법을 주요
법률로 하고 개별 법령에 자격 취득 요건, 절차, 자격증의 교부 등 필요한
사항을 규정하고 있다. 자격기본법 제11조 제1항에 따르면 국민의 생명·건
강 및 안전에 직결하는 분야, 국방·치안·교육 및 국가기간산업 등 공익에
직결되는 분야, 자격 취득수요가 적어 민간자격의 운영이 곤란한 분야, 그
밖에 국가가 필요하다고 인정하는 분야에 대하여 중앙행정기관의 장이 국

가자격관련법령으로 국가자격을 신설할 수 있도록 하고 있다. 동 규정 1호 (국민의 생명·건강 및 안전에 직결하는 분야)와 2호(국방·치안·교육 및 국가기간산업 등 공익에 직결되는 분야)는 각각 공공복리, 국가안전보장, 질서유지 등의 기본권 제한 목적과 관련이 있다. 우리나라에서는 의사, 변호사, 변리사, 약사, 택시운전자격, 도선사, 공인중개사, 세무사, 관세사, 법무사, 공인회계사, 행정사 등 약 130여 개의 국가자격제도를 운영하고 있다.[2]

이에 반하여 북한은 계획경제질서하에 자립경제를 원칙으로 하고 있어 민간 부문이나 외국인에 의하여 제공되는 용역은 거의 없다시피 하며, 각종 용역 분야가 제대로 분화되어 있지도 않다.

3. 표준제도

남북간 표준의 차이로 인하여 재화의 자유로운 이동이 제한될 수 있다. 예를 들면, 경의선 등 남북간 철도가 연결되더라도 전원 공급방법이나 신호제어방식 등이 상이하여 우리 전동차가 북측의 철로를 달릴 수 없고 현재 우리는 사용하지 않는 넓이의 단위인 '평'의 경우도 북한은 1평이 $1m^2$ 이지만 우리는 $3.3m^2$이다. 과거 연구[3]에서는 산업에서 비표준화로 기인되는 비용은 인력손실이 전체 통일비용의 3~4%, 자재손실이 2~3%, 생산성 저하가 3~10%를 차지할 것으로 보았다.

남북한간 표준의 차이가 발생한 근본 원인은 남한의 표준은 미국, 유럽연합, 일본을 모델로 하였고 북한은 중국과 구소련의 영향을 받았기 때문

---

2) 우리나라의 상세 자격정보는 www.q-net.or.kr(2016. 1. 23일 검색) 참고.
3) 한국표준협회, 남북산업표준통합기반구축사업: 산업기술기반조성에 관한 보고서 (최종보고서), 산업자원부, 2006. 11, 1면 이하 참조.

이다. 북한의 국가규격(KPS)은 11,000여 종으로 남한 산업규격(KS) 20,000
여 종과 양적·질적으로 큰 차이를 보이고 있으며, 남한과는 달리 강제규격
의 성격을 띠고 있다. 연구 결과4)에 따르면 2004년 북한규격목록을 기준
으로 하여 북한과 남한의 용어규격 대응비율을 보면 37.8%에 불과하다. 또
한 용어가 같으나 정의가 다른 경우도 있어서 향후 남북 용어 통합작업을
포함한 남북 규격의 통일 작업이 매우 시급한 과제임을 알 수 있다.

남북기본합의서 "'제3장 남북교류·협력'의 이행과 준수를 위한 부속합
의서" 제1조 제11항은 "남과 북은 경제교류와 협력을 원활히 추진하기 위
하여 공업규격을 비롯한 각종 자료를 서로 교환하며 교류·협력 당사자가
준수하여야 할 자기측의 해당 법규를 상대측에 통보한다"고 규정하여 표준
분야의 협력사항에 대하여 규정하고 있으나, 지금 현재의 남북경제교류협
력과 마찬가지로 큰 진전이 없는 상태이다.

4. 대외무역 vs '자립' 경제

(1) 남한

한국의 대외경제정책과 경제발전과정을 연계하여 보면 크게 4단계로 구
분할 수 있다. 제1기는 경제재건시대(1948~1960), 제2기는 정부주도 대외
지향경제의 구축과 공업화시대(1961~1979), 제3기는 경제자유화의 확대
및 발전 시대(1980~1997), 제4기는 경제선진화시대(1998~현재)이다.5) 제1
기 경제재건시대에 한국의 무역정책은 구상무역제도였으며, 수입대체공업

---

4) 한국표준협회, 남북 산업표준 용어 비교: 북한표준 13개 분야, 산업자원부, 2007. 11.
5) 각 시기별 상세 내용은 한국경제60년사편찬위원회, 한국경제60년사 III. 대외경제,
   한국개발연구원, 2010. 9 참조.

화전략을 취하고 있었다. 제2기부터 수출주도형 성장모델이 가동되기 시작하여 복수환율제도를 단일변동환율제도로 변경하였고 수출에 대한 무역금융 및 세제상의 지원, 수출용 원자재 관세감면 등 종합수출지원제도를 실시하였다. 1974년에는 조세감면특별법을 마련하여 기업에 대한 세제상의 특혜를 부여하였다. 제3기에는 점차 정부의 개입을 줄여가며 시장의 자율성을 중시하게 되는 방향으로 정책이 전환되어 각종 수출지원제도를 철폐하고 수입자유화 등 무역자유화를 추진하였으며, 우루과이라운드를 거쳐 세계무역기구에 가입하고 OECD에도 가입하여 개방화·세계화 추세를 확실히 하였다. 또한, 1991년 유통시장 개방, 1992년 해외직접투자제도 개선 등도 추진하였다. 외환위기 이후인 제4기에는 기업·금융·노동·공공부문에 대한 개혁조치 실시, 수입선다변화제도의 단계적 철폐, 금융서비스분야 자유화 촉진을 거쳐 2000년대 들어서는 세계 각국과 FTA를 추진하고 경제 선진화 노력을 지속하고 있다.

분야별로 주요 변화를 보면 남한은 경제성장을 추진한 이래 내수가 부족하고 경제발전을 위한 자원도 부족한 상태에서 필연적으로 해외시장에 눈을 돌리고 수출확대 위주의 무역정책을 시행하였다. 사실 1950년 토키라운드를 통하여 1951년 서독 등과 함께 GATT 가입이 추진되었으나, 한국전쟁 중이었고 신생국으로서 경제적 여건이 성숙되지 않았으며, 가입의정서에 한국대표의 서명이 없고 국내 비준절차도 완료되지 않아 GATT에서 몇 차례 서명기한을 연장해주었음에도 불구하고 가입이 무산되었다. 이후 1962년부터 시작된 제1차 경제개발 5개년 계획 이후 조심스럽게 가입을 검토해 오다 1966년 5월 20일 GATT에 가입 신청을 하였고 5개월의 협상을 통하여 1967년 4월 14일 정식으로 GATT 회원국이 되었다.6) 대외무역

---

6) 1950~1951년의 시도 및 1967년 가입에 대해서는 한국경제60년사편찬위원회, 앞의 책(주 5), 104~105면; United Nations, "Decision by the Contracting Parties Agreeing to the Accession of the Republic of Korea to the General Agreement on Tariffs and Trade", Treaty Series, Vol. 142, pp.18~21 참조, 1967년 가입의정

과 관련된 기본법으로는 '대외무역법'이 있는데, 동법에 의거하여 무역과 관련한 각종 제한조치 등을 포함하는 법령이나 훈령·고시 등을 통합 공고함으로써 무역행정의 효율화를 기하고 있다. 동법이 제정되기 이전에는 1957년 12월 제정된 '무역법'과 동법을 대체하여 1967년 1월 제정된 '무역거래법'이 무역거래를 규율하였었다.

외환과 외국인투자의 국제간 이동과 관련한 주요한 법제로는 외국환거래 및 기타 대외거래의 자유화와 관련된 법제, 외국인직접투자의 유치와 관련된 법제, 외국인의 토지취득에 관한 법제 등이 있다. 국내 산업기반이 갖추어짐에 따라 WTO, OECD 가입에 발맞추어 단계적으로 대외개방을 추진해 오던 우리 정부는 1997년 외환 위기를 계기로 대폭적인 개방에 나서 1998년 9월 종전의 '외국환관리법'을 폐지하고 '외국환거래법'을 새로 제정하여 외국환거래를 대폭 자유화하였으며, 1998년 5월에는 종전의 '외국인의 토지취득 및 관리에 관한 법률'을 '외국인토지법'으로 바꿔 제정함으로써 외국인에 대한 토지취득제한을 전면 폐지하였다. 또한, 외국인직접투자에 대하여도 '외자도입촉진법'(1960. 1. 1~1966. 8. 3), '외자도입법'(1966. 8. 3~1997. 1. 30), '외국인투자 및 외자도입에 관한 법률'(1997. 1. 30~1998. 9. 16)을 거쳐 외국자본과 기술에 대하여 차관 및 기술도입 위주의 정책에 주력하며 외국인직접투자 형식에는 소극적이었다가 외환위기 이후 외환의 확충과 기업구조조정이 긴급한 국가적 과제로 부상함에 따라 외국자본에 대한 개방정책을 채택하여 적극적인 외국인직접투자 유치 정책으로 전환하였다. 이에 따라 기존의 '외국인투자 및 외자도입에 관한 법률'을 폐지하고 1998년 9월 '외국인투자촉진법'을 제정하여 외국인투자제도에 대하여 각종 인센티브와 지원을 제공하였다.[7] 타 분야의 개방과 함께

서는 GATT, "Accession of Korea", L/2770, 1967. 3. 17를 참조.
7) 외국인투자유치정책의 변천과정에 대해서는 윤상직, 외국인투자법제 해설, 세경사, 2009. 10, 3~20면; 산업자원부, 2006 산업자원백서, 2007. 6, 134면 참조.

서비스분야의 개방도 진행되어 1996년 유통서비스시장을 개방하였고, 1998년에는 소매업에 대한 실질적 전면개방까지 이루어졌으며, 한·미 FTA협상을 통하여 스크린쿼터가 축소되는 등 문화서비스산업이 대폭 개방되었다. 금융서비스 또한 OECD가입과 외환위기를 계기로 빠르게 진행되었다.

(2) 북한

북한 헌법은 김일성의 주체사상을 기본원리로 채택하고 있다. 북한이 주장하는 자립적 민족경제는 주체사상을 경제부문에 적용한 것으로 북한은 이를 '생산의 인적·물적 요소들을 자체로 보장할 뿐만 아니라, 민족국가 내부에서 생산·소비적 연계가 완결되어 독자적으로 재생산을 실현하여 나가는 체계'라고 정의한다.[8] 이러한 자립적 민족경제는 1960년대 중·소분쟁의 와중에서 경제적인 의존성을 탈피하지 않고서는 정치적 자립성은 있을 수 없다는 인식하에 시작되어 정치적 독자성을 확보하기 위한 북한의 노력이라고 볼 수도 있지만 경제성장에 필수적인 자원을 외부에서 조달할 수 밖에 없고 기술수준도 낮은 북한으로서는 국제분업의 혜택을 누릴 가능성마저 차단함으로써 중장기적인 저성장의 악순환에 빠져 세계경제발전의 흐름으로부터 도태되는 결과를 초래하였다. 이는 개혁개방의 문을 열고 빠르게 성장하고 있는 중국과 극명하게 대비된다.

북한 대외경제정책은 국가의 중앙집권적 계획관리하에 호혜평등 및 유무상통의 원칙을 바탕으로 자립적 민족경제건설노선을 보완·발전시키는 것을 그 기조로 하며, 이를 위하여 비교우위와 무관하게 원자재 및 생산재를 국내에서 자급하고, 계획에 반영된 교역품은 시장 및 가격기구가 철저히 무시되며, 국내에 없거나 적은 물품만 교역하므로 교역의 다양성과 폭

---

8) 통일부 통일교육원, 2012 북한 이해, 통일부, 2012. 3, 136면 참조.

이 대단히 적고, 무역담당기관에 의한 독점무역체계가 정립되어 있다.9) 북한의 관세율은 내각이 결정하는데 수출시는 국경인도가격, 수입시는 국경도착가격을 기준으로 하며(세관법 제32조), 수입과 수출을 장려하는 물자에는 관세를 면제하거나 낮게 부과하고 제한하는 물자에는 관세를 높게 부과한다(동법 제4조). 물론 특수경제지대의 관세질서는 따로 정한다(동법 제7조 하단). 북한과 다른 나라 사이에 맺은 조약에 관세특혜조항이 있을 경우에는 이를 적용하고 관세특혜조항이 없을 경우에는 보통관세율을 적용한다(동법 제37조).10) 일반적으로 국가간 무역은 최혜국 대우(MFN)와 내국민대우(NT)를 부여하는 무역협정의 체결을 통하여 이루어지고 있으나, 북한은 핵 문제 등으로 인하여 미국, 일본 등과 무역협정을 체결하지 못하고 있어 국제 시장에 제대로 접근하지 못하고 있는 실정이다.11) 북한은 1980년대들어 점점 악화되는 경제문제 해결을 위하여 1984년 9월 '합영법'을 제정하여 외국인투자유치를 추진하였으나 별다른 성과를 거두지 못하다가 1990년대 들어 사회주의권 붕괴로 대외경제가 더욱 악화되어 자본주의 경제권과의 교류확대를 위하여 1992년 헌법 개정시 대외경제개방정책의 헌법적 토대를 마련하고 '외국인투자법', '자유경제무역지대법', '외국인기업법', '합작법', '합영법', '외국인투자기업 및 외국인세금법', '외자관리법', '외국인투자은행법', '토지임대법' 등 9개의 법률을 제·개정하고 '외국인투자기업 노동규정' 등 5개의 규정을 정비하였으며, 2001년 4월에는 '가공무역법', '저작권법', '갑문법'을 제정하였다. 2000년대 초중반에는 남한

9) 이하 북한의 대외경제정책에 대해서는 홍익표, "북한의 대외경제와 무역", 현대북한경제론, 오름, 2007, 295면 이하 참조.

10) 북한의 관세제도에 대한 자세한 사항은 조영기, "북한의 무역 및 관세체계에 관한 연구", 한국관세학회지 제2권 제2호, 한국관세학회, 2001. 8; 정영화, "북한의 출입국 및 관세 법령에 관한 고찰", 북한법연구 제5권, 북한법연구회, 2002 참조.

11) 김석진, 베트남 사례를 통해 본 북한의 대외무역 정상화 전망, 산업연구원, 2007. 9 참조.

과의 경제협력을 확대하면서 '금강산관광지구법', '개성공업지구법', '북남경제협력법', '신의주특별행정구기본법' 등을 제정하였으며, 2000년대 후반에는 남한으로부터의 투자유치가 어렵게 되자 중국 등으로부터 외자 유치를 위하여 '라선경제무역지대법', '금강산국제관광특구법', '황금평·위화도경제지대법'을 제정하고, '외국인투자법', '외국인투자기업노동법', '외국인투자기업재정관리법', '외국인투자기업파산법', '외국투자기업등록법', '외국투자기업회계법' 등을 포함한 13개 외국인투자 관계법령을 개정하였다.12) 북한 외국인투자법상 외국투자가는 합영기업, 합작기업, 외국인기업의 3가지 형태로 투자할 수 있는데, 합영기업과 합작기업은 투자는 공동으로 하되 합영기업은 공동 경영, 합작기업은 북한 단독 경영의 형태를 띤다. 또한 합영기업은 출자지분에 따라 이익과 손실을 공동으로 배분하지만 합작기업은 이익은 출자지분율에 따르고 손실은 경영권을 단독으로 행사하는 데에 대한 반대급부로 북한 단독으로 책임진다.13) 김정은 체제 출범 이후 2011년 1월 경제개발 10개년 전략계획을 수립·발표하고 2013년 5월에는 경제개발구법을 제정한 후 2013년 11월에 14개 경제개발구를 선포하여 외자유치를 추진하고 있는 중이다.

---

12) 북한 대외경제 관련법제는 법무부, 통일법무 기본자료: 북한 법령, 2012, 834~839 면 참조.
13) 이덕무, "북한의 외국인 투자관련법 연구", 조선대 지역발전연구 제7권, 조선대학교, 2002, 48~50면 참조.

제3절 금융 및 자본시장 관련 법제

1. 기업설립퇴출의 자유

우리 법제에서 회사는 상법 제169조에 의하여 '상행위나 그 밖의 영리를 목적으로 하여 설립한 법인'으로서 제170조에 따르면 합명회사, 합자회사, 유한책임회사, 주식회사, 유한회사의 5종으로 나뉜다. 또한 상법 제172조에 따라 회사는 본점 소재지에서 설립등기를 함으로써 성립하며, 등기를 하기 위해서는 정관 작성과 출자 등 실체형성행위가 필요하여 준칙주의를 채택하고 있음을 알 수 있다.[1]

사실적 측면에서 제조업의 경우 기업활동을 하기 위해서는 산업입지가 매우 중요하다. 이를 뒷받침하기 위하여 1962년 울산공업지구 개발과 1964년 서울 구로동의 한국수출산업 공업단지 개발을 효시로 하여 다양한 산업단지 개발정책이 추진되어 왔다. 1960년대에는 경공업 위주의 수출산업 육성과 산업화 기반 구축을 위하여 '공업지구조성을 위한 토지수용특례법', '도시계획법', '수출산업공업단지개발조성법', '국토건설종합계획법'으로 이를 뒷받침하였고, 1970년대에는 '국토이용관리법', '지방공업개발법', '산업기지개발촉진법', '공업배치법'을 중심으로 중화학공업 육성기반을 구축하였으며, 1980년대에는 국토의 균형발전과 산업의 지방분산을 위하여 '수도권정비계획법', '중소기업진흥법', '농어촌소득원개발촉진법', '공업발전법'으로 뒷받침하였고, 1990년대에는 첨단산업 육성을 위한 기반 구축을

---

1) 김건식, 회사법, 박영사, 2015, 89면 참조.

위하여 '산업입지및개발에관한법률', '공업배치및공장설립에관한법률', '기
업활동규제완화법', '산업기술단지지원법' 등이 적용되었으며, 2000년대에
는 지식기반 산업입지기반 확충을 위하여 '국토기본법', '국토의 계획 및
이용에 관한 법률'을 기본으로 하여 '산업입지및개발에관한법률', '산업단
지개발인허가절차간소화법', '산업집적활성화 및 공장설립에 관한 법률'이
구체적인 기능을 담당하며 산업 입지정책을 뒷받침하고 있다.2)3)

 광복 이후 정부 수립 이전까지는 남한 지역의 통치를 맡은 미군정이 귀
속재산의 매각을 통한 사유화를 결정하고 일부 기업체를 불하하고 귀속농
지를 매각하였다. 정부 수립 이후 귀속사업체를 포함한 귀속재산이 한미간
의 '재정 및 재산에 관한 최초 협정'에 의하여 일괄 이양되었는데, 전체 귀
속재산의 총가치는 우리나라 총자산가치의 약 80%에 이르렀던 것으로 추
정되었다. 귀속사업체 중 제조업체의 수는 2,354개로 전체 사업체 수의
66.3%에 해당하였는데, 정부는 1949년 12월 공포된 '귀속재산처리법'에
의거하여 규모가 큰 공장은 국영으로 하고 중소규모의 공장은 불하하는 정
책을 시행하였다. 1951년부터 1953년 중에 귀속재산의 불하가 집중되는
등 사유화가 지속적으로 진행되어 1958년에는 대부분의 귀속기업체와 부
동산이 민간소유로 전환되었다.4) 이에 반하여 북한에서는 일제 식민지배
하에서 북한 지역의 공업이 일본인 중심으로 이루어져 있었으므로 일본의
패망이후에는 공업부문의 소유권에 큰 공백이 생겼다. 북한은 토지 개혁
이후 주요산업의 국유화를 진행하기 위하여 1946년 8월 10일 '북조선임시

2) 한국경제60년사편찬위원회, 한국경제60년사-IV(국토·환경), 2010. 9, 148~178면 참조.
3) 한국산업단지공단, 2012 산업입지 요람, 2011. 12, 17면 참조.
4) 한국경제60년사 편찬위원회, 한국경제60년사 II-산업, 2010. 9 참조. 광복후 귀속재
 산 관련 기업체는 3,169건에 달하였으나, 관리부실과 6·25 전쟁으로 인하여 실제
 로 불하된 업체는 40~50개사에 그쳤고, 귀속사업체에 종사하던 임원이나 직원이었
 던 사람에게 그 연고권을 토대로 불하되는 경우가 많았는데, 불하받은 사람은 엄청
 난 지대를 향유하였다고 한다.

인민위원회의 산업, 교통, 운수, 통신, 은행의 국유화에 관한 법령'을 공포·
발효시켜 무상으로 기존 업체를 몰수하여 공장·광산·철도·체신·은행 등
주요산업을 인민소유 즉 국유화하였다. 동 법령은 일본과 일본인(개인 및
법인 포함)이 소유하거나 '조선인민의 반역자'가 소유한 기업소 등을 대상
으로 하였으며, 이로써 북한 지역 전체산업의 90%를 점하고 있던 1,034개
의 기업이 국유화되었다.5) 하지만 국유화에서 제외되었던 개인기업도 사
회주의 계획경제질서가 점차 정착되어감에 따라 국가의 통제가 강해지고
개인기업에 불리한 경제환경이 조성됨에 따라 급격히 쇠퇴해 갔고, 북한의
개인상공업은 1958년 8월 이후 폐지되거나 협동조합에 편입되어 자취를
감추고 국영상업, 협동단체상업, 농민시장 체제로 변화하였다.

　　2010년 11월 11일 북한은 최고인민회의 상임위원회 정령 제1194호로
기업소법을 제정하였다.6) 동법 제2조에 따르면 기업소는 "일정한 로력, 설
비, 자재, 자금을 가지고 생산 또는 봉사활동을 직접 조직진행하는 경제단
위이다. 기업소에는 인민경제계획을 실행하는 생산, 건설, 교통운수, 봉사
단위 같은 것이 속한다"고 규정하고 있다. 기업소를 조직하는 "기업소조직
기관에는 내각과 중앙로동행정지도기관, 도(직할시)인민위원회, 시(구역),
군인민위원회, 해당기관"이 속하며(동법 제11조), 기업소는 인민위원회에
등록하며(동법 제15조), 기업소조직기관은 국가의 정책과 현실의 요구에
비추어보아 불합리하거나 전망성이 없는 기업소를 정리할 수 있다(동법 제
18조). 기업소의 설비와 건물, 시설물을 비롯한 부동산은 빠짐없이 등록하
도록 하고 있다(동법 제37조, 46조).7) 이와 같은 규정으로 볼 때 동법의 제

---

5) 정영화, "통일 후 북한의 재산권 문제에 관한 헌법적 연구", 서울대학교 박사학위
　　논문, 1995, 170~171면 참조.
6) 기업소법 제정의 의미에 대해서는 박훤일, "북한의 기업소법 제정의 의미", 경희법
　　학 제47권 제2호, 경희대학교 법학연구소, 2012, 275~300면 참조.
7) 북한은 부동산 등기제도를 폐지한 대신 토지법과 도시경영법에 포함된 원칙적인
　　조문에 기반을 두고 부동산등록제도를 시행하고 있어 국가 公簿는 존재하지 않을

정으로 기업소의 조직이나 관리기구에 대한 관리체계를 수립한 의의는 있으나, 기업소를 우리법상의 법인으로 보기는 어려우며, 사회주의 인민경제계획을 실현하기 위한 수단의 성격을 지닌다.

2. 금융 및 자본시장

(1) 남한

시장경제질서에서 금융 및 자본시장은 투자의 자유와 밀접하게 관련이 있고, 이에는 거래 및 송금의 자유를 포함하는 영업의 자유가 포함된다. 광복 후 우리나라의 금융법규체계는 '조선은행법', '조선식산은행령', '은행령', '저축은행령' 등 일제시대에 제정된 관련법령이 그대로 통용되고 있었고, 조선은행권, 일본은행권, 대만은행권 및 일본군 군표 등이 화폐로 통용되고 있는 실정이었다.[8] 경제현실에 맞는 건전하고 자주적인 금융체계를 확립하기 위해서는 중앙은행법의 제정을 통한 새로운 중앙은행 설립이 무엇보다 시급한 과제였으며, 이에 따라 1950년 5월 5일 '한국은행법'이 제정되었다. 한국은행법 제정시 한국은행의 역할은 한국은행권 및 주화의 독점적 발행권한을 부여받아 이를 발행하며, 은행의 은행으로서 예금지급준비금을 보관하는 동시에 최종대부자의 역할을 담당하고, 정부의 은행으로서 국고금의 공적 예수기관 기능과 정부에 대한 당좌대출 또는 기타 여신 제공, 국채 인수 등의 업무를 처리하며, 통화신용정책의 수립과 집행, 은행 감독업무, 외국환관리업무를 담당하고 있었다. 현재 한국은행은 한국은행

가능성이 높다. 통일 후 토지 등 북한 부동산의 처리와 관련하여서는 김성욱, "통일 후 북한 국공유재산의 처리와 관련한 법적 문제와 해결방안", 2011년 남북법제 연구보고서, 법제처, 2011, 53~86면 참조.

8) 한국은행, 한국은행 60년사, 2010. 6, 20면 참조.

법에 따라 무자본특수법인[9]으로서 효율적인 통화신용정책의 수립과 집행을 통하여 물가안정[10]을 도모함으로써 국민경제의 건전한 발전에 이바지함을 목적으로 하는 중앙은행이며, 중립성, 공공성, 투명성을 보장받고 있다. 한국은행법 제12조에 따라 한국은행의 합의제 정책결정기구로서 금융통화위원회를 두며, 금융통화위원회는 동법 제28조에 의거 통화신용정책에 관한 사항을 심의·의결한다.

1950년 7월 22일 한국전쟁의 와중에 최초의 한국은행권인 1,000원(圓)권, 100원(圓)권이 발행되었으며, 수차례의 화폐 개혁을 거쳐 현재에는 4종의 은행권을 실제 발행·유통시키고 있다.[11] 우리나라의 환율제도는 해방 이후 고정환율제도로부터 시작하여 1964년 5월 단일변동환율제도로 전환되었다가 1980년 2월 복수통화바스켓제도로 변경되었으며, 1990년 3월 2일부터는 시장평균환율제도를 채택하다가 1997년 12월 16일 자유변동환율제도로 이행하였다.[12]

금융시장 진입규제측면에서 보면 1950년 5월 5일 '은행법'이 제정된 이후 1957년 2월 귀속 은행주식의 불하가 완료되어 시중은행의 민영화가 이루어졌으나, 재벌의 금융과점 폐단이 나타나 1961년 군사정부에 의하여 '부정축재처리법'이 제정되어 불하된 은행주식을 정부에 귀속조치(1961. 10. 29)함으로써 시중은행은 다시 국유화되었다. 국유화되었던 시중은행은 1972년 상업은행이 민영화되고 1980년대초에 나머지 4개 시중은행이 1983년까지 민영화되었다. 민영화와 더불어 1980년대와 1990년대 초에 다수의 은행이 신설되었고, 투자금융회사, 종합금융회사, 상호신용금고, 생명보험회사, 증권투자신탁회사, 증권회사, 투자자문회사, 벤처캐피털회사, 리

---

9) 한국은행법 제2조. 한국은행, 앞의 책(주 8), 101면 참조.
10) 중앙은행의 명목기준지표에 따라 통화량목표제, 환율목표제, 물가안정목표제 등으로 구분되는데 현재 우리나라는 물가안정목표제를 취하고 있다.
11) 한국은행의 화폐발행역사에 대하여는 한국은행, 위의 책, 225~237면.
12) 상세 내용은 한국은행, 위의 책, 262~263면 참조.

스회사 등의 비은행금융기관의 진입과 퇴출도 활발해졌다. 1997년 외환위기를 계기로 우리나라 금융부문의 대폭적인 구조조정, 감독기구의 설립 및 공적자금의 투입으로 금융부문의 부실해소가 이루어졌으며, 2008년 글로벌 금융위기에 대응하여 은행의 자본확충방안이 제시되고 종전 증권거래법, 선물거래법, 간접투자자산 운용업법, 신탁업법, 종합금융회사에 관한 법률, 한국증권선물거래소법을 통합하여 2007년 8월 제정되었던 '자본시장과 금융투자업에 관한 법률'이 2009년 2월부터 시행되었다.13)

영업규제측면에서는 금리자유화 추진 이전인 1980년대까지 금융기관들은 한국은행이 정한 여수신 최고금리를 실행이율로 채택하여 왔으나, 1990년대 들어 금리자유화가 단계적으로 추진되어 2004년 2월 이후에는 당좌예금을 제외한 모든 여수신 금리를 금융기관이 자율적으로 정할 수 있게 되었다. 하지만 여전히 한국은행법 제28조에 의거하여 금융기관 여수신금리의 최고율은 금융통화위원회에서 정할 수 있다. 한편 금융기관 여신에 대한 규제도 국민경제상 긴요한 경우를 제외하고는 이를 직접적으로 제한하는 중소기업대출의무비율제도, 제조업대출지도비율제도, 금융기관대출한도제도, 융자사전승인제도, 융자순위제도 등의 직접 규제는 없다. 금융거래는 시장자율에만 맡길 경우 정보의 비대칭성으로 인하여 금융제도의 불안정과 거래위축을 초래할 수 있으므로 공정한 금융중개, 경영건전성 유지, 소비자의 재산 보호 및 금융거래 활성화를 위하여 금융감독이 필수적이다.14) 현행 우리의 금융감독업무는 기획재정부, 금융위원회, 한국은행, 금융감독원, 예금보험공사 등이 분담하고 있다.

시장경제질서하에서는 대량의 실물 및 금융거래의 결과 발생한 거래당사자간 채권·채무관계를 지급수단을 사용하여 화폐적 가치를 이전함으로

---

13) 우리나라 금융산업의 변화과정에 대해서는 한국경제60년사편찬위원회, 한국경제 60년사 I-총괄편, 2010. 9, 217~335면 참조.
14) 한국은행, 한국의 금융제도, 2011. 12, 274면 참조.

써 종료하는 지급결제가 무엇보다 중요하다. 지급결제제도는 금융시스템의 하부구조로서 지급수단(현금, 어음, 수표, 신용카드, 계좌이체 등), 참여기관(지급서비스 제공기관, 지급결제제도 운영기관, 한국은행), 업무처리규정, 그리고 전산시스템으로 구성되어 있다.[15] 지급결제제도 운영기관으로 금융결제원, 한국거래소, 한국예탁결제원, 외환결제 관련 운영기관이 있는데, 금융결제원은 금융공동망, 어음교환시스템, 지로시스템 등 소액결제시스템을 운영하고, 한국예탁결제원은 유가증권 예탁결제기관으로 증권시장 형성을 위한 기반이 된다.

'특정 금융거래정보의 보고 및 이용 등에 관한 법률'과 '범죄수익 은닉의 규제 및 처벌 등에 관한 법률은 공공복리(자금세탁 방지)를 목적으로 한 자본의 자유로운 이동에 관한 주요한 제한 중 하나이다.

(2) 북한

북한의 경우 자본을 배척하는 체제적 한계로 인하여 화폐나 금융분야에 대하여 시장의 기능을 인정하지 않고 있어 화폐·금융제도가 제대로 분화, 발전하지 못하고 있으며, 화폐·금융부문의 재정통제적인 기능이 매우 강하여 원칙적으로 재정부문과 별도로 구분하기가 어렵다.[16] 북한의 화폐·금융제도를 규율하는 법을 살펴 보면 발권법, 중앙은행법, 상업은행법, 화폐류통법, 외화관리법, 대외결제은행돈자리규정, 보험법, 귀금속관리법, 자금세척방지법 등이 있다.[17]

북한은 이전까지는 법률이 아닌 규정의 형태로 중앙은행을 규율하다가 2004년에 중앙은행법을 채택하였고, 단일은행제도를 취하고 있어 상업은

---

15) 여기서 지급결제에 관한 설명은 한국은행, 앞의 책(주 14), 303~321면 참조
16) 통일연구원, 2009 북한 개요, 2009. 10, 236면 참조.
17) 개별 법률 내용에 대한 소개는 졸고, "북한의 국가 재정, 예산과 금융", 헌법과 통일법 제1호, 2012. 11 참조.

행이 존재하지 않았으므로 상업은행법은 이보다 늦은 2006년에 채택하였
는데, 현재까지 동법에 따른 상업은행이 설립되었다는 사실은 확인되지 않
고 있다.[18] 북한에서 금융은 국가은행을 중심으로 하여 화폐자금을 계획적
으로 융통하는 과정에서 이루어지는 경제관계라고 정의되고[19] 있으므로
기관, 기업소 또는 개인들간의 사적인 자금거래는 제도적으로 금지되어 있
다. 그러므로, 북한에는 자본주의 국가와 같은 단기 자본시장, 증권시장, 기
타 유사 금융시장이 존재하지 않으며, 국가가 직접 자원배분 기능을 맡고
있어 이자율과 수익률, 환율 등을 매개로 자원배분기능을 수행하는 자본주
의체제의 금융과는 그 기능이 본질적으로 다르다.[20] 북한에서의 금융은 독
자적인 경제활동이 아니고 국가의 경제계획을 수행하는 데 필요한 자금의
조달·분배를 담당한다.

북한의 금융기관은 대내금융사업을 관장하는 조선중앙은행, 전문분야
금융업무를 수행하는 조선무역은행, 조선금강은행, 조선대성은행 등 특수
은행과 국가보험기관, 체신저금기관, 협동적 신용기관, 투자기관 등의 비은
행 금융기관으로 구성되어 있다. 이 외에 합작·합영 은행으로 대동신용은
행(조선대성은행-홍콩회사간), 고려글로벌 신용은행(고려은행-영국회사간)
이 있다. 조선중앙은행은 본점 외에 직할시 및 도, 군·구 및 시에 총지점과
지점을 설치하여 전국적 지점망을 가지고 있으며, 발권은행으로 각종 지폐
와 주화를 발행해 오고 있다.[21] 무역 및 무역외 거래 결제업무를 담당하는
조선무역은행은 2003년 8월부터 남북 청산결제은행으로 지정되어 있다.
북한 '화폐류통법' 제3조에 따르면 북한에서 '화폐류통'은 '현금류통'과
'무현금류통'(증서)으로 이루어지는데, 현금류통은 기관, 기업소, 단체와 공

18) 김정만, "북한 금융제도 현황과 과제", 통일경제 2009년 가을호, 2009, 56면.
19) 북한경제포럼, 현대 북한경제론: 이론과 실제에 관한 연구, 오름, 2005. 12, 28면 참조.
20) 통일연구원, 앞의 책(주 16), 240면 참조.
21) 이영섭·전홍택, "북한특구의 화폐·금융제도 운영방안", 전홍택 편, 남북한 경제통
합연구, 2012. 12, 237~238면 참조.

민 사이의 상품거래 같은데 적용하는 화폐류통형태(동법 제11조)이고, 무현금류통은 기관, 기업소, 단체 사이의 생산수단거래 같은데 적용하는 화폐류통형태(동법 제28조)이다. 그러므로, 기관과 기업소간 현금거래와 외상거래가 금지되어 있고 무현금결제는 은행을 통해서만 이루어지고[22], 인민경제계획과 계약에 없는 물자는 대금결제를 할 수 없다(동법 제32조). 이처럼 북한에서는 결제수단이 다양하게 분화되지 못하였고, 중앙은행의 독립성, 중립성이 보장되기 어려운 구조이다.

3. 조세제도

재정의 조달은 기본적으로 국민의 부담인 조세를 통해서 이루어지고, 이외에도 부담금, 수수료, 사용료 등의 준조세, 보유자산 매각, 국·공채 발행을 통해서도 가능하다. 현행 헌법에는 제38조에서 납세의 의무를 법률로 명시토록 하고 있고, 제59조에서 조세법률주의를 규정하고 있다. 이에 따라 우리나라 현행 조세는 국세 14종(소득세, 법인세, 상속세, 증여세, 종합부동산세, 부가가치세, 개별소비세, 주세, 교통·에너지·환경세, 인지세, 증권거래세, 교육세, 농어촌특별세, 관세), 지방세 11종(취득세, 등록면허세, 레저세, 담배소비세, 지방소비세, 주민세, 지방소득세, 재산세, 자동차세, 지역자원시설세, 지방교육세) 등 총 25종의 조세가 있다.[23]

우리는 세금이 가장 중요한 국가재정의 원천인데 반하여, 북한은 명목상으로는 국가예산수입항목에 '세금'항목이 없다. 즉, 북한의 국가예산수입법(2005. 7. 6. 채택) 제2조는 "국가예산수입은 국가의 수중에 집중되는 화폐

---

22) 이영섭·전홍택, 앞의 논문(주 21), 234면 참조.
23) 기획재정부, 조세개요, 2012 참조.

자금이다. 국가예산수입항목에는 국가기업리득금, 협동단체리득금, 감가상
각금, 부동산사용료, 사회보험료, 재산판매 및 가격편차수입금, 기타 수입
금이 속한다."라고 규정하여 국가예산수입을 정의하고 있다. 2002년까지
국가예산수입의 주종을 이루던 거래수입금제도를 폐지[24]하고 이보다 포괄
범위가 넓은 국가기업이득금(기업의 계획 외 생산·유통을 포괄하여 사실상
시장경제활동을 통해 벌어들인 수입까지 포함한 개념)을 도입하여 2002년
3월 북한 최고인민회의는 당해 예산수입중 국가기업이득금이 77.6%를 차
지한다고 밝혔는데,[25] 북한의 국가예산수입법에 의하면 국가기업이득금과
협동단체이득금은 기관, 기업소, 단체순소득 또는 소득의 일부를 국가예산
에 동원하는 자금으로 기관, 기업소, 단체는 순소득 또는 소득의 일부를 소
유형태에 따라 국가기업이득금 또는 협동단체이득금으로 국가예산에 납부
하여야 한다(제20조). 국가기업이득금은 조성된 순소득에서 기업소에 남겨
놓고 쓰게 된 자체충당금과 지방예산에 바치게 된 지방유지금을 더는 방법
으로 계산하고, 협동단체이득금은 조성된 소득에 정한 납부비율을 적용하
여 계산(제21조)하므로 기관이나 기업소는 자체충당금과 지방유지금을 뺀
순소득 전체를 국가예산에 납부하고, 협동단체는 소득의 일정비율을 납부
하는 것이다. 동법 제22조는 "기관, 기업소, 단체는 생산물판매수입, 건설
조립작업액, 대보수작업액, 부가금, 봉사료 같은 수입금을 정확히 계산하여
야 한다. 생산물판매수입금은 판매한 가격으로, 건설조립작업액과 대보수
작업액은 설계예산가격으로, 부가금은 구입가격과 판매가격간의 차액으로,
봉사료는 봉사를 제공하고 받은 료금으로 계산한다."고 수입금 계산방법을
규정하였는데, 남북한 경제의 통합시에는 조세법률주의에 의거 법인세, 부

---

24) 북한 재정수입의 최대 원천인 '거래수입금'은 공식 경제부문(특히 제조업 생산 및
    유통)의 붕괴로 재정수입의 감소폭이 GDP감소폭보다 커지면서 폐지되었다. 양문
    수, 북한경제의 시장화, 한울아카데미, 2010, 29면 참조. 북한법령명이나 용어는 원
    문을 가급적 충실히 인용하였다.
25) 양문수, 위의 책, 39~41면 참조.

가가치세 등의 항목으로 세분화하고, 그 액수도 예측가능토록 세율을 법률에 규정하여야 할 것이다.

〈표 4〉 북한의 7·1조치 전후의 수입 항목 비교

이 전		7·1 조치	이 후
국가기업이익금		국가기업이득금(통합)	좌동
봉사료수입금			
거래 수입금	국영기업소 소비재 관련	협동단체이득금(통합)	좌동
	생산협동조합 생산품 관련		
협동단체 이익금			
고정재산 감가상각금		- (폐지)	감가상각금(재편입)
사회보험료(개인 부담)		좌동	개인 및 기업 부담 (확대)
국가재산 판매 및 기타수입			좌동
-		토지사용료(신설)	부동산사용료(확대)

* 출처: 문성민, "북한 재정제도의 최근 변화에 대한 평가", 통일경제 제96호, 현대경제연구원, 2009년 봄, 72면 표 인용

4. 재정제도

남한의 경우 재정은 국가 또는 공공단체가 그 존립을 유지하고 활동하는 데 필요한 재화를 취득, 관리, 운용하는 모든 활동[26]을 말하므로 기업이나 개인의 재화 취득, 관리, 운용 활동은 제외된다. 즉, 재정은 국민경제운용주체 중 정부가 수행하는 경제활동을 총칭하는 개념으로 정부가 조세(국세와 지방세)·부담금·기여금의 징수, 보유자산(주식, 부동산 등) 매각 및 국·공채 발행 등으로 재원을 조성하는 수입과 이를 바탕으로 공공부문의 역할을

---

26) 성낙인, 헌법학, 박영사, 2014, 464면 참조.

수행하기 위하여 펼치는 지출활동을 포괄하는 개념이다.27) 현행 헌법에는 제3장 국회, 제4장 정부에 재정에 관한 국회와 행정부의 권한을 규정하고 있는데, 국회의 재정에 관한 권한으로는 예산안 심의·확정권, 결산심사권, 계속비에 대한 의결권, 예비비지출 승인권, 기채동의권, 예산외의 국가부담이 될 계약체결에 대한 동의권, 재정적 부담을 지우는 조약의 체결·비준에 대한 동의권, 긴급재정경제처분에 대한 승인권 등이 있으며, 재정에 관한 정부의 권한으로서는 예산안제출권, 추가경정예산안제출권, 예비비지출권, 긴급재정경제명령·처분권 등이 부여되어 있다.28) 예산은 1회계연도에 있어서 국가의 세입·세출에 관한 예정준칙을 내용으로 하고, 국회의 의결에 의하여 성립하는 국법행위형식이다.29) 세입예산은 국가의 수입을 구속하는 것은 아니지만, 세출예산은 지출의 목적·금액 및 기간 내에서만 국비가 지출되어야 한다.

북한의 재정구조는 1990년 중반부터의 극심한 경제침체로 큰 도전을 받아 재정수입이 급감하였다. 즉, 1998년의 재정수입 규모가 198억 북한원으로서 물가변동을 고려하지 않더라도 1994년의 416억 북한원과 비교하여 47.6%에 불과하였다.30) 이러한 재정수입의 급감은 정부 재정이 국가경제에서 큰 비중을 차지하는 북한에게는 중앙계획을 뒷받침할 수 있는 자금의 부족을 의미하며 계획경제질서의 제한적 또는 전면적 붕괴를 초래하게 되었다. 북한 헌법 제91조 제15호에 의거하여 최고인민회의는 "국가예산과 그 집행정형에 관한 보고를 심의하고 승인"한다. 북한에서 재정의 중요 기

---

27) 국회예산정책처, 대한민국 재정, 국회예산정책처, 2008, 14면 참조; 김세진, 주요국가의 재정법제 연구(V)-종합보고서-, 한국법제연구원, 2009, 13면 참조; 이효원·한동훈, 통일재정법제연구(I), 한국법제연구원, 2012, 19면 참조.

28) 성낙인, 앞의 책(주 26), 464면 참조.

29) 성낙인, 위의 책, 474면 참조.

30) 조명철·홍익표, 비핵·개방·3000 구상: 남북경제공동체 형성방안, 통일연구원, 2009, 17면 이하 참조.

능은 계획경제 운용에 관한 자원배분기능, 경제주체들에 대한 통제 기능, 소득 재분배 기능으로 볼 수 있다.[31) 북한법률 중 재정에 관한 법률은 재정법, 국가예산수입법, 회계법 등이 있는데, 북한의 재정법은 재정법의 기본, 국가예산, 기관·기업소·단체의 재정, 재정총화[32), 재정사업에 대한 지도통제를 규정하고 있다. 동법 제9조는 "국가예산은 전반적인 나라살림살이를 규정하는 기본재정계획이다. 내각과 지방정권기관은 국가예산을 인민경제계획과 맞물리고 수입원천과 자금수요를 타산하여 나라살림살이에 필요한 자금을 원만히 보장할수 있게 편성하여야 한다."고 하여 예산편성기관의 임무를 규정하고 있다. 북한의 회계연도는 1월 1일부터 12월 31일까지이며, 국가예산은 최고인민회의에서 심의하고 승인한다. 우리나라와 달리 회계연도독립의 원칙은 따로 재정법에 규정되어 있지 않다. 문성민(2004)[33)에 의하면 북한 재정법의 주요 특징은 중앙집중적인 관리방식, 형식적인 독립채산제와 지방예산제 채택, 균형예산 편성 원칙, 경제규모에 비하여 상당히 큰 재정규모(최소 50%에서 최대90%)를 들고 있다.

---

31) 통일부 통일교육원, 2011 북한이해, 2011. 6, 147면.
32) 재정총화란 모든 기관, 기업소가 일정주기(월, 분기, 반년, 연간) 동안 수행한 예산 집행실적을 분석 평가하고 그 결과를 공개하는 제도를 말한다.
33) 문성민, "북한재정제도의 현황과 변화추이", 금융경제연구원, 2004, 11~12면.

제4절 인력시장 관련 법제

1. 고용제도

(1) 남한

우리 헌법상 근로와 관련된 직접적인 규정은 제32조 제1항의 근로의 권리, 제2항의 근로의 의무조항, 그 외 제3항에서 제6항까지의 근로와 관련된 규정 및 제33조의 근로 3권 조항이 있고, 사회적 약자인 근로자를 보호하려는 헌법적 의지의 표현으로 근로와 밀접한 관련성을 가지는 조항으로 제34조 제1항의 인간다운 생활을 할 권리 및 제2항 이하의 사회보장·사회복지조항이 있다. 사회복지국가원리 및 사회적 시장경제질서에 관련된 일련의 규정은 근로기본권과 간접적인 관련성을 갖고 있는데, 특히, 제10조 인간의 존엄과 가치·행복추구권, 제11조 평등권, 제14조 거주·이전의 자유, 제15조 직업의 자유, 제21조 집회·결사의 자유, 제23조 재산권 보장 등은 근로기본권 보장의 전제를 이루는 기본권이다.[1] 특히 남북한 노동시장 통합에 있어서 제14조의 거주·이전의 자유, 제15조 직업의 자유가 밀접한 관련성을 가지고 있다.

노동관계법은 근로자 개인과 사용자간의 노동관계의 성립·전개·종료를 둘러싼 관계를 규율하여 근로자의 근로조건을 보호하기 위한 개별적 노동관계법과 근로자들의 이익을 대표하는 근로자단체의 조직·운영, 근로자단체와 사용자 사이의 단체교섭 및 단체협약, 쟁의행위, 부당노동행위 등을

---

1) 성낙인, 헌법학, 박영사, 2014, 1339~1340면 참조.

중심으로 한 제반 관계를 규율하는 집단적 노사관계법으로 구분된다.[2] 개별적 노동관계법의 일반법은 '근로기준법'인데, 근로기준법에서는 근로관계는 근로계약을 매개로 하는 사인간의 법률관계로 규정하고 있고, 특별법으로 '최저임금법', '근로자퇴직급여 보장법', '임금채권보장법', '산업안전보건법', '기간제 및 단시간근로자 보호 등에 관한 법률', '파견근로자 보호 등에 관한 법률', '남녀고용평등과 일·가정 양립 지원에 관한 법률', '장애인차별금지 및 권리구제 등에 관한 법률', '고용상 연령차별금지 및 고령자고용촉진에 관한 법률' 등이 있다. 집단적 노사관계법의 일반법으로 '노동조합 및 노동관계조정법'이 있고, 특별법으로 '공무원의 노동조합 설립 및 운영 등에 관한 법률', '교원의 노동조합 설립 및 운영 등에 관한 법률'이 시행되고 있다. 또한, 근로자와 사용자 쌍방이 참여와 협력을 통하여 노사공동의 이익을 증진함으로써 산업 평화를 도모하고 국민경제 발전에 이바지함을 목적으로 하는 '근로자참여 및 협력증진에 관한 법률'이 있어 노사협의회를 구성하도록 하고 있다.

(2) 북한

북한 노동시장에서는 국가가 시장의 기능을 대신하기 때문에 시장에 의하여 결정될 결과의 방향과 내용까지도 국가가 방침을 통해 사전적으로 결정한다. 그러므로, 노동자의 노동참여 여부부터 노동조직, 생산활동, 분배구조 등 노동과 관련한 전 부문에 대한 의사결정을 원칙적으로 국가에서 내리게 된다. 북한 헌법에서는 제29조 사회주의 노동개념, 제30조 근로시간(8시간), 제31조 노동연령(16세), 제70조 근로의 권리, 노동의 양과 질에 따른 분배, 제71조 휴식에 대한 권리, 제72조 사회보장, 제77조 여성의 동

---

2) 한국노동연구원, 북한경제의 시장화에 따른 노동·복지분야 법·제도 통합방안, 통일부 연구용역 결과보고서, 2012. 11, 192~197면 참조.

등한 사회적 지위와 권리, 어머니 보호, 제83조 근로의 의무 등이 규정되어
있다. 현재 북한에서 노동 관련 법규는 이원화[3]되어 있는데, 일반 노동법
제로는 '사회주의로동법', '노동정량법', '노동보호법'이 있고 특별 노동법
제로는 외국인투자기업에 대하여 적용하는 '외국인투자기업 로동규정'과
이와는 별도로 '개성공업지구 로동규정', '금강산관광지구 로동규정' 등이
존재하고 있다.

〈표 5〉 2008년도 16세 이상 북한 주민의 경제활동

(단위: %)

		합계 (천명)	경제활동별					
			일함	공부	로동능력상실	년로 보장	가정일	기타
전체 지역	합계	17,367	70.16	5.42	0.89	18.12	5.30	0.10
	남	8,002	79.48	6.74	1.17	12.47	0.06	0.07
	녀	9,365	62.20	4.29	0.65	22.95	9.78	0.12
도시	합계	10,687	69.64	6.28	0.84	17.57	5.57	0.10
	남	4,939	78.76	7.96	1.15	12.01	0.06	0.07
	녀	5,747	61.81	4.84	0.58	22.34	10.31	0.13
농촌	합계	6,680	70.99	4.04	0.98	19.02	4.88	0.10
	남	3,063	80.65	4.78	1.21	13.22	0.07	0.07
	녀	3,618	62.81	3.41	0.77	23.93	8.96	0.12

주: 경제활동인구에 군인은 제외되며, '03년 이후는 16세 이상을 기준으로 작성
* 자료: 통계청, KOSIS 북한통계

위의 표는 16세 이상 북한 주민의 2008년도 경제활동 현황을 보여주는
데, 남한의 2008년도 15세 이상 인구 경제활동참가율(61.5%)보다 높은 수
치임을 알 수 있다. 이는 실업상태를 인정하지 않는 북한의 사회주의 노동

---

3) 유성재, "북한 사회주의 노동법에 관한 연구", 2009년 남북법제연구보고서(II), 법
   제처, 2009, 3면 참조.

법의 영향으로 보인다. 남한과 비교할 때 북한 노동제도의 가장 큰 특징은 계약자유의 원칙이나 노사자치의 원칙이 없다는 점이다. 또한 북한에도 '직업동맹'과 같은 근로자단체가 존재하고 있지만 이는 사상교양단체의 일종으로 정치적 조직이어서 남한과 같은 집단자치를 위한 근로자단체는 없다.4) 북한 사회주의로동법은 근로관계의 성립, 종료, 근로조건 등에 있어서 남한과는 매우 다른 제도를 유지하고 있다.5) 우선 근로관계의 성립 측면에서는 남한과는 달리 사용자와 근로자가 체결하는 근로계약이 아니라 국가적 인력수급계획상 필요에 의한 노동력 배치에 의하여 근로관계가 형성되어, 사회주의노동법 제30조는 "국가기관, 기업소, 사회협동단체는 근로자들이 창조적 지혜와 능력을 최대한으로 낼 수 있도록 성별, 연령, 체질, 희망, 기술기능수준에 맞게 로력을 적재적소에 배치하여야 한다"고 규정하고 있다. 그러므로 공식적·선언적으로는 북한에서 실업은 존재하지 않는다(사회주의노동법 제5조). 북한에서는 '능력에 따른 노동, 필요에 따른 분배'라는 공산주의 사회의 과도기로서 '노동의 양과 질에 따라 분배되는 것이 사회주의경제법칙'(사회주의노동법 제37조 제1문)이기 때문에 임금6)이 노동의 질과 양에 따라 차등화되어 있다. 일반근로자에 대한 임금과 농업부문 종사자에 대한 임금으로 대별되는데, 전자는 기본적 노동보수로서의 생활비7)와 추가적 노동보수로서의 상금, 장려금, 가급금으로 구성되어 있다. 가급금은 근속 연한, 기술 자격과 연한, 노동조건, 인민경제 발전에서 차지하는 중요성과 사회생활상 특수성 등을 고려하여 해당 부문 근로자들에게 주

---

4) 다만, 외국인투자기업로동규정 제8조에 따르면 외국인투자기업에서는 직업동맹이 근로자단체로서의 역할을 일부 수행하고 있다.

5) 유성재, 앞의 논문(주 3), 4면 이하 참조.

6) 북한에서는 임금이라는 용어대신 '생활비' 또는 '노동보수'라는 용어를 사용하고 있지만 여기서는 논의의 편의상 임금이라 표현한다.

7) 사회주의노동법 제38조는 생활비등급제를 규정하고 있는데, 생활비등급제는 기능 등급 사정기준표와 산업부문별 직종 및 기능등급표, 생활비표로 규제된다. 유성재, 위의 논문(주 3), 7면 참조.

는 추가적 노동보수로서 우리의 장기근속수당, 위험수당이 합쳐진 형태이고, 상금 및 장려금은 모두 인센티브의 일종이다.

북한에서는 1일 근로시간은 8시간, 주 1일의 휴일을 보장받기 때문에 1주 근로시간은 48시간이며(사회주의 노동법 제16조, 제64조), 시간외근로는 원칙적으로 금지되고 있다(동법 제63조). 북한의 일반 노동법제에는 사용자 또는 근로자의 일방적 의사표시로 근로관계를 종료시키는 해고나 사직 관련 조항이 없으며, 사회주의노동법에는 남한의 근로기준법, 근로자퇴직급여보장법에 따른 퇴직급여와 같은 규정도 존재하지 않는다.

2. 사회보장제도

(1) 남한

헌법의 기본원리의 하나로 사회복지국가원리가 제시되고 있으며, 이에 따라 사회보장에 관한 국민의 권리와 국가 및 지방자치단체의 책임을 정하고 사회보장정책의 수립·추진과 관련 제도에 관한 기본적인 사항을 규정함으로써 국민의 복지증진에 기여함을 목적으로 하는 사회보장기본법이 제정되었다. 사회보장기본법 제3조에 의하면 사회보장은 출산, 양육, 실업, 노령, 장애, 질병, 빈곤 및 사망 등의 사회적 위험으로부터 모든 국민을 보호하고 국민 삶의 질을 향상시키는 데 필요한 소득·서비스를 보장하는 사회보험, 공공부조, 사회서비스를 말한다. 우리 헌법은 제34조 제3항에서부터 제6항까지 여자의 복지와 권익향상, 노인과 청소년의 복지향상, 장애자 등 생활능력 없는 국민의 보호 및 재해예방과 위험으로부터의 보호를 규정하고 있다. 특히 생활능력 없는 국민의 보호를 위하여 '국민기초생활보장법'이 제정되어 있고 동법에 따라 최저생계비를 보장하고 있다. 즉, 동법

제2조 제5호에서 '최저생계비'를 국민이 건강하고 문화적인 생활을 유지하기 위하여 필요한 최소한의 비용으로서 동법 제6조에 따라 보건복지부장관이 공표하는 금액이라 정의하고, 제6조에서는 '보건복지부장관은 국민의 소득·지출 수준과 수급권자의 가구 유형 등 생활실태, 물가상승률 등을 고려하여 최저생계비를 결정하여야 한다'고 규정하고 있다.

사회보장제도의 구체적 내용을 살펴보면, 사회보험으로는 건강보험, 국민연금, 재해보험, 고용보험, 노인장기요양보험이 있고, 공공부조로 생활보호, 의료보호, 재해구호, 보훈대상자보호가 있고, 사회서비스로 각각 노인, 아동, 부녀자, 장애인을 대상으로 한 서비스 제공이 있다. 이러한 사회보장제도는 국가와 지방자치단체가 모든 국민이 생애 동안 삶의 질을 유지·증진할 수 있도록 평생사회안전망을 구축하는 것이며(사회보장기본법 제22조), 사회보장제도의 급여 수준과 비용 부담 등에서 형평성을 유지하여야 하는데(동 법 제25조 제2항), 원칙적으로 사회보험은 국가의 책임으로 시행하고, 공공부조와 사회서비스는 국가와 지방자치단체의 책임으로 시행한다(동 법 제25조 제5항). 사회보장비용의 부담은 각각의 사회보장제도의 목적에 따라 국가, 지방자치단체 및 민간부문 간에 합리적으로 조정되어야 하는데(동 법 제28조 제1항), 사회보험에 드는 비용은 사용자, 피용자 및 자영업자가 부담하는 것을 원칙으로 하되, 관계 법령에서 정하는 바에 따라 국가가 그 비용의 일부를 부담할 수 있으며(동 법 제28조 제2항), 공공부조 및 관계 법령에서 정하는 일정 소득 이하의 국민에 대한 사회서비스 비용의 전부 또는 일부는 국가와 지방자치단체가 부담하고(동 법 제28조 제3항), 부담 능력이 있는 국민에 대한 사회서비스 비용은 그 수익자가 부담함을 원칙으로 하되, 관계 법령에서 정하는 바에 따라 국가와 지방자치단체가 그 비용의 일부를 부담할 수 있다(동 법 제28조 제4항). 또한, 우리는 최근 '국민기초생활보장법'에 따른 기초생활보장제도가 맞춤형 급여체계로 개편됨에 따라 주거급여 수급권자의 범위, 임차료 및 수선유지비 지급 기준 등을 정한 주거급여법을 2014년 1월 24일에 제정하고 2014년 10월 1일 시행하였다. 국민기초생활보장 급여의 기본원칙은 최저생활보장의 원칙, 보충급여의 원칙, 자립지원의 원칙, 개별성의 원칙, 가족부양 우선의 원칙, 타급여 우선의 원칙, 보충성의 원칙이 있다.[8]

(2) 북한

북한의 사회복지체제는 의식주 배급제·무상교육·사회보험·사회보훈 등 국가가 책임지는 부분과 고용·임금·장려금 등의 물질적 소득 등 국가소유 국영기업이 책임지는 부분이 있으며 이 두가지 책임 영역은 자본주의와는 달리 실질적으로 통합된 형태여서 사실상 국가책임하에 있다. 이러한 측면에서 기본적으로 북한 역시 과거의 다른 사회주의 국가와 마찬가지로 국가가 주도적으로 사회복지를 담당하는 '국가사회복지체제'이다.[9] 타 경제주체가 책임지는 영역이 거의 없이 국가가 떠받치고 있는 구조로서 기업과 가계가 국가로부터 분리된 자율적인 경제주체가 아니기 때문에 생산에 대한 결정과 책임의 유일한 주체는 국가이고 이로 인하여 복지분배 역시 국가가 주도한다. 이러한 체제가 이상적으로 작동한다면 국가가 전반적인 사회복지제도를 주도하고 다양한 복지제도를 통해 국민들을 '요람에서 무덤까지' 책임질 수 있을 것이다. 그러나, 이는 현실적으로 재정적 한계를 무시한 것이고 국가 영역이 붕괴할 경우 완충작용을 할 수 있는 주체가 없어 사회전체 복지체제의 붕괴로 이어지는 결과를 낳는 체제적 취약성이 있다.[10] 북한은 헌법 25조에서 "조선민주주의인민공화국은 인민들의 물질문화생활을 끊임없이 높이는 것을 자기 활동의 최고원칙으로 삼는다. 세금이 없어진 우리 나라에서 늘어나는 사회의 물질적 부는 전적으로 근로자들의

---

8) 보건복지부, 2014년도 국민기초생활보장사업안내, 2014, 161~162면 참조.
9) 이철수, 긴급구호 북한의 사회복지, 한울, 2012, 29면 참조.
10) 이철수, 위의 책, 30~31면 참조.

복리증진에 돌려진다. 국가는 모든 근로자들에게 먹고 입고 쓰고 살 수 있는 온갖 조건을 마련하여 준다"고 규정하여 규범적으로는 '국가사회복지체제'를 선언하고 있다. 북한의 사회보장체계는 헌법에 더하여 수령의 교시를 근간으로 유일사상체계 10대 원칙, 당 규약, 각종 법률 등에 의하여 작동되는데, 배급제나 무상의료, 무상교육과 같은 국가보장이 우리의 공적부조와 같은 1차 사회안전망의 역할을 하고 있고, 1946년 '사회보험법'에 의거하여 우리의 산재보험, 고용보험, 국민연금의 성격이 일부 혼재되어 있는 '국가사회보장' 및 '국가사회보험'을 통해 질병, 산재, 부상 등으로 6개월 미만의 일시적인 노동 상실이 있으면 국가사회보험제에 의한 단기 현금급여를 받고, 6개월 이상이 되면 국가사회보장제에 의한 연금(연휼금)을 지급받는 구조이다. 또한 우리의 사회복지서비스에 해당하는 영역에서는 '사회주의노동법'에 근거하여 여성 및 아동, 청소년복지, 노인복지를, '어린이보육교양법'에 근거하여 아동복지를, '장애자보호법'에 의하여 장애인복지를, '연로자보호법'에 근거하여 노인복지서비스를 제공하고 있다.[11]

북한의 사회보장법제를 해석함에 있어 1946년 제정된 '사회보험법'과 1978년 제정되어 1999년 2차 개정된 '사회주의노동법'의 관계를 어떻게 해석할 것인가가 중요한 쟁점이다.[12] 즉, '사회보험법'에서 사회보험 급부의 내용으로 일시적보조금, 해산보조금, 장례보조금, 실업보조금 등의 보조금과 폐질연휼금, 유가족연휼금, 양로연휼금 등의 연휼금을 규정하고 있는데, '사회주의노동법'은 제8장 '근로자들을 위한 국가적 및 사회적 혜택'에서 노동능력을 잃은 근로자들에 대하여 국가사회보험제에 의한 일시적 보조금을, 국가사회보장제에 의한 노동능력상실연금의 제공(제73조)을 포함하여 연로연금(제74조), 주택 제공(제69조), 싼값의 식량 제공(제70조), 무

---

11) 장용철, 통일한국의 사회보장정책, 한국학술정보, 2012, 141~142, 195~196면.
12) 원시 자료('노동성 사회보험규정집')에 대한 접근의 어려움으로 인하여 판단이 더 어렵다. 이철수, 앞의 책(주 9), 20~21면, 48~49면 참조; 장용철, 위의 책, 153면 주37 참조.

상보육(제71조), 무상교육(제72조), 출산 일시보조금(제76조), 유가족 연금
(제77조), 일부 노인, 장애인에 대한 무상 양로 서비스(제78조), 무상 의료
서비스 제공(제79조) 등을 규정하고 있어 수급 항목과 수급 자격이 일부
겹치고 있음을 알 수 있다. 이에 대해 신법 우선의 원칙에 따라 중복 부분
에서는 사회주의노동법의 규정이 우선하는 것으로 해석할 수 있지만 '사회
보험법'의 규정이 상세하게 급여 요건을 규정하고 있고, 사회주의노동법은
대강의 요건만을 규정하고 있는 차이점이 있어 사회주의노동법이 사회보
험법을 대체하고 있다고 하기는 어렵다.

북한 사회보장관련 법률 체계의 특징은 첫째, 사회보장 관련 법률간 중
복된 규정이 많다. 사회보험법, 사회주의노동법, 북조선 노동자 사무원에
대한 노동법령, 어린이보육교양법, 인민보건법, 장애자보호법, 연로자보호
법의 규정간 중복이 존재한다. 둘째, '무상'보조가 과다하여 보험의 성격보
다는 공공부조로서의 성격을 강하게 지닌다. 사회보험법과 사회주의노동법
이 국가사회보험에서 수급자인 현직 노동자가 소득의 1%를 납부토록 하는
것 이외에 재정적 부담을 거의 대부분 국가에 맡기고 있어 국가의 부담이
지나치게 크다. 또한, 무상의료제, 의식주 무상배급제 등도 마찬가지이다.
셋째, 급여 수준의 비현실성이다. '무상'보조를 남발함으로써 현실적인 급
여 수준은 하향 평준화가 이루어질 수 밖에 없고 이에 따라 실질적 혜택의
수준이 매우 낮다.[13] 넷째, 사회보험제도의 관리·운영을 보험유형별로 분
산하여 운영하는 남한과 달리 북한은 중앙정부(노동성) 사회보험국과 그
하부조직에 의하여 통합 운영하고 있다.[14]

---

13) 이철수, 앞의 책(주 9), 75면 참조.
14) 우해봉 외, 남북한 통일과 노후 소득보장제도 운영의 기본 방향, 국민연금연구원,
    2011, 32면 참조.

<표 6> 남북한 사회보장제도 비교

	남한	북한
기본법	- 사회보장기본법	- 사회보험법

사회
보험
	- 노령연금(국민연금법, 공무원연금법, 사립학
	  교교직원연금법, 군인연금법)
	- 실업보험(고용보험법)
	- 의료보험(국민건강보험법,
	  노인장기요양보험법)
	- 산재보험(산업재해보상보험법)
		- 국가사회보험(사회보험법,
		  사회주의노동법)

공공 부조	- 생활(국민기초생활보장법) - 의료(의료급여법) - 노령(기초노령연금법) - 교육(초중등교육법) - 장애인연금법	- 의식주 배급제 - 무상의료(인민보건법, 사회주의노동법) - 무상교육(사회주의노동법) - 사회보장(사회보험법, 사회주의노동법, 사회보장법)

사회
보상
	- 국가유공자 보상(국가보훈기본법, 국가유공자
	  등 예우 및 지원에 관한 법률)
	- 범죄피해자보상(범죄피해자보호법)
		- 국가공로자 연금(국가공로자에 대한
		  사회보장규정 승인에 대하여)

사회 복지	- 아동복지(아동복지법, 장애아동복지지원법) - 노인복지(노인복지법) - 장애인복지(장애인복지법, 장애인활동지원에 관한 법률, 장애인고용촉진 및 직업재활법)	- 노인복지

* 출처: 남한은 이홍재 외, 사회보장법, 신조사, 2013을 참조하고, 북한은 장용철, 통일한국의 사회보
  장정책, 한국학술정보, 2012의 분류를 바탕으로 수정

제5절 부동산 관련 법제

1. 토지

역사적으로 볼 때 서양에서는 개체 소유를 강조하는 로마법과 단체 소유 (총유)를 강조하는 게르만법의 두 가지 흐름이 있었는데, 중세봉건제도의 확립과 함께 토지소유권은 국왕이나 영주의 토지에 대한 관리처분권과 농민이나 가신의 이용권으로 구분하는 이중소유권 또는 분할소유권(分割所有權)의 관념이 형성되었다가 근대시민사회 하에서 토지소유권은 계몽사상, 자연법사상과 로마법 등의 영향을 받아 절대적인 권리로서 인정되기 시작하였다. 그러나 이와 같은 개인주의·자유주의에 바탕을 둔 토지소유권 개념도 빈부의 격차가 현격해지고, 사회계층간의 분화와 대립갈등이 첨예화하는 사태에 이르게 됨에 따라 대폭 수정되어 더 이상 절대적인 것이 아니며 공공의 이익 내지 공공복리의 증진을 위하여 의무를 부담하거나 제약을 수반하는 개념으로 변화되었다.[1]

(1) 남한

일제 강점기의 토지조사사업은 근대적 토지제도를 확립하여 거래비용을

---

1) 法史的 관점에서 한국의 소유권의 발전과정에 대해서는 윤철홍, 소유권의 역사, 법원사, 1995 참조; 우리 헌법재판소도 판례(헌재 1989. 12. 22 88헌가13)에서 토지소유권의 역사에 대하여 간략히 소개하고 있다.

줄이는 효과가 있기는 했지만 농업생산의 주체인 농가의 토지 소유·이용 구조는 지주적 토지소유와 소작농의 관계였다. 해방 직후인 1945. 12월 총 농지 2,226천 정보 중에서 자작지는 779천 정보로서 35%를 차지하고 있었고, 소작지는 1,447천 정보(조선인 소유지 1,174천 정보, 일본인 소유 귀속 농지 273천 정보)로서 65%였다.[2] 지주가 대부분을 소유하고 있던 농지를 소작인에게 양도하도록 하여 농지의 소유관계를 구조적으로 개혁하는 농지개혁[3]은 해방 이후 한국에 있어 미룰 수 없는 과제였다. 해방 이후 미군정은 1945년 10월 5일 군정법령 제9호로 소작료가 소출의 3분의 1을 넘지 못하도록 하는 3·1제를 공포하였고 일본인의 재산을 양도받아 관리하고 있던 신한공사 소유의 귀속농지만을 1948년 3월에 분배하는 부분적 개혁을 추진하였다.[4]

1948년 제정된 대한민국헌법 제86조는 "농지는 농민에게 분배하여야 한다. 그 분배의 방법과 소유의 한도, 소유권의 내용과 한계는 법률로 정한다"고 규정하여 이러한 농지개혁의 시급성을 반영하였으며, 이에 따라 정부는 1949년 6월 농지개혁법을 제정하고 1950년 2월에는 동법 개정을 통하여 '유상몰수·유상분배'방식을 채택하였으며, 1950년 3월과 4월에 각각 시행령과 시행규칙을 공포하여 농지개혁을 단행하였다. 농지개혁법은 농지 소유 자격을 제한하고, 호당 3정보의 농지소유 상한을 두어 소작·위탁경영 금지를 규정하였다. 일부 추진하는 과정에서의 난점과 부족한 점이 있었으나, 이러한 유상몰수·유상분배의 방식은 비교적 자본주의 원칙에 충실한 것으로 평가된다.[5]

---

2) 한국경제60년사편찬위원회, 한국경제60년사 II-산업, 2010. 9, 31면 표 2-2 참조.
3) 농지개혁과 토지개혁은 엄밀하게는 다른 개념이지만 해방 이후 전 인구의 77%가 농업인구였던 전형적인 농업국가로서의 한국에 있어 이를 구분하는 것은 큰 의미가 없어 논의의 편의상 아래에서는 혼용하여 쓰기로 한다.
4) 윤철홍, 앞의 책(주 1), 227~234면 참조.
5) 한국경제60년사편찬위원회, 한국경제60년사 I-총괄편, 2010. 9, 4~5면; 윤철홍, 앞

농지개혁법 제1조에서는 "본법은 헌법에 의거하여 농지를 농민에게 적정히 분배함으로써 농가경제의 자립과 농업생산력의 증진으로 인한 농민생활의 향상 내지 국민경제의 균형과 발전을 기함을 목적으로 한다"고 하여 농지개혁의 근거를 헌법에 두고 있었다. 동법 제5조 제2호에 의거하여 i)농가 아닌 자의 농지, ii)자경하지 않는 자의 농지, iii)본법 규정의 한도를 초과하는 부분의 농지, iv)과수원, 종묘포, 상전등 숙근성 작물재배토지를 3정보이상 자영하는 자의 소유인 숙근성작물재배이외의 농지는 적당한 보상으로 정부가 매수토록 규정하고 있었고, 제6조에서는 동법으로써 매수하지 않는 농지 중의 하나로 '정부, 공공단체, 교육기관 등에서 사용목적을 변경할 필요가 있다고 정부가 인정하는 농지'를 들고 있었으며, 동법 시행령 제9조에서는 '법 제6조제1항제4호에 규정한 정부가 인정하는 농지의 범위는 공설운동장, 학교대지, 학교실습지, 국방용지, 도시계획지, 교통확장부지, 공중도로, 수로, 저수지, 발전용지 등의 예정지로써 법공포일부터 3년이내에 실시할 수 있는 것에 한하여 당해 관공서, 공공단체 또는 교육기관의 신청에 의하여 농림부장관이 이를 결정한다'고 하여 일부 기반시설이나 공공시설에 대한 예외를 두고 있었다.

동 법 제11조에서는 정부가 매수한 국유농지를 1)현재 당해농지를 경작하는 농가, 2)경작능력에 비하여 과소한 농지를 경작하는 농가, 3)농업경영에 경험을 가진 순국열사의 유가족, 4)영농력을 가진 피고용 농가, 5)국외에서 귀환한 농가 순으로 분배 소유케 하고, 제12조에서는 농지의 분배면적은 1가구당 총경영면적 3정보를 초과하지 못하며, 제13조 제1호에서는 매년 주생산물 생산량의 125%를 5년간 분납케 한다고 규정하고 있었다. 농지개혁법에 의한 농지개혁의 가장 큰 성과는 유상매수, 유상분배로 대량의 자작농을 창설한 것으로 1945년과 1959년 사이 소작농과 자작농의 비율이 85.9:14.1에서 19.9:80.1로 크게 변화하였다.6) 농지개혁법은 농지법이

의 책(주 1), 219~246면 참조.

1996년 1월 1일부터 시행되면서 폐지되었다.

현재 남한에서 토지소유권은 사유재산권의 일종이지만 타 재산권에 비하여 강한 사회기속성을 보유하고 있다. 그렇지만 재산권의 사회기속성의 한계를 설정하는 일이 매우 중요하여서 국가가 토지정책을 추진함에 있어서도 재산권의 본질적 내용은 반드시 존중되어야 한다.7)

(2) 북한

북한의 소유제도는 사회주의적 소유제이다. 사회주의적 소유제는 '생산수단이나 생산물이 전사회적 또는 집단적으로 소유되는 제도'를 말하는데8), 특히 생산수단에 있어 이러한 원칙은 엄격하게 지켜지고 있다.

사회주의적 소유형태는 전인민적 소유와 협동적 소유로 나눌 수 있는데, 전인민적 소유는 국가 소유를 말하며 협동적 소유는 협동단체가 집단적으로 소유하는 과도기적 소유의 한 형태라 말한다. 그래서, 북한은 국가 이외에 사회협동단체에도 생산수단의 소유자격을 인정한 헌법 제20조의 규정에도 불구하고 협동단체의 소유를 전인민의 소유로 전환시키는 것이 노동계급과 농민의 계급적 차이를 없애고 완전한 사회주의의 승리를 위해 소유분야에서 견지해야 할 국가의 활동방향이라 설명하고 있다. 북한에서도 극히 예외적으로 개인 소유를 인정한다. 개인 소유의 대상은 철저히 근로소득과 일용 소비재에 국한되며, 생산수단에 대해서는 인정되지 않는다.

북한은 해방 직후인 1946년 초부터 토지 등 생산수단에 대한 개조에 착수하여 1946년 3월 '토지개혁에 관한 법령'을 발표함으로써 '무상몰수·무

---

6) 농지개혁의 성과에 대한 평가도 엇갈려 반봉건적 토지소유해체설(다수설), 봉건적 토지소유의 타협적 해소설, 자본제적 토지소유설로 나뉜다. 자세한 내용은 윤철홍, 앞의 책(주 1), 242~244면 참조.

7) 허 영, 한국헌법론(전정 11판), 박영사, 2015. 2, 525~526면 참조.

8) 통일부 통일교육원, 2012 북한 이해, 통일부, 2012. 3, 134면 참조.

상분배'의 원칙에 따라 토지개혁을 실시하였다. 이러한 토지개혁은 그 시기에 따라 1945년 8월 14일 이후 북한 지역에 주둔하였던 소련점령하의 조치들과 1948년 9월 9일 북한정권수립 이후 행해진 조치들로 구분된다. 소련점령하 북한에서 토지개혁은 형식적으로는 북조선임시인민위원회 명의로 1946년 3월 5일 공포된 '북조선토지개혁에 대한 법령'과 1946년 3월 8일의 '토지개혁법령에 관한 세칙'을 기반으로 불과 20여 일 만에 완료되었다.9) 이 당시 토지개혁의 법적 성격은 논자에 따라 다르게 해석되어 소련 군정 당국의 몰수조치를 국제법상 강행규정 위반으로 보아 무효로 간주하는 견해도 있고 북한 당국이 이를 추인하였기 때문에 법적인 평가를 하기 어렵다는 견해도 있다. 이러한 구별이 의미를 갖는 것은 통일 한국의 토지소유권 정립시 원소유자에게 원물반환청구권을 인정할 것이냐 하는 문제와 연관되어 있기 때문이다.

북조선임시인민위원회는 토지개혁을 통하여 북한 전체 농경지의 53%에 해당하는 약 1백만 정보의 토지를 무상으로 몰수하여 무상분배하였다. 이때 몰수된 토지의 소유권자의 11.3%는 일본인, 23.8%는 5정보 이상 소유자, 26.3%는 전소유지를 소작시킨 자, 35.8%는 계속적으로 소작시킨 자, 1.5%는 교회·사원·종교단체, 1.3%는 민족반역자·도망자였으며, 이렇게 몰수된 토지의 2.2%는 고용농, 60.3%는 토지가 없는 농민, 34.6%는 토지보유량이 적은 농민 등에게 분배되었다고 한다.10)

1947년부터는 농업부문에 국영 농장과 목장을 점진적으로 설치하여 1953년 이후에는 농업의 집단화를 더욱 강화하고 1958년에는 사회주의적 소유제를 완성하게 되었다.11) 사회주의적 토지제도 하에서 토지는 국가소

---

9) 북한의 토지개혁 절차에 대해서는 정영화, "통일 후 북한의 재산권 문제에 관한 헌법적 연구", 서울대학교 박사학위논문, 1995, 164면, 272~273면 참조.
10) 윤건영, "한국통일과 북한경제의 사유화", 한반도 통일핸드북(Ⅳ), 한국경제연구원, 2003. 7, 935면 참조.
11) 헌법을생각하는변호사모임 편저, 남북한 헌법의 이해, 삼광출판사, 2002, 145면 참조.

유권과 사회협동단체의 소유권만이 인정되므로 북한주민의 토지에 대한 점유는 단순한 사실에 불과하며, 점유권이라는 권리는 인정되지 않는다. 사회주의 국가로서 권리로서의 토지이용권을 인정한 것은 1980년초 중국이 그 시초이다.[12)

현재는 북한도 토지임대법에 의거하여 외국투자가와 외국투자기업에 대하여 토지이용권을 보장하고 있다. 북한 토지법 제7조에서는 토지를 농업토지, 주민지구토지, 산림토지, 산업토지, 수역토지, 특수토지로 나누고 있으며, 토지법, 국토계획법, 도시계획법, 도시경영법, 수도평양시관리법 등의 국토 관련 법률로써 국토를 관리하고 있다. 국토계획법 제2조에 따르면 국토계획은 전국국토건설총계획과 중요지구 국토건설총계획, 도(직할시) 국토건설총계획, 시(구역), 군 국토건설총계획으로 나뉜다.

2. 주택

(1) 남한

남한에서 주택부족문제는 광복 전인 1930년대 후반부터 일제의 군수산업화로 도시인구가 증가하면서 발생하였다고 보는 것이 일반적인 시각이다.[13) 또한, 광복 이후 일본, 만주 등지에 거주하던 동포들의 귀환과 북한으로부터의 이주로 주택난이 심화된 상태에서 6·25 전쟁으로 인하여 약 60만호의 주택이 파괴되어 주택부족난은 더욱 악화되었다. 미군정기에 1946년 초부터는 도시의 주택 등에 대한 민간불하를 결정하고 1947년부터 본격적으로 귀속재산의 불하를 시작하였는데, 귀속재산처리법 제11조는

---

12) 법무부, 개성공업지구 토지이용권 보호방안 연구, 2008, 6~9면 참조.
13) 한국경제60년사 편찬위원회, 한국경제60년사-IV(국토·환경), 2010. 9, 122면.

'동일가족에 속하는 자중 어느 일원이 귀속재산의 주택 또는 대지를 매수한 경우에는 그 가족에 속하는 자는 이를 다시 매수할 수 없다. 대지의 매각은 매수자 1인에 대하여 200평 이하로 한다. 단, 개인주택용 주택 이외의 건물을 건축할 때에는 예외로 한다'라고 하고, 제12조는 동일가족의 구성원이 20킬로미터내에 주택을 소유한 경우에도 귀속주택 또는 대지를 매수할 수 없도록 하여 가족별 매수제한을 규정하였으며, 제15조에 따르면 '주택에 있어서는 특히 국가에 유공한 무주택자, 그 유가족, 주택없는 빈곤한 근로자 또는 귀속주택 이외의 주택을 구득하기 곤란한 자에게 우선적으로 매각한다'고 규정하였다. 1951년부터 1956년까지 전국적으로 52만 2천여 호의 주택이 지어졌는데, 이 중 27.4%를 정부가 직접 투자하여 건설하였다. 이후 경제개발이 시작된 1962년에는 대한주택공사를 설립하고 '공영주택법', '토지수용법', '건축법', '도시계획법' 등을 제·개정하였으며, 1차 경제개발 5개년 계획기간(1962~1966) 중 32.6만 호의 신규주택(공공부문 12%)이 건설되었고, 2차 계획기간 중에는 54만 여호(공공부문 13%)가 건설되었다. 3차, 4차 경제개발 5개년 계획기간에는 민간 비중이 각각 70%, 56%로 하락하여 주택건설시장에서 공공의 역할이 강화되는 방향으로 변화가 이루어졌다. 이러한 공공부문의 강화는 제1차 국토건설종합계획(1972~1981)과 더불어 별도의 주택건설10개년계획이 수립되었기 때문인데, 법제측면에서는 1972년 12월 '주택건설촉진법'을 제정 시행하였고, 1973년부터는 국민주택자금과 외국차관에 의한 계획적 주택공급에도 주력하였다. 1988년 노태우 정부는 토지수요 억제와 주택공급 확대를 근간으로 하는 부동산종합대책을 발표하고, 주택 200만 호 건설사업을 추진하였으며, '택지소유상한에관한법률', '토지초과이득세법', '개발이익환수에관한법률'을 제정하였는데, 이들 법률은 1990년 들어 위헌 또는 헌법불일치 판결을 받아 폐지되거나 일부 개정되었다.

(2) 북한

현재 북한의 주택사정은 남한보다 매우 열악한 실정이다.[14) 북한에서 주택은 특호에서 제4호까지 5개 등급으로 분류하여 사회적 계급에 따라 분배되고 있다.[15) 주택배정은 직장과의 거리를 감안해서 이루어지므로 전직시에는 주택을 재배정 받기도 한다. 특정 주택에 입주할 수 있는 권리를 명시한 증명서를 입사증이라고 하는데, 새주택에 살기 위해서는 입사증이 있어야 하며, 당·정·기업소 간부의 주택보급률은 거의 100%에 이르고, 일반주민의 경우는 50~60% 수준이다.[16) 북한에서 주택은 국가예산으로 건립되는 집단적 소유물이기 때문에 개인소유는 원칙적으로 허용되지 않으며, 주민들은 국가로부터 주택을 배정받아 매달 사용료를 지불하는 임대형식으로 거주하고 있다. 북한에서는 주택의 사적 소유와 거래를 금지하고 있지만 1980년대 중반 이후 주택난이 악화되면서 음성적인 거래가 이루어져 왔다.[17)

---

14) 박헌주, "북한의 주거실태와 통일 후 주택배분방안 연구", 국토연구 제24권, 국토개발연구원, 1995. 12. 30, 106면.
15) 김연중, "통일이후의 토지소유권 사유화 방안에 관한 연구", 북한연구학회보 제4권 제1호, 북한연구학회, 2000, 206면 주33 참조.
16) 통일부 통일교육원, 앞의 책(주 8), 246면 참조.
17) 통일부 통일교육원, 위의 책, 245~247면 참조.

제5장

남북 경제통합시 법제도적 과제

제1절 경제통합의 이념과 과제

1. 경제통합의 지도이념

남북한 경제통합시 지도이념으로 우리 헌법상 '인간으로서의 존엄과 가치 및 행복추구권', '불가침의 기본적 인권 확인·보장', '사회적 시장경제질서'를 제시하고자 한다. 통일과정에서 남북이 헌법제정권력을 발동하여 새로운 헌법을 만들어 낼 가능성이 높다는 점에서 현행 헌법에서 남북한 경제통합의 지도이념을 도출해 내는 방식에 대한 문제 제기가 있을 수 있다. 하지만, 생각컨대 남북한이 새로 합의하여 도출할 경제질서가 우리 현행 헌법의 그것과 크게 다르지 않을 것이라는 점, 남한이 북한보다 큰 경제력을 바탕으로 경제통합을 주도할 수밖에 없는 점을 감안한다면 이런 식의 접근법도 시도해 볼 만한 가치가 있다. 무엇보다도 여기서 제시하는 지도이념은 법치주의를 헌법상 기본원리의 하나로 하고 있는 현대 사회에서 국가가 추구해야 할 최고의 가치규범이기 때문이다.

첫째, 인간으로서의 존엄과 가치 및 행복추구권이다. 우리 헌법 제10조는 전단에서 '모든 국민은 인간으로서의 존엄과 가치를 가지며, 행복을 추구할 권리를 가진다'고 규정하고 있는데, 이는 기본권보장의 일반원칙으로서 인간의 존엄이라는 윤리적 내지 자연법적 원리를 규범화한 것이다.[1] 우리 헌법학계에서는 '인간의 존엄과 가치'에 대하여 근본규범성, 기본권성, 전국가적 자연권성 등의 특징을 보유하며 국가의 근본질서이고 법해석의

---

1) 성낙인, 헌법학, 박영사, 2014, 975면 참조.

최고기준이며 헌법의 통제적 원리로서 헌법개정의 한계 및 기본권제한의 한계라는 근본규범성을 보유하고 있는 것으로 인정하고 있다.2) 그러므로, 인간의 존엄과 가치는 다른 헌법규정에 대해서 지도원리로서 기능하며, 경제적 영역에서도 마찬가지이다. 헌법재판소도 '인간으로서의 존엄과 가치를 핵으로 하는 헌법상의 기본권보장이 다른 헌법규정을 기속하는 최고의 헌법원리'라고 판시하였다.3) 행복추구권4)의 경우 우리 헌법재판소는 '일반적 행동자유권'과 '개성의 자유로운 발현권', 소비자의 자기결정권 등이 함축되어 있고 일반적 행동자유권으로부터 계약의 자유가 파생된다고 판시5)하고 있다. 남북간 경제통합에 있어서 계약의 자유를 보장하여야 함은 개인과 기업의 경제상의 자유와 창의를 존중함을 기본으로 하는 대한민국의 경제질서에 관한 헌법 제119조 제1항의 규정과 함께 행복추구권으로부터도 도출해 낼 수 있다.

둘째, 불가침의 기본적 인권 확인 및 보장이다. 우리 헌법 제10조 후문에는 "국가는 개인이 가지는 불가침의 기본적 인권을 확인하고 이를 보장할 의무를 진다"고 규정하고 있으며, 이는 국가의 기본권보호의무를 명시적으로 규정한 근거가 된다.6) 또한, 헌법 제10조와 제37조 제1항과의 관계를 어떻게 보든지 간에 헌법에 열거되지 아니한 기본권을 인정할 수 있다는 점에 관해서는 학자들의 의견이 일치한다.7) 불가침의 기본적 인권 확인·보

---

2) 성낙인, 앞의 책(주 1), 977~981면 참조.
3) 헌재 1992. 10. 1. 91헌마31.
4) 행복추구권에 대해서는 그 존재 자체를 부정적으로 보는 견해(허 영 교수 등)도 있지만 대체로 기본권성을 인정하고 있다. 성낙인, 위의 책, 988~989면 참조.
5) 헌재 1990. 9. 10. 89헌마82, 헌재 1991. 6. 3. 89헌마204, 헌재 1996. 12. 26. 96헌가18, 헌재 1998. 10. 15. 98헌마168, 헌재 1998. 5. 28. 96헌가5 등 참조.
6) 정종섭, 헌법학원론, 박영사, 2014, 393~399면 참조.
7) 헌법 제10조를 초국가적인 천부인권의 실정권화로 보고 헌법 제37조 제1항을 주의적 규정 또는 확인규정으로 보는 견해, 상호보완 또는 목적·수단관계라는 견해, 헌법 제37조 제1항이 권리창설규정이라는 견해 등이 있다. 자세한 사항은 성낙인, 위의 책, 888~889면 참조.

장을 남북간 경제통합의 지도이념으로 제시하는 이유는 북한 주민의 경우 지금까지 국가에 의하여 기본권을 보호하고 실현하여야 할 의무가 제대로 지켜지지 못하는 상태로 생활해 왔다는 점을 강조하고 싶어서이다. 헌법 제10조는 전단에서 모든 국민이 '인간으로서의 존엄과 가치', '행복추구권' 을 가지고, 후단에서 국가는 적극적인 기본권보호의무를 선언하여 국가가 공동체의 안전과 국민의 기본권실현의 수단이라는 점을 명확히 하고 있으 므로 이러한 국가의 적극적 의무는 남북한 경제통합 과정에서도 국가가 항 상 염두에 두어야 할 이념이다.

셋째, 사회적 시장경제질서이다. 헌법상 경제질서라 할 때 경제질서는 경제분야에서의 법질서로서 규범적인 의미를 지니고 있으므로, 주로 비교 경제학에서 사용되며 규범적 의미를 내포하지 않는 경제체제와는 구별되 는 개념이다.8) 경제질서(Wirschaftsordnung)라는 개념은 발터 오이켄(Walter Eucken) 등의 프라이부르그 학파가 자신들의 경제체제 모델을 설명하기 위하여 처음 사용하였는데,9) 헌법상 경제질서는 어느 국가의 경제부문을 규율하는 최고의 가치규범이라 할 것이다. 남북한이 경제통합을 통하여 추 구하는 경제질서에 대하여는 다양한 견해가 존재하고 있지만, 그 근간은 시장경제질서이다. 이론적으로는 북한의 사회주의적 계획경제질서를 기본 으로 할 수도 있고, 대한민국 헌법이 채택하고 있는 사회적 시장경제질서 와 북한의 사회주의적 계획경제질서의 중간지대에 있는 경제질서를 채택 하는 것을 상정해 볼 수도 있겠지만 국가에 의한 가격 통제와 계획에 입각 한 생산·분배 체제는 이미 실패한 것으로 판명났으므로 이를 경제통합과정 이나 경제통합 이후의 경제질서로 삼는 것은 엄청난 비효율과 낭비를 초래 할 것이다. 그러므로 어떻게 부르던 남북한이 경제통합을 통하여 추구하는

8) 권영설, "국가와 경제: 경제질서의 헌법적 기초", 공법연구 제16집, 1988, 10면 각 주 1 참조.
9) 김성수, "남북한 통일헌법의 경제질서문제", 공법연구 제21집, 1993, 92면 참조.

경제질서는 시장경제질서라 할 것이다. 다만 여기서의 시장경제질서는 고전적 의미의 자유방임주의적 시장경제질서를 의미하는 것은 결코 아니며, 사유재산과 시장경제를 골간으로 하지만 수정자본주의의 영향을 받은 경제질서일 수 밖에 없다. 본서에서는 이러한 경제질서를 편의상 '사회적' 시장경제질서로 칭한다.

2. 남북 경제통합의 과정과 법제도적 과제

통일의 과정에서 적용될 규범의 공백을 막고 실질적 법치주의가 실현될 수 있도록 노력하는 것은 우리의 중차대한 과제이다. 현재 남북한 지역에는 상호 이질적 법질서가 적용되고 있는데, 통일이 어떠한 형태로 이루어지느냐에 따라 경제분야에서 통일한국 특히 북한 지역에 적용되는 규범이 결정될 것이다. 법학적 관점에서 남북한 통일의 단계적 과정을 제시한 기존 연구는 9단계로 나누어 설명한 연구10) 이외에는 찾아보기가 어렵다. 동연구는 주로 독일식 경제통합에 기준을 두고 통일의 단계적 과정을 제시하고 있는데, 독일식 경제통합 과정이 우리의 경우에 그대로 적용되기 어렵다는 점은 이미 제2장에서 설명하였다. 그러므로, 본서에서는 정치적 통일,

---

10) 김승대, "동서독 통일과정에서의 헌법적 문제에 대한 이론적 고찰: 남북한 통일에 대비한 헌법이론의 모색", 서울대 박사학위논문, 1996, 227~228면 참조. 동 교수는 ①북한의 체제 변화와 이러한 상황 전개에 따른 북한 내부의 자유민주주의적 독자 변혁에 대한 남한의 법적 지원, ②통합의 헌법적 방식의 결정, ③우선적인 경제통합, ④총선거에 대한 남북한의 통합전 합의와 총선거의 실시, ⑤통일합의서의 체결과 발효, ⑥통일에 즈음한 헌법의 개혁, ⑦북한의 자치보장을 위한 헌법적 장치 마련, ⑧북한의 비법치주의적 과거의 청산, ⑨'① 내지 ⑤'의 과정 중 이와 병행하여 주변국들과의 외교적 문제 해결 완수가 독일통일에서 나타난 헌법적 통합과정이며, 우리의 경우에도 이러한 과정이 거의 그대로 적용된다고 한다.

경제통합, 법제통합을 구분[11]하여 통일과 경제통합의 선후에 따라 '先경제통합-後통일'과 '先통일-後경제통합'으로 시나리오를 나누어 남북한 경제통합시 법제도적 과제를 제시하고자 한다.

先경제통합-後통일시 법제도통합 과정은 남북간 경제통합과 병행하여 남북간 경제 관련 법령이 우선 통합되거나 내용적으로 동화된 후 정치적 통일을 위한 단일 헌법이 제정되는 순서로 진행될 것이다. 물론 이 경우에도 남북한간 헌법상 경제질서가 큰 틀에서 동일한 유형을 취하여야 경제통합이 가능하기 때문에 경제통합 이전에 우선 북한이 중국이나 베트남의 경우처럼 시장경제질서를 도입하는 과정이 필요하다. 다만, 경제관련 법제도의 통합이 이루어지는 전제 조건으로서 북한 지역 내 시장경제질서의 도입을 제시하는 것이 형식적으로 단일헌법의 채택을 의미하는 것은 아니다. 시장경제질서는 개인과 기업의 자유과 창의를 존중함을 기본으로 하고 있으므로 경제영역에서는 국회가 광범위한 입법 형성의 자유를 향유하고 현실세계에서 시장경제질서의 구체적 모습이 일의적이지 않음을 감안할 때 시장경제를 기본으로 하는 한 입법사항이 포함된 경제관련 법률의 내용은 남북한간에 서로 상이할 수도 있다.

先통일-後경제통합시 법제도통합 과정은 남북한 단일 헌법이 제정되거나 북한이 우리 헌법질서에 편입되는 방식으로 헌법의 통합이 일어난 후 경제 관련 법령을 통합하는 순서로 진행될 것이다. 남북한 단일 헌법을 제정하는 경우는 북한 지역내 법령 적용에 대한 특별한 경과규정을 두거나 북한 지역을 별도의 관세구역으로 설정하기 위하여 지방자치 관련 부분에 자치권의 범위를 정하는 방식으로 법치주의를 실현할 수 있을 것이지만, 북한이 우리 헌법질서에 편입되는 경우에는 현재의 우리 헌법질서 하에 채택된 수많은 법령을 그대로 북한에 적용하기에는 북한내 규범준수기반이

---

11) 세 가지 개념들이 상호 개념적으로 겹치는 부분이 존재하고 분리해서 분석할 경우의 약점도 당연히 존재하지만 분석의 편의상 불가피하였다.

제대로 갖춰져 있지 않아서 법치주의의 실현이 더 큰 난제로 대두된다.[12)]
이는 최소한 경제 영역에서는 막대한 통일비용의 지불 및 현행 남한법률
이식의 어려움 때문에 소위 '흡수통일'의 방식이 남북한간에는 사실상 채
택 불가능하다는 것을 의미한다.[13)] 통일 당시 독일이 처해 있었던 정치·경
제적 여건과 우리의 상황은 상당한 차이가 있음[14)]을 고려할 때 통일한국
이 독일과 같이 급진적 법통합 방식을 취한다면 집행을 담당하고 있는 북
한행정조직 특히 지방행정조직의 비자치성, 행정·사법제도 담당인력의 태
부족, 규범과 현실의 괴리로 법에 대한 신뢰상실 또는 수용태세의 약화를
초래할 가능성이 크므로 '급진적 통일'시에도 법통합 방식은 점진적 접근
방법으로 추진함이 바람직하다.[15)] 다만, 경제 영역을 제외한 생활영역에서
는 통일한국의 사회적 통합을 앞당기기 위하여 형법, 형사소송법, 민사소송
법 등 사회질서의 근간을 이루는 실체법이나 절차법은 조속히 통합시킬 필
요가 있으며, 경제 영역에서도 시장경제질서의 도입을 위한 사유재산제도,
경쟁 원칙, 가격형성의 자유의 구체 내용을 형성하기 위한 법률조항은 조
속히 통합시킬 필요가 있다.

---

12) 독일이 통일과정에서 겪었던 문제점과 부작용의 대부분은 실은 급진적·포괄적 법
　 통합을 추진했기 때문으로 '법질서의 일시적·포괄적 통합은 가능하지도 않을 뿐더
　 러 결코 바람직하지 않다는 점'이 독일 통일의 교훈이다. 조은석·김광준·제성호·
　 김병기, 남북한 평화공존과 남북한 연합 추진을 위한 법제정비방안 연구, 통일연구
　 원, 2001, 174면 참조.
13) 이는 현행 남북헌법의 규범상태와 경제력 격차가 그대로 유지된다는 가정하에 추
　 론한 것으로서 가정을 이루는 구성요소가 변화한다면 그 결론 또한 바뀔 수 있을
　 것이다.
14) 신현윤, "남북한 경제법제의 동화에 따른 법적 갈등과 문제점", 통일연구 제5권 제
　 1호, 연세대 통일연구원, 2001, 85면 참조.
15) 조은석·김광준·제성호·김병기, 위의 책, 170~171면 참조.

제2절 先경제통합-後통일時 법제도적 과제

1. 남북경제교류 현황과 관련 법제

(1) 남북경제교류 현황

남북간에 경제통합이 먼저 이루어지기 위해서는 남북간 경제교류가 상당한 폭과 깊이로 진척되어야 할 것이므로 우선 남북경제교류의 현황 및 관련법제에 대하여 간단히 살펴보고자 한다.[1] 남북경제교류는 크게 4가지 분야로 나누어 볼 수 있는데, 재화, 용역(서비스), 자본, 인력이 그것이다. 현재 국제 무역을 규율하는 세계무역기구 협정에는 재화 및 용역의 자유로운 이동을 위하여 1994년 관세 및 무역에 관한 일반협정(이하 'GATT 1994')과 1994년 서비스무역에 관한 일반협정이 포함되어 있으며, 재화·용역의 이동과 관련이 있는 자본(투자),[2] 인력의 이동 또한 규율하고 있다. 양자간 투자보장협정, OECD 자본이동 자유화규약 이외에 국제적으로 통용되는 다자간투자규범은 없으며, 인력 이동에 관한 일반규범도 아직까지는 없는 실정이다.

남북 간 물품 거래는 2004년 12월 개성공단 시범단지 분양기업(리빙아

---

[1] 헌법재판연구원이 주최한 2015 통일학술대회 자료집에 수록된 발표자료 졸고, "남북간 거래 활성화에 대비한 법제도적 과제", 헌법재판연구원, 2015. 6. 17을 상당 부분 포함하고 있으며, 남북간 물품거래, 용역거래, 자본 거래, 인적 이동 현황은 통일부 홈페이지를 참조하였다.

[2] WTO 무역관련 투자조치협정(Agreement on Trade-related Investment Measures; TRIMs)을 말한다.

트)의 첫 생산제품이 반출된 이래 2008년까지 지속적으로 증가하다가 그 이후는 남북관계에 따라 증감을 반복하고 있다. 또한 2007년까지는 반입보다 반출이 더 많았는데, 2008년부터 비상업적 거래에 의한 반출이 급격히 줄어들면서 반입이 반출보다 더 많아진 경향을 보이고 있다. 또한, 남북간 거래는 개성공단이 활발하지 않았던 시기에는 주로 반입 측면에서는 일반교역·위탁가공을 위주로, 반출 측면에서는 비상업적 거래를 중심으로 이루어지고 있었다. 그러다 개성공단이 활발해 지면서 점차 경제협력을 위주로 하는 형태로 바뀌게 되는데, 이러한 경향은 일반교역·위탁가공에 의한 남북간 거래가 거의 이루어지지 않게 된 2011년 이후에 더욱 두드러지고 있다. 개성공단의 가동이 중단된 현재는 남북간 재화의 거래도 크게 위축된 상황이다.

'WTO 서비스무역에 관한 일반협정'에서 정의하는 용역 제공의 형태는 국경 간 공급, 해외 소비, 상업적 주재, 자연인의 주재 등 크게 네 가지이다.[3] 남북간 거래에서 국경간 공급은 비록 법적으로는 허용되지는 않지만 남북간 방송프로그램의 전송을 들 수 있으며, 해외소비의 대표적인 예는 금강산 관광, 상업적 주재는 개성공단이나 기타 북한 지역에 지점을 설립하거나 투자한 우리 기업, 자연인의 주재는 개성공단에 상주하면서 서비스를 제공하는 남측 주민을 상정할 수 있다. 통일부 자료에 의하면 금강산 관광의 경우 1998년부터 2008년까지 총 1,934,667명의 관광객이 육로나 해로를 통하여 금강산을 다녀왔다.

남북 간 자본 거래[4]는 국제 투자와 준하는 것으로 볼 수 있는데, 국제투자는 직접투자와 간접투자(증권거래)로 분류할 수 있다. 직접투자는 사무소와 지점, 판매점, 대리점, 프랜차이즈점과 해외자회사 설립으로 이루어지며, 증권투자는 기업경영에 대한 통제를 목적으로 하지 않는 채권이나 주

---

3) 세계무역기구 서비스무역에 관한 일반 협정 제1조 제2항.
4) 여기서 자본은 주식, 채권, 장기대출을 포함하는 개념으로 사용한다.

식을 취득하는 형태를 말한다.5) 통일부에 의하면 남북간 경제교류는 일반
교역→위탁가공교역→직접투자의 순서로 발전해 왔는데, 대북직접투자는
전형적인 자본의 이동에 해당한다. 개성공단을 제외한 대북협력사업은
2013년까지 총 100개 협력사업이 승인되었으나 7개 사업이 취소되어 현재
승인된 사업은 총 93개(금강산관광 포함)이다.6) 93개 중 2010년 9월 29일
이후 추진된 38개 사업은 모두 금강산관광과 관련된 사업이다.7)

남북 간 인적 왕래는 2001년까지는 연간 만 명을 넘지 못하다가 2005년
부터 폭발적으로 증가하였다가 2009년 이래 매년 증감을 반복하고 있다.
남북간 인적 왕래의 가장 큰 특징은 남에서 북으로 가는 방북 인원이 북에
서 남으로 오는 방남 인원에 비하여 월등히 많다는 점이다.

(2) 남북경제교류 관련법제

현재 경제적 측면에서 남북간 거래는 남측 주민의 입장에서는 남북교류
협력에 관한 법률, 남북관계발전에 관한 법률을 기본으로 하여 규율되고
있으며, 이에 더하여 투자보장, 이중과세방지, 상사분쟁해결, 청산결제에
관한 4개 경협합의서가 남북간 교류법제의 근간을 형성하고 있다.

1) 남북교류협력에 관한 법률

1990년 8월 1일 군사 분계선 이남 지역과 그 이북 지역 간의 상호 교류
와 협력을 촉진하기 위하여 필요한 사항을 규정함으로써 한반도의 평화와
통일에 이바지하는 것을 목적으로 남북교류협력에 관한 법률이 제정된 이

5) 최승환, 국제경제법 제4판, 법영사, 2014, 723면 참조.
6) http://www.unikorea.go.kr/content.do?cmsid=1429(2015. 6. 7일 검색) 참조.
7) 통일부, 민간경제협력사업현황 자료(www.unikorea.go.kr에서 2015. 6. 7일 다운로
   드) 참조.

후 5차례의 개정을 거쳐 시행되고 있다. 그 중에서 2005년 개정으로 당초 승인 사항이었던 북한주민접촉이 신고 사항으로 전환되었다.[8] 남북교류협력에 관한 법률의 제정은 남북관계를 법제도적 틀로 끌어들임으로써 북한을 교류협력의 상대방으로 인정하고 남북교류협력에 대한 개인의 권리를 보장하였다는 의의가 있다.[9]

남북교류협력에 관한 법률은 크게 인적 교류(남북한방문, 남북한 주민접촉, 검역), 물품 등 거래(남북거래, 남북간 수송장비 운행, 검역, 통신 역무 제공 등), 자본거래(남북협력사업)에 관한 사항으로 나누어 볼 수 있으며, 남북관계의 특수성을 반영하여 제12조(남북한 거래의 원칙)에서 "남한과 북한간의 거래는 국가간의 거래가 아닌 민족 내부의 거래로 본다"고 규정하고 있다. 또한, 제26조에 의거하여 대외무역법, 외국환거래법, 외국인투자촉진법, 한국수출입은행법, 무역보험법, 대외경제협력기금법, 법인세법, 소득세법, 관세법, 식물방역법, 가축전염병예방법 등을 준용하고 있다.

남북간 물품(재화)에 관한 거래에는 공산품과 농수산품에 관한 거래가 포함된다. 현재 남북간 물품 등 교역은 '남북교역물품 통관관리에 관한 고시(관세청 고시)', '대북 전략물자의 반출승인절차에 관한 고시(통일부 고시)', '반출·반입 승인대상품목 및 승인절차에 관한 고시'에 의하여 규율되고 있는데, '반출·반입 승인대상품목 및 승인절차에 관한 고시' 제7조(한도물량)에 의거하여 통일부장관은 국내시장 및 남북교역 상황을 고려해 북한산 물품 반입에 관한 한도물량을 정할 수 있다.[10]

---

8) 이찬호, "남북한 합의 법제 방식에 의한 남북교류협력 법제 구축 방안", 2012년 남북법제연구보고서, 법제처, 2012, 59~60면 참조.
9) 이효원, 통일법의 이해, 박영사, 2014, 115면 참조.
10) 제7조(한도물량) ①통일부장관은 국내시장 및 남북교역 상황을 고려해 관계기관의 장과 협의하여 북한산 물품 반입에 관한 한도물량을 정할 수 있다.
②통일부장관은 제1항에 따라 한도물량이 정해진 품목 중 신청물량이 한도물량을 초과하는 품목에 대하여 일괄적으로 신청·접수하여 배정할 수 있다.
③통일부장관은 제2항에 따라 배정받은 자에 한하여 영 제25조제1항제2호의 서류

농림수산물의 교역도 한도물량제도에 의하여 규율되며, "2010년 북한산 농림수산물 한도물량 운영 공고문(통일부 공고 2010-18호)"에서 알 수 있듯이 통일부장관은 일반품목 13개(꽃게, 붉은 대게, 새우·보리새우, 냉동가리비, 오징어, 조미오징어, 냉동낙지, 건명태, 호박, 표고버섯, 호두, 들깨, 땅콩조제품, 참깨분), 국영무역품목 4개(녹두, 팥, 대두, 참깨) 등 농림수산물의 한도물량을 공고하고 있다.

1987년 9월 체결된 '한미 전략물자 및 기술자료보호에 관한 양해각서'와 대외무역법, 원자력안전법, 방위사업법, 화학무기·생물무기의 금지와 특정 화학물질·생물작용제 등의 제조·수출입규제 등에 관한 법률 등에 근거를 두고 국가안전보장을 이유로 전략물자수출통제제도가 실시되고 있다.[11] 현재 남북간 전략물자의 직접 반출입은 국가 대 국가의 관계가 아니므로 남북교류협력에 관한 법률에 근거하여 규율되고 있는데, 남북교류협력에 관한 법률 제14조에 의거하여 통일부장관이 미리 공고한 「대북 전략물자의 반출승인절차에 관한 고시」, 「반출·반입 승인대상품목 및 승인절차에 관한 고시」에 따라 전략물자를 포함한 물자의 반출승인은 통일부장관이 하도록 하고 있다. 전략물자의 남북간 반출입은 그 당시의 남북관계가 반영되어 관리의 수준이 결정될 수 밖에 없다.

현재 북한은 2006년 7월 15일 유엔 안전보장이사회의 대북제재 결의안(이하 '결의 1695호')과 2009년 5월 25일 안전보장이사회가 채택한 결의 1718호, 결의 1874호, 결의 1985호, 결의 2087호 및 2013년 3월 17일 '결의 2094호'의 적용을 받고 있는데, 결의 2094호는 관련물자 금수조치, 검색 및 차단, 금융 및 경제제재, 여행금지 등을 대상으로 하고 있다.[12] 또한, 우리는 전략물자수출통제제도에 의거하여 전략물자·기술을 북한으로 직접

를 제출하게 할 수 있다.
11) 이효원, 앞의 책(주 9), 354~366면 참조.
12) 최승환, 앞의 책(주 5), 539~541면 참조.

반출하는 경우에는 통일부장관이 승인하도록 하고 있다. 다만, 농수산식품류, 목재류, 의류는 전략물자 확인의무가 면제되는 품목들이다.13)

또한, 「남북교류협력에 관한 법률」 제9조 및 제9조의2, 동법 시행령 제12조·제16조·제19조에 따른 남북한 방문절차에 대한 특례와 북한주민접촉 절차에 필요한 사항을 정하기 위하여 기존 '북한 지역 관광객 등의 북한방문 절차에 대한 특례' 및 '개성공업지구 방문 및 협력사업 승인절차에 대한 특례'를 통합하여 '남북한 방문 특례 및 북한주민접촉 절차에 대한 고시'가 2009년 제정되었다.

2) 남북관계발전에 관한 법률

2005. 12. 29일 우리 헌법이 정한 평화적 통일을 구현하기 위하여 남한과 북한의 기본적인 관계와 남북관계의 발전에 관하여 필요한 사항을 규정함을 목적으로 남북관계발전에 관한 법률이 제정되어 2006. 6. 30일부터 시행되었고 한 차례 개정되었다. 남북관계발전에 관한 법률도 제3조 제2항에서 "남한과 북한간의 거래는 국가간의 거래가 아닌 민족 내부의 거래로 본다"고 규정하여 남북관계의 특수성을 인정하고 있으며, 그 밖에 남북관계발전기본계획의 수립 등 남북관계발전과 정부의 책무, 남북회담대표 관련 사항, 남북합의서 체결 등에 대하여 규정하고 있다.14)

3) 4개 경협합의서 등

남북은 1992년 2월 19일 '남북기본합의서'15)를 체결하였고, 2000년 12

---

13) 남북교류협력지원협회(https://www.sonosa.or.kr, 2016. 1. 23일 검색) 자료 참조.
14) 이효원, 앞의 책(주 9), 231면 참조.
15) 동 합의서에 대하여 헌법재판소와 대법원은 일종의 공동성명 또는 신사협정에 준

월 16일 제4차 남북장관급회담에서 투자보장, 이중과세방지, 상사분쟁해결, 청산결제에 대한 소위 '4개 경협합의서'를 체결하였으며, 동 4개 경협합의서는 2003년 국회에서 체결동의안이 통과되고 상호간 발효통지문을 교환함으로써 2003년 8월 20일부터 효력이 발생하였다. 이중 '남북사이의 투자보장에 관한 합의서'는 우리 기업이 북한에 투자하는 데 따른 불확실성을 줄여주는 데 기여할 것인데, 투자자산 및 투자자에 대한 정의를 규정하고, 투자의 허가 및 보호, 투자의 대우, 수용 및 보상, 송금, 투자자 대위, 분쟁해결 등을 규정하고 있다. 또한, '남북사이의 소득에 대한 이중과세방지 합의서'는 남북한간 이중과세방지16)를 위한 안정적인 제도적 장치를 마련하였으며, '남북사이의 상사분쟁 해결절차에 관한 합의서'는 당사자 사이의 협의를 우선으로 하여 그러한 협의로 해결되지 않는 분쟁은 중재의 방법으로 해결한다는 원칙하에 남북상사중재위원회를 구성토록 규정하였다.

'남북사이의 청산결제에 관한 합의서' 제5조(결제통화)는 "청산결제통화는 미달러화로 한다. 필요에 따라 남과 북이 합의하여 다른 화폐로도 할 수 있다"고 규정하고 있는데, 후단부의 '다른 통화'는 과거 동서독의 사례를 참고하여 남북간 청산결제17)에만 적용되는 특별지불수단을 염두에 둔 것으로 보인다.18) 청산결제은행은 남북사이의 청산결제에 관한 합의서 제3조에 의거하여 북한은 조선무역은행, 우리는 수출입은행이 맡도록 하고 있으며19), 남북은 2004년 4월 22일 청산결제거래를 기업간 계약방식으로 하

하는 성격을 가짐에 불과하다고 보고 있다(헌재 2000. 7. 20. 98헌바63; 대판 1999. 7. 23. 98두14525).

16) 이중과세방지에 대하여는 한국조세연구원, 남북한간 경제교류 관련 조세제도 정비 방안 연구, 재정경제부 용역보고서, 2000 참조.

17) 청산결제란 남북간 거래에 대해 매거래시마다 현금으로 결제하지 않고, 지정된 청산결제은행에 개설된 청산계정에 기장해 두었다가 그 차액을 1년 단위로 청산하는 방식을 말한다.

18) 2000년 11월 10일자 매일경제, "남북 거래대금 결제용 통화 별도제작".

19) 2004년 6월 27일자 머니투데이, "수은, 남북 청산결제은행 합의서 가서명".

고 청산결제한도를 3천만 달러 이내로 하기로 하였다.[20] 하지만 이후 대상 품목 등이 합의되지 않아 청산결제제도가 시행되지 못하고 있다.[21] 현재 남북간에는 2004년 1월 29일 개성공업지구와 금강산지구의 출입 및 체류에 관한 합의서가 체결되어 있고, 동 합의서 제10조에서는 남한주민의 신변안전에 대하여 규정하고 있다.[22] 동 합의서는 남한주민의 기본적 인권을 보장하고 남한주민이 범죄를 저지른 경우에도 원칙적으로 북한의 형사재판관할권과 형사법의 적용을 배제하도록 되어 있다.

4) 기타

그 외 남북협력기금법과 개성공업지구 지원에 관한 법률이 있는데, 남북협력기금법에 의하여 남북협력기금의 교역보험업무를 취급하고 시행하는 데 필요한 사항을 규정한 '교역보험취급기준'이 제정되어 선적전 반출보험, 선적후 반출보험, 반입보험, 개성공업지구 원부자재 반출보험, 개성공업지구 납품이행보장보험 등을 제공하고 있다. 또한, 남북협력기금법에 의한 '경제협력사업 보험 취급기준'에 따르면 경제협력사업 추진시 발생하는 위험을 낮추어주는 경협사업보험에는 지분등 투자보험, 대부등 투자보험, 권리등 투자보험의 세 가지 종류가 있다.

또한, 8촌 이내의 친·인척 및 배우자 등 이산가족의 교류에 대하여는 2009년 3월 25일 제정되어 2009년 9월 26일부터 시행되고 있는 「남북 이산가족 생사확인 및 교류 촉진에 관한 법률」이 규율하고 있다.

---

20) 2004년 4월 22일자 연합뉴스, "남북 청산결제거래 합의서 타결" 기사 참조.
21) 2007년 10월 4일자 연합뉴스, "남북간 청산결제 이번엔 시행될까" 기사 참조.
22) 이효원, 앞의 책(주 9), 322면 참조.

2. 민족내부거래

남북간에는 남북기본합의서 제15조와 교류협력관련 부속합의서 제1조에 의거하여 민족내부거래[23])로서의 물자교류, 합작투자 등 경제교류와 협력을 실시하고 있으며 물자교류는 무관세거래로 진행하고 있다. 이외에도 남북한이 체결한 합의서로 '남북 사이의 투자보장에 관한 합의서', '남북 사이의 소득에 대한 이중과세방지 합의서', '남북 사이의 상사분쟁해결절차에 관한 합의서', '남북 사이의 청산결제에 관한 합의서' 등 4개 경제협력 합의서와 '개성공업지구와 금강산관광지구의 출입 및 체류에 관한 합의서' 등 9개 합의서가 있는데, 이러한 합의서는 자유무역협정에서 다룰 내용들을 총체적으로 포함하고 있다. 특히 무관세거래로 진행되는 물자교류는 전 품목으로 확대될 경우 재화시장의 통합을 가져올 수 있는 주요 요인이 될 수 있다.

통일이 되기 전에는 국가연합단계를 포함하여 남북한에 각각 별도의 정치적 실체가 자리하고 있는 경우에는 남한이 체결한 경제 관련 협정의 북한 지역 확장 적용 문제는 발생하지 않고 남북한간 경제 통합은 남북한특수관계론에 입각하여 추진될 것이다. 즉, 북한은 평화통일을 위한 대화와 협력의 당사자로서 남한과 구별되는 독립된 경제영역을 형성하고 있으므로 북한과 국제시장과의 교역의 규범영역은 본질적으로 북한이 기체결한 경제협정에 의하여 규율되고, 남북한 경제교역의 규범영역은 본질적으로 남북한 내부관계에 관한 것으로 그 범위내에서 남북한의 특수성을 고려하여 일정한 영역에서 특별하게 취급할 것이 요구된다.[24])

---

23) '민족내부거래'라는 용어는 실정법에서 사용되는 용어이긴 하지만 매우 불확정적인 용어로서 국가간 거래가 아닌 내부의 거래로 인식한다는 의미로 볼 수 있다.
24) 이효원, "남북한특수관계론의 헌법학적 연구", 서울대학교 박사학위논문, 2006. 2, 328~344면 참조.

다만, 북한이 국제연합회원국으로서 사실상 별도의 규범을 적용받고 있는 영역이므로 제3국으로부터 '민족내부거래' 원칙에 대한 문제 제기가 있을 수 있다. 남북간 무관세거래의 법적 규범력을 고양[25]하고 이러한 분단국가의 특수성을 타국으로부터 인정받는 상태에서 북한과 주요 국가간 양자간 무역협정이 체결되고 다자무역체제인 WTO협정 가입을 조속히 추진하여 세계시장과의 통합도 함께 추진할 필요가 있다. 또한 북한 지역에 투자하려는 의지를 가진 외국기업에 대하여 안정적 투자환경을 제공하기 위하여 관련국들과 투자보장협정을 체결하는 일은 북한이 대외개방으로 나서는 경우 가장 우선시되어야 하는 과제이다.

사실 남북교류협력에 관한 법률과 남북기본합의서에 따른 남북간 무관세거래는 국가간 사이에서 자유무역협정을 체결한 것과 동일한 경제적 효과가 있어서 남북간에 별도의 자유무역협정을 체결할 필요는 없다고 주장할 수 있다. 다만 북한 핵개발로 인한 국제연합차원의 대북제재로 인하여 현재는 북한으로의 외국인투자와 북한의 교역량이 그렇게 많지 않아 국제적 차원에서 큰 문제가 되고 있지는 않은 상태이다. 하지만 일단 통일의 과정에 진입하게 되면 경제분야를 포함하여 남북한간 교류가 급속히 증가하여 남한기업과 북한기업간 무역과 남한기업의 북한 지역 투자가 급격히 증가할 것이며, 북한내 생산 상품의 수출액도 크게 늘어날 것이다. 이러한 경우 현 단계에서는 우리의 교역상대국들이 크게 문제삼고 있지 않지만 남북기본합의서를 비롯한 4개 경협합의서 등을 통하여 제공되는 특례나 남북교

---

25) 우리 헌법재판소와 대법원은 남북기본합의서 및 3개 부속합의서에는 법적 구속력을 부여하고 있지 않으며, 현재 국내적으로 남북간 무관세거래의 법적 구속력은 남북교류협력에 관한 법률, 세계무역기구 협정의 이행에 관한 특별법에 의하여 보장되고 있다. 물론 일반적인 국제법원칙으로서 민족자결주의 원칙을 원용하여 예외를 인정받거나 WTO협정의 해석을 통하여 그 예외로서 민족내부거래성의 특수성을 인정받아 우리 헌법 제6조에 의하여 국내법적 효력이 부여될 수 있는 경우는 별론으로 한다.

류협력에 관한 법률 등 남북한 교역에 관한 남한 법령상 특례26)에 대하여 남한이 가입한 WTO협정상의 최혜국대우(Most Favored Nation Treatment) 나 내국민대우(National Treatment)의 위반이라는 주장을 제기할 가능성이 높다. 따라서 남북한특수관계론에 따라서 국제법적 규범영역에서 남북한간 경제교역이 민족내부거래로서 특수성을 가진다는 것을 국제사회로부터 인정을 받을 수 있도록 국제통상법적 근거를 찾는 노력을 지속해야 할 것이다. 통일 전 독일의 경우 서독이 1951년 GATT에 가입할 당시 체약국들은 토키의정서(Torquay Protocol)상의 조건에 따라 독일의 가입을 승인하는 결정27)을 내렸으며, 동 결정 제1조 (b)항28)에서 서독은 동서독간 거래에 대하여 GATT협정상의 최혜국대우의무 면제를 받았다. 독일의 내독교역을 인정한 근거는 GATT협정상 제25조 면제조항(Waiver Clause)이 아닌 제33조(가입조항)에 의거한 가입절차였다.29) 원래 하나의 국가였다가 분리된 인도와 파키스탄간의 거래에 대하여도 GATT는 특별조항을 두었는데, 이러한 선례를 잘 활용할 필요가 있다. 기존 연구를 보면 대개 세계무역기구협정의 해석을 통하여 그 예외로서 민족내부거래성의 특수성을 인정받을 수 있다는 입장, 일반적인 국제법원칙으로서 민족자결주의 원칙을 원용하여 예외를 인정받을 수 있다는 입장30)도 있고 개발도상국 허용조항 원용

---

26) 점진적 통일의 시기에는 남북간 교역은 현재의 남북기본합의서나 남북교류협력에 관한 법률보다 심화된 내용의 제도로 규율이 될 것이다. 하지만 기본적인 논리 전개는 크게 차이가 나지 않을 것이라 생각한다.

27) 동 결정은 1951. 6. 21일 효력을 발생하였으며 서독은 1951. 10. 1일에 GATT에 가입하였다.

28) "(b) The Contracting Parties further agree that, notwithstanding the provisions of Article I of the General Agreement, the accession of the Government of the Federal Republic of Germany will not require any modification in the present arrangements for, or status of, intra-German trade in goods originating within Germany", United Nations, *Treaty Series*, Vol. 142, 1952, p.13.

29) 이상만, WTO체제하의 남북한 경제교류: 남북한 경제교류와 국제규범과의 조화방안, 대외경제정책연구원, 1995. 10, 59~60면 참조.

방안, 남북한 자유무역협정 체결방안, 세계무역기구 가입의정서의 개정 또
는 특별의정서 채택방안, 세계무역기구설립협정상의 의무면제 획득방안,
제3국과의 자유무역협정(FTA)에 남북한특수관계를 반영하는 방안 등이 제
시되고 있다.[31] 다만, 이러한 방안들이 제기될 당시에는 세계무역기구내에
기체결된 지역무역협정의 건수가 그렇게 많지 않았으나, 2015년말 현재 우
리나라가 체결한 FTA가 52개국과 15개로 증가하였으며, 이 중에는 미국,
EU 등 우리의 주요 교역대상국이 포함되어 있음을 감안할 필요가 있다.[32]

    각 방안별로 살펴보면 개발도상국 허용조항 원용방안을 고려해 볼 수 있
겠으나 동 조항은 선진국이 개발도상국에 대하여 차별적이고 유리한 대우
를 제공하는 것이므로 남한이 현재의 개발도상국의 지위를 포기하여야 하
며, 북한에 대하여 동 조항을 적용할 경우 타 개발도상국에도 동일한 수준
의 특혜를 부여하여야 할 가능성이 높다. 또한, GATT 가입의 정서의 개정
이나 특별의정서를 채택하는 방안의 경우 WTO설립협정에 그러한 조항이
없으므로 남한의 경우 신규가입시와 동일한 절차를 밟아야 하므로 현실적
으로 불가능하다. 의무면제를 획득하는 방안의 경우 그러한 의무면제 획득
시 WTO회원국 4분의 3 이상의 동의를 얻고 매년 각료회의의 심사를 받아
야 하므로 상당히 까다로운 조건이고 매년 행해지는 심사를 통해 면제철회
에 대한 압박을 받을 가능성이 높다. 남북간 자유무역협정을 체결하는 방
안의 경우 WTO 회원국간 자유무역협정체결은 원칙적으로 회원국간에 적

---

30) Ernst-Ulrich Petersmann, *Study on Legal and Political Aspects of Inter-Korean
    Transactions and their Relationship to the International Trade Regime under
    GATT*, 한국개발연구원 편, GATT체제하의 남북한 교역의 법적·정치적 측면에 관
    한 연구, 한국개발연구원, 1993. 1 참조.
31) 각 방안별 상세 내용은 이효원, 앞의 논문(주 24), 328~344면 참조.
32) 즉, 2015년말 현재 미국, 유럽연합, 중국 등과의 자유무역협정을 포함하여 15개의
    자유무역협정을 체결한 상태이고 상품 분야에서의 자유화율도 높은 편(특히 미국
    과는 99% 이상)이어서 무역전환효과가 그렇게 크지 않으므로 과거에 비하여 통상
    마찰의 가능성 또한 그만큼 낮아진 상태라 할 수 있다.

용되는 규정(GATT 1994 제24조)이긴 하지만 WTO 회원국과 비회원국간 지역무역협정의 효력이 부인되지 않는 선례가 있으므로 남북간에 자유무역협정을 체결하고 이를 체약국에 통고(GATT 1994 제24조 제7항(a)에 의거하여 체약국 통고절차가 필수)하는 방안이다. 다만, 이 경우 남북간에는 이미 무관세거래가 진행되고 있는 것이므로 의무면제를 획득하는 방안에 대한 우려(민족내부거래성을 스스로 포기하는 것으로 인식될 가능성과 남북한 민족자결권에 손상을 가져 올 것이라는 우려[33])가 똑같이 적용될 수 있다.

위에서 제시한 다양한 방안들 중에 현재 칠레, 싱가포르, EFTA, ASEAN, 미국, EU 등과의 자유무역협정에 남북한특수관계를 반영하는 조항이 포함되어 기시행 중이며, 이러한 노력을 통하여 민족내부거래성의 국제관습화를 지속적으로 도모하고 있다. 한편, 세계무역기구설립협정 주해(Explanatory Notes)[34]를 통하여 '국가(country)'라는 개념에 '독립관세영역(separate customs territory)'도 포함되므로 '하나의 한국'이라는 원칙하에 '민족내부거래'가 '국가 간의 거래'가 아니기 때문에 세계무역기구설립협정상 최혜국대우의무의 적용대상이 아니라는 논리는 더 이상 주장하기가 어렵다.[35] 다만, 동 주해는 '국가'의 개념에 '세계무역기구의 회원'인 독립관세영역을 포함시키고 있으므로 세계무역기구 회원이 아닌 북한에 대하여 부여되는 혜택은 GATT 1994 제1조의 최혜국대우의무의 범위에 포함되지 않는다는 주장도 가능할 것이다. 이와는 별개로 '하나의 한국'이라는 명제하에 '민족내부거래' 내지 '내한거래'가 민족자결권 내지 국내문제불간섭원칙의 범주

---

33) 이효원, 앞의 논문(주 24), 341면 참조.
34) Explanatory Notes: The terms "country" or "countries" as used in this Agreement and the Multilateral Trade Agreements are to be understood to include any separate customs territory Member of the WTO.
35) 최원목·박찬호, FTA체결에 따른 남북한관련 국내법제의 개선방안 연구, 한국법제연구원, 2008, 109면 참조.

에서 '국내상거래'이므로 최혜국 대우의무의 적용대상이 아니라는 점을 제 3국에게 분명히 할 필요가 있으며, 이것이 우리의 헌법 해석에도 충실하며 통일 이전 남북한간 경제통합 과정에서 집행할 경제 정책의 범위를 넓히는 주장일 것이다.

북한과의 각종 거래가 '민족내부거래'로서 '국내상거래'라는 입장을 취하는 경우 GATT 1994 제3조 '내국민대우(national treatment on internal taxation and regulation)' 규정의 적용대상이 될 수는 있다는 점을 유념해야 한다. 또한, '국내상거래'로서 적용되어야 할 국내법규범, 예를 들면 독점규제법(특히, 불공정거래행위 발생시), 표준인증 및 각종 검사와 관련된 법률, 제조물책임법 등이 제대로 적용되지 않는 상황을 상정해 볼 수 있으며, 반덤핑관세나 상계관세를 부과하거나 긴급수입제한조치 등 국제법상 인정되는 무역구제조치를 활용할 수 없으므로 법제도적으로 이에 대비할 필요가 있다. 물론 현행 남북교류협력에 관한 법률 제15조(교역에 관한 조정명령 등)는 남북교역에 관하여 통일부장관은 일정한 경우 교역당사자에게 반출입하는 물품등의 가격·수량·품질, 그 밖의 거래조건 등에 관하여 필요한 조정을 명할 수 있다고 규정하고 있어 동 조항이 하나의 완충작용을 할 수는 있다. 농축수산물의 경우는 남북교류협력에 관한 법률 제26조 및 동법 시행령 제41조에 규정된 식물방역법, 가축전염병예방법 이외에도 소비자안전 확보 및 식품의 위생검역 차원에서 식품안전기본법, 농수산물품질관리법, 소 및 쇠고기이력관리에 관한 법률, 농약관리법, 식품위생법, 축산물위생관리법 등의 관련 조항을 준용할 필요가 있을 것이다.

3. 분야별 경제통합

(1) 북한내 시장경제질서 채택

교류협력을 통하여 남북한간 경제통합을 추진하는 경우 경제통합의 전제조건으로서 또는 경제통합이 제대로 성숙해 나가기 위한 필요조건으로서 북한내 시장경제질서의 채택이 우선되어야 한다. 그럴 수 밖에 없는 이유는 제2장에서도 적시하였듯이 이질적 경제질서를 채택하고 있는 국가간 경제통합이 사실상 불가능하다는 점에서 유추해 낼 수 있다. 즉, 북한과 같이 시장 기능이 없거나 아주 약한 경제질서를 채택하고 있는 국가는 개별 재화, 용역이 계획단위별로 나누어져 있고 가격이 신호로서도 기능하지 못한다. 물론 제1장에서 언급하였듯이 최근 북한 경제의 시장화 수준에 대한 연구가 확대되고 있고 그 수준에 대한 평가도 나뉘어져 있는 상태이긴 하다. 북한 가격법, 인민경제계획법, 북한 민법, 사회주의상업법 등도 영업의 자유와 가격결정의 자유를 제한하는 주요한 법들이다. 북한 헌법상 계획경제질서의 원칙에 입각한 재산소유권 관련 규정, 사적 자치의 원칙(영업의 자유나 가격결정의 자유 등)을 과도하게 제한하는 규정 등은 수정하거나 철폐하고 시장이 제대로 작동하기 위하여 필요한 각종 법률들이 제정될 필요가 있다.

(2) 재화의 자유로운 이동

교류협력을 통하여 남북한간 경제통합을 추구하는 경우 남북한간 '민족내부거래'를 규정한 현재의 남북간 교류협력 관련 법제도의 내용과 회원간 최혜국대우를 규정한 세계무역기구협정의 관련 규정을 염두에 두어야 한다. 현재의 남북한 교류협력의 정도를 평가해 보면 아직까지 단편적 협력

에 머물러 있고 국가에 의한 관리와 통제가 이루어지고 있어 전면적 협력
단계에는 미치지 못하고 있다. 남북한간 경제통합이 먼저 이루어지고 통일
이 추진되는 경우는 현재 남북한간 교류협력에 장애가 되고 있는 여러 정
치적 요인들이 제거되거나 상당폭 완화된 상태를 전제로 하고 있는데, 이
경우에는 점진적 경제통합이 가능하다는 측면에서 그러한 통합으로 인한
부담을 시간적으로 분산시킬 수 있다. 다만, 남북한간 교류협력이 폭발적으
로 증가하여 타국과의 무역이 남북한간 무역으로 전환되는 무역전환효과
가 발생하는 경우 우리나라가 대외무역을 추진하는 기반이 되는 다자간 무
역체제로부터 남북한간 무관세 거래에 대하여 이의가 제기될 가능성이 높
다. 이에 대응하여 앞에서 본 바와 같이 최근 학자들은 남북한간 자유무역
협정의 체결을 유력한 대안으로 제시하고 있다.[36] 이러한 협정은 그 명칭
이 무엇이든지 간에 기존의 남북기본합의서와 그 부속합의서를 대체하는
것이 아니고 이를 보완하는 방식으로 이루어져야 하며, 국제통상법적 차원
에서 세계무역기구협정상 최혜국대우의 예외를 인정받으면서도 국내법적
으로 규범력을 인정받는 방안을 강구하여야 한다. 기실 남북기본합의서와
남북교류협력에 관한 법률에 의거하여 상품무역에 있어 무관세거래를 지
향하는 협의의 '자유무역지대'는 이미 창설되어 있다고 주장할 수 있다. 하
지만 최근 자유무역협정에 의하여 창설되는 자유무역지대는 상품교역분야
에서 단순히 관세만을 부과하지 않는 것이 아니라 원산지규정, 통관규정,
위생·검역기준, 기술표준, 긴급수입제한조치, 반덤핑조치, 보조금 상계관세

---

36) 민족내부거래성의 인정 확보를 위한 대책의 하나로 남북한간 자유무역지대, 관세동
   맹, 공동시장 또는 경제동맹을 제시한 제성호, 남북경제교류의 법적 문제, 집문당,
   2003, 187~190면 참조; 독일의 경제통합, 유럽연합, 중국-대만, 홍콩간 경제통합 사
   례를 바탕으로 점진적 통일시 남북한 경제통합방안으로 남북한간 포괄적 경제통합
   협정 체결을 주장하는 최근의 연구로는 강문성 외, 남북한 경제통합의 혜택과 한반
   도 통일 국가의 역할, 아연출판부, 2014. 5; 강문성 외, 점진적 통일과정에서의 동북
   아 경제협력과 남북한 경제통합 방안, 대외경제정책연구원, 2014. 12을 참조.

조치 등 비관세조치까지 포함하고 있다. 그러므로, 남북간 자유무역협정 체결 논의는 실질적으로 남북간 경제와 관련된 국내법체계의 차이를 확인하고 북한으로 하여금 경제관련법체계 전반에 있어 관련 법규를 정비하도록 자극하는 역할을 해야 한다. 그리고, 이를 통해 마련된 무역규범과 기준은 북한이 향후 국제경제 무대에 나아감에 있어서 북한의 경제규범을 국제경제규범에 연결하는 주요한 법적 기초가 될 것이다. 다만, 유의할 것은 최근의 자유무역협정은 상품교역뿐만 아니라 용역, 투자, 경쟁, 노동, 환경과 경제협력까지도 그 세부내용으로 하는 포괄적 형태로 체결되고 있지만, 남북간에는 이러한 포괄적인 협정이 체결될 가능성보다는 자연인의 이동과 관련된 용역, 투자분야의 민감성을 반영하여 상품교역분야에서만 협정이 체결될 가능성이 더 높다.

1) 남북간 재화의 자유로운 이동의 법제적 기반

남북기본합의서 및 남북교류협력에 관한 법률에 의거하여 최소한 남북한간 상품의 자유로운 이동이 가능한 최소 요건은 국내 제도적으로 갖추어져 있다. 즉 앞에서도 언급하였듯이 남북간에는 남북기본합의서 제15조와 교류협력관련 부속합의서 제1조에 의거하여 민족내부거래로서의 물자교류, 합작투자 등 경제교류와 협력을 실시하고 있으며 물자교류는 무관세거래로 진행하고 있으며, 남북교류협력에 관한 법률 제12조는 남북한 거래의 원칙으로 "남한과 북한 간의 거래는 국가 간의 거래가 아닌 민족내부의 거래로 본다"고 규정하고 있다.

하지만 단순히 민족내부의 거래로 인정한다는 규정만으로는 자유로운 거래가 발생할 수 없다. 상품간 거래에 있어서 공산품의 경우 국가표준기본법, 산업표준화법, 제품안전기본법, 어린이제품안전특별법, 전기용품안전관리법, 품질경영 및 공산품안전관리법, 계량에 관한 법률 등에 따라 국가표준, 산업표준, 제품안전, 계량을 위한 강제 및 비강제조치들을 준수할 필요가 있으며, 특히 각종 표준안전 관련 제도가 서로 다른 경제권간 거래에 있어서는 국내에서 발행한 적합성평가결과(시험성적서, 교정성적서, 검사성적서, 제품인증서 등)가 해외에서도 수용될 수 있도록 적합성평가결과에 대한 상호인정협정(MRA; Mutual Recognition Agreements)을 체결하여야 하는데, 남북간 거래에 있어서는 이러한 제도적 장치가 뒷받침되어 있지 않은 상태이다. 농축수산물의 경우는 이와는 별도로 식품안전기본법, 농수산물품질관리법, 소 및 쇠고기이력관리에 관한 법률, 식물방역법, 농약관리법, 식품위생법, 축산물위생관리법 등에 의한 위생 및 검역요건을 충족하여야 한다.

분단국간의 통일을 지향하는 잠정적 관계라는 남북한특수관계를 감안하여 국가간 자유무역협정에 규정되는 모든 요소를 수용할 수는 없다. 대표적인 것이 반덤핑조치, 상계관세조치 그리고 긴급수입제한조치 등이다. 다만, 농산물의 경우는 국가로 하여금 농업 및 어업을 보호·육성하기 위하여 농·어촌종합개발과 그 지원등 필요한 계획을 수립·시행하도록 하고, 농수산물의 수급균형과 유통구조의 개선에 노력하여 가격안정을 도모함으로써 농·어민의 이익을 보호하도록 한 헌법 제123조의 규정의 취지를 감안할 때 북한산 농산물에 대한 긴급반입제한조치의 필요성이 제기될 수도 있다. 본격적인 남북간 경제교류가 일어나고 공산품, 농산품, 수산품 등의 반출, 반입이 큰 폭으로 증가할 때 북한산 농수산품의 가격이 남한의 그것보다 매우 낮을 것임을 감안할 때 남한의 농축수산업에 미치는 영향은 한-미 자유무역협정이나 한-중 자유무역협정에 비할 바가 아닐 것이기 때문이다. 과거 칠레와의 자유무역협정 체결 등에 따른 농어업인의 피해를 최소화하고 농어업의 경쟁력 제고를 위하여 '자유무역협정 체결에 따른 농어업인 등의 지원에 관한 특별법'이 제정되어 있어 외국과의 자유무역협정이 체결되는 경우에는 동법에 의한 지원조치가 일종의 완충작용을 발휘하였다. 하지만, 남북한간 민족내부거래에 대하여 동법에 의한 지원이 이루어지는 것은 자유무역협정을 다른 나라나 지역무역연합체와 체결한 국제협정이라 규정한 동법 제2조 제1호 자유무역협정의 정의를 감안할 때 동법의 적용범위를 벗어난다. 그러므로, 이러한 상황에서 점진적으로 남북간 재화 특히 북한산 농축수산물의 반입이 증가할 때 남한의 농축수산업에 미치는 영향을 감안한 제도적 장치가 필요하다는 주장이 제기될 수 있다. 이와는 달리 남북한특수관계론에 의하면 제3국으로 수출되는 물품은 논외로 하더라도 북한산도 최소한 남한으로 반입되는 물품은 국내산으로 인정할 수 있고 국내산 물품의 경우는 상이한 취급을 해야 할 이유가 없으며, 남북한 전체 농·어민을 아우르는 한반도 전체 농축수산업의 보호·육성을 위해서는 내부 경쟁을 막아서는 안 된다는 주장이 제기될 수 있다.

2) 재화의 자유로운 이동 제한

단일 상품시장이 형성되기 위한 가장 중요한 선결조건으로 남북한 산업표준의 통일 과제[37]가 있다. 이는 남북경협과정에서도 항상 등장하는 과제로서 양 지역간 교역이 활성화되기 위해서는 남북한 표준 연구를 통한 규격 통일화가 선행되어야 한다.[38]

우리의 전략물자수출통제제도는 국가안전보장을 위하여 남북간 재화의 자유로운 이동을 제한하는 대표적인 경우에 해당하는데, 이는 1987년 9월 체결된 '한미 전략물자 및 기술자료보호에 관한 양해각서'와 국내법인 대

---

37) 남북간 표준 통합과 관련해서는 2001. 7. 1일~2006. 4. 30일 남북산업표준통합기반구축에 관한 산업기술기반조성사업 및 관련포럼이 진행되었었다.
https://www.ksa.or.kr/framework/customer/notice.do?method=view&brd_seq_n=11697&cPage=352&skin_seq_n=1(2016. 1. 23일 검색) 참조.
38) 윤덕균, "통일을 대비한 남북한 산업표준 통일화과제", 산업경영시스템학회지 제23권 제57집, 2000. 6, 104면 참조.

외무역법, 원자력안전법, 방위사업법, 화학무기·생물무기의 금지와 특정화
학물질·생물작용제 등의 제조·수출입규제 등에 관한 법률 등에 근거를 두
고 있다. 전략물자수출입고시 제10조 및 별표 6에 의거하여 북한의 경우는
'제3국을 경유하여 재수출되는 경우에 한함'이라는 단서가 붙어 있으므로
북한은 전략물자가 재수출하는 경우에 한하여 수출허가를 받도록 한 지역
으로 분류되어 남한이 북한으로 직접 전략물자를 반출하는 경우는 남북간
대치상황 및 민족내부거래의 특수성이 어느 정도 인정되고 있다.[39] 즉, 현
재 남북간 전략물자의 반출입은 국가 대 국가의 관계가 아니므로 남북교류
협력에 관한 법률에 근거하여 규율되고 있다. 동법 제13조는 남북간에 물
품 등(남한과 북한 간의 물품, 대통령령으로 정하는 용역 및 전자적 형태의
무체물)을 반출입하려는 자는 통일부장관의 승인을 받아야 하며, 통일부장
관은 법령상 조건이나 공고사항을 위반한 경우, 남북교류·협력을 해칠 명
백한 우려가 있는 경우, 국가안전보장, 질서유지 또는 공공복리를 해칠 명
백한 우려가 있는 경우 등에는 동 승인을 취소할 수 있다고 규정하고 있다.
또한, 동법 제14조에서는 통일부장관이 물품등의 반출이나 반입에 관한 사
항을 미리 공고하여야 한다고 규정하고 있고 이에 따라 「대북 전략물자의
반출승인절차에 관한 고시」, 「반출·반입 승인대상품목 및 승인절차에 관한
고시」가 공고되어 있고 전략물자를 포함한 물자의 반출승인은 통일부장관
이 하도록 하고 있는데, 현재의 남북관계를 반영하여 남북간 물품 반출입
은 매우 강한 수준으로 관리되고 있다. 북한이 평화통일을 위한 화해와 협
력의 동반자로서의 지위에서 활동하는 범위가 넓어질수록 향후에는 남북
간 거래의 민족내부거래성을 최대한 반영하여 남북간 물자거래제도를 유
연하게 운용할 필요가 있다.

---

39) 이효원, 남북교류협력의 규범체계, 경인문화사, 2006, 354~366면 참조.

(3) 용역·자본 이동의 점진적 자유화

용역의 이동은 자연인의 이동을 수반할 가능성이 높고 자본의 이동은 파급효과가 크다는 점 등을 감안하여 재화와 달리 남북간에 점진적으로 자유화할 필요가 있다. 경제통합이 먼저 이루어지고 통일이 이루어지는 경우 남북간 용역의 자유로운 공급이 점진적으로 가능해지기 위해서는 각 용역 세부부문과 관련한 국내규제(자격요건과 절차, 용역의 기술표준, 면허요건) 등을 남북간에 일치시키거나 그러한 국내규제가 상호인정될 수 있도록 상호인정합의서를 체결하여야 한다.

앞에서 언급한 방식 1(국경간 공급)이 큰 폭으로 증가하기 위해서는 남북간 전자적 방식 혹은 전통적 방식에 의한 통신의 자유가 보장되어야 하며, 방식 2(해외 소비)는 특히 관광분야에서 소비자의 신변의 안전을 담보할 수 있는 법제도적 장치가 필요하며, 방식 3(상업적 주재)에서는 용역분야 기업설립의 자유를 포함한 자본의 자유로운 이동과 맞닿아 있다. 방식 4(자연인 주재)에 의한 남북간 용역시장의 통합은 현행 북한이탈주민의 보호 및 정착지원에 관한 법률 제14조에 의한 북한이탈주민의 자격인정제도 보다 높은 단계로 북한에서 취득한 각종 자격요건을 자동적으로 인정해 주는 법제도적 장치가 필요한데, 남북간 용역공급자의 자격요건이 매우 상이한 분야, 특히 고도의 전문성이 요구되는 의사, 변호사, 회계사 등의 전문직군은 상당기간 그러한 자동적 인정은 어려울 것으로 예상한다. 남북간 자본의 자유로운 이동은 단일한 화폐를 사용하고 북한 지역에 자유로운 계좌간 이체를 가능하게 하는 금융산업의 기반이 발달해 있어야 가능하다.

1) 용역

남북교류협력에 관한 법률 시행령 제3조에서는 통일부장관이 반출입 승인을 할 수 있는 용역을 '「대외무역법」 제2조제1호나목에 따른 용역 및 그 밖에 이에 준하는 용역'으로 정의하고 있다. 대외무역법 제2조제1호나목에 따른 용역은 동법 시행령 제3조에 규정되어 있는데, 1)경영상담업, 법무 관련 서비스업, 회계 및 세무관련 서비스업, 엔지니어링 서비스업, 디자인, 컴퓨터시스템 설계 및 자문업, 「문화산업진흥 기본법」 제2조제1호에 따른 문화산업에 해당하는 업종, 운수업자, 「관광진흥법」 제3조제1항에 따른 관광사업에 해당하는 업종, 그 밖에 지식기반용역 등 수출유망산업으로서 산업통상자원부장관이 정하여 고시하는 업종의 사업을 영위하는 자가 제공하는 용역과 2)국내의 법령 또는 대한민국이 당사자인 조약에 따라 보호되는 특허권·실용신안권·디자인권·상표권·저작권·저작인접권·프로그램저작권·반도체집적회로의 배치설계권의 양도, 전용실시권의 설정 또는 통상실시권의 허락 등 크게 두 가지로 나뉜다. 자연인의 주재는 인력교류에서도 설명하듯이 고용과 관련이 있어 정치경제적으로 매우 민감한 이슈이며, 남북한의 경우는 거기에 더하여 서로를 국가로 인정하지 않고 반국가단체로 보기 때문에 국가안보와도 깊이 관련이 있어 실현되기 매우 어려운 서비스 공급 형태이다.

2) 자본

남북 화폐·금융 분야의 통합을 위하여 점진적으로 북한 지역내 일상적인 금융거래가 가능하도록 하기 위한 제반 여건을 갖추는 제도정비기와 실질적 금융거래가 남한과 유사한 형태로 수렴화될 수 있도록 노력하는 단계가 필요하다. 이에 대한 기존 연구[40]를 보면 남북 화폐·금융분야 통합의 기본원칙으로 거시경제 안정과 북한 기업의 자생력 확보를 필수요건으로

---

40) 이영섭·전홍택, "북한특구의 화폐·금융제도 운영방안", 전홍택 편, 남북한 경제통합연구, 2012. 12, 246~250면 참조.

보고 있으며, 제도정비기에 상업은행 신규 설립, 신규 진출을 과감히 허용하여 중앙은행과 상업은행을 분리한 이원적 은행제도를 확립하고 직접금융을 활성화하되 별도 증권시장은 설립하지 않고 남한과 유사한 예금보험제도와 지급결제제도를 도입하는 방안을 제시하고 있다.

북한 지역의 화폐·금융분야 통합은 반드시 관련 법규의 제·개정을 통하여 뒷받침되어야 하는데, 이를 위해서는 북한의 현행 중앙은행법, 발권법 등 금융 관련 법률의 내용을 살펴 한국의 한국은행법, 은행법, 외국환거래법, 자본시장과 금융투자업에 관한 법률 등 금융관련법률과 비교하는 작업이 선행되어야 할 것이지만 북한 금융분야의 취약성을 감안할 때 거의 전 영역에서 새로운 입법을 하여야 할 필요성이 있을 것이다. 특히 거시경제 안정을 위해서는 남한과 유사한 안정적 결제시스템의 도입이 요구되며, 예금자보호와 금융제도의 안정성 유지를 위하여 남한의 예금보험공사와 같은 기관을 설치하여야 한다. 북한의 중앙은행법, 발권법은 하나로 통합하고, 상업은행법은 개정하되 금융감독기관 설치에 관한 법률 등을 제정하고 화폐류통법은 폐지할 필요가 있다.

중앙은행과 상업은행을 분리하는 이원적 은행제도는 제도적으로는 2006년 1월 25일에 채택된 북한 상업은행법에 의하여 도입이 된 듯 보이지만 동법 제7조 후단에서 특수경제지대에서의 상업은행의 설립운영과 외국투자은행의 설립운영은 해당 법규에 따르도록 하고 있어 적용대상이 제한적이며, 구체적 규정도 예금보호규정 등이 없는 등 미비한 점이 많으므로 경제통합시 그대로 적용하기에는 어려움이 있을 것이므로 관련 법의 제·개정 작업이 필요하다. 남북간 자본의 자유로운 이동은 헌법 제37조 제2항에 의하여 국가안전보장을 사유로도 제한이 가능하다. 현재 남북 화폐는 직접교환이 허용되지 않고 있으며 상호간 법화로서 인정되지 않고 있다. 남북화폐 모두가 국제적으로 통용되는 기축통화가 아닌 점이 가장 큰 이유이겠지만, 우리 헌법 제3조에 의거하여 북한이 반국가단체라는 지위를 보유하고

있다는 점도 크게 작용한다. 반국가단체의 활동 지원에 사용될 수도 있는
자금을 공급하는 것은 국가안전보장에 위해가 되는 행위가 될 수도 있다.
하지만 북한은 평화통일을 위한 대화와 협력의 동반자로서의 지위도 동시
에 가지고 있으므로 일방적 지원이 아닌 상호간 교환에 의하여 이루어지는
자본거래에 대하여는 가급적 헌법 제4조의 규범력을 원용하여야 할 것이다.

(4) 인력 이동의 제한

교류협력단계에서 남북한간 인력 이동은 상당 기간 제한될 필요가 있다.
북한은 국가보안법상 반국가단체로서의 지위와 평화통일을 위한 대화와
협력의 동반자로서의 이중적 지위를 동시에 가지고 있는데, 남북한특수관
계론에 의하여 북한 주민들도 헌법 제3조에 의거하여 규범적으로는 대한민
국 국민에 포함되지만 헌법 제4조에 의하여 그 특수한 지위가 인정된다.
북한이탈주민에 대하여는 1997년 1월 13일 북한이탈주민보호법이 제정되
어 이들에 대한 특별한 보호 및 지원에 관한 사항을 규정하고 있다. 하지
만, 북한을 이탈하지 않은 주민에 대하여는 남북한특수관계론에 의하여 평
화통일을 위한 대화와 협력의 동반자로서 인정하여야 할 규범영역에서는
내국인이 아니라 외국인으로 해석하여야 할 것이다. 물론 이 경우에도 북
한주민이 대한민국 국민으로 인정받으려는 의사를 표명하는 경우에는 우
리국민으로 인정되어야 할 것이다.[41]

특히 공산주의 국가들의 경우 국가로부터 독립된 민간분야가 거의 존재
하지 않는다는 점을 감안할 때 북한이 국가보안법상 반국가단체 또는 불법
단체로서의 성격을 지니고 활동하는 영역과 평화통일을 위한 대화와 협력
의 당사자로 활동하는 영역을 구분하는 것은 매우 어려운 일이다. 이러한
어려움은 인력 이동의 제한이 상당 기간 지속될 가능성을 높이는데, 다만

---

41) 이효원, 앞의 책(주 9), 178~180면 참조.

향후 통합의 진전정도에 따라 남북교류협력에 관한 법률에 의하여 규율되고 있는 남북한 주민접촉의 제한이 축소될 필요가 있다. 또한, 북한 주민도 우리 국민이므로 남북경제통합시에는 외국인에게 적용되는 법제도와는 다르게 취급하여야 한다. 우리 헌법상 거주이전의 자유, 직업선택의 자유, 근로3권 등을 북한 주민에게 어떻게 보장할 것인가가 중요한 이슈가 될 것이다.

향후 폭넓은 인력 교류를 뒷받침하기 위해서는 남북간 왕래인원에 대하여 개성공단 및 금강산지구를 넘어선 신변안전보장 및 남북간 통행에 관한 사항을 포함하는 인적 교류에 관한 합의서가 필요할 것이다.42) 이 경우 친지방문이나 관광 등 일시적 목적을 위하여 통행하는 경우,43) 용역의 제공을 위하여 일시 목적으로 체류하는 경우, 투자 목적으로 장기체류하는 경우를 구분하여 신변안전보장이나 통행의 합의가 이루어질 필요가 있다. 특히 단순 관광객이나 방문객이 아닌 노동인력의 이동은 반국가단체의 일원으로서 활동하는 북한 주민과 평화통일을 위한 대화와 협력의 동반자로서 활동하는 북한 주민을 구분하는 것이 사실상 불가능할 수도 있으므로 더 세심한 법제도의 설계가 필요하다. 남북한특수관계론의 관점에서 볼 때 북에서 남으로의 인력교류에 있어서는 북한 주민이 대한민국 국민으로 인정받으려는 의사를 표명하지 않는 경우에는 원칙적으로 외국인에 준한 대우를 제공하면 될 것이나, 만약 그러한 인력 교류가 실제로 일어나기 전에 국가안전보장을 위하여 국내에서의 여행의 자유를 제한할 수 있는지 여부와 제한이 가능하다면 그 방식 등에 대하여 사전에 결정하고 이를 법률에 반영하여야 할 것이며, 재외동포(F-4)에 대한 외국인고용법, 재한외국인처우

---

42) 동 합의서에는 신변안전보호 및 무사귀환 보장, 타방의 법률 및 관습 준수의무, 체포·구금에 대한 특례, 긴급구호조치, 통행위원회 구성 등이 포함되어야 한다. 제성호, 남북한관계론, 집문당, 2010, 497면; 이장희, "금강산 관광합의서의 공법적 점검과 대책", 서울국제법연구 제6권 제2호, 서울국제법연구원, 1999, 239~258면.

43) 엄밀한 의미에서는 비상업적 활동으로서 경제통합에서 논의되는 인력 이동의 범주에 포함되지는 않는다.

기본법에 의하여 외국인근로자에게 제공되는 취업 기회와의 형평성도 고려하여야 할 것이다.

(5) 남북간 토지 관련 법제 통합

경제통합이 먼저 이루어지고 통일이 그 후에 이루어지는 경우 남북간 토지 관련 법제의 통합이 경제통합에 있어서 중요한 과제가 될 것이다. 이와 관련하여서는 현행 북한의 토지법제 중 개성공단내 토지법제가 통합을 위한 하나의 출발점이 될 수 있다.[44] 북한에서 토지는 북한 헌법, 민법, 토지법에 의거하여 국가 또는 협동단체 소유이며, 토지의 임대에 관한 권리도 인정되지 않는다. 다만, 1993년 제정된 토지임대법에 따라 외국투자가와 외국투자기업에 권리로서의 토지이용권을 인정하고 있다. 이와는 별개로 금강산관광지구와 개성공업지구에서는 남한 기업에 대하여 토지이용권을 설정할 수 있도록 하고 있다.[45] 남북이 현행의 법제를 그대로 유지한 채 재화·용역 거래 및 투자를 중심으로 경제통합이 진전되는 경우 토지관련법제가 가장 큰 차이점을 보일 가능성이 높다. 물론 경제통합의 전제조건으로 시장경제질서가 도입되어야 하므로 그러한 과정에서 사유재산제도도 자연스럽게 채택되겠지만 토지의 경우에는 중국이나 베트남의 경우처럼 주민들에게 토지이용권을 부여하고 소유권은 국가나 협동단체에 그대로 두는 형태도 가능하기 때문에 토지 관련 법제가 가장 늦게 통합될 가능성이 크다. 경제통합이 우선 이루어지고 통일이 추진되는 경우 통일 이전에

---

44) 현행 북한의 부동산법제에 대하여는 변우주, "북한의 토지법제와 토지이용제도에 관한 고찰", 법학연구 제56권 제1호, 부산대학교 법학연구소, 2015. 2; 손희두, 북한의 부동산관리법제와 남북한 협력방안 연구, 한국법제연구원, 2012; 김상용, "개성공단 토지이용권 보호를 위한 제도화방안", 북한법연구 제11호, 북한법연구회, 2008. 11; 김상용, "개성공단에서의 부동산법제의 검토", 국제고려학회 서울지회 논문집 제8호, 국제고려학회 서울지회, 2006. 11 등 참조.

45) 변우주, 위의 논문(주 44), 223~226면 참조.

현재는 점유로만 인정되는 주민들의 토지 이용상태가 권리로서 인정될 가
능성이 높고 그렇게 되면 몰수토지의 처리에 있어서도 북한 주민의 토지이
용에 대한 기득권과 원소유자의 원상회복청구권이 충돌할 가능성이 있다.
북한주민의 이용권을 보호하는 방안도 향후 진행상황에 따라 크게 두 가지
로 나뉠 수 있다.46) 우선, 현재와 유사한 형태(외국인에게만 토지이용권 인
정)로 토지 관련 법제가 큰 변동이 없는 경우 국유나 협동단체소유로 그대
로 두었다가 적절한 시기에 경자유전의 원칙을 실현하기 위하여 농지개혁
으로 북한주민에게 유상분배하는 방법이 있을 수 있다. 그 외 북한 주민에
게도 토지이용권이 보장되는 등 중국이나 베트남과 유사한 토지 법제를 가
지게 되는 경우 그러한 부동산이용권을 적극 보호해 주는 방법이 가능할
것이다.

(6) 남북 산업협력

통일 이전에 경제통합이 먼저 진행되는 경우 경제통합의 발전 및 통일환
경 조성 및 통일비용 경감을 위하여 남북간 산업협력이 크게 확대되고 고
도화될 필요가 있다. 남한 산업만의 입장에서 볼 때에도 북한과의 산업협
력을 통하여 국제적으로 약속한 온실가스배출량 감축목표의 달성, 고령화
하는 산업인력의 지식·기술 전수, 저성장하는 제조업의 성장활력 회복 및
국제경쟁력 제고 등에 기여하는 측면이 있다. 경제협력이 어느 정도 진행
될 경우 그러한 협력의 제도적 수단으로 통일 이전이라도 남북 공동으로
'통합산업발전전략'을 수립하여야 하며, 동 전략에는 현재 남한의 산업경
쟁력, 북한 지역내 자원부존량, 전력을 포함한 에너지 공급기반 등 다양한
요인을 감안하여 북한 지역에 국제적 경쟁력을 갖춘 산업을 육성할 수 있
는 방안이 포함되어야 한다.47) 좀 더 상세히 부연하면, 북한의 기업소를 어

---

46) 손희두, 앞의 책(주 44), 135면 참조.

떻게 국제적으로 경쟁력있는 기업 조직으로 전환시킬 것인지, 국제적 경쟁력이 떨어지는 산업을 어떻게 구조조정할 것인지, 북한 지역내 중소기업 육성은 어떻게 할 것인지, 북한의 산업발전 잠재력을 실현시킬 전략산업은 어떤 것이 있는지, 산업발전을 선도할 산업단지를 어느 곳에 설립할 것인지, 향후 남북간 산업협력을 통하여 산업간·산업내 협력을 촉진함으로써 이룩할 통합된 남북산업의 지향점은 무엇인지 등에 대한 고민이 반영되어야 할 것이다.

다만, 법제 측면에서 남북 산업간 협력은 몇 가지 제약 요인을 가지고 있다. 우선 국제경제법적 측면에서 보면 북한은 WTO로 대표되는 국제무역의 국외자로서 현재 북한에서 생산된 재화는 제한된 국가들을 제외하고는 구매력있는 시장에 접근이 사실상 불가능하다. 이렇게 낮은 개방 수준 하에서는 남북 산업간 협력도 크게 제약될 수 밖에 없으므로 북한내 투자한 기업들이 세계시장에 접근할 수 있도록 양자적으로 또는 다자적으로 세계시장에 접근할 수 있는 변화가 필요한데 현재의 국제정치적 상황을 감안할 때는 그 시기를 가늠하기가 극히 어렵다. 동일한 맥락에서 전략물자기술통제 관련 법제 또한 남북간 산업협력의 한계를 정하는 요인으로 작용할 것이다. 또한, 남북간에는 국가안전보장을 위하여 관련법에 의거하여 인력이동이 상당기간 제한될 수 밖에 없을 것이므로 이러한 요인 또한 산업협력의 폭과 깊이를 제한하게 될 것이다.

---

47) 북한산업개발전략에 대해서는 김석진·이석기·양문수, 통일 이후 북한산업개발전략 연구, 산업연구원, 2011. 12; 김석진 외, 체제전환국사례를 통해 본 북한 산업개발전략, 산업연구원, 2008. 12; 이석기 외, 북한의 산업발전 잠재력과 남북협력과제, 산업연구원, 2013. 12; 이석기, 북한의 산업발전전략과 남북경협, 산업연구원, 2005; 오영석 외, "북한의 산업개발방향과 남북한 산업협력방안", KIET 산업경제, 산업연구원, 2007. 12; 김계환, 독일통일과 산업구조조정: 남북산업협력에 대한 시사점, 산업연구원, 2008. 8 등 참조.

4. 국가연합단계

(1) 경제통합합의서 체결

경제통합이 어느정도 진전되고 통일이 이루어지기 전 단계로 한민족공
동체통일방안과 같이 과도기로서 국가연합의 단계를 거처 남북한이 단일
국가로 발전해 나아갈 가능성이 있다. 이 경우 남북간에 명칭이야 어떻든
국가연합으로 나아가는 과정에서 경제통합합의서를 체결하고, 단일국가로
나아가기 위해서는 통일합의서를 체결할 필요가 있다.[48] 하지만 현실적으
로 북한이 현재와 같이 계획경제체제를 고수하는 한 이러한 방식은 거의
불가능하다 할 것이다.

경제통합이 이루어지고 통일이 추진되는 경우 체결할 남북간 경제통합
합의서에는 기본적으로 독일의 '화폐·경제·사회통합에 관한 국가조약' 중
에서 화폐와 사회 관련 부분을 제외하고 경제통합에 관한 내용들을 참고로
할 수 있다. '국가조약'에서 채택한 경제활동의 기본원칙, 즉, 사적 소유,
효율적 경쟁, 가격 결정의 자유, 계약의 자유, 영업활동의 자유, 직업의 자
유, 노동·자본·서비스의 자유로운 이동을 북한 지역에서의 경제활동의 기
본원칙으로 채택하고, 민간투자자의 토지 및 생산수단의 소유권 취득을 보
장하여야 한다. 기업의 경우 기업 스스로 생산하는 물품의 종류, 수량, 가
격 등에 관한 자유로운 결정을 내릴 수 있어야 하며, 이를 위한 북한내 법
제도의 대규모 개편이 동반되어야 한다. 또한, 경제통합합의서에는 독일의
사례를 참조하여 경제분야에서 i)북한 지역에서 계속 시행할 법률, ii)북한
지역에서 폐지 또는 개정할 법률, iii)북한 지역에서 신규제정하거나 남한의
법률을 원용해야 할 법률, iv)남한이 개정해야 할 법률을 구분할 필요가 있

---

48) 통일헌법의 제정방식과 주요쟁점에 대하여는 이효원, "통일헌법의 제정방법과 국가조
    약", 헌법재판연구원 주최 통일심포지엄 발표자료집, 2014. 5. 12, 195~229면 참조.

다. 이러한 북한법률들의 계속 시행, 제·개정 혹은 폐지의 기준은 경제통합 영역에서는 시장경제질서에의 합치 여부가 될 것이고 법적 안정성 측면이나 기존의 법률관계의 존중 측면에서 정치 영역에서보다는 북한 지역에서 계속 시행할 법률이 더 많을 것이다. 물론 북한의 1인당 GDP가 남한의 1/4 정도에 다다른다면 화폐나 사회 분야 통합도 포함시키는 것을 고려해 볼 수 있다.

(2) 경제관련 법제통합

국가연합단계에서 통합할 법령의 양과 폭은 방대하다. 남한의 법률은 2014년 3월 31일 현재 1,319건이고 대통령령 1,520건, 총리령 69건, 부령 1,116건이 있다. 이에 반하여 북한의 경우 2013년 북한법령집을 참고할 경우 법률 213건, 하위법규인 시행규정 65건이 있을 뿐이다. 실제로는 입수하지 못한 하위법규가 이보다 더 많을 것이지만 절대량에서 남한에 비하여 상당히 작다는 사실은 변함이 없으며, 이는 사적 영역이 극히 제한되어 있는 사회주의 국가들의 특징에 더하여 강력한 1인지배체제에 따른 비공식적 규범인 수령의 교시나 지시, 당의 지시가 매우 중요한 규범이 된다는 점에 기인한다고 볼 것이다.

북한의 민사법은 사회주의 계획경제를 기반으로 하여 개인의 창의적 경제활동이 봉쇄되어 있고, 남한의 민법전에 담긴 내용이 북한 민법, 가족법, 상속법, 손해보상법, 토지법, 토지임대법 등으로 나누어져 있으며, 남한의 상법전에 담긴 내용 또한 북한 사회주의상업법, 보험법 등으로 나뉘어져 있다. 특히 북한 민법전은 총 4편 271개의 조문으로 구성되어 있는데, 제1편은 일반규정으로서 우리의 민법총칙에 해당하며, 제2편은 소유권제도, 제3편은 채권채무제도, 제4편은 민사책임과 민사시효제도를 다루고 있다. 친족관계에 대하여는 별도의 가족법을 두어 사회주의적 결혼관계와 가족,

친척들 사이의 인격적 및 재산적 관계를 규율하고 있는데, 실제 생활규범이나 재판규범으로 기능하기에는 법규정의 흠결, 미비된 부분이 많다. 사적 자치의 원칙이 거의 인정되지 않고, 인민경제계획에 기초하여 체결되는 '계획적 계약' 등의 계획경제질서를 반영한 공법적 규정은 시장경제질서와는 맞지 않는 규정들이다.

남북법제통합에 있어서 개성공업지구 지원에 관한 법률과 그 하위규정들은 남북이 공동으로 진행한 법제통합의 실제 모델이라는 점에서 중요한 기준이 될 수 있다. 개성공업지구 지원에 관한 법률과 그 하위규정에는 관련분야의 남한의 현행법률과 다른 규정들이 대부분이며, 북한법에 없는 규정들도 많이 있다. 북한에서 첫째, 사유재산제도를 확립하고 시장경제체제의 기반을 구축하기 위하여 민법, 상법, 그리고 이의 집행을 뒷받침할 행정체계, 사법체계 확립과 관련된 법률의 전면개정 또는 제정이 필요하다. 또한, 시장경제질서를 반영한 민법, 상법만 있어서는 이러한 법률은 형식적·장식적 법률에 그칠 수 밖에 없다. 그 규범력을 확보하는 수단은 주민등록제도, 부동산등기제도, 자동차등록제도, 회계규정, 통관행정, 조세행정, 사회보장행정, 우정행정 등 감독·관리규정과 이를 어겼을 경우 행정벌(과태료) 혹은 형사벌의 부과이다. 형사벌의 집행을 위한 치안조직과 민사 분쟁이나 형사 사건이 발생했을 경우 이를 판단하고 처리할 수 있는 사법체계와 법조인력은 북한 지역내 법치주의의 확립을 위한 필수적 요소이다. 둘째, 자본시장 통합과 관련된 법률로 발권법, 중앙은행법, 화폐류통법, 외화관리법, 보험법, 상업은행법, 자금세척방지법 등이 있으며, 조세·재정정책의 통일과 관련된 법률로 국가예산수입법, 재정법, 회계법, 통계법, 사회주의재산관리법, 귀금속관리법 등이 있다. 셋째, 노동시장 통합과 관련된 법률로 사회주의노동법, 장애자보호법, 인민보건법, 의료법, 공중위생법, 식료품위생법 등이 있다. 넷째, 대외개방과 관련된 법률로는 남한의 대외무역법, 외국인투자촉진법, 북한의 무역법, 가공무역법, 세관법, 합영법, 합작법,

대외민사관계법, 대외경제계약법, 대외경제중재법, 외국인투자법, 외국인기업법, 외국투자기업 및 외국인세금법, 외국투자은행법, 외국인투자기업파산법 등이 있다. 또한, 북한이 외국인투자를 유치하기 위한 목적으로 제정하여 외국인투자기업에만 적용되는 법률들 또한 남북한 법제통합시 중요 기준이 될 수 있다. 한편, 북한주민들에게 자본축적의 기회를 부여하기 위한 법·제도적 장치가 마련되어야 한다.

5. 통일국가 형성단계

(1) 통일합의서 체결

남북주민이 공동으로 민족자결권을 행사하는 것은 독일의 '통일조약'과 같은 '통일합의서'의 체결로 시작하게 될 것이다. 독일이 기본법, 동독 지역에 확대적용되는 서독연방법률과 조약, 효력이 지속되는 구동독법률과 조약, EC법 관련 사항을 통일조약에 규정하였듯이 통일합의서에는 재화, 용역, 자본, 인력의 자유로운 이동과 토지거래제도의 통일이라는 측면에서 남북간 경제통합을 이룰 수 있도록 남북간 법제도의 통합과 관련한 사항들을 포함시켜야 한다. 즉, 통일합의서에는 남북간 경제통합의 세 가지 특수성을 반영하여 남북한이 공동으로 채택할 시장경제질서의 주요 원칙과 사유재산제도의 도입에 관한 사항, 재화의 자유로운 이동에 관한 사항, 용역제공에 관한 사항, 남북간 인력이동에 관한 사항, 남북간 화폐통합 등 자본이동에 관한 사항 등을 규정하고 분단국 특수문제의 처리와 관련된 사항을 규정하여야 하며, 이러한 내용이 남한주민과 북한주민을 포함한 한민족 전체의 의사를 결집시켜 민족자결권이 제대로 행사될 수 있도록 하여야 할 것이다.

(2) 통일헌법 제정

경제통합이 선행하고 통일이 뒤따르는 경우 통일헌법의 제정으로 민족 자결권의 행사가 완료된다. 통일헌법에서의 국가형태는 단일국가일수도 있고 연방국가와 유사한 형태일 수도 있다. 단일국가에서는 입법권, 행정권, 사법권이 중앙국가에 집중되어 있는데, 국가에 따라서는 단일국가이지만 지방정부에 폭넓은 자치권을 부여하여 연방국가와 유사한 형태를 띠는 경우도 있다. 예를 들면, 영국은 단일국가로 분류되고 있지만 지방정부인 스코틀랜드에 상당한 수준의 법률제정권이 이양되어 있다. 그러므로, 현대에 이르러 지방정부와 중앙정부간 구체적인 권한배분과 자율성은 연방국가 또는 단일국가라는 구별에서 유래한다기 보다는 이에 대한 헌법적 보장에 따라 달라질 수 있다.[49]

권한의 배분에 있어서 핵심은 자기결정을 위한 입법권의 배분[50]에 있는데, 이외에도 행정권, 사법권의 배분문제가 있으며, 진정한 자치를 위한 재정적 분권 문제가 있다. 지역간 세원의 불균등성 문제를 해결하기 위해서 재정조정제도 혹은 보조금제도가 있다.[51] 제주특별자치도의 경우 현행 헌법과 법령체계하에서 자치입법권이 가장 넓음에도 불구하고 그 한계가 있어 헌법에 특별자치의 근거를 마련하고 제주기본법으로 특별자치의 대강을 정한 다음 조례로 세부사항을 정하는 체제가 제안되고 있다.[52] 법률안 제출권을 인정하고 법률적 효과를 지니는 조례제정권을 실질적으로 확보

---

49) 경기개발연구원, 연방주의적 지방분권에 관한 연구, 2010, 24~25면.
50) 연방국가에서 입법권을 배분하는 방식은 i) 중앙국가의 입법권을 열거하고 잔여권한을 지방국가의 권한으로 하는 방식, ii)그 역의 방식, iii)양자의 혼합방식으로 구분하기도 하며, 배타적(전속적)인 부여방식과 경합적 부여방식으로 구분하기도 한다. 경기개발연구원, 위의 책, 19~20면 참조.
51) 경기개발연구원, 위의 책, 19~21면 참조.
52) 제주대학교 법과정책연구소, 제주특별자치도의 헌법적 근거 마련 방안 연구, 2008. 12, 32면 참조.

하는 경우에도 유사한 효과가 있다.

유럽연합은 경제통합에 있어 중요한 원리의 하나로 보충성의 원리와 비례성의 원리를 채택하고 있다. 국가의 기능은 지방자치단체의 기능에 비하면 보충적이어야 한다는 보충성의 원리(Subsidiaritätsprinzip)는 헌법상의 중요한 일반원칙으로서 국가와 지방자치단체간 기능배분의 원리이다.[53] 이러한 보충성의 원리는 유럽연합조약 제5조 제3항에 규정되어 있으며 이에 따르면 "보충성의 원리하에 그 배타적 권한에 속하지 않는 분야에서 유럽연합은 제안된 행위의 목적이 회원국에 의하여 충분히 달성될 수 없고 제한된 행위의 규모나 효과로 인하여 유럽연합수준에서 그러한 목적이 더 잘 달성되는 경우에만 그리고 그러한 한도내에서 행위한다"고 규정하고 있다. 또한, 유럽연합조약(TEU)은 제5조 제4항에서 비례성의 원리를 규정하고 있는데, 이에 따르면 "비례성의 원리하에 유럽연합의 행위의 내용과 형식은 당해 조약의 목적을 달성하기 위해 필요한 것을 초과하지 못한다. 유럽연합의 기관은 '보충성 및 비례성의 원리의 적용에 관한 의정서'에 규정된 비례성의 원리를 적용해야 한다"고 규정하고 있다. 여기서 말하는 비례성의 원리(Principle of Proportionality)는 우리 헌법상 기본권 제한의 한계인 비례의 원칙(과잉금지의 원칙)과는 그 의미가 다르다. 이와 같은 보충성의 원리와 비례성의 원리는 남북한간 경제통합이 점진적·단계적으로 일어나는 경우에 있어서 참고할 만하다. 대한민국의 경제질서는 개인과 기업의 경제상의 자유와 창의를 존중함을 기본으로 하는 시장경제질서로서 자율의 원칙은 시장경제질서의 핵심 원리 중 하나인데, 이것은 국가와 사회의 관계에서는 국가 역할의 보충성까지 포함하는 개념이다. 국가는 개인의 자율을 존중하고, 개인이 자기결정권에 기초하여 경제생활영역을 형성할 수 있도록 개입을 자제하는 한편 개인이 자유를 실질적으로 향유할 수 있는 조건을 창출하여야 한다. 남한에서 국가는 북한과는 달리 경제에 대한 포

---

53) 허 영, 한국헌법론, 박영사, 2015. 2, 841면 참조.

괄적인 관리책임을 부담하는 것은 아니다.[54] 국가와 사회의 구별을 전제로 국가는 시장에서의 분배과정에 있어서는 최대한 사적 합의를 존중(사적 자치의 원칙)하고, 재분배정책에 의하여 시장에서의 분배기제만으로는 보호가능성이 약한 인적 대상 및 사회적 위험에 대하여 보호를 행하는 것이 법치국가의 이념에 충실하다.[55] 자율의 원칙은 시장의 분배정책과 국가의 재분배정책의 분화를 의미하며, 국가는 시장의 1차적 분배 기제가 최대한 그 기능을 발휘하도록 하면서도 조세·재정정책을 통하여 사회문제를 해결하기 위한 적절한 수준의 개입과 조정을 하게 되는 것이다. 그러므로, 국가가 시장에 의한 자율적 분배 기제를 무시하고 분배정책과 재분배정책을 통합하는 것은 시장경제질서를 채택하는 곳에서는 경제영역의 자율의 원칙에 위반하는 것이다. 통일 이후 경제통합과정에서도 자율의 원칙은 반드시 지켜져야 할 원칙으로서 특히 북한 지역에서 시장을 창설함에 있어서 더욱 유념해야 할 원칙이다. 우리 헌법의 사회국가 원리는 일차적으로는 개인이 자신의 생활에 관한 모든 것을 책임지게 하면서 개인이 감당하지 못하는 예외적 빈곤, 사고 및 노령의 위험에 대비하게 하는 체제로서 사회국가안에서 사회 및 국가 발전의 원동력은 개인의 노력과 창의로부터 나온다고 본다.[56] 경제통합이 선행되고 그 다음 통일을 추진하는 경우 남북주민간 실질적 평등의 보장이 매우 중요한 원칙이 될 것이며, 북한 주민만에 대한 기본권의 제한(예컨대, 남한으로의 거주·이전의 자유 제한)이나 경제적·사회적 생활에 있어서의 차별(북한 주민과 남한 주민간 상이한 최저임금수준의 적용, 근로3권 보장의 차이)이 합헌적으로 해석될 가능성은 매우 낮다고 할 것이다. 필요한 경우에는 불필요한 논쟁의 소지를 없애기 위하여 통일헌법규정에 직접 이와 관련된 규정을 두어야 할 것이다.

---

54) 헌법재판소, 사회보험법의 헌법적 문제에 관한 연구, 2000. 12, 9면 참조.
55) 헌법재판소, 위의 책, 68면 참조.
56) 헌법재판소, 위의 책, 212면 참조.

(3) 조약승계

경제통합이 우선하고 통일이 후에 이루어지는 경우 통일한국이 남북한이 기존에 체결한 경제관련 조약을 어떻게 통합하여 승계할 지 여부를 검토해 보고자 한다. 이 경우 점진적·단계적으로 통합이 진행되고 북한 지역의 경제적 수준이 어느 정도 높아진 이후 남북한간에 합의에 의하여 새로운 국가를 설립할 가능성이 높으므로 뒷부분에서 논의할 합병형 통일의 설명이 상당부분 적용된다. 이 경우에 통일독일의 조약승계방식이 참고가 되는데, 김명기 교수57)는 통일독일은 ①서독이 체결한 ㉮국제기구조약·다자조약은 효력을 존속하며, "조약경계이동의 원칙"에 따라 통일독일 전역에 적용되며, ㉯양자조약도 효력을 존속하여 "조약경계이동의 원칙"에 따라 통일독일 전 영역에 적용되나 예외를 인정하고, ②동독이 체결한 ㉮국제기구조약·다자조약은 효력을 상실하며 이에는 '백지출발의 원칙"이 적용되며, ㉯양자조약은 통일독일이 조약당사자와 협의하여 효력의 존속여부를 정하기로 규정하고 있다고 설명한다.

경제통합이 먼저 이루어지고 통일이 뒤에 이루어지는 경우 남한이 현재 가입해 있는 주요 국제기구의 회원국 지위 및 다자·양자조약을 신생 통일한국에서도 지속적으로 승계하기 위해서는 그러한 의사를 표현하고 기존 회원국이나 조약 상대국들과 협의할 필요가 있을 것이라 본다. 즉, 중요한 것은 통일한국의 동 조약에 대한 입장과 제3국과의 협상이다. 국가 통합 후 조약 경계 이동의 원칙을 적용하는 것은 승계국의 권리이지 의무라고 할 수는 없으므로 통일한국의 정책적 판단에 따라 일부 조약을 북한 지역으로 확장적용시키지 않을 수 있지만58) 이러한 통일한국의 입장을 제3국

---

57) 김명기, "통일 후 한중국경문제와 조중국경조약의 처리문제", 2011년 남북법제연구보고서, 법제처, 2011, 118~121면 참조. 김명기 교수는 병합형 통일의 경우는 통일독일의 조약승계방식을 따를 수 있으나, 합병형 통일인 경우는 이에 따를 수 없다고 한다.

이 수용할 지는 현 단계에서 판단하기가 어렵다. 우리의 특수성을 반영한 논리를 개발한 후 그러한 상황이 왔을 때에는 국제연합총회 등을 통하여 국제 사회를 잘 설득시킬 필요가 있다. 남한만이 기가입한 경제관련 국제기구의 투표권, 분담금이나 쿼터를 조정하는 경우나 북한만이 기가입한 경제관련 국제기구의 회원 지위 승계 문제 검토시에도 신중하게 접근할 필요가 있다.

원칙적으로 신생국은 세계무역기구 등 국제기구로의 가입절차를 거쳐야 하지만 앞에서 얘기했듯이 조약의 국가승계에 관한 비엔나협약을 원용하여 통일한국이 대한민국의 세계무역기구 체약당사자로서의 지위를 승계하는 방식도 가능하다. 승계국으로서 통일 한국이 세계무역기구 설립 협정이 전체영토에 적용된다고 통고(notification)하는 경우에 지역적 범위를 한반도 전체로 확대할 수 있는데, 이 때에도 그 조약의 승계국 전체영토로의 적용이 조약의 객체 및 목적과 양립할 수 없거나 조약 적용의 조건을 급격히 변화시키는 것이 조약 규정상 그렇게 보이거나 혹은 다른 식으로 명백한 경우는 통고에 의하여 전체영토로 적용할 수 없으므로 타 회원(들)이 조약 적용의 조건을 급격히 변화시키는 것이 명백하므로 통고로서 전체영토에 적용할 수 없다고 주장할 가능성은 남아 있다.

---

58) 정인섭, 신 국제법 강의: 이론과 사례, 박영사, 2014. 1, 578면 참조.

제3절 先통일-後경제통합時 법제도적 과제

　　경제통합이 진행되지 않은 상황에서 통일의 상황이 급박하게 진행되는 경우 남북한이 단일한 헌법전을 채택함으로써 통일을 먼저 이루고 그 다음으로 경제통합을 추진할 수 밖에 없을 것이다. 이 경우 통일시 새로운 통일 국가를 형성하느냐 아니면 어느 일방은 사라지고 다른 일방만이 남느냐에 따라 병합형과 합병형으로 세분할 수 있다. 합병형은 새로운 단일헌법전을 채택하는 형태이며, 병합형은 존속하는 일방이 채택하고 있는 단일헌법전을 그대로 채택할 가능성이 높지만 반드시 그러한 것은 아닐 것이므로 병합형은 정치학에서 흔히 말하는 '흡수통일'과는 엄밀히는 차이가 있다. 막대한 통일비용으로 인하여 우리의 경우 동서독이 추진한 것과 같은 일시적·급진적 경제통합이 거의 불가능하므로 유사한 상황이 왔을 경우에는 우선 정치적 통일은 이루지만 경제통합은 점진적으로 추진하도록 북한 지역 경제를 일종의 특별행정구역으로 설정하는 소위 '한시적 분리운영'하는 방안[1])이 제안되고 있다. 이와 관련하여 헌법적으로 생각해 볼 것은 특별행정구역에서 독자적 화폐를 운용할 수 있는지, 특별행정구역과 여타 지역간 거주이전의 자유를 제한할 수 있는지, 그리고 우리 헌법이 그러한 광범위한 자치권을 보유하는 특별행정구역의 설치를 허용하고 있는지 등이다.

---

　1) 전홍택 편, 남북한 경제통합연구: 북한경제의 한시적 분리 운영방안, 한국개발연구원, 2012 참조.

1. 남북통일헌법

국제적으로 남북한은 국제연합의 회원국으로서 각자가 국제법 주체로서 활동하고 있으므로 통일이 선행하고 경제통합이 뒤따르는 경우에도 통일의 과정에서 남북한특수관계를 국제적으로 확고하고 일관되게 주장하여 인정받아야 한다[2]. 앞에서도 언급하였듯이 '민족자결원칙'은 국제법상 강행규범으로서 통일 국가 형성시 전체로서의 한민족이 민족자결권을 행사할 경우에 남북한이 국제사회에서 주도권을 확보하는 통일이 될 수 있다.

(1) 경제질서로서의 시장경제질서

先통일-後경제통합시에도 통일 헌법상 경제질서는 우리가 현재 취하고 있는 사회적 시장경제질서가 될 것이다. 하지만, 동일한 사회적 시장경제질서를 채택하더라도 실질적인 국가-사회 관계는 남북한에서 완전히 다를 수밖에 없다. 즉, 해방 이후 줄곧 사회적 시장경제질서체제를 구축해 온 남한과 사회주의적 계획경제체제에 익숙한 북한에 있어서 그 실질적 내용과 적용면에서의 차이는 불가피하다. 해방 이후 남한은 통일헌법상 경제질서가 현행 질서와 크게 다름이 없을 것이지만 북한의 경우는 오랫동안의 사회주의적 계획경제체제에서의 경험으로 인하여 사회부문은 거의 전무하다시피 하다고 할 수 있고, 이런 상황에서 북한에 대하여 남한과 같은 수준의 사회적 시장경제질서를 적용하는 것은 불가능하다. 우리에게 주어진 가장 현실적인 대안은 서로 수준이 다른 사회적 시장경제질서를 남과 북 두 지역에

---

2) 이러한 측면에서 앞에서 언급한 대한국주의적 관점(이헌환 교수), 전체로서의 한국 관점(김병기 교수), 한반도 전체에 대한 남북한 우선권 관점(이근관 교수)의 중요성을 재차 강조하고자 한다.

서 일정기간 잠정적으로 실시하는 형태이다. 다시 말해 경제 영역에서는 수준이 다른 법제를 상당기간 유지하여야 한다. 북한 지역에서 초기에는 시장경제질서의 구축을 위한 활동이 필요할 것이며, 이러한 활동은 민간부문이 없는 북한에서는 주로 국가가 이를 담당할 수 밖에 없다. 북한 지역에서 통치를 담당하는 주체는 민간부문이 자생력을 가질 때까지는 경제개발계획에 의한 국가 주도 경제발전을 추진할 수 밖에 없다. 하지만 이러한 경제개발계획이 북한에서 현재 경제를 운용하는 경제계획과 동일한 것은 아님을 유의할 필요가 있다.

정치적 통일은 비교적 단기에 이루어지더라도 사회 각 부문의 실질적인 통합에는 장기간이 소요될 것이다. 특히 경제 관련 제도 통합은 단기간에 이루어지기는 어렵다. 우리가 추진하는 한민족공동체통일방안이나 북한이 추진하는 고려연방제통일방안에서 공통적인 부분은 남북연합 또는 2체제 2정부의 과도기적 성격이라고 할 수 있는데, 이는 통일과정의 至難함을 보여주는 것이다. 이러한 과도기의 설정은 통일부담적 측면에서 볼 때는 기실 상당히 합리적이다. 민간부문이 거의 없다시피 한 북한에서 남한과 같은 수준의 사회적 시장경제질서를 도입하는 것은 독일과 같은 엄청난 복지지출 즉 통일비용을 지출케 할 것이며 실제로 불가능하기도 할 것이기 때문이다.

(2) 1국 2관세구역

경제통합이 이루어지기 전에 우리 현행 헌법의 효력이 그대로 확장되는 소위 '흡수통일'이 이루어진다면 우리 헌법은 제117조, 제118조에서 지방자치제도를 규정하고 있어 제3조와의 헌법합치적 해석에 의하여 북한 지역에서도 현행 헌법, 지방자치법과 일치하는 지방자치를 실시하여야 한다. 즉, 1980년 헌법은 부칙 제10조에서 "이 헌법에 의한 지방의회는 지방자치단체의 재정자립도를 감안하여 순차적으로 구성하되, 그 구성시기는 법률로 정한다"고 하여 지방자치의 실시 시기를 법률에 위임하였었는데, 현행 헌법에 이러한 조항이 없는 이상 곧바로 지방의회를 구성하여야 하며 그렇지 않을 경우 헌법 위반 상태가 초래된다. 이러한 상황을 방지하기 위한 헌법정책적 고민이 필요하다. 또한, 경제적 측면에서도 소위 '흡수통일'이 이루어진다면 남한 경제는 이미 선진국에 거의 다다른 경제권인 반면 북한 경제는 최빈개도국 수준에 머무르고 있다는 차이를 제대로 반영할 수 없다. 즉, 남북간 경제수준의 차이라는 통일의 특수성을 외면하고 과도기없이 하나의 경제법제가 적용되도록 한다면 통일의 부담으로 인하여 현행 헌법 제119조 제2항의 국가의 개입의 목적 중 하나인 균형있는 국민경제의 '안정'을 유지할 수 없게 된다.

이러한 측면에서 최근 제기되는 북한 경제의 한시적 분리 운영의 실현방안에 대하여 진지한 고민이 필요하다. 기존의 한시적 분리 방안은 주로 행정특구를 의미하며, 그러한 특구에 자치입법권, 자치사법권까지 부여할 것인지 또한 국제통상법적으로는 어떤 의미가 있는지에 대해서는 거의 논의하고 있지 않다. 북한 경제의 한시적 분리를 위하여는 그러한 분리를 가능하게 하는 법제의 한시적 분리가 불가피하다. 첫째, 재화·용역시장의 한시적 분리를 위한 법제의 분리이다. 재화·용역시장의 한시적 분리를 위해서는 기술표준이나 지식재산권 관련 법제, 저탄소 녹색성장 관련 법제, 타국과의 무역을 위한 관세법제3) 등에 있어 일정기간 자율성이 보장되어야 한다. 둘째, 인력시장의 한시적 분리를 위한 법제이다. 인력시장의 한시적 분리를 위해서는 헌법상 거주·이전의 자유의 본질적 내용에 대한 제한이 필요하고 이를 위해서는 헌법상 관련 조항을 두어야 위헌 시비가 어느정도 해소될 수 있다.4) 셋째, 자본시장의 한시적 분리를 위한 법제이다. 자본시

---

3) 남북간 교역이 아닌 타 국가와의 수출입을 규율하는 관세법제를 의미한다.
4) 물론 휴전선의 잠정적 통제를 허용하는 내용으로 헌법을 개정하더라도 이러한 해

장의 한시적 분리가 가능하기 위해서는 우선 한시적으로 독자적 화폐를 통용시킬 필요성이 있으며, 은행법제, 증권·채권시장 관련 법제, 이와 관련된 감독체제 등에 있어 자율성이 확보되어야 한다.

이를 종합적으로 표현하면 국제통상법적으로는 '1국 2관세구역'을 의미한다. 표면적으로 이는 중국-홍콩의 '1국 양제'와 유사한 형태처럼 보이지만 가장 근본적인 차이점은 중국-홍콩의 경우 자본주의와 사회주의라는 서로 다른 제도5)를 바탕으로 하고 있지만, '1국 2관세구역'에서는 사회주의 제도와 정책을 실시하는 것이 아니므로 '1국 1제 2관세구역'이 좀 더 정확한 표현이다. 우리 헌법은 지방자치단체의 권한으로는 고유사무처리권(주민복리에 관한 사무처리권), 재산관리권, 자치입법권(조례와 규칙)을 규정하고 있는데, 그 권한의 범위가 매우 좁아 일률적이고 통일적인 지방자치가 이루어질 수 밖에 없으며, 이러한 범위의 지방자치로는 북한 경제의 한시적 분리 운영을 위한 별도 화폐 통용, 노동시장의 분리, 별도 연금제도 적용이나 보건의료체계의 운영을 위한 법제도의 운용은 불가능하다. 또한, WTO, OECD, 저탄소녹색성장을 위한 국제적 논의 구조하에서 별도의 주체로 인정받기 위해서는 북한 지역을 별도의 관세구역으로 설정하여 WTO 협정상 회원으로 활동할 수 있도록 하여야 한다. 다만, 1국 2관세구역이 된다면 남한이 기가입한 세계무역기구협정이나 기체결한 자유무역협정이 북한 지역에 당연히 확대적용되지는 않을 것이므로 세계무역기구 회원국들이나 자유무역협정의 당사국들과 별도의 가입 협의를 실시해야 하는 어려움이 있다.

통상 연방국가가 아닌 단일국가로 분류되는 영국에서의 지방분권은 영

결책이 비현실적이며, 헌법적으로 효과가 없다는 견해가 있음을 유념하여야 한다. 김승대, 통일헌법이론, 법문사, 1996, 302면 주21 참조.

5) 중국이 채택한 사회주의적 '시장경제질서'를 홍콩과 동일한 경제질서라고 주장할 수 있지만, 국유기업의 비중, 중국내 거주·이전의 자유 제한, 토지 사유 불인정 감안시 그렇게 보기가 어렵다.

국이 불문법국가이며 그들의 지방자치는 정치와 행정이 그 지방주민의 의
사에 따라 행해지는 주민차지로서의 성격을 띤다는 점에서 우리와 차이는
있지만 남북한간 경제통합을 위한 바람직한 지방분권의 하나의 사례로서
연구해 볼 가치가 있다. 또한, 제주특별자치도 설치 및 국제자유도시 조성
을 위한 특별법이 모델로 삼은 포르투갈 아조레스 및 마데이라지역과 관련
한 포르투갈 헌법조항도 참고할 필요가 있다.6) 그 외에도 이탈리아 헌법에
서 시칠리아(Sicilia), 사르데냐(Sardegna) 등의 지역에 자치특례를 인정하
는 사례나 핀란드 헌법에서 올란드 군도에 대해 폭넓은 자치권을 허용하는
특례도 있다.7) 위의 사례 중에서도 영국8)은 크게 잉글랜드, 웨일즈, 스코
틀랜드, 북아일랜드 지역으로 나뉘어 있고, 스코틀랜드와 북아일랜드 지역
에 대해서는 독자적인 입법·행정권을 비롯한 광범위한 자치권이 부여되어
있어 우리의 경우에 시사하는 점이 많다.

　남북한 통일이 이루어지는 과정에서 사회·경제적 혼란을 극복하고 장기
간의 분단으로 형성된 이질성을 완화하기 위한 완충적 장치로서 연방제 도
입이 주장되고 있다.9) 그러나, 연방제 도입의 비현실성에 대하여 언급하며
연방제 도입을 반대하는 입장에서 주장되는 논거들(사실상 남한 주도 통일
이므로 그러한 논의가 오히려 통일을 지연시키거나 방해할 우려, 민족적
단일성과 영토의 협소성으로 동 제도가 맞지 않음, 연방제의 전통이 없는
상황)10)에도 주의를 기울일 필요가 있다.

---

6) 아조레스 및 마데이라지역과 관련한 포르투갈 헌법조항은 박영욱, 쟁점으로 보는
　제주특별자치도법, 한국학술정보, 2011, 108~110면을 참조.
7) 권영호, "제주특별자치도 헌법적 지위-어떻게 부여받을 것인가?", 제주특별자치도
　의회 의원연구모임 법·제도개선연구모임, 법·제도개선연구모임 활동백서, 2010,
　126면 참조.
8) 영국은 불문헌법국가로서 스코틀랜드, 북아일랜드 등의 지방에 별도 은행권의 통
　용을 용인하고 상당한 수준의 자율권을 부여하고 있다. 이러한 영국의 지방자치를
　권한 이양(devolution) 방식이라고 부르고 있다.
9) 최양근, 한반도 통일연방국가 연구, 도서출판 선인, 2014, 35면 참조.

2. 경제관련 조약승계

국가 통합은 '합병'과 '병합'의 두 가지 경우가 있을 수 있는데, 남북한도 새로운 통일국가를 형성하는 경우가 있을 수 있고, 어느 일방이 병합하는 경우도 있을 수 있다. 합병형 통일인 경우 통일한국이 남북한이 기존에 체결한 경제관련 조약을 어떻게 통합하여 승계할 지 여부가 중요한 논점이 될 것이며, 병합형 통일인 경우에도 대외개방경제를 취하여 온 남한이 기존에 체결한 WTO협정과 FTA 등의 무역협정 등 경제조약을 북한 지역에도 그대로 확장 적용할 지 여부 및 통일 이후 북한이 그동안 가입하거나 체결하였던 경제 관련 조약을 승계하여야 하는지가 주요 논점이다.[11] 또한 OECD, IMF, 세계은행 등 남한만이 가입되어 있는 경제 관련 국제기구, 북한만이 가입되어 있는 77그룹 등 국제기구의 회원국 지위를 어떻게 처리할 것인지도 함께 논의하고자 한다.[12]

(1) 기존 이론

국제법 학계에서 국가승계와 관련하여서는 민법상의 상속의 관점을 그대로 국가간 관계에도 적용한 계속성 이론(보편적 승계이론, 일반 계속성 이론, 유기적 대체 이론)이 19세기까지 지배적 이론이었으며, 그 반대편 극

---

10) 권영호, 앞의 논문(주 7), 133면 참조.
11) 북한이 체결한 영토조약에 대한 조약 승계는 여기서 다루지 않는다. 자세한 사항은 정인섭, 신 국제법 강의: 이론과 사례, 박영사, 2014. 1, 578~579면; 한명섭, "남북통일과 북한의 대외채무 승계에 관한 고찰", 경희법학 제47권 제4호, 경희대학교 법학연구소, 2012. 12, 161~198면 참조.
12) 직접적으로 국제기구 회원국 지위의 승계를 다루는 조약은 없으며, 국제기구 회원국 지위는 동 기구 설립을 위한 기본조약의 가입을 통해 취득하므로 그 범위에서는 조약의 승계 문제와 논의가 중첩되는 측면이 있다.

단에 승계는 승계국의 자발적 의사에 따른다는 비계속성 이론(고전적 백지위임의 원칙, 사회주의 백지위임의 원칙)이 있다. 두 가지 이론 모두 실제 국가, 국제기구의 관행과는 일치하지 않은 상황이어서[13] 등장한 계속주의(백지위임의 원칙에 기초하되 예외적으로 선행국이 체결한 국제강행규범관련 조약, 국경조약 등 특정조약은 승계), 조약경계이동의 원칙(새로 취득한 영토에 승계국의 조약을 확장·적용), 양립성의 원칙(승계 이후 법질서와 양립하는 조약만 승계) 또한 일반적으로 받아들여지는 기준을 제시하지 못하고 있다. 결국 국가 승계에 있어서는 국제관습법이 불명확하고 국제법 원칙이 아직 모호하여 개별 국가의 주장과 이에 대한 제3국의 태도가 중요한 결정요인이라고 한다.[14] 통상적으로 조약 승계 방식은 선행국과 승계국 간의 승계협정 체결에 의한 방식과 승계국의 일방적인 선언에 의한 방식으로 구분된다. 국제 기구의 회원국 지위 승계는 국제기구 헌장의 해석에 관한 문제라고 할 수 있는데, 회원국의 지위 승계를 명시적으로 규정한 경우를 제외하고 대부분의 국제기구 설립헌장은 회원국 지위의 승계를 배제하고 있다.[15]

(2) 조약의 국가승계에 관한 비엔나협약

조약 등의 국가승계에 관해서는 1978년 8월 23일 채택된 "조약의 국가승계에 관한 비엔나협약(Vienna Convention on Succession of States in Respect of Treaties)"과 1983년 4월 8일 채택된 "국가재산·국가문서 및 국가부채의 국가승계에 관한 비엔나협약(Vienna Convention on Succession of States in Respect of State Property, Archives and Debts)"이 있는데 둘

---

13) 국가승계에 관한 이론의 상세 내용에 대해서는 이순천, 조약의 국가승계, 열린책들, 2012, 34~43면 참조.
14) 정인섭, 앞의 책(주 11), 550면 참조.
15) 이순천, 위의 책(주 13), 130면 참조.

중 전자만 발효되었고 우리나라는 두 협약에 모두 미가입된 상태이다. 조약의 국가승계에 관한 비엔나협약은 아직 일반적으로 승인된 국제법규로서 국제관습법적 지위를 획득한 것은 아니고 남한이 가입하지 않은 상태이므로 남북한 통일시 이에 구속될 필요는 없다. 다만, 동 협약은 계속 진화하고 있는 국가승계에 관한 국제법 원칙의 하나의 중심적 위치를 차지할 수 있다는 점에서 그 의의가 있다고 하겠다.

조약의 국가승계에 관한 비엔나협약 제31조 제1항에 의하면 승계 당시 별도의 국제법 법인격을 가지고 있던 2개 또는 2개 이상의 기존 국가가 결합해 1개의 새로운 국가를 형성하는 경우 승계 당시 그 중 어느 국가에 대하여든 유효한 조약은 승계국에 대하여도 계속 유효한데, 예외로는 i)조약의 모든 당사국이 다르게 합의하는 경우, ii)그 조약의 신국가로의 적용이 조약의 객체 및 목적과 양립할 수 없거나 조약 적용의 조건을 급격히 변화시키는 것이 조약규정상 그렇게 보이거나 혹은 다른 식으로 명백한 경우를 규정하고 있다. 또한, 동 협약 제31조 제2항은 국가의 결합시 승계되어 유효한 조약의 지역적 범위를 설정하여 그러한 조약이 승계국에 유효하더라도 승계 이전에 적용되었던 승계국의 일부영토에 대해서만 효력이 있다고 규정하고, 예외로서 i)가입에 모든 당사국의 동의가 필요한 제17조 제3항의 다자조약을 제외한 다자조약의 경우 승계국이 당해 조약이 전체영토에 적용된다고 통고(notification)하는 경우, 다만, 그 조약의 승계국 전체영토로의 적용이 조약의 객체 및 목적과 양립할 수 없거나 조약 적용의 조건을 급격히 변화시키는 것이 조약규정상 그렇게 보이거나 혹은 다른 식으로 명백한 경우는 통고에 의하여 전체영토로 적용할 수 없다. ii)가입에 모든 당사국의 동의가 필요한 제17조 제3항의 다자조약의 경우 승계국과 타방 당사국들이 다르게 합의하는 경우, iii)양자조약의 경우에 승계국과 타방 당사국들이 다르게 합의하는 경우를 규정하고 있다.

비엔나협약 제4조에 따르면 협약 제31조는 국제기구 설립조약이나 국제

기구내에서 채택된 조약에 별도의 규정이 없는 한 그러한 조약들에도 동
일하게 적용된다. 학자들은 비엔나협약 제31조는 합병의 경우에만 주로
적용된다는 견해와 동 협약 제31조가 두 가지 경우에 모두 적용되는 것으
로 보는 견해로 나뉘어 있지만16) 유엔국제법위원회(International Law
Commission; ILC)는 비엔나협약 제31조가 합병, 병합 두 가지 경우에 모
두 적용되는 것으로 설명하고 있다.17)

또한, 남북한이 국가연합단계를 거치지 않고 곧바로 단일국가 혹은 연방
국가를 형성하는 경우 남북한 통일시 연방국가로 통일하느냐 단일국가로
통일하느냐의 구분은 현행 국제법상 국가승계 문제에 있어서는 아무런 차
이가 없으며, 이를 구분할 실익이 없다고 보는 견해가 있다.18) 유엔국제법
위원회(International Law Commission; ILC)도 같은 입장이어서 1978년 비
엔나협약 제31조는 국가가 결합 후 단일국가 또는 연방국가 등 어떤 형태
의 정부 체제를 가지든 이는 그 국가의 내부 헌법상 조직 문제로 조약의
국가승계에서는 이를 고려할 필요가 없다고 설명한다.19)20)

---

16) 김대순, 국제법론, 삼영사, 2013, 1044~1045면 참조.
17) "Article 14 and the present article have been drafted so as to make it clear that,
where one State is incorporated into another State and thereupon ceases to exist,
the case falls not within article 14 but within the present article. The
Commission considered that this was more in accord with the principles of
modern international law and that, where a State voluntarily united with an
existing State which continued to possess its international personality, it was
better to provide for the de jure continuity of treaties than to apply the moving
treaty-frontier rule." United Nations, Document A/9610/Rev.1, *Report of the
International Law Commission on the work of its twenty-sixth session, 6 May -
26 July 1974, Official Records of the General Assembly*, Twenty-ninth session,
Supplement No.10, Yearbook of the International Law Commission, 1974, vol.
II, part one, at 259.
18) 이순천, 앞의 책(주 13), 276면 참조.
19) "The succession of States envisaged in the present articles does not take into
account the particular form of the internal constitutional organization adopted by

(3) 소결

1) 병합형 통일의 경우

병합형 통일이 이루어진 경우 남한이 기존에 가입되어 있는 WTO, OECD, IBRD, IMF 등 주요 국제기구상 권리·의무나 다자조약상 권리·의무를 그대로 북한 지역에 적용할 지 여부, FTA 등의 양자간 무역협정을 그대로 북한 지역에 확장 적용할 지 여부를 살펴보고, 북한이 그동안 가입하거나 체결하였던 북한·중국 투자 촉진 및 보호에 관한 협정(2005. 3. 22)[21) 등의 경제 관련 조약을 승계하여야 하는지 여부를 살펴볼 필요가 있다.

헌법 개정없이 병합형 통일이 이루어지면 남한의 현행 헌법이 그대로 적용될 것이므로 WTO, OECD, IBRD, IMF 등 주요 국제기구상 회원국 지위는 특별한 변동이 없으며, 다만 독일과 같이 동 국제기구에 통일이 되었다는 사실과 이후 'Korea'라는 명칭으로 활동하게 될 것임을 통보하는 절차를 밟게 될 것이다. 물론 OECD협약 제17조와 같이 1년 전 통보로 협약의 적용을 중지시키거나 가입탈퇴하는 절차가 각 국제기구설립협정마다 규정되어 있지만 통일과정에서 각종 국제기구의 지원이 절실한 통일 한국이 그러한 조항을 원용하여 탈퇴를 추진하기는 거의 불가능하다.

또한, 다자조약의 경우에도 비엔나협약상으로는 동 조약이 남한 지역에만 효력이 있으므로 협의나 통고(notification)를 거쳐 기존 조약을 북한 지

the successor State. The uniting may lead to a wholly unitary State, to a federation or to any other form of constitutional arrangement." United Nations, *op. cit.(footnote 17)*, p.253 para.2.

20) Louis Henkin et al., *International Law, Cases & Materials*, 4th ed., 2001, p.581.

21) 양 지역내 투자 촉진 및 보호를 위해 북한과 중국이 체결한 협정문 전문은 http://www.globalwindow.org/gw/krpinfo/GWKIEC020M.html?BBS_ID=15&MENU_CD=M10402&UPPER_MENU_CD=M10401&MENU_STEP=2&ARTICLE_ID=3710&ARTICLE_SE=20343(2016. 1. 23일 검색) 참조.

역에 확장·적용할 수 있다. 다만, 가입에 모든 당사국의 동의가 필요하지 않은 조약의 경우 그 조약의 승계국 전체영토로의 적용이 조약의 객체 및 목적과 양립할 수 없거나 조약 적용의 조건을 급격히 변화시키는 것이 조약규정상 그렇게 보이거나 혹은 다른 식으로 명백한 경우는 통고에 의하여 전체영토로 적용할 수 없으며, 가입에 모든 당사국의 동의가 필요한 조약의 경우는 타방 당사국들과 북한 지역으로의 확장·적용을 합의하여야 한다. 비엔나협약을 따르지 않고 독일과 같이 분단국가의 통일이므로 '대한민국'이 관할권을 회복했음을 통보하고 개별적 조정이 필요한 경우 당사국과 협의하는 방식도 가능한 형태이다.

다자조약 중 OECD협약을 예로 들면 조약의 국가승계에 관한 비엔나협약에 의하든 독일방식에 의하든 타 회원국과 협의가 필요하다. 비엔나협약 제31조 제2항(b)를 유추적용하면 동 협약을 북한 지역에도 확장적용하려면 타 회원국들과 협의가 필요[22]하기 때문이다. 동 협의시에는 향후 북한 지역 경제 자유화의 구체적 일정과 이의 이행 약속을 요청받을 가능성이 높다. 또한, 대표적인 경제분야 협정인 WTO설립협정(Agreement Establishing the World Trade Organization) 제12조 제1항을 보면 대외통상관계에서 완전한 자치권을 보유한 관세영역이 가입할 수 있으며[23] 이 경우 가입 여부는 각료회의(Ministerial Conference)에서 2/3 다수결로 결정된다고 규정하

---

22) OECD 가입은 만장일치를 요하므로(협약 제16조) 조약의 국가승계에 관한 비엔나협약 제31조 제2항 예외에 해당하여 통일한국이 타방 당사국들과 다르게 합의하지 않는 경우 남한이라는 지역적 범위에 국한하여 효력이 있다. 조약승계에 관한 협약 제31조 제1항 예외의 적용가능성은 그리 높지 않다.

23) Any State or separate customs territory possessing full autonomy in the conduct of its external commercial relations and of the other matters provided for in this Agreement and the Multilateral Trade Agreements may accede to this Agreement, on terms to be agreed between it and the WTO. Such accession shall apply to this Agreement and the Multilateral Trade Agreements annexed thereto.

고 있다24)25). 이러한 WTO 협정문을 종합적으로 살펴보면 통일 이후 경제 통합을 추진할 경우 북한 지역을 별도관세영역으로 설정할지 여부는 통일 한국에게 선택권이 있다고 할 것이며, 만약 북한 지역을 별도관세영역으로 설정한다면 독일과 달리 위 조항을 원용하여 WTO 회원국과 가입 조건을 협의하여야 할 것이다.

양자조약의 경우에도 북한 지역으로 조약의 적용범위를 확대하려면 상 대국과 협의할 필요가 있다. 한국과 미국간 자유무역협정을 보면 제1.4조 주2에서 한반도의 군사분계선 이북지역에 주소를 두고 있는 자연인은 이 협정상의 혜택에 대한 권리를 가지지 아니한다고 규정하고 있으며, 부속서 22-나에서는 한반도 역외가공지역 위원회에 대하여 규정하고 있다. 또한 제1.4조에서 '영역'을 '대한민국에 대하여는, 대한민국이 주권을 행사하는 육지·해양 및 상공, 그리고 대한민국이 국제법과 그 국내법에 따라 주권적 권리 또는 관할권을 행사할 수 있는 영해의 외측한계에 인접하고 그 한계 밖에 있는 해저 및 하부토양을 포함한 해양지역'이라고 정의하고 있어 북 한 지역을 대한민국의 영역에 포함시켰다고 보기 어렵다. 한-미 자유무역 협정은 양자간 협정이므로 조약의 국가승계에 관한 비엔나협정 제31조 제

---

24) Decisions on accession shall be taken by the Ministerial Conference. The Ministerial Conference shall approve the agreement on the terms of accession by a two-thirds majority of the Members of the WTO.

25) WTO협정은 조약의 국가승계에 관한 비엔나협약 제31조 제2항(a)상의 '가입에 모 든 당사국의 동의가 필요한 제17조 제3항의 다자조약'이 아니므로 비엔나협약에 따르면 통일한국에서 WTO협정을 북한 지역에 대해서도 적용한다고 통보하지 않 는 한 남한이 체결한 WTO협정이 지역적으로 북한에 확장·적용되지 않을 것이다. 반대로 WTO협정을 북한 지역에 대해서도 확장·적용하려면 통일한국이 통고하여 야 하는데, 그러한 통고가 이루어지더라도 동협정 동조 제3항에 의거하여 "그 조약 의 승계국 전체영토로의 적용이 조약의 객체 및 목적과 양립할 수 없거나 조약 적 용의 조건을 급격히 변화시키는 것이 조약규정상 그렇게 보이거나 혹은 다른 식으 로 명백한 경우"에 해당하는지 여부에 대하여 다툼이 있을 수 있다는 점은 유념하 여야 할 것이다.

2항(c)에 의거하여 통일한국과 미국간에 다르게 합의할 경우 북한 지역에
까지 협정의 적용범위를 확장할 수 있다. 또는 분단국의 통일이므로 남한
의 관할권의 회복으로 보아 일방적 선언의 형태로 추진할 수도 있을 것이
나, 상대국이 반대하는 경우에는 여전히 협의를 추진할 필요성이 있을 것
이다.

북한이 가입한 다자간 국제기구의 지위는 병합통일에 따라 원칙적으로
소멸되는 것으로 보아야 한다는 견해가 있다.26) 현재까지 북한만이 가입한
국제기구는 77그룹, 국제철도협력기구(OSJD, Organization for Cooperation
between Railways)이 있는데, 두 가지를 상이하게 취급할 필요가 있다. 77
그룹의 경우 통일한국이 OECD와 77그룹에 동시에 가입되는 결과를 낳을
수 있으므로 원칙적으로 소멸되는 것으로 보아야 하겠지만, 국제철도협력
기구의 경우는 북한의 지위를 승계할 필요가 있다. 물론 북한 지역을 별도
의 관세구역으로 설정할 시에는 둘 다 승계할 수도 있다. 북·중간 투자 촉
진 및 보호에 관한 협정 등 북한이 기체결한 양자간 경제 관련 조약도 원
칙적으로 소멸되는 것으로 보아야 하지만 독일의 경우처럼 체결 당사국들
과 논의를 거쳐 그 효력여부를 결정하는 것이 바람직하며, 이 경우 한-중간
투자보장협정처럼 동일한 내용을 남한과도 체결한 경우가 많을 것이므로
남한이 체결한 협정으로 대체할 가능성이 높다.

앞에서 남북한 통일시 국가 형태가 연방국가인지 여부는 헌법 내부적 문
제이므로 현행 국제법상 국가승계 문제에 있어서는 아무런 차이가 없으며,
이를 구분할 실익이 없다고 보는 견해가 있다고 언급하였다. 하지만, 경제
관련 국제기구의 지위를 승계하거나 경제 관련 조약 승계에 있어서는 시장
경제체제로 병합 통일한 이후에도 북한 지역이 고도의 경제적 자율권을 보
유토록 하여 별도의 국제경제법적 주체의 지위를 인정받을 수 있다면 남한
의 국제적 의무는 남한 지역으로 한정하여 부담하고, 북한 지역은 국제경

---

26) 정인섭, "조약과 국가승계", 경희법학 제34권 제2호, 1999, 230~232면 참조.

제체제하에서 개도국에 주어지는 각종 혜택을 향유할 수도 있을 것이다. 다만 이 경우 반드시 헌법상 근거 규정이 필요하며, 정치, 외교, 군사측면에서는 하나의 통일된 중앙정부가 있음을 원칙으로 해야 한다.

2) 합병형 통일의 경우

합병형 통일의 경우에 통일한국이 남북한의 기존 경제관련 조약을 어떻게 승계하는 것이 좋을까? 비엔나협약 31조가 합병, 병합 모두에 적용된다는 유엔국제법위원회의 견해를 받아들이고 동협약의 조항에 따라 승계하는 경우 합병형 통일의 경우에도 병합형 통일과 대동소이한 결론이 된다. 또한, 개별협의를 거치는 경우에도 양자의 경우 유사한 결론에 도달하게 된다. 다만, 합병형은 신생 통일한국이 조약당사자가 되기 위하여 승계여부를 협의하여야 하는 반면 병합형은 기존 한국이 조약당사자의 지위를 북한지역으로 확장승계할 지 여부를 협의하는 차이점이 있다. 경제관련 국제기구의 경우 WTO의 예를 들면 합병을 통하여 성립한 국가는 원칙적으로 신생국으로서 가입절차를 거쳐야 할 것이지만 조약의 국가승계에 관한 비엔나협약을 원용하여 통일한국이 대한민국의 WTO 체약당사자로서의 지위를 승계하는 방식도 가능할 것이다. 즉, 조약의 국가승계에 관한 비엔나협약 제31조 제1항에 의하여 합병형 통일의 경우에도 일부 예외적인 경우를 제외하고는 승계 당시 그 중 어느 국가에 대하여든 유효한 조약이 승계국에 대하여도 계속 유효하며, 동조 제2항에 의하여 일부 예외를 제외하고는 그러한 조약이 승계국에 유효하더라도 승계 이전에 적용되었던 승계국의 일부영토에 대해서만 효력이 있다고 규정하고 있으므로 대한민국의 WTO 체약당사자로서의 지위는 원칙적으로 통일한국에 승계되고, 그 지역적 범위는 남한 지역에 한정된다고 주장할 수 있다. 다만, WTO설립협정과 같이 가입에 모든 당사국의 동의가 필요하지 않은 다자조약의 경우는 승계국이 당해 조약이 전체영토에 적용된다고 통고(notification)하는 경우에 지역적 범위를 전체로 확대할 수도 있는데, 이 때에도 예외 조항이 있으므로 타 회원국(들)이 조약 적용의 조건을 급격히 변화시키는 것이 명백하므로 통고로서 전체영토에 적용할 수 없다고 주장할 가능성은 남아 있다.

한편 통일한국에서 북한 지역을 경제적으로 고도의 자치권을 가지는 형태로 결정하는 경우 헌법 제정시 이를 반영하여야 하며, 그 특수성을 국제기구, 다자조약의 타 회원국이나 양자조약의 상대국에 설득하여 인정받아야 한다. 이 경우 일정 조항에 대한 유보, 적용면제를 받거나, 북한 지역이 별도 체약당사자로 활동하는 방안을 상정해 볼 수 있다. 외국인투자 관련 제도 또한 그대로 북한 지역에 확장 적용할 지 여부를 살펴보고, 북한이 그동안 가입하거나 체결하였던 북한·중국 투자 촉진 및 보호에 관한 협정(2005. 3. 22) 등의 경제 관련 조약을 승계하여야 하는지 여부를 살펴볼 필요가 있다.

3. 경제분야 법제통합

(1) 재화시장의 통합

'先통일-後경제통합'에 있어서 남북간 재화의 자유로운 이동을 가능하게 하는 법제는 시장경제질서를 채택하고 직업의 자유(즉, 영업의 자유)를 보장하는 조항을 포함한 통일헌법에 의하여 보장된다. 현재의 전략물자수출통제제도는 더 이상 시행할 필요가 없을 것이지만 농축수산물의 경우에는 유럽연합의 경우처럼 비회원국이 회원국시장에 농산물을 수출할 경우 적용되는 '가변수입부과금'제도와 같은 완충장치를 한시적으로 도입하는 주장이 제기될 수도 있다. 그렇지만 서독의 경우도 동독의 농산물에 대하여 그러한 부과금제도를 적용하지 않았고 남북간 재화시장의 통합에 있어 통일 이후에도 농축수산물 교역만을 별도로 제한한다면 북한 농어민에게 시장 확대효과가 그리 크지 않고 시장통합에 의한 구조조정을 저해할 것이므로 가급적 적용하지 않는 것이 바람직할 것이다.

통일 당시에 북한이 세계무역기구에 가입한 상태라면 상관없지만 그렇지 않은 경우에는 우선 북한 지역을 WTO설립협정 제12조 제1항[27])에 따른 별도의 관세구역(separate customs territory)으로 설정하여야 한다. 대만의 사례를 참고하면 대만은 2002년 1월 1일부터 영문 정식 명칭으로는 "the Separate Customs Territory of Taiwan, Penghu, Kinmen and Matsu", 약칭으로는 "Chinese Taipei"를 사용하여 별도 관세구역으로서 세계무역기구에 가입하였다.[28]) 그런 다음 중국-홍콩간 포괄적경제동반자협정 또는 중국-대만간 경제협력기본협정 등과 유사한 형태의 남북간 경제협력협정 내지 자유무역협정의 체결로 타회원국이 제기할 수도 있는 최혜국대우위반 문제를 해소할 수도 있다.

(2) 용역시장의 통합

용역은 4가지 공급 방식(국경간 공급, 해외소비, 법인설립을 통한 공급, 자연인의 이동에 의한 공급)에 의하여 이루어지므로 용역시장의 통합은 그러한 4가지 공급방식이 자유롭게 이루어짐을 의미한다. 이 중에서 법인설립을 통한 공급은 자본시장의 통합과 중첩되며, 자연인의 이동에 의한 공

---

27) Any State or separate customs territory possessing full autonomy in the conduct of its external commercial relations and of the other matters provided for in this Agreement and the Multilateral Trade Agreements may accede to this Agreement, on terms to be agreed between it and the WTO. Such accession shall apply to this Agreement and the Multilateral Trade Agreements annexed thereto.

28) WTO, WT/L/433, 23 Nov. 2001 참조.

급은 인력시장의 통합과 관련되어 있다.

통일 이후 남북간 용역시장 통합시 가장 중요한 고려사항으로는 평등원칙29)30)의 보장일 것이다. 평등 원칙에서 말하는 '법 앞의 평등'이란 행정·사법뿐만 아니라 입법자까지도 구속하는 법내용의 평등(입법자구속)31)을 의미하는데, 남북한 경제통합은 기본적으로는 정부정책집행과 입법의 형태로 실현될 수 밖에 없으므로 용역시장의 통합에 있어서도 남한 주민과 북한 주민의 실질적 평등의 보장은 반드시 필요한 것이다.32)

평등 원칙은 그 대상을 기준으로 남북한 주민간 평등, 북한 주민간 평등, 북한 지역내 세대간 평등으로 나누어 볼 수 있다. 남북한 주민간 평등33)은 경제 통합을 위한 부담을 균등하게 나누는 방안, 남북한간 소득 격차를 줄이는 방안 등과 관련이 있다. 유의할 점은 남북한 주민간 평등이 기계적 평등을 의미하는 것은 아니며, 차별의 합리적 이유가 있거나 목적의 정당성이 있는 경우는 그러한 차별을 인정하여야 할 것이다. 우리 헌재도 제주특별자치도 설치 및 국제자유도시 조성을 위한 특별법 제202조 위헌소원에서 다른 지역의 감귤 생산·유통업자들과 달리 제주지역의 감귤생산·유통업자들이 동 법률조항에 의하여 감귤의 출하조정이나 품질검사를 받도록

---

29) 평등권 및 헌법상 평등원리에 대해서는 성낙인, 헌법학, 박영사, 2014, 1001~1027면 참조.
30) 헌재 1990. 6. 25. 89헌가98 등, 헌재 2014. 2. 27. 2012헌바469, 헌재 2012. 4. 24. 2010헌가87, 헌재 1990. 6. 25. 89헌가98등, 헌재 2006. 7. 27. 2005헌마19, 헌재 2009. 4. 30. 2007헌바73등, 헌재 1992. 4. 28. 90헌바24 참조.
31) 헌재 1992. 4. 28. 90헌바24 특정범죄가중처벌등에관한법률 제5조의3제2항 제1호에 대한 헌법소원 참조.
32) 다만, 주지하다시피 평등의 원리는 私法관계에는 직접적으로 적용되지 않고 私法상 권리남용금지의 법리나 신의성실의 원칙 등을 통하여 간접적으로 적용된다.
33) 평등의 원칙과 관련하여 미국에서 발전된 이론으로서 적극적 평등실현조치(잠정적 우대조치)가 남북한 통일 이후 북한주민에게 부여될 필요가 있는지도 중요한 문제이다. 김문현, 사례연구 헌법, 법원사, 2005, 232, 242면; 김영환, "적극적 평등실현조치에 관한 연구", 영남대 법학박사학위논문, 1991. 2 참조.

되어 있는바, 이러한 차별 취급에 합리적인 근거가 있는지에 대한 판단에서 "이러한 제주 감귤산업의 특성을 감안하여 감귤에 대한 품질검사를 통해 고품질의 감귤을 생산하여 제값을 받도록 함으로써 생산자와 소비자를 모두 만족시키고, 지역경제와 감귤산업을 보호·육성하기 위하여 특별히 마련된 이 사건 법률조항은 합리적인 이유가 있다고 할 것이므로, 제주지역의 감귤생산·유통업자를 다른 지역의 감귤생산·유통업자에 비해 자의적으로 차별하여 평등원칙에 위배된다고 할 수 없다"고 판시하였다.[34]

북한 주민간 평등 원칙은 경제 통합을 위한 부담과 경제 통합을 통한 혜택을 북한 주민간에 균등하게 나눌 것을 요구한다. 이는 북한 지역에 사유재산권을 도입하는 과정에서 특히 유의하여야 할 부분이다. 북한 지역내 세대간 평등은 북한 지역내 경제발전, 사회보장, 기타 정부 정책 추진을 위한 재원 조달방안과 관련이 있다. 즉, 일반적으로 조세는 현 세대의 부담이고, 국채는 미래 세대의 부담으로 귀착되므로 위의 정책들을 추진함에 있어 재원조달방식을 무엇으로 하느냐에 따라서 세대간 부담의 문제가 발생한다. 한편, 용역시장의 통합에 있어서 특히 남북한간 상이한 국가자격 요건이 문제가 될 수 있는데, 이와 관련하여 의료법 제79조의 '한지(限地) 의료인' 제도를 참고할 필요가 있다. 즉, 우리 의료법은 동법이 시행되기 전의 규정에 따라 면허를 받은 한지 의사, 한지 치과의사 및 한지 한의사는 허가받은 지역에서 의료업무에 종사하는 경우 의료인으로 본다는 간주규정을 두고 있는데, 북한 지역에서 기존에 의사, 치과의사, 한의사 등의 면허를 받은 경우 동 지역에서 동인들이 의료업무에 종사할 경우 의료인으로 간주함으로써 전문 직업인이 북한 지역내 거주할 유인을 제공하고 상이한 자격요건으로 인하여 남한에서 곧바로 동 자격을 인정하기 어려운 난점을 해결할 수 있을 것이다.

---

34) 헌재 2011. 10. 25. 2010헌바126 (합헌) 참조.

(3) 인력시장의 통합

1) 거주이전의 자유 보장

남북한 경제통합시 경제를 한시적으로 분리하자는 논의에서 헌법적으로는 통일헌법에서 거주·이전의 자유[35]에 대한 제한이 가능한가 하는 논의가 핵심을 차지한다. 물론 거주·이전의 자유는 절대적 기본권은 아니므로 현행 헌법상 제37조 제2항에 의거하여 국가안전보장, 질서유지 또는 공공복리를 위하여 필요한 경우에 한하여 법률에 의한 제한이 부여될 수 있다. 다만, 그러한 제한의 경우에도 자유와 권리의 본질적인 내용을 침해할 수는 없으며, 보충성의 원칙, 최소침해의 원칙, 적합성의 원칙, 비례의 원칙을 준수하여야 한다.[36] 그러므로, 일반국민의 거주이전에 대하여 허가제 등을 규정하는 법률은 거주이전의 자유에 대한 본질적인 내용을 침해할 가능성이 높다는 것이 우리 헌법학계의 견해이다.[37]

거주이전의 자유는 남북헌법 모두에 규정[38]되어 있고, 1948년 세계인권선언(Universal Declaration of Human Rights) 제13조[39]와 1976년 발효되

---

35) 헌법 제14조에 의하여 모든 국민은 거주·이전의 자유를 가지는데, 이는 모든 국민이 자신이 원하는 장소에 주소 또는 거소를 설정하고 이를 이전하거나, 그 의사에 반하여 그 거주지를 이전당하지 아니할 자유를 말한다. 성낙인, 앞의 책(주 29), 1233면 참조. 거주·이전의 자유에는 구체적으로는 국내에서의 여행의 자유를 포함한 거주·이전의 자유와 해외여행 및 해외이주의 자유, 국적변경의 자유 등을 그 내용으로 한다. 허 영, 헌법이론과 헌법, 박영사, 2015. 2, 646~647면 참조. 헌법재판소도 "거주·이전의 자유는 국가의 간섭 없이 자유롭게 거주와 체류지를 정할 수 있는 자유로서 정치·경제·사회·문화 등 모든 생활영역에서 개성신장을 촉진함으로써 헌법상 보장되고 있는 다른 기본권들의 실효성을 증대시켜주는 기능을 한다"고 판시하였다(헌재 2004. 10. 28. 2003헌가18).
36) 성낙인, 위의 책, 1233~1237면 참조.
37) 김철수, 헌법학신론, 박영사, 2013, 670면 참조.
38) 북한 헌법 제75조는 "공민은 거주, 려행의 자유를 가진다."고 규정하고 있다.

어 남북이 모두 가입되어 있는 시민적 및 정치적 권리에 관한 국제규약 (International Covenant on Civil and Political Rights; B 규약) 제12조[40])에 도 규정되어 있는데, 최근 남북이 경제통합을 함에 있어 북한 주민의 거주·이전의 자유를 일시적으로 제한하는 방안이 제기되고 있다. 특례법을 제정하자는 견해[41])에서는 동법으로 인도적 차원의 친인척 방문은 허용하고 북한 지역에 계속 거주하는 자에게는 특별거주지원금을 지급하며, 제3국 거주 탈북 주민은 그 의사에 따라 거주 지역을 선택하게 하되 제3국 체류 선택시에는 그 체류국에 체류보조금 내지 정착지원금을 지원하는 방안을 제시하고 있다. 또한, 한시적 분리 운영을 주장하는 최근의 연구에서는 취업승인을 통한 거주 이전의 자유 제한을 제안하고 있다.

우리 헌법재판소는 수도권 인구집중억제를 위하여 법인의 대도시내의 부동산등기에 대하여 통상세율의 5배를 규정하고 있었던 구 지방세법 제138조 제1항 제3호가 법인의 주거·이전의 자유를 침해하였는지가 문제된 사안에서 이를 합헌이라 판단하면서 목적의 정당성, 수단의 상당성, 침해의

---

39) 동 조항은 "1. Everyone has the right to freedom of movement and residence within the borders of each State. 2. Everyone has the right to leave any country, including his own, and to return to his country."라고 규정하고 있다.

40) 1. Everyone lawfully within the territory of a State shall, within that territory, have the right to liberty of movement and freedom to choose his residence

2. Everyone shall be free to leave any country, including his own.

3. The above-mentioned rights shall not be subject to any restrictions except those which are provided by law, are necessary to protect national security, public order (ordre public), public health or morals or the rights and freedoms of others, and are consistent with the other rights recognized in the present Covenant.

4. No one shall be arbitrarily deprived of the right to enter his own country.

41) 최은석, "통일 후 북한 지역 주민의 남북한 경계선 이탈과 거주·이전의 자유 및 제한에 따른 법적 문제", 2011 남북법제연구보고서, 법제처, 2011, 46~47면은 한시법으로 (가칭) '남북한 주민의 남북한 지역 간 거주·이전에 관한 특례법'을 제안하고 있다.

최소성, 법익의 균형성이라는 네 가지 기준을 제시하였다.[42][43]

과거 우리는 산업화의 진행으로 인구와 산업이 대도시로 집중되는 현상에 대응하여 1964년 건설부의 '대도시 인구집중 방지책'을 시작으로 특히 수도권으로의 인구집중 억제를 위하여 1960년대부터 다양한 억제정책을 사용하였다.[44] 이러한 정책의 경제적 효과에 대한 논란은 별론으로 하고 그 수단의 직접성에 대하여 살펴보면 직접적인 방식(허가제) 대신 간접적인 방식(정부청사 이전, 토지이용규제, 개발제한구역 설정, 신도시 건설 등)을 사용하였음을 알 수 있다. 특히, 1970년 3월 국무회의에서는 제427호 의안으로 '수도권 인구의 과밀집중억제에 관한 기본지침'을 의결하였는데, 동 지침은 인구집중유인을 해소하는 방안을 제일 먼저 제시하고 있으며, 법적 규제로 ①제한구역의 설정(공업시설물의 제한에 관한 법률 제정, 도시계획법의 개정), ②시설물의 제한(건축법 개정, 공해방지법 개정, 지방세법 개정, 등록세법 개정), ③방위목적을 위한 제한(군사시설보호법 제정), ④소산의 촉진(지방공업개발법, 조세감면규제법 개정)을 제시하였고, 행정적 조치로 행정권한 지방 이양, 관리기능 중앙편중 지양, 관서청사 및 국영기업체 사옥의 이전을 들고 있다.[45]

경제통합을 위해서는 종국에는 노동, 자본 등 생산요소의 이동이 자유화될 필요가 있지만 통일 과정에서 거주·이전의 자유가 특별히 제한받지 않는 경우에는 북한 주민의 남한으로의 대량이주가 필연적으로 발생하여 이

---

42) 헌재 1996. 3. 28. 94헌바42
43) 동 결정례 이외에도 2011헌마475, 2009헌마59, 91헌마204, 2003헌바2, 2003헌가18, 2004헌바15, 2007헌마1366 등 헌법상 거주·이전의 자유가 문제되었던 사례가 다수 있다.
44) http://www.archives.go.kr/next/search/listSubjectDescription.do?id=001334 (2016. 1. 23일 검색) 국가기록원 자료('수도권인구집중억제방안') 참조.
45) 제26회 국무회의(1970. 4. 3), '수도권 인구의 과밀집중 억제에 관한 기본지침'. 국가기록원(http://theme.archives.go.kr/next/populationPolicy/issue05.do, 2016. 1. 23일 검색) 참조.

들에 대한 주거대책, 사회보장대책의 수립 필요성과 함께 남북한 노동 시
장의 일시적 통합으로 남한 지역내 임금하락과 북한 지역내 임금 상승 현
상이 나타나며, 조기 화폐통합의 필요성 논의도 대두될 것이라고 한다. 앞
에서도 언급하였듯이 거주·이전의 자유는 절대적 기본권은 아니다. 그러므
로, 통일 헌법에 이에 대한 제한을 명시적으로 두는 경우에는 헌법직접적
제한으로서 위헌 시비는 발생하기 어렵다. 다만, 규범적 제한과 사실적 측
면에서 그러한 제한이 가능할 것인가 하는 문제는 별개의 사안이므로 규범
적으로는 문제가 되지 않더라도 사실상 북한 주민들의 남한 이주를 금지
규범만으로 막을 수 있을 지는 회의적이다. 또 다른 차원에서 현행 우리 헌
법 제37조 제2항에 규정된 것과 같이 "국가안전보장·질서유지 또는 공공
복리"를 위하여 필요한 경우에 한하여 법률로써 제한하는 경우46)를 생각
해 볼 수 있을 수 있는데, 이 경우 북한 지역 내에서는 거주·이전의 자유를
보장하고 남한 지역으로의 거주·이전의 자유를 제한하는 것이 거주·이전
의 자유의 본질적인 내용을 침해하는 것은 아닌지, 또한 과잉금지의 원칙
내지 비례의 원칙 위반 여부에 대하여 살펴 볼 필요가 있다. 통일 이후에도
거주·이전의 자유를 거주이전에 대한 허가 등 법률로 직접 제한한다면 동
자유의 위반이 될 가능성이 크며, 취업승인 등의 형태로 하더라도 현행 헌
법상 직업의 자유에 위반될 소지도 있고 비례의 원칙에도 위반될 가능성이
있다. 또한, 법률의 수범자를 북한 지역의 주민으로 한정할 경우에는 평등
권 침해 여부가 문제될 수 있다. 그러므로 좀 더 간접적인 방식을 강구하여
야 할 것이다.

---

46) 앞에서 언급하였듯이 최은석, 앞의 논문(주 41), 46면에서 통일 후 통일 국가 완성
시까지 한시법으로 특례법 제정의 필요성을 제기하고 있다.

2) 이동에 대한 경제적 반유인(disincentive)

과거 수도권 인구집중 억제를 위하여 직접적인 허가제 대신 간접적인 규제방식을 사용하였던 것처럼 북한 주민이 남한으로 이주하는 것은 막지는 않되 북한 체류 주민에 대한 건물, 토지 재산권 부여시 우대조치나 북한 체류 주민과 남한 이주 북한주민간 북한 화폐에 의한 동일한 수준의 사회 보장 혜택의 부여, 남한 지역에서 북한 지역 주민을 고용하는 고용주에 대한 경제적 부담의 증가 등의 기본권 우호적인 간접적인 방식에 대한 심도있는 연구가 필요하다.

북한 주민의 대량 남하는 북한 지역에서 고용 기회를 찾지 못하거나 임금수준이 남한과 큰 차이를 보이는 경우 발생할 가능성이 높다. 또한, 북한 지역내 투자 확대를 통한 대량의 일자리 창출이 가능하더라도 임금수준이 남한과 크게 차이가 날 때에는 북한 주민이 대량으로 남하할 유인은 충분하다. 남하한 북한 지역 주민을 고용하는 경우 당해 기업은 최저임금을 보장하여야 하고 사회보장도 제공하여야 한다거나 고용부담금을 납부해야 한다면 기업의 입장에서는 북한 주민이 노동 생산성이 낮을 경우 그러한 고용을 꺼리게 되어 시장 기능에 의하여 대량 이주의 가능성을 낮출 수도 있을 것이다. 한편, 지역균형발전 차원에서 각종 지원제도를 대폭 개편할 필요가 있다. 예를 들면, 현행 북한이탈주민의 보호 및 정착지원에 관한 법률에 의거하여 지급되는 정착기본금, 주거지원금은 통일 이후 북한 지역내 체류하는 주민들에 대한 지원용도로 전환하여야 하며, 취업장려금, 직업훈련장려금도 북한 지역을 대상으로 집행되어야 한다. 북한을 탈출해 한국에 내려 온 북한이탈주민은 2013년 7월말 현재 25,431명으로 여성이 69%, 전문대졸 이상 학력이 17%이며, 2012년에는 전체의 48%가 국민기초생활수급자로 지정돼 생계비를 지원받았다.[47]

---

47) 문화일보 2013. 9. 16일자 보도, "'취업 약점' 새터민 88%⋯사회적 기업 관심 절

3) 노동법제도 및 사회보장법제도의 한시적 분리

先통일-後경제통합시 거주·이전의 자유를 직접적으로 제한하지 않는다 하더라도 북한거주를 위한 유인을 제공하는 동시에 노동법제도 및 사회보장법제도를 남북한 주민이 어디에 거주하든지 간에 한시적으로 분리하여야 한다. 우리 헌법에서 근로자에 대한 적정임금보장 노력과 최저임금제의 실시는 헌법상 요청(제32조 제1항)인데, 통일 헌법에서도 유사한 규정이 적용될 것으로 예측된다. 경제통합에 있어 북한경제의 비교우위를 살리고 통일에 따른 부담을 원칙적으로 북한 주민 스스로 감당할 수 있기 위해서는 노동생산성에 따른 임금수준의 결정이 필수적이다. 또한 북한내 임금수준의 결정은 화폐통합의 시기와도 맞물린 문제이다. 한편, 최저임금제의 경우 일하는 사람과 그렇지 않은 사람간의 형평의 원칙이라는 측면에서 실업보험급여나 국가에 의한 공적 부조의 제공수준의 결정시 주요한 준거 기준이 될 것이므로 최저임금의 수준은 통일 후 통일 비용 혹은 통일에 따른 부담 수준을 결정하는 핵심적 변수이다.

남북한 경제통합시 기업의 유연한 구조전환과 복잡한 구조조정과정에 유연하게 대처하기 위하여 정리해고를 큰 폭으로 인정할 필요가 있다. 남한 근로기준법 제23조 제1항에서는 부당해고를 금지하고 있고, 이는 통일 이후 북한 근로자들에게도 당연히 지켜져야 할 규정이지만 근로기준법 제24조[48])에서 규정하고 있는 경영상 이유에 의한 해고(소위 '정리해고')의 제한 규정은 법인전환초기 사용자·근로자 관계가 제대로 정립되어 있지 않고, 긴박한 경영상의 필요가 있는 경우로 사업의 양도·인수·합병만을 규정하고 있어 '법인 전환'이 제외되어 있는 것을 감안할 때 동 규정을 그대로

실" 참조.

48) 제24조(경영상 이유에 의한 해고의 제한) ① 사용자가 경영상 이유에 의하여 근로자를 해고하려면 긴박한 경영상의 필요가 있어야 한다. 이 경우 경영 악화를 방지하기 위한 사업의 양도·인수·합병은 긴박한 경영상의 필요가 있는 것으로 본다.

통일후 경제통합시기에 그대로 적용하기는 어렵다.

　통일헌법을 통해 북한의 근로자에 대해서도 남한 헌법 제33조의 근로3권이 보장될 터인데, 근로3권 중에서 단체행동권을 어느 정도까지 보장할 것인지가 중요한 문제이다. 특히, 남한 헌법은 공무원인 근로자는 법률이 정하는 자에 한하여 근로3권을 가지도록 규정하고 있으며, 법률이 정하는 주요방위산업체에 종사하는 근로자의 단체행동권도 제한하거나 인정하지 않을 수 있는 헌법적 한계를 명시하고 있는데, 통일 이후 경제통합을 이루는 과정에는 북한내 기업소 등을 법인으로 전환하고 이를 사유화하는 과정이 필연적으로 수반되게 된다. 근로3권 특히 단체행동권에 대한 과도한 제한이나 불인정은 근로3권을 형해화할 가능성도 있겠지만 사유화 과정을 신속히 마무리하고 내외부로부터 투자유치를 촉진하기 위하여 최소한 과도기에는 단체행동권을 포함한 근로3권을 법률에 의하여 질서유지나 공공복리차원에서 비례의 원칙을 준수하며 제한하는 것은 가능할 것이다. 북한의 경제가 남한과 같은 시장경제체제로 완전히 전환하기 이전의 과도기적 단계에서는 개성지구노동규정과 같이 기업 외부에서의 노동력공급에 기초한 근로계약제도를 하나의 방안으로 고려할 수 있을 것이며, 해고시에는 개성지구노동규정에는 없지만 북한의 외투기업노동규정에는 규정된 사전 해고 합의제도를 수용할 지 여부도 판단해야 한다.[49)]

　先통일-後경제통합시에 북한 주민의 사회적 기본권은 당연히 보장되어야 한다. 그 중에서도 인간다운 생활을 할 권리로부터는 인간의 존엄에 상응하는 생활에 필요한 '최소한의 물질적인 생활'의 유지에 필요한 급부를 요구할 수 있는 구체적인 권리가 상황에 따라서는 직접 도출될 수 있다는 것이 헌법재판소의 견해이다.[50)] 남북한 통합시에는 통일한반도에 적용될

---

49) 한국노동연구원, 북한경제의 시장화에 따른 노동·복지분야 법·제도 통합방안, 통일부 연구용역 결과보고서, 2012. 11, 215~216면 참조.
50) 헌재 1995. 7. 21. 93헌가14

새로운 헌법이 제정될 것이고 사회적 기본권 범위에 대하여도 헌법제정권
자의 결단이 필요하겠지만 최소한의 물질적인 생활의 유지에 필요한 급부
를 요구할 수 있는 권리가 인간다운 생활을 할 권리로부터 직접 도출된다
고 보아도 무리는 없다. 남북한간 사회보장 급여 수준의 결정과 관련하여
서는 형평성을 제고한다는 측면에서 남한과 동일한 수준의 급부를 제공하
자는 의견이 있을 수 있고, 통합의 안정성 측면에서도 긍정적인 측면이 있
기는 할 것이다. 그러나, 과거 통일 독일의 사례에서 알 수 있듯이 효율성
측면에서는 받아들이기 어렵다. 예를 들면 근로의 권리의 내용 중 하나로
보장되고 있는 최저임금제51)에서 최저임금을 남한 지역과 동일하게 규정
할 경우 이는 북한 지역으로의 투자유인을 감소시키는 핵심요인이 되어 북
한 지역 경제 발전 속도를 늦출 것이다. 또한, 사회복지국가원리에 내재하
는 자유시장경제질서를 전제로 한 한계, 법치국가적 한계, 개인의 자율과
창의(보충성의 원리)에 의한 한계, 기본권제한상의 한계, 재정·경제상의 한
계52)도 감안하여야 한다. 형평성 측면에서 볼 때에도 형식적 형평성이 아
니라 실질적 형평성과 관련해서는 문제가 있을 수 있다. 남북한 지역간 물
가의 차이, 환율의 차이, 생활수준의 차이, 경제력의 차이를 감안하지 않은
급여 수준은 오히려 실질적 형평성을 저해할 것이기 때문이다.

국민기초생활보장사업에 따르면 생활보호지원대상은 소득인정액이 최저
생계비 이하인 경우인데, 2014년 현재 최저생계비는 1인가구의 경우
603,403원이며, 현금급여기준은 488,063원이다. 소득인정액은 소득평가액
과 재산의 소득환산액을 더해서 계산되는데, 소득평가시에는 근로소득, 사
업소득, 재산소득, 부양비 등 실제소득이 반영되며, 재산의 소득환산시에도
일반재산, 금융재산, 자동차 등 재산종류별로 소득환산율을 곱한 후 거주지

---

51) 최저임금법 제4조 제1항에 의하면 "최저임금은 근로자의 생계비, 유사 근로자의
    임금, 노동생산성 및 소득분배율 등을 고려하여 정한다. 이 경우 사업의 종류별로
    구분하여 정할 수 있다"고 규정하고 있다.
52) 성낙인, 앞의 책(주 29), 270~271면 참조.

역별 기본재산액을 감하여 계산한다(국민기초생활보장법 시행규칙 제2조 및 제3조).[53] 이러한 계산방식은 북한 지역 거주자에 대하여 기초생활보장을 제공할 때에도 참고가 될 수 있다. 즉 토지나 주택에 대하여 사유재산권을 설정해 준 경우 그만큼 일반재산이 증가한 것이 되고, 재산종류별 소득환산율도 기존 남한에서 적용하던 대로 적용할 수 있으며, 북한 지역내 대도시, 중소도시, 농촌별로 감하는 기본재산액도 차등을 두는 방식이다. 북한이탈주민에 대한 기초생활보장과의 형평성 문제가 대두될 수 있다. 현재 북한이탈주민에 대해서는 북한이탈주민의 보호 및 정착지원에 관한 법률에 의거하여 사회적응교육, 정착금, 주거지원, 취업보호(3년의 기간동안 임금 1/2의 고용지원금 포함), 교육지원, 의료급여, 생활보호(5년의 범위에서 국민기초생활보장법상 보호 제공), 국민연금상 특별 대우 등이 제공되고 있는데, 이중에서 특히 생활이 어려운 북한이탈주민으로 판단되는 가구에 대해서 제공되는 생활보호의 수준과 북한 지역내 거주하는 주민과의 급여수준이 차이가 날 수 밖에 없다. 또한 남북한의 정치적 통일을 가정했을 경우에는 북한이탈주민 중에 원래 고향으로 귀향하는 사람도 있을 것이며 이들에 대한 지원을 계속할 것인지 여부도 문제가 될 수 있다.

(4) 자본시장의 통합

1) 한시적 독자적 화폐 운용

통일이 먼저 이루어지고 경제통합을 그 다음에 추진하는 경우 경제통합의 과정에 있어 거주·이전의 자유 등과 함께 가장 중요한 이슈 중의 하나는 화폐통합의 시기라 할 수 있다. 통일 독일의 사례에서 보듯 지나치게 이른 시기의 화폐통합은 노동제도 및 사회보장제도의 통합이라는 경로를 통

---

53) 보건복지부, 2014년도 국민기초생활보장사업 안내, 2014, 5면 참조.

해서 엄청난 통일 비용을 초래하게 될 것이기 때문이다. 독일은 서둘러 화폐통합을 시행하면서 1:1의 교환비율로 동독 마르크를 서독 마르크와 교환하였고, 임금과 사회보장수준도 동일한 비율로 인정하였다. 그 이후 동독경제는 생산성 수준을 초과하는 고임금으로 인하여 실업률이 25%로 급증하고 산업생산도 크게 줄어 들었다. 이렇게 무너진 동독 경제를 재건하기 위하여 통일 독일은 매년 국내총생산의 4~5%를 비용으로 지출하였고, 이 중 상당 부분은 사회보장을 위한 지출이어서 통일독일경제에 큰 부담으로 작용하였다.

통일과 함께 서독 마르크로의 단일화를 이루었던 독일과 달리 북한의 경우는 독자적 화폐가 존재하여야 환율변동기제를 통하여 북한 지역에 시장경제로의 이행을 위한 개혁으로 발생하는 충격을 완화시킬 수 있다. 또한, 현재 남북한의 1인당 국민소득의 수준이 워낙 큰 격차를 보이고 있어 하나의 화폐권으로 갑자기 완전통합될 경우 지나친 소득불균형으로 인한 사회적 갈등이나 최저임금제 등 사회보장정책, 노동정책의 혼란이 매우 커질 것이다[54]. 그러므로, 한시적 분리 운영기간 초기에는 북한 지역에 별도의 화폐를 통용시키는 방안이 제안되고 있는데, 북한 지역에 독자적 화폐발행권을 부여하는 것이 현행 헌법상 허용되는 것인지를 살펴보도록 하겠다.

시장경제질서에서는 영업의 자유와 표준의 제정이 필요하다. 계산단위로서 화폐는 표준에 속한다.[55] 하지만 화폐는 다른 표준과는 달리 교환수단이기도 하며 가치의 척도이기도 한 특성을 지니고 있다. 어느 국가도 독립적 통화정책 수행, 자본이동의 자유화, 고정환율제 유지라는 3가지 목표

---

54) 북한 지역내 일정기간 독자적 화폐를 운용할 필요성에 대해서는 전홍택 편, 앞의 책(주 1), 257~262면 참조.

55) 국제적으로 ISO-4217 Code가 각국의 통화를 세 개의 알파벳 부호로 정의하고 있는 것은 화폐의 표준적 성격을 반영하는 것이다. 우리 현행 헌법은 제127조 제2항에서 '국가는 국가표준제도를 확립한다'라고만 규정하고 있는 바, 동 조항이 뒤에서 진행하는 논의의 결론에 영향을 미치지는 않는다.

를 동시에 충족시키는 것이 불가능하다는 '불가능한 3각 정리(Impossible Trinity Theorem)'가 성립하는 오늘날 세계에서는 독립적인 통화정책을 수행하기 위한 통화주권은 그 중요성이 크게 감소하였다. 특히 우리와 같은 개방형 소국은 자본이동 자유화로 인하여 독립적으로 통화관리를 하는 것이 불가능하게 되었다.[56]

오늘날 거의 모든 나라에서 은행권 발행은 중앙은행의 고유한 권한이 되어 있다. 이는 은행권이 정화(specie; 명목가치와 소재가치가 동일한 본위화폐)와 태환되었던 과거와는 달리 불태환되는 현재에 있어서는 그러한 은행권의 가치는 사실상 국가의 신용과 연결되어 있는 상황과 무관하지 않다. 즉, 은행권이 가치를 가진 다른 무언가로의 전환가능성(convertibility)이 없으므로 그 가치는 결국 어느 국가가 보유하고 있는 부에 의하여 보증되고 있는 것이다. 이러한 중앙은행의 독점적인 발권력 행사에 대비하여 은행권 발행·유통에 있어 은행간의 경쟁을 허용하는 자유은행제도[57]가 학계에서 논의되고 있다. 어떤 화폐를 '법화(legal tender)'로 규정하는 것은 헌법에 규정하기가 어렵다. 왜냐하면 이를 헌법에 규정하면 사실상 법화를 바꾸는 통화개혁이 불가능하기 때문이다.[58] 다만, 미국과 같이 헌법으로 연방 의회에 화폐주조권(현대적 의미에서는 화폐발행권)을 부여하는 것은

---

56) 문우식, "통화주권의 비용과 이익을 중심으로 본 아시아 통화협력", KDI북한경제리뷰, 2002. 4, 5면, 8면 참조.

57) 외국에서는 18~19세기 영국, 프랑스, 독일 등 유럽에서, 19~20세기는 미국에서 자유은행제도에 관한 논의가 활발하였으나, 우리나라에서는 그렇게 활발한 편이 아니다. 외국의 논의는 Hayek, F. A., *Denationalisation of Money*, Institute of Economic Affairs, 1978; White, L., *Free Banking in Britain*, Cambridge University Press, 1984; Goodhart, C., *The Evolution of Central Banks*, The MIT Press, 1988; 우리나라에서는 이지순, "자유은행제도의 기본원리", 경제논집 제29권 제4호, 1990을 참조.

58) 우리나라에서 긴급통화조치법 및 긴급통화조치 등 제2차 통화개혁의 내용에 대해서는 한국조폐공사, 한국화폐전사, 1971, 369~400면 참조.

어떤 특정의 법화와는 관련이 없는 문제이다. 또한, 화폐주조권을 헌법에 규정하더라도 이를 독점적으로 어느 하나의 은행(중앙은행)에 부여할 것인지 아니면 다수의 민간은행에 면허 형태로 부여할 것인지 하는 문제 또한 별개이다. 은행권은 영국에서 전형적으로 발전하였는데, 초기에 금방에 대하여 발행하던 예탁증서가 은행권으로 발전[59]하였으며, 영국과 미국에서 일시적으로 자유은행시기를 거쳤다가 현재 영국은 영란은행이, 미국은 연방준비은행이 중앙은행의 역할을 수행하고 있다.[60] 영국은 영란은행(Bank of England)과 스코틀랜드의 3개 은행, 북아일랜드의 4개 은행이 은행권을 발행하고 있다.[61] 2009년 은행법(Banking Act 2009) 제6부는 스코틀랜드와 북아일랜드의 은행들이 은행권을 발행하는 경우 일정 규모의 영란은행이 발행한 은행권에 의하여 뒷받침되도록 요구하고 있다. 스코틀랜드와 북아일랜드의 7개 은행이 발행하는 은행권은 법화(legal tender)는 아니며, 영국의회에 의하여 합법화된 "법적 화폐(legal currency)"로서의 지위를 부여받아 특수한 형태의 약속어음(promissory note)으로서의 성질을 가진다. 영란은행권은 1833년 잉글랜드에서, 웨일즈에서만 법화의 지위를 부여받았으며, 영란은행은 1844년 은행면허법에 의하여 잉글랜드와 웨일즈에서 유일하게 은행권을 발행할 수 있는 은행이 되었다. 영연방의 하나인 호주 퀸즈랜드(Queensland)주에서 발행한 화폐는 1910년 호주은행권법(Australian Notes Act 1910)이 시행되기까지 그 주의 법화로 사용되었다. 미국 헌법은 제1조 제8항에서 연방의회가 화폐를 주조하고 그 가치를 규제하며, 외환의 가치를 규제할 권한이 있으며, 제1조 제10항에서 어떤 주도 화폐를 주조(coin money)할 수 없고 각 주들이 신용에 기반한 화폐(bills of credit)를

---

59) White, Lawrence H. 저, 김한응 역, 통화제도론, 자유기업원, 2003, 30면 참조
60) 이석륜, 한국화폐금융사연구, 박영사, 1984, 333면 참조.
61) 스코틀랜드와 북아일랜드에서 은행권 발행 가능 7개 은행은 영란은행(http://www.bankofengland.co.uk/banknotes/Pages/about/scottish_northernireland.aspx, accessed Jan. 23, 2016) 홈페이지를 참조.

발행하거나 금화나 은화 외의 어떤 것도 법화로 하는 것을 금한다고 규정하고 있다. McCulloch vs Maryland(1819)에서 대법원은 만장일치로 연방정부를 대신하여 제2미국은행(Second Bank of the United States)이 발행한 지폐에 대하여 합헌결정을 내렸으며, Briscoe vs Bank of Kentucky(1837)에서는 주 은행과 주의 은행이 발행한 은행권에 대하여도 합헌이라고 판결하였다.[62] 1837년부터 1862년 동안의 자유 은행업 시기에 미국에는 은행권을 발행하는 712개의 주 은행들이 있었다. 그 외 Hepburn vs. Griswold (1870, 1871) 사례가 있으며, Juilliard vs. Greenman(110 U.S. 421, 1884) 사례에서 미연방법원은 "legal tender"의 개념에 대하여 정의를 내렸다.

금이나 은, 동을 본위로 하여 화폐가 주조되었던 상품화폐의 시대에는 은행권이 금 또는 은과 태환성이 보장되었으며, 그 당시 16세기 유럽에서는 대도시별로 주조국을 두고 금이나 은으로 화폐를 주조하였다.[63] 흔히 지폐라고 일컬어지는 화폐는 영국 식민지시절 미국에서 선구적으로 사용되어졌다.[64] 우리의 경우에도 조선시대 전황[65] 문제를 해결하기 위하여 1867년부터 1874년까지 대원군 집권기에 중국 동전을 수입·통용시키기도 하였으며,[66] 일제침략기에는 일본의 영향으로 국내에서 일본화폐의 통용

---

62) Edward Flaherty, "A Brief History of Central Banking in the United States", *American History from Revolution to Reconstruction and beyond*, http://www. let.rug.nl/usa/essays/general/a-brief-history-of-central-banking/second-bank-of-the-united-states-(1816~1836).php, accessed June 28, 2015.

63) Boyer-Xambeu, Marie-Thérèse, et. al., translated by Azizeh Azodi, *Private Money & Public Currencies: The 16th Century Challenge*, M. E. Sharpe, 1994, p.107.

64) 존 갈브레이쓰(John K. Galbraith) 저, 최광렬 역, 돈 - 그 역사와 전개, 현암사, 1980, 69면 참조.

65) 상품화폐인 동전의 원료인 구리를 확보하지 못하여 동전 주조량을 줄이면 동전 공급량이 부족해지는 현상을 錢荒 또는 錢貴라 한다.

66) 원유한, 한국화폐사, 한국은행 연구용역보고서, 2006, 272~273면; 윤석범 외, 한국근대금융사연구, 세경사, 1996, 22면 참조.

이 합법화되기도 하였다.[67] 특히, 1901년 화폐조례가 발표된 다음해인 1902년에는 일본의 일반 상업은행인 일본 다이이치은행 은행권을 발행하고 강제로 유통시켰으며, 1905년에는 제일은행권이 대한제국 정부에 의하여 공식적으로 인정되어 법화로서의 위치에 오르게 되었다.[68] 또한, 일제시대에는 조선은행법 제22조에 따라 '조선 은행은 은행권 발행액에 대하여 동액의 금화, 지금은 및 일본은행 태환권을 두어 그의 지급 준비에 충당'하도록 하였으며,[69] 조선은행이 발행한 '원(圓)'을 본위로 한 별도의 조선은행권을 사용하였다. 이는 일본이 식민지 수탈을 좀 더 용이하게 하려는 목적에 더해 조선의 경제사정이 일본 경제에 직접적으로 영향을 미치지 못하게 한다는 방파제적 역할을 하게 하려는 목적이 내포되어 있었다.[70] 한편 해방 직후 한국의 법정 통화는 미군이 발행한 보조 군표인 'A'인(印)의 원(圓)통화가 되었으며, 그 이전부터 통용되는 법화인 보통 원통화는 액면대로 'A'인의 원통화와 교환할 수 있었다.

특이한 것은 1950년 한국은행법이 제정되기 전에 국회에서 금융통화위원회의 기능에 대해서는 헌법 및 정부조직법과의 관계가 모호하고 행정적 책임소재가 불분명하다고 지적되었고 위헌론도 대두되었다.[71] 이 당시 위헌론은 금융통화위원회가 행정위원회적 성격을 보유하고 있는데, 헌법 및 정부조직법에 의한 정부부처와의 관계에서 그 책임소재가 분명하지 않다는 것이 그 주된 근거이다.[72] 1987년 8월 개헌논의 당시 헌법개정특별위원

---

67) 우리나라의 화폐 관련 역사에 대하여는 한국조폐공사, 앞의 책(주 58); 한국은행, 증보 한국화폐사, 1969; 원유한, 위의 책 참조.
68) 이방식, 중앙은행제도론, 법문사, 1994, 68~76면 참조.
69) 한국조폐공사, 위의 책, 270면 참조.
70) 한국조폐공사, 위의 책, 271면 참조.
71) 이방식, 위의 책(주 68), 79~80면 참조.
72) 헌법 제68조에는 '국무원은 중요정책을 의결한다'라고 규정되어 있었고, 정부조직법 제18조에는 '재무부장관은....화폐금융에 관한 사무를 관리한다'고 규정하고 있어 한국은행과 정부부처간 권한의 한계에 대한 법규정이 상충되는 바, 금융정책에

회에서도 한국은행의 법제상의 지위가 논의되었다.[73]

화폐발행과 관련한 현행 헌법과 법률 규정을 살펴보면, 우리 헌법 제96조는 '행정각부의 설치·조직과 직무범위는 법률로 정한다'라고 규정하고 있으며 이에 따라 정부조직법이 제정되어 있다. 정부조직법 제27조는 기획재정부장관이 화폐에 관한 사무를 관장한다고 규정하고 있다. 현행 한국은행법에서는 제47조에서 화폐의 발행권은 한국은행만이 가지도록 규정하고 있고, 제47조의2에서 대한민국의 화폐단위는 원으로 하며, 제48조에서 한국은행이 발행한 한국은행권은 법화로서 모든 거래에 무제한 통용된다고 규정하고 있다.

북한경제의 한시적 분리 운영을 위하여 남북한의 화폐를 단일한 화폐(원)로 통합하지 않고 두 개의 화폐를 일정기간 공존시키는 방안이 제시되고 있는데, 이러한 방안이 현행 헌법 위반인지를 살펴보자. 우선 한 국가에서 단일 화폐를 사용하는 것이 헌법사항인지 법규사항인지는 각 국마다 다르며, 우리 현행 헌법에는 이와 관련된 명시적 규정은 없다. 독일 통일 과정에서 독일연방은행을 포함한 경제학자들은 화폐의 단계적 통합을 주장하였으나, 선거에서의 동독 주민의 지지 획득을 위하여 서독 정치인들은 급속한 화폐통합을 주장하였고 이는 1990년 2월 6일자 콜 수상의 기자 회견으로 실현되었다.[74] 우리 헌법재판소가 판시한 관습헌법에 해당하는지를 살펴보면 헌법재판소는 기본적 헌법사항에 대하여 관습의 일반적 성립요건이 충족될 경우 관습헌법이 존재하는 것으로 판시하였다. 그러므로, 기

관한 정책권한은 행정권의 일부이고 헌법상 행정권은 각 국무위원이 분장하고 국회에 책임을 지게 되어 있기 때문에 금통위에 행정위원회적 성격을 부여한 것은 위헌이라는 것이다. 이방식, 위의 책, 87~88면 참조.

73) 이방식, 앞의 책(주 68), 321~324면 참조.

74) Morys, Matthias "Was the Bundesbank's credibility undermined during the process of German Reunification?", *London School of Economics Working Paper* No. 74/03, 2003. 5; 허완중, 독일통일과 연방헌법재판소의 역할, 헌법재판연구원, 2011, 31면 참조.

본적 헌법사항에 해당하는 지 여부를 살펴보고 관습의 일반적 성립요건을 충족하는 지 여부를 살펴보겠다. 대체로 헌법재판소는 "헌법기관의 소재지를 정하는 문제는 국가의 정체성을 표현하는 실질적 헌법사항의 하나"라고 하면서 "국가의 정체성이란 국가의 정서적 통일의 원천으로서 그 국민의 역사와 경험, 문화와 정치 및 경제, 그 권력구조나 정신적 상징 등이 종합적으로 표출됨으로써 형성되는 국가적 특성이라 할 수 있다. 수도를 설정하는 것 이외에도 국명(國名)을 정하는 것, 우리말을 국어(國語)로 하고 우리글을 한글로 하는 것, 영토를 획정하고 국가주권의 소재를 밝히는 것 등이 국가의 정체성에 관한 기본적 헌법사항이 된다고 할 것이다"라고 판시하였다.75) 국가생활에 관한 국민의 근본적 결단임과 동시에 국가를 구성하는 기반이 되는 핵심적 헌법사항에 속하는데, 화폐발행권 및 한 국가에서 단일 화폐를 사용하는 것을 기본적·실질적 헌법사항으로 보기에는 무리가 있다.

또한 헌법사항이라 하더라도 관습의 일반적 성립요건을 충족한다고 보기도 어렵다. 헌법재판소에 따르면 관습의 성립 요건 충족 여부는 "첫째, 기본적 헌법사항에 관하여 어떠한 관행 내지 관례가 존재하고, 둘째, 그 관행은 국민이 그 존재를 인식하고 사라지지 않을 관행이라고 인정할 만큼 충분한 기간 동안 반복 내지 계속되어야 하며(반복·계속성), 셋째, 관행은 지속성을 가져야 하는 것으로서 그 중간에 반대되는 관행이 이루어져서는 아니 되고(항상성), 넷째, 관행은 여러 가지 해석이 가능할 정도로 모호한 것이 아닌 명확한 내용을 가진 것이어야 한다(명료성). 또한 다섯째, 이러한 관행이 헌법관습으로서 국민들의 승인 내지 확신 또는 폭넓은 컨센서스를 얻어 국민이 강제력을 가진다고 믿고 있어야 한다(국민적 합의)"는 다섯 가지 요건을 충족하여야 한다. 우리의 경우 역사적으로 우리의 의사와는 무관하게 여러 종류의 화폐가 유통된 경험이 있는 등 관습으로 인정되

---

75) 헌재 2004. 10. 21. 2004헌마554 등 참조.

는데 불리한 사실들이 존재한다. 화폐는 유럽내 단일화폐인 유로의 출현으로 새로운 시대를 맞고 있다. 이러한 현상을 감안할 때 화폐발행권은 국가의 주권과 필연적으로 연관되어 있는 것은 아니다. 만약 북한 지역에 별도의 화폐를 통용시키는 경우 우리가 가입한 '국제통화기금협정(Articles of Agreement of the International Monetary Fund)' 제4조 제5항(가맹국 영토내의 별종 통화)에 의거하여 자국 통화에 취한 조치가 하나의 통화에만 관련이 있는지 전체 통화에 관련이 있는지를 표명해야 한다.[76]

북한 지역 화폐·금융분야와 관련하여 거시경제 안정을 위하여서는 화폐가치 안정성 유지, 금융제도 활성화가 무엇보다 중요하며, 금융분야 취약성을 보완할 수 있는 대책이 요구되며, 국제간 자본이동에 따른 자산시장의 과도한 변동성을 막을 수 있는 장치가 필요하다.[77] 화폐·금융시장의 통합은 남북한 지역 양쪽에 조건이 성숙된 후에야 이루어질 수 있다. 발라사의 구분에서도 화폐·경제동맹이 경제통합의 제일 마지막 단계 바로 전에 위치하고 있다. 실제 경제통합사례인 유로존 통합의 경험을 살펴보면 경제력에서 큰 차이를 보인 남유럽의 재정위기는 재정은 분리된 상태에서 단일통화를 채택함으로써 환율정책을 통하여 완충작용을 펼칠 수 없었다는 점에서 더욱 확대되었다. 남한과 북한은 유로존내 국가들보다 훨씬 더 큰 지역 격차를 보이고 있는데, 이러한 격차가 줄어들지 않은 상태에서 단일화폐를 채택할 경우 북한 지역 노동자의 생산성에 걸맞지 않는 수준으로 임금이 상승하고 물가가 인상될 것이고 실업율이 증가하여 경제성장의 잠재력이 사라질 수 밖에 없다. 학자들은 화폐통합은 거시경제적 환경이 굳이 양측 경제의 생산요소가격 및 상품가격의 차이를 필요로 하지 않는 상황일 때 추진하는 것이 바람직하다고 주장한다. 이러한 경우는 생산성이 임금에 제

---

76) Section 5. Separate currencies within a member's territories(5. 가맹국 영토내의 별종통화) 참조.

77) 이영섭·전홍택, "북한특구의 화폐·금융제도 운영방안", 전홍택 편, 남북한 경제통합연구, 2012.12, 231면 참조.

대로 반영되어 동일하게 움직인다고 가정할 때 북한의 생산성이 남한 생산성의 60% 수준에 도달한 때를 말한다.[78] 통일 이후 북한 지역의 금융개혁의 요소로 금융기관의 운영방식을 바꾸는 제도적 개혁과 금융분야의 조직을 재구성하는 조직에 대한 개혁으로 대별하여 제시하는 견해가 있다. 전자는 이원적 은행제도의 도입, 은행감독규정의 신설, 예금보호방안 수립, 은행의 민영화 등이며, 후자는 중앙은행의 개편, 민영은행의 도입, 기타 금융기관 설립 등이다.[79]

2) 법인 전환 및 회계기준

先통일-後경제통합시 남북한 통일이후에 북한 회계법 제11조에 의거하여 독자적으로 경영활동을 하는 기관, 기업소, 단체를 남한 상법상 회사 또는 유사한 조직으로 변경하고, 그러한 조직에 국제적으로 통용되는 회계원칙을 도입하며 유연한 기업구조의 전환을 가능하게 하는 법제를 도입할 필요가 있다. 사회주의 계획경제를 채택하고 있던 나라들의 경제체제를 자본주의로 전환하는 과정에서 경쟁력이 낮은 산업에서 기업의 생산량 감축이나 도산은 어느 정도는 불가피한 현상이다. 관건은 얼마나 빨리 구조조정을 추진하여 경쟁력있는 기업 부문을 만들어내고 그러한 부문으로 과거 비생산적인 부문에 종사하던 인력이 재빨리 이동할 수 있도록 해 주느냐 하는 것이다. 한편, 우리 헌법은 제123조 제2항에서 "국가는 지역간의 균형있는 발전을 위하여 지역경제를 육성할 의무를 진다"고 하고, 제3항에서도 국가에 중소기업 보호·육성의무를 부과하고 있다. 이러한 헌법 정신에 입각할 때 남북한 자본의 자유로운 이동에 있어 북한 지역내 중소기업의 보

---

78) 윤덕룡 외, 체제전환국 사례를 통해 본 북한의 금융개혁 시나리오, 대외경제정책연구원, 2002, 150면 참조.
79) 윤덕룡 외, 위의 책(주 78), 153면 참조.

호·육성과 지역경제 육성은 국가의 적극적인 과제이자 임무라 할 수 있다. 다만, 대기업이나 발전 부문을 애초부터 경쟁에서 배제하는 방식으로 정부가 개입하는 것은 가급적 자제할 필요가 있다.80) 낙후 부문이나 낙후 지역을 보호·육성한다는 이유로 북한 지역에 남한 지역의 대기업을 포함한 기업들이 진입할 수 없도록 진입규제를 설정하는 것은 바람직한 정부의 개입 방식이 아니다.

사회주의 계획경제질서를 채택해 온 북한에서 시장경제질서에 안착하는 과정은 기업소의 법인 전환으로부터 시작될 것이다. 2010년 기업소법 채택 이후 북한의 기업소는 기업소등록증없이 경영활동을 할 수 없는 등 법제상으로는 어느 정도 제도화되기 시작하였다.81) 기업이 국가로부터 분리되어 독립된 법적·경제적 실체로서 기능하기 위해서는 기업의 인적 설비(상인, 상업사용인, 근로자), 물적 설비(자본, 영업소, 상호, 상업장부 등), 기업활동82) 등 기업과 관련한 법적 권리와 의무를 명확히 하며, 특히 재무제표의 작성·계산·승인, 재무제표의 기재사항에 관한 규정, 이익배당에 관한 규정, 경리검사에 관한 규정 등이 잘 정비되고 기업회계기준을 제정·적용하는 등 회사의 계산에 관한 규정이 완비될 필요가 있다. 사유재산제를 뒷받침하고 시장에서 기업의 투명한 퇴출을 보장하기 위한 민법, 상법, 파산법 등이 정비되어야 하고, 공정경쟁을 위한 독점금지법이 준수되며, 외국인투자기업에 대한 내국민대우, 최혜국대우를 보장하고 경쟁환경 조성을 위한 외국인투자법과 외국과의 무역거래를 규율하는 대외무역법이 제정·적용될 필요

---

80) 헌법재판연구원, 기업의 경제활동 보장과 제한에 대한 헌법적 검토, 2014. 2, 64~66면 참조.
81) 김익성, "구동독 국영기업의 회사전환에 관한 법적 연구", 서울대 박사학위논문, 2013, 317~392면을 참조. 동인은 독일과 달리 우리나라는 공기업의 조직전환제도와 같은 법적 장치가 없으므로 가칭 '북한기업회사전환법'을 제정하여 입법론으로 해결할 것을 제안하고 있다.
82) 기업의 개념에 대하여는 정찬형, 상법강의(상), 박영사, 2000, 8~9면 참조.

가 있다. 특히, 동독의 'DM대차대조표법' 사례에서 보듯이 기업소의 법인 전환과 함께 필요한 과정이 일반적으로 적용되는 회계기준의 도입이다. 연성예산제약하에 놓여 있는 북한 기업소들이 주식회사로 재편되고 경성예산제약을 받아들일 수 있을만큼 우리 상법과 같은 상업장부를 작성할 의무를 부과하고 기업회계기준도 제대로 시행되는 과정이 선행되어야 할 필요가 있는 것이다.

3) '사유화공사' 설립

북한 지역에서의 기업 사유화의 주요 목표 중 하나는 산업 부흥과 경제의 안정이 되어야 한다. 우리 헌법질서가 내세우는 개인과 기업의 경제상의 자유와 창의를 바탕으로 한 시장경제가 북한 지역에서도 안정적으로 정착되기 위해서 국가가 지배하던 재산권이 개인과 기업이라는 경제주체에 사회정의에 입각하여 공평하게 분배되어야 한다. 이러한 정신은 우리 헌법 전문에도 나타나 있어 경제 영역에 있어서 각인의 기회를 균등히 하고 능력을 최고도로 발휘하게 하며 책임과 의무를 완수하게 하여, 국민생활의 균등한 향상을 기하기 위해서는 북한 주민에 대한 초기 경제 조건의 설정이 가장 중요하다. 사유화와 관련한 대부분의 논점은 사유화의 대상과 방법에 관한 것으로 분류된다.[83] 첫째, 사유화의 대상은 공공부문과 민간부문간 역할분담과도 관련되어 있는데, 산업별로 어느 부문에서 경영을 맡을 경우 더 효율성을 제고할 수 있는가 하는 의문으로 바꾸어 볼 수도 있다. 둘째, 사유화의 방법은 기존 체제 전환국가들에서 보듯이 매각방식, 바우처방식 등이 있는데, 이는 자율성, 효율성과 평등의 원칙을 균형있게 조정하는 고차원 방정식으로 매우 어려운 문제이다. 앞서 살펴본 독일 사례를 보

---

83) 윤건영, "한국통일과 북한경제의 사유화", 한반도 통일핸드북(Ⅳ), 한국경제연구원, 2003. 7, 941~943면 참조.

면, 신탁공사에 의한 사유화는 몇 가지 문제점을 노정하였다.[84] 첫째, 신탁공사가 주로 사용한 현금판매방식은 잠재적 구매자의 폭과 운용가능한 사유화 기법을 제한하여 기업판매 속도를 지연시켰다. 규모가 매우 큰 기업은 판매를 위하여 소규모 기업으로 분할 매각하였는데 이는 기업경쟁력을 무시한 방안이었다. 둘째, 신탁공사가 기업의 구조조정 작업을 담당할 조직으로 적절하였는가 하는 문제이다. 생존가능한 기업을 선별하고 구조조정하는 문제는 정부보다 민간에게 맡기는 것이 더 효과적이라는 주장이 제기되었으며, 신탁공사가 개인기업의 운영에까지 업무영역을 확대해 개입할 수 밖에 없었는데, 이는 경제학자들로부터 신랄한 비판에 직면하였다. 셋째, 몰수된 재산을 원소유주에게 반환시킨 결정도 매우 비판을 받는 결정이었다. 원소유주에 대한 재산 소유권의 반환결정은 재산권의 불투명성을 초래하여 기업에 대한 자유로운 투자를 저해하고 사유화 작업을 지연시키는 경제적 효과를 초래하였다. 또한 소유권 반환의 수혜자들이 기업의 과거 원소유자가 아닌 상속자들이어서 기업체를 경영할 능력을 갖추지 못한 경우가 많았다는 것이다. 연구자들 또한 기업을 구매할 토착 자본이 부족하고, 주식시장이 초기 상태에 있으며 유동성이 부족하고 국유기업을 외국인에게 매각할 경우 민족주의적 감정을 자극하기 때문에 대중 사유화 프로그램(Mass privatization program)만이 유일한 대안이라고 말한다.[85]

앞서 얘기했듯 사유화에 있어 매각방식에 의하든 비매각방식(바우처방식)에 의하든 한계와 문제점을 지니고 있다. 즉 매각에 의한 사유화방식은 북한내 자본가 계층이 형성되지 않은 상태에서는 남한 기업이나 외국계 자

---

84) 커티스 밀하우프트(Curtis Milhaupt), "북한기업의 사유화와 기업지배구조: 통일된 한반도에 대한 전략적 함의", 한반도 통일핸드북(III), 한국경제연구원, 2003. 7, 800~802면 참조.

85) Moore, Thomas Gale, "Privatization in the Former Soviet Empire", in Edward P. Lazear, ed., *Economic Transition in Eastern Europe and Russia: Realities of Reform*, Hoover Institution Press, 1995, pp.159~198.

본이 매입할 가능성이 높다. 비매각 사유화 중 바우처 방식은 기업의 소유
권이 아주 광범위하게 배분됨으로써 매우 신속하게 사유화를 진행시키는
장점이 있다. 그러나, 비매각 사유화에 의할 경우 초기에 북한주민내에서
자본주의기업시스템에 익숙한 경영자를 찾기가 쉽지 않을 것이므로 중장
기적으로 기업의 생존을 어떻게 보장하느냐 하는 어려운 문제가 발생한다.
또한, 투자가 개방되는 업종에서는 경쟁력 높은 남한 기업 또는 외국 기업
과 경쟁하여 생존하여야 하는 과제도 안고 있다. 과거 우리나라에서는 귀
속재산 처리시 국공유 재산의 사유화를 경험한 적이 있다. 1949년 12월 19
일 제정·시행된 '귀속재산처리법'에 의하면 산업부흥과 국민경제의 안정을
목적으로 하였고, 귀속재산처리시 발생하는 경제적 지대(rent)가 매우 크다
는 점을 감안하여 동법 제3조에서는 국·공유재산, 국영 또는 공유기업체로
지정되는 것을 제외하고는 대한민국의 국민 또는 법인에게 귀속재산을 매
각한다고 규정하고 있었다.

　위와 같은 문제점을 감안할 때 토지나 주택의 사유화와는 다른 원칙이
기업의 사유화과정에 적용되어야 할 필요성이 있음을 알 수 있다. 이러한
관점에서 기업 사유화 방안을 생각해 보면, 전력, 가스, 통신, 금융, 자원개
발 등 국가전략산업 또는 기간산업에 있어서는 일정 기간 외국인투자를 제
한하며, 그 외의 산업에서는 투자를 자유화하는 이분법적 접근법이 필요하
다. 또한, 사유화의 방식은 바우처방식을 채택함으로써 기업자산 대부분을
북한주민들에게 1차적으로 자유롭게 분배하고 민간기관들과 개인들에게는
민간 바우처 투자기금을 마련하여 주민들에게 분배된 쿠폰을 구입하여 정
부가 운영하는 경매에 참여함으로써 기업주식들을 획득하도록 할 수 있다.
기업의 원소유주에게는 헝가리의 사례처럼 사유화된 자산을 구매할 수 있
도록 보상채권을 지급할 수도 있다.

　기업사유화과정을 각국의 사례를 참고하여 단계적으로 제시하면, 1단계
로 1)국영기업체에 대한 자산·부채 조사, 2)상업등기와 국제적으로 통용되

는 회계기준 적용, 3)대형 국영기업들의 법인전환, 4)바우처의 분배, 5)지주회사로서 국유재산위원회를 설립하고, 2단계로 국영기업들의 파산, 구조조정, 분할 매각을 추진하며, 3단계로 기업 공개, 정부소유주식 매각, 국유재산위원회의 해체이다.

4. 토지거래제도의 통일

(1) 토지거래의 제도적 기반 조성

북한 지역에서 2012년 기준으로 농림어업은 전체 산업중에서 23.4%를 차지하고 있으며, 2008년 기준으로 농가인구는 8,573천 명으로 전체 인구의 36.8%이며 농가호수는 1,993천 호로 호당 경지면적은 0.96ha를 차지하고 있다. 토지거래제도를 통일함에 있어서는 토지에 대한 사유재산제도를 인정하여야 한다. 학자에 따라서는 토지의 공공성을 강조하여 중국이나 베트남과 같이 토지사용권제도를 도입하는 방안을 제시하기도 하지만86) 토지사용권제도로 불로소득을 완전히 방지할 수 있는 것도 아니고 이미 헌법상 토지거래에 강한 제한이 가해지고 있는 현실에서 남북간 토지거래제도를 구분하여 둘 필요는 없을 것이다. 다만, 분단국 특수문제의 처리로서 몰수토지 처리문제가 있다. 해방후 북한은 무상몰수, 무상분배로 토지 개혁을 한 이후 사회주의 원칙에 따라 집단농장화를 추진하였고, 이 과정에서 토지와 관련한 공부가 불태워지거나 멸실되었다고 한다.87) 그러므로, 재산권

---

86) 박인성·조성찬, 중국의 토지개혁경험: 북한 토지개혁의 거울, 한울아카데미, 2011 참조.
87) 김병기, "통일후 북한 지역 토지소유문제 해결을 위한 몰수재산처리법제의 이론과 실제", 2014 토지공법학회 학술회의 자료, 2014. 3, 39면; 이부하, "북한의 토지법제와 통일후 북한 토지소유권의 해결", 홍익법학 제13권 제3호, 2012, 75면 참조.

제도를 정립하기 위해서는 토지(임야 포함)에 대하여는 토지대장, 지적도, 임야대장, 임야도, 수직지적도 등 지적공부(地籍公簿)를 정비하고 토지등기부를 창설하여야 하며, 건물에 대하여는 건물등기부를 창설하고, 국공유기업에 대하여는 상업등기부를 창설하여야 한다. 북한 행정당국에 지적공부가 있다면 이를 활용하고, 그렇지 않을 경우에는 지적재조사를 실시하여야 한다. 이러한 조사가 마무리되기 전까지는 부동산 거래는 당연히 제한될 것이고 원상회복이나 보상청구의 인정 또한 현실적으로 제한될 수 밖에 없을 것이다. 이와 관련하여, 북한도 2009년 11월 11일 최고인민회의 상임위원회 정령 제395호로 채택된 「부동산관리법」제14조부터 제21조까지에서 부동산의 등록과 실사제도를 운용하고 있다. 이에 따라 기관, 기업소, 단체는 모든 부동산을 정확히 등록하여야 하며(제14조), 토지는 토지등록대장과 지적도에 하고, 지적도에는 지목, 지번, 면적 같은 것을 정확히 표시하여야 한다(제17조). 이러한 북한 부동산관리법의 관련 규정으로 짐작컨대 동법 채택 이후 상당기간이 경과하였으므로 토지등록대장, 지적도, 건물등록대장, 시설물등록대장 등 향후 등기제도 도입에 기초가 될 자료가 어느 정도는 갖추어져 있을 수도 있다. 다만, 북한 행정당국이 새롭게 등록한 지적공부가 기존 몰수재산의 원상회복이나 보상청구에는 도움이 되지 않을 가능성이 크다.

(2) 농지의 특수성

우리 헌법 제121조는 농지에 관한 경자유전의 원칙 등을 규정하고 있고, 제122조는 국가가 법률이 정하는 바에 의하여 국토에 관한 필요한 제한과 의무를 과할 수 있는 근거를 규정하고 있다. 이렇게 농지를 포함한 토지에 대하여 헌법상 강한 보호를 하고 있는 것은 토지가 공급탄력성이 매우 낮고 인간생활의 기반이며, 특히 농지는 식량생산의 수단이자 재산권의 핵심

요소라는 점 때문이다. 그래서, 농지의 경우 그 사회성과 공공성이 일반적인 토지의 경우보다 더 강하다고 할 수 있다.[88][89] 先통일-後경제통합시 남북이 토지제도를 통일함에 있어서도 북한 지역에서 농지의 특수성을 반영할 필요성이 매우 크다. 즉, 우리 헌법에 따르면 농지의 소작제도는 금지하고 농지의 임대차와 위탁경영도 법률이 정하는 바에 따라 인정하고 있는데, 도시화와 이농현상 및 상속으로 인하여 외지에 있는 농지 소유자가 점점 증가하고 있는 남한과 달리 북한 지역의 경우 농업이 상당한 비중을 차지하고 있다. 사실 통일의 과정에서는 토지의 공공성이 더욱 강하게 요구될 것인데 우리 사회가 헌법규범으로 받아들인 경자유전의 원칙을 가까운 시일내에 개정하거나 폐기할 가능성이 높지는 않을 것이다. 이러한 경자유전의 원칙은 뒤에서 살펴 볼 몰수재산권 특히 몰수토지의 처리방안을 결정함에 있어서도 마찬가지로 적용되어야 할 주요 원칙이다. 독일의 경우와 달리 우리헌법은 제헌헌법시기에 매우 강력한 경자유전의 원칙을 규정[90]한 이래로 이후의 개정헌법에서도 일부 내용의 변경이 있기는 하였지만 동원칙을 지속적으로 규정[91]하여 왔으며 이는 우리 역사에서 농지의 특수성을 반영한 것이다. 이는 북한 지역에 사유재산권을 설정함에 있어서 농지의 경우 현재의 경작자들에게 토지매수청구권 등의 형태로 우선권을 인정

---

88) 헌법재판소도 토지의 특수성으로 인한 토지재산권에 대한 광범위한 입법형성권과 특별한 규제의 필요성을 인정하고 있다. 헌재 2010. 2. 25. 2008헌바116 참조.
89) 헌재 1998. 12. 24. 89헌마214 등, 헌재 2003. 4. 24, 99헌바110등, 헌재 2003. 8. 21, 2000헌가11등 참조. 토지의 특수성이 있지만 다른 기본권을 제한하는 입법과 마찬가지로 비례성원칙을 준수하여야 하고, 재산권의 본질적 내용인 사용·수익권과 처분권을 부인하여서는 아니 된다고 판시하였다.
90) 제헌헌법 제86조 농지는 농민에게 분배하며 그 분배의 방법, 소유의 한도, 소유권의 내용과 한계는 법률로써 정한다.
91) 농지법 제6조 제2항 제4호에 의거하여 상속으로 농지를 취득하여 소유하는 경우 자기의 농업경영에 이용하지 아니할지라도 농지를 소유할 수 있으나, 제7조 제1항에 의거하여 상속으로 농지를 취득한 자로서 농업경영을 하지 않는 자는 그 상속농지 중에서 총1만제곱미터까지만 소유할 수 있다.

할 근거가 될 수 있다.

(3) 몰수토지 처리방안

해방 후 북한에서는 우리와는 달리 '무상몰수, 무상분배'에 의거 토지개혁을 실시하였다. 또한 이러한 토지개혁은 그 시기에 따라 1945년 8월 14일 이후 북한 지역에 주둔하였던 소련점령하의 조치들과 1948년 9월 9일 북한정권수립 이후 행해진 조치들로 구분된다. 소련점령하 북한에서 토지개혁은 형식적으로는 북조선임시인민위원회 명의로 1946년 3월 5일 공포된 '북조선토지개혁에 대한 법령'과 1946년 3월 8일의 '토지개혁법령에 관한 세칙'을 기반으로 불과 20여일만에 완료되었다.[92] 구 소련의 북한 지역 점령의 법적 성격에 대하여는 전쟁법상의 점령, 정전을 위한 점령, 국제연합헌장상의 적대국가조약에 의한 점령, 신탁적 점령 등의 주장이 제기되었으나, 전쟁법상의 점령이 아닌 '해방으로서의 점령'으로 보는 견해가 옳다고 생각한다.[93] 소련 군정 당국의 몰수조치를 국제법상 강행규정('인간으로서의 기본권' 보호) 위반으로 보아 무효로 간주하는 견해[94]도 있고 북한 당국이 이를 추인하였기 때문에 법적인 평가를 하기 어렵다는 견해도 있다.

북한내 국유화되어 있는 토지, 건물을 재사유화함에 있어서는 다양한 논점이 제기된다. 첫째, 과거 북한의 토지개혁으로 인하여 발생한 무상몰수에 대하여 원래 소유자(월남자 또는 현재 북한 주민을 불문)에 대한 원상회복청구권 또는 손실보상청구권의 인정 여부이다. 보상 대상이 되는 무상몰수는 1945. 8. 15일 이후 소련군정 당국이나 정권 수립 이후 북한 정권에 의

---

92) 북한 토지개혁 절차에 대해서는 정영화, "통일후 북한의 재산권 문제에 관한 헌법적 연구", 서울대학교박사학위논문, 1995. 2, 164면, 272~273면 참조.
93) 김병기, "북한 지역 몰수재산권의 원상회복 여부에 관한 고찰", 행정법연구, 1997, 195면 참조.
94) 김병기, 위의 논문, 199면 참조.

하여 토지개혁을 통하여 무상몰수된 토지와 북한 정권하에서 정치·사상적 이유에 의하여 몰수된 토지를 포함한다. 통일재산법제와 관련된 기존 논의의 핵심은 이러한 과거 북한정권 확립과정에서 몰수되어 국유로 전환된 몰수재산을 원소유자에게 반환시킬 것인가 하는 문제이다. 원상회복원칙을 주장하는 견해는 헌법상 재산권 보장의 취지를 제대로 반영하는 법치국가 이념에 가장 부합하는 견해인 반면 보상원칙을 주장하는 견해는 북한내 등기의 멸실로 소유권 증명의 어려움, 북한 지역내 신규투자 위축, 남북 주민 간 갈등 초래 등 정책적 이유로 원물반환보다는 보상에 의한 처리를 주장하고 있다.95)

둘째, 토지를 재사유화하는 구체적 방식에 있어서도 북한 지역내 소재하는 국유의 토지, 협동농장 소유의 토지에 대하여 토지공공임대제96)를 추진할 것인지, 아니면 곧바로 사유화하여 소유권을 이전할 것인지 또한 사유화하는 경우에도 전면무상분배할 것인지 또는 전면유상분배할 것인지 또는 유·무상 혼합분배할 것인지 등에 대하여 연구자들의 입장은 대체로 토지사유화에 찬성하는 입장97)과 토지공공임대제에 찬성하는 입장98), 재국

---

95) 재산권의 사회적 기속성을 강조하여 북한주민의 최저생존권 보장, 고용창출 및 경제재건 등을 위한 '반환불가-보상원칙'도 헌법상 허용된다고 보며, 이 경우 통일과정에서 남북이 통일조약 등으로 반환불가원칙에 합의하고 이를 헌법규범화하면 동 조항이 헌법전의 일부로서 제23조(재산권 보장)와 동등한 가치를 지니게 되어 위헌의 문제를 피할 수 있다고 보는 견해가 있다. 김병기, 앞의 논문(주 87), 38~39면 참조.

96) 토지공공임대제에 대하여는 허문영 외, 통일대비 북한토지제도 개편방향 연구, 통일연구원, 2009, 70~93면; 최철호, "통일과 북한 지역의 토지정책", 토지공법연구 제43집 제3호, 2009. 2, 170~171면 참조.

97) 안두순, "통일 후의 남북한 토지제도 통합 방안", 경상논총, 한독경상학회, 1997, 32~34면; 이춘섭, "통일 후의 북한의 토지제도", 부동산학 연구, 1997, 157~160면; 정형곤, "통일과정에서의 북한 지역 토지사유화 방안", 경제논집 제48권 제1호, 서울대 경제연구소, 2009, 108면 참조.

98) 김윤상, 알기 쉬운 토지공개념, 경북대 출판부, 2006, 49~51면; 전강수, "북한 지역 토지제도 개혁 구상", 통일문제연구 제19권 제2호, 2007, 192면; 허문영 외, 위의

유화 후 일부 사유화 및 공공임대제의 제한적 실시를 주장하는 입장99) 등
으로 나누어져 있다. 토지국유화(토지공공임대제)에 찬성하는 입장을 보면
토지 투기에 의한 불로소득이 재현되는 것을 막기 위하여 한정된 자원인
토지를 국유화하고 토지공공임대제를 실시하여 토지의 효율적 사용을 보
장할 수 있다고 주장한다. 이에 반하여 토지 사유화를 주장하는 입장을 보
면 토지 사유화가 토지의 효율적 사용을 보장하고 토지소유권은 안정적인
토지 사용을 가능하게 하며, 사유재산권은 자본주의 체제의 초석이므로 소
유권의 3개 요소를 모두 갖추어야 한다고 주장한다. 이에 대하여 절충적
견해는 토지소유권과 공공선의 추구를 조화하여 토지를 재국유화한 뒤 곧
바로 사유화를 실시할 토지(택지, 농지, 기업·업무용 및 상업용 건물과 부
속토지 등)를 제외한 토지에 대해서는 공공임대제를 시행하자고 주장한다.
우리 헌법재판소가 토지소유권의 내용을 사용, 수익, 처분으로 보고 있으
며, 재산권행사의 사회적 의무성을 강조하고 있기는 하지만(헌재 1989. 12.
22, 88헌가13) 헌법 제37조 제2항에 의거하여 국민의 모든 자유와 권리를
제한하는 경우에도 그 본질적 내용을 침해할 수는 없다. 그러므로, 통일 헌
법 제정권자의 새로운 결단은 별론으로 하고 현행 헌법이 그대로 적용되는
경우에는 모든 토지를 국가나 공공이 소유하고 토지사용자에게 사용권을
설정하는 토지공공임대제100)는 처분권을 인정해 주지 않으므로 사유재산
권의 본질적 내용을 침해하는 것으로 볼 여지가 있다. 물론 토지공공임대
제에서도 개인에게 처분권을 인정하고는 있지만 이는 사용권의 처분권이
지 '토지' 자체에 대한 처분권을 인정하는 것은 아니다. 또한, 토지공공임
대제를 실시하는 경우 사회주의 계획경제하에서와 마찬가지로 주인-대리인

책(주 96), 127~130면; 박인성·조성찬, 앞의 책(주 86), 408~411면 참조.
99) 제성호, "통일 후 바람직한 토지정책방향: 특히 북한토지의 처리와 관련해서", 법
　　정논총 제29집 제2호, 2005, 144~180면 참조.
100) 싱가포르나 홍콩 같은 도시국가는 나라전체에 토지공공임대제를 도입하고 있다.
　　허문영 외, 앞의 책(주 96), 73면 참조.

문제101)가 발생할 가능성도 있다. 즉, 토지공공임대제하에서는 토지의 처분권은 전체로서의 국민에게 귀속되고 각 개인은 토지사용권을 임대하게 되는데, 전체로서의 국민이 어떻게 국유재산관리주체인 정부를 통제할 수 있는가 하는 문제에 부딪히게 된다. 물론 현대민주국가에서는 국유재산에 대한 처분과 이용규칙을 사전 설정함으로써 사회주의 계획경제에 비하여 민주적 통제가 이루어지는 정도가 높다고 할 수 있지만 사회전체의 공유재산에 대한 효율적인 통제가 이루어지지 않을 가능성이 높다. 또한, 통일비용 조달 측면에서 공공임대제를 시행할 경우 민간시설 건설자금 조달시 사용권만으로 금융기관이 담보제공을 하기 어려울 것이라는 점을 들어 국유화 후 점진적 사유화를 제안하는 견해도 있다.102) 중국, 베트남의 경우 현재 토지공공임대제를 시행하고 있지만 부동산투기는 사라지지 않고 있으며, 토지가격 상승의 혜택이 일반 국민들에게 골고루 분배되고 있지도 않다. 또한 독일에서도 1970년대초 토지소유권을 기능별로 분리하여 지방자치단체에 처분소유권을 부여하고 농민들에게는 시간적으로 제약을 받는 이용소유권을 수수료를 받고 양도하자는 구상이 있었으나, 소유권의 절대성, 전면성, 항구성 등의 본질적 특성과 관련하여 다양한 비판이 제기되었었다.103)

셋째, 현재 토지, 건물을 점유하고 있는 북한 주민들에게 어느 정도의 우선권을 인정할 지 여부와 그러한 우선권의 내용을 정하여야 한다. 이는 이미 그 토지, 건물을 점유하여 이용 또는 사용하고 있는 사람들에 대한 처우 문제이다. 완전한 우선권을 인정할 경우는 현재의 분배상태를 공정한 것으로 받아들이는 것으로 볼 수도 있다. 하지만 60년 이상 독재정권의 유지에

---

101) 사회주의 경제체제하에서의 주인-대리인 문제에 대해서는 정형곤, 체제전환의 경제학, 청암미디어, 2001, 12~13면 참조.
102) 김원중, "통일 이후 북한 토지 관리방안에 관한 연구: 토지공공임대제 비판을 중심으로", 통일과 법률 제17호, 2014. 2, 36~66면 참조.
103) 비판의 상세 내용은 윤철홍, 소유권의 역사, 법원사, 1995, 158~166면 참조.

기여한 계층에 대해서까지 기존에 점유하고 있는 토지, 건물에 대한 우선권을 인정하는 것은 법적 정의의 실현이라는 측면에서 받아들이기 어려울 것이다. 그렇다고 우선권을 전면적으로 부정하는 것은 그로 인하여 야기되는 사회경제적 혼란으로 인하여 받아들이기 어렵다. 부분적 우선권을 인정하는 경우에도 그 내용을 어떻게 할 것인가도 문제이다. 즉, 우선권의 내용으로 우선적 소유권이전청구권, 우선적 사용청구권, 우선적 임대청구권 등을 상정해 볼 수 있다. 또한, 이러한 우선권을 인정하는 대신 일정기간 거주를 이전하지 않고 당해 토지가 소재한 지역에 머무를 것을 부대조건으로 설정하는 방안도 생각해 볼 수 있다. 이는 경제통합과정에서 북한주민의 급격한 이동으로 발생할 수 있는 여러가지 사회 문제를 완화하는 데에 중요한 역할을 할 수 있다. 협동농장에 우선적 이용권 등의 우선권을 부여하고, 그 구성원이 농지를 장기 임대하거나 일정한 보상을 받고 협동농장을 탈퇴할 수도 있도록 하는 방안을 생각할 수 있다.

넷째, 월남한 남한 주민과 현재 점유자와의 관계이다. 월남자의 경우 토지소유권 회복에 대한 기대를 가지고 있는데, 월남한 남한 주민에 대하여 원상회복청구를 인정하고 자료상 토지의 위치가 확인될 수 있을 경우 이를 현재 점유하여 사용하고 있는 북한주민과 원상회복을 청구하는 남한 주민 간 권리의 충돌이 발생한다. 또한, 분단 후 장기간이 경과함에 따라 토지의 형상, 경계 등이 월남 당시와는 크게 변화하였으며, 북한 당국이 토지를 국공유로 전환함에 따라 토지대장원부가 남아 있지 않을 가능성이 높다는 법현실적 문제도 생각하지 않을 수 없다. 이러한 현실적, 법적 제약에 더하여 월남자의 상당수가 사망하고 그 상속인이 권리를 주장할 가능성이 높은 반면 북한 주민의 경우 분단 70년의 기간 동안 그 토지의 가치 상승에 기여한 측면을 고려할 필요가 있다.

5. 남북 경제통합의 발전

(1) 북한 지역 기업 육성

북한 기업의 자생력 확보를 통하여 산업 발전을 추진하기 위해서는 통일 직후 경제통합을 추진함에 있어 남북한 산업간 분업 구조 나아가서는 동북아 분업구조하에서 북한 지역에서 집중적으로 육성할 산업을 선별하여야 한다. 기존의 연구를 보면, 단기, 중기, 장기 단계별로 북한 투자위험도 예상, 경제적 측면(노동집약도, 기술수준, 투자규모, 공사기간), 안보적 측면의 기준에 의하여 대북한 진출 유망업종을 선정한 연구[104]도 있고, 대북지원이 북한경제와 산업에 미치는 효과를 계산하기 위하여 북한의 산업연관표를 통계적 방법으로 추정하고 대북지원의 경제적 효과를 분석한 연구[105]도 있으며, 전후방 연쇄효과의 크기, 경쟁력 확보를 위해 동원할 수 있는 생산요소, 산업기반의 정도, 기술수준 등을 고려하여 북한의 전략산업을 선정한 연구[106]도 있다. 최근의 연구로 통일 실현시 경제통합의 수준과 속도에 따라 달라지는 북한 지역의 산업발전 여건, 국영기업 처리방안, 산업투자 활성화방안을 제시한 연구가 있고[107], 북한의 경제발전 잠재력과 전략을 검토한 후 전략적으로 육성할 필요가 있는 분야(경제특구, 경공업 및 IT산업)를 제시한 경우[108]도 있다. 또한, 남북한 분업 및 협업 구조의 설계라는 측면에서 현재 남한의 주력산업 중에서 생산기지 역외 이전이 이루어질

---

104) 박태호, "주요 산업별 대북한 진출유망업종 선정방안", 통일과 국토 제3호, 2000년 가을호, 한국토지공사, 2000. 10, 41~53면 참조.
105) 신동천, "대북지원의 경제적 효과", 응용경제 제6권 제1호, 한국응용경제학회, 2004. 6, 69~90면 참조.
106) 이석기, 북한의 산업발전전략과 남북경협, 산업연구원, 2005 참조.
107) 김석진·이석기·양문수, 통일 이후 북한산업개발전략 연구, 산업연구원, 2011. 12 참조.
108) 이석기 외, 북한의 산업발전 잠재력과 남북협력과제, 산업연구원, 2013. 12 참조.

산업이면서 부가가치 자본생산성이 높고 고졸 숙련공 위주 노동집약적 산업을 선정한 경우109)도 있다.

　독일의 경우 동독 지역에 대한 투자는 외국기업 및 서독기업에 의해 주도적으로 이루어지고, 민간자본의 이동은 동독이 경쟁력을 가지는 제조업 분야에서 동독기업의 사유화에 참여함으로써 이루어진다. 2001년 동독내 기업 중 서독기업의 수는 15%를 차지한 반면 고용비중은 38%, 매출은 46%, 투자 비중은 47%에 이른다. 동독 지역내 금융자산을 축적한 기업이나 개인이 부족했기 때문에 동독 지역에 대한 대규모의 산업투자는 대부분 서독기업이나 외국기업에 의하여 이루어질 수 밖에 없었다. 또한 서독기업이 투자를 선점함으로써 2001년 체코나 헝가리 등 동유럽국가에 비하여 동독의 일인당 외국인직접투자 저량(stock)이 작은 편이다.110) 체제전환국의 사례를 살펴보면, 산업부문 개발을 위한 각론적 과제로 무역자유화와 수출산업 육성, 국유기업의 개혁, 중소기업의 육성, 혁신 시스템 개혁 등이 주요함을 알 수 있다. 특히, 중국과 베트남은 기업의 자유를 보장하여 기업 진출장벽을 낮추면서 기존 국유기업에 대하여는 온건하고 점진적인 경영개혁을 추진하였고, 동유럽은 국유기업의 사유화를 급진적으로 추진하면서 창업을 활성화한 방식을 채택하였다.111)

　북한 지역에 시장경제질서를 도입한다고 했을 때 경쟁력 있는 북한기업의 육성은 북한경제의 자생력을 키우고, 고용창출효과를 제고하여 실업문제를 단기간내 해결한다는 측면에서 생산조직과 관련한 정책에서 가장 중요한 이슈이다. 독일의 경우 신탁공사의 주된 관심은 1994년 폐쇄되기 전

---

109) 정형곤 외, 한반도 경제공동체 그 비전과 전략, 서울대학교출판문화원, 2009. 8, 75~88면 참조.
110) 김계환, 독일통일과 산업구조조정: 남북산업협력에 대한 시사점, 산업연구원, 2008. 8, 31~34면 참조.
111) 김석진 외, 체제전환국사례를 통해 본 북한 산업개발전략, 산업연구원, 2008. 12, 2~19면 참조.

까지 신탁법에 의거하여 '법인 전환'된 기업들을 분류하여 조속히 사유화
하는 것이었지 동독 산업 전체의 경쟁력이나 기업의 경쟁력을 제고하는 방
안에 대하여는 무관심하였다.112) 독일의 경우처럼 중소기업과 대기업의 사
유화 작업은 서로 분리하여 시차를 두고 진행하여야 한다. 중소기업의 경
우 기업지배구조 문제가 심각하게 제기되지 않으므로 경영자나 종업원들
에게 매각하는 것과 같이 신속하고 간단한 절차를 통해 진행할 수 있기 때
문이다.

(2) 산업발전전략

통일 이후 북한 지역 산업발전전략을 구상함에 있어서 몇 가지 고려사항
을 제시하고자 한다. 첫째, 북한 주민 스스로 북한 지역 경제를 책임지고
이끌어 갈 수 있는 역량을 키워야 한다. 그렇다고 현재의 북한처럼 여타 세
계 경제와 단절하여 혼자 서는 자립 경제를 구축하여야 한다는 것은 아니
다. 오히려 개방된 경제체제하에서 남한을 포함한 타국, 타지역과 경쟁할
수 있는 산업경쟁력을 키워나가야 함을 의미한다. 북한 지역에서의 산업의
발전은 개인의 창의를 바탕으로 자율과 경쟁에 의함을 그 원칙으로 하여야
하고, 그러한 자율의 이면에는 항상 책임이 뒤따른다. 시장경제체제를 채택
하는 이상 경제질서는 자율과 경쟁이 주된 원칙이 될 수 밖에 없지만 자본
주의 역사가 증명하듯이 국가가 자유방임하는 것은 아니며 경제정의를 위
하여 분배, 재분배 측면에서 국가가 관여할 필요가 있다. 초기 자본이 형성
되어 있지 않은 북한 경제에 있어서는 지역균형발전측면에서 국가의 역할

---

112) 김국신 외, 분단극복의 경험과 한반도 통일 I, 한울아카데미, 1994, 358면 참조.
저자들은 "독일의 경우 민영화정책의 주무관청인 신탁청은 노동생산성이 낮아서
민영화가 어려운 기업의 경쟁력을 육성하는 정책을 시행하기보다는 이들 기업을
시장경쟁에 자연방치하여 파산상태에 이르게 하는 등 적자생존의 시장경제논리를
단순히 모든 민영화 대상기업에 적용하는 오류를 범하였다"고 한다.

이 더욱 중요하다. 둘째, 경제 전체의 효율을 높이는 방향으로 산업발전전략을 구상하여야 한다. 다만, 기후변화측면에서 남한이 부담하는 탄소배출 감축량이 그대로 북한 지역에 적용된다면 북한 지역내 초기단계 산업발전에 큰 제약요인이 될 것이다. 셋째, 산업의 균형발전에 중점을 두어야 한다. 이는 북한내 산업간 균형발전과 남·북한 산업간 균형발전으로 구분할 수 있다. 또한 대기업 중심의 산업구조가 아닌 중소기업이 산업활성화의 주역으로서 일익을 담당할 수 있도록 하여야 한다. 우리 헌법 제119조 제2항과 제123조 제3항에 의거하여 국가는 균형있는 국민경제의 성장을 위하여 규제와 조정을 할 수 있고, 중소기업을 보호·육성하여야 한다. 넷째, 안정적 산업발전을 이끌 필요성이 있다. 남한은 경제개발 5개년 계획에 의거하여 초기의 중화학 공업육성단계에서는 공업의 각 분야를 직접 지원·육성하기 위하여 정부주도하에 업종별로 개별법을 제정·시행하다가 공업기반이 어느 정도 갖추어진 이후에는 시장경제의 자율·경쟁원리에 따라 이러한 법률들을 폐지하였는데, 북한의 경우는 북한 지역의 부존자원에 맞는 안정적 산업발전이 이루어 져야 할 것이다.

(3) 투자 우선의 원칙과 외국인투자 개방

통일은 단기적으로 노동인구의 증가 및 내수시장의 확대를 가능하게 하고 그에 더하여 높은 내부수익률을 기록할 수 있는 다수의 투자사업도 발굴해 낼 수 있다. 개인과 기업, 외국인들이 향후 성장유망지역인 북한 지역으로의 투자를 원활히 할 수 있도록 투자 환경을 조성하고, 투자관련법제를 정비하여 안정적으로 투입한 자본의 회수, 송금 등을 가능하게 하고 투자와 관련한 법적 리스크를 줄여줄 필요가 있다. 이러한 측면에서 북한내 기업소와 토지의 사유화에 있어 과거 원소유자에 대한 원상회복의 원칙과 투자 우선의 원칙간 적절한 균형점을 찾는 것이 경제통합의 발전에 있어 핵심적 이슈이다. 지나치게 원상회복과 법적 정의의 실현에 치중할 경우 독일통일 초기의 사례에서 보듯이 북한 지역으로의 투자를 크게 저해할 것이며, 그렇다고 투자 우선의 원칙만 지나치게 강조하는 경우 우리 헌법이 추구하는 법치주의 정신을 훼손할 수 있다. 이 외에도 앞서 언급하였듯이 지역 균형발전 차원에서 북한 지역에도 건전한 자본가들이 등장할 수 있도록 자생적 자본 형성의 기회가 보장되어야 한다.

북한내 기업정책은 단순히 국유기업을 조속히 사유화하는 데 초점을 둘 것이 아니라 기업 경쟁력, 산업 구조조정, 실업문제, 경제 통합의 재정부담 문제 등을 충분히 고려하며 투자가 우선적으로 유도될 수 있도록 법제를 정비할 필요가 있다. 즉, 사유화의 시기나 사유화 방안을 논하기 이전에 투자 관련 규제가 최소화되어 다방면에서 투자가 이루어지도록 관련 법제도를 구성할 필요가 있다. 다만, 이 경우 북한주민에게 자본형성의 기회를 제공하고 기업가정신이 충만한 자생력 있는 북한기업이 여러 산업분야에서 등장할 수 있도록 정책적 고려를 하여야 할 것이다. 중국의 경우 외국기업의 투자시 자국기업과의 합작·합영방식을 통하도록 하였지만, 이는 막대한 크기의 중국시장에 대한 접근 기회를 반대급부로 한 것이어서 시장규모가 그리 크지 않은 북한의 경우에는 사용하기 어려운 방식일 수 있다. 또한, 과거 남한 지역의 급속한 발전은 시장개방을 통한 광활한 국제시장과의 연계로써 가능하였다. 지금과 같이 네트워크화되고 글로벌화된 세계에서는 더더욱 자기만의 시장, 스스로의 혁신 역량만으로 발전해 나갈 수 없으므로 통일 이후 북한 지역도 신속한 경제발전을 위하여 개방의 원칙을 채택하여야 하며, 외국인투자도 그러한 차원에서 내국투자와 동등한 내국민 대우, 최혜국 대우를 부여하여야 한다.

투자와 관련하여 북한 지역의 토지소유권 해결이 투자 환경 형성에 있어 가장 중요한 요인 중의 하나인데, 이에 대하여는 원소유자에 대한 법적 정의의 회복을 중시하는 입장과 투자촉진을 중시하는 입장이 있을 수 있다고

언급하였다. 전자는 현행 우리 헌법이 북한 지역에도 그대로 확장되어 규
범력이 인정된다면 논리적으로 원소유자에게 토지를 반환하는 방식이 사
유재산권 보호라는 우리 헌법의 이념과 정신에 가장 부합하는 방식임을 감
안한 것이다. 한편, 통일방식에 따른 개편원칙, 사회적 법치국가 원칙, 투자
촉진의 원칙, 이용우선의 원칙 등의 4가지 원칙을 제시한 견해[113]는 후자
의 입장이라 할 것이다. 先경제통합-後통일시는 통일 독일의 경우와 같이
토지를 포함한 미해결재산권의 처리방식에 대하여 쌍방간 합의를 통하여
통일 이후 적용될 원칙을 정하는 과정을 거칠 수도 있다. 하지만 先통일-後
경제통합시 그러한 과정 없이 토지소유권 문제를 해결해야 할 가능성이 높
다. 또한, 북한주민의 생존권 보장, 과다한 통일비용, 북한내 등기의 부재
등의 차원에서 원소유자에게 토지를 반환하는 방식은 현실적으로 적용하
기가 거의 불가능할 수 있으며, 일부 토지의 경우 북한이 1993년 10월 27
일 토지임대법을 제정하여 외국기업, 외국인투자자, 북한내 기업·단체 등
에게 최장 50년까지 토지이용권을 허용하였다는 점을 고려하면 이들의 권
리를 보호해 주어야 할 필요성도 있다.

---

113) 이부하, 앞의 논문(주 87), 79면 참조.

제6장

결 론

통일은 우리 민족의 생존을 위한 필요조건이며 또한 발전을 위해 반드시 거쳐야 할 관문이다. 이 과도기의 시기를 어떻게 슬기롭게 관리하여 한민족공동체를 회복해 나가느냐 하는 데 사실상 민족의 명운이 달려 있으며, 그 과정의 일부로서 경제공동체의 경제질서를 어떻게 만들어 나가느냐 하는 문제는 정치제도를 어떻게 만들어가느냐 하는 것 못지 않게 중요한 문제이다.

분단초기와는 달리 분단이 장기화되면서 통일을 위한 절박한 목소리가 줄어 들고 동·서독의 경우와 마찬가지로 통일비용으로 인하여 우리경제가 감내할 수 없는 부담을 지게 될 것이라는 주장하에 통일을 하지 말자고 하는 목소리도 생겨나고 있다. 하지만 유구한 우리민족의 역사로부터 오는 통일의 당위성을 언급하지 않더라도 인구통계학적 측면, 남북한의 경제구조 등을 감안할 때 통일은 우리가 선진국으로 도약하는 데 있어서 반드시 필요한 과정이기도 하며, 우리의 생존에 있어서도 필수불가결한 과정이 되었다. 앞에서도 얘기했듯이 통일로 인한 부담 때문에 통일을 미루거나 하지 말자는 주장은 그 본말이 전도된 주장이라 할 것이다. 그렇다면 우리에게 남는 과제는 어떻게 한국경제가 충분히 감내할 수 있는 수준으로 통일부담을 관리해 내면서 통일을 이룩하느냐 하는 것이다. 이러한 과제를 풀어나감에 있어서 기억해야 할 것은 통일부담이 고정되어 있는 독립변수는 아니며 우리가 어떤 통일방식을 취하고 어떤 경제질서를 추구하느냐에 따라서 달라지는 종속변수라는 것이다. 즉, 통일부담은 우리가 어떠한 경제질서를 취하여 통일과정을 관리해 나가느냐에 따라 한국경제가 충분히 감내할 수 있는 수준이 될 수도 있고 이러한 통일부담으로 인하여 한국경제가 붕괴될 수도 있는 것이다. 또한 표면적으로는 동일한 시장경제질서를 취하더라도 내용적 측면에서 국가가 더 많은 부담을 분담하느냐 아니면 사회 또는 기업이 더 많은 역할을 분담하느냐에 따라서 국가 부문의 통일부담의 크기는 큰 편차를 보이는 것이다. 요컨대 우리가 추구할 통일국가의 경제질서를 시장경제질서라고 한다면 북한 지역내 경제질서를 이러한 시장경제질서로 전환하는 과정에 있어 민간의 창의와 개인의 자유를 얼마나 잘 융합시키느냐에 따라 정부가 부담할 통일의 부담의 크기가 달라지고, 정부를 포함한 우리 사회 전체가 부담할 통일 부담의 크기 또한 달라진다.

본서에서는 남북한 경제통합을 정치적 통일과는 구분되는 개념으로 상정하여 생산물(재화, 용역)과 생산요소(자본, 근로자, 토지)의 자유로운 이동이라는 5가지 자유가 우리 헌법이 채택하고 있는 경제질서인 사회적 시장경제질서하에서 경제적 기본권으로 보장되거나 직간접적으로 연결되어 있으며, 이것이 남북한 경제통합에 있어서도 핵심 요소임을 보여주고 있다. 현상황에서 남북간 경제통합은 상이한 체제간 경제통합, '남-북' 국가간 경제통합, 분단국간 경제통합이라는 3가지 특수성을 가지고 있으며, 이로 인하여 남북간 경제통합은 시장경제질서의 도입(또는 체제전환), 협의의 경제통합(또는 시장통합), 경제성장의 세 가지 요소가 동시에 작용하며 이루어져야 하는데, 남북간 5가지 자유를 보장하기 위한 출발점으로서 시장경제질서의 도입은 사실상 경제통합의 전제조건으로 작용하며, 경제성장은 경제통합의 발전을 위하여 필요한 조건이다.

본서에서는 타국의 경제통합사례를 고찰하였는데, 재화, 용역, 인력, 자본의 이동뿐만 아니라 남북간 경제통합의 특수성을 반영하여 조약 등의 승계(남-북 국가간 통합, 상이한 체제간 통합), 몰수재산권(분단국간 통합), 자치권 부여(남-북 국가간 통합)를 살펴보고 시사점을 도출하였다. 경제통합 및 체제전환사례로 독일, 예멘, 중국-홍콩, 유럽-동구 공산권국가, 베트남 사례를 살펴보았는데, 우리에게 제공하는 시사점도 많았지만 각국의 역사적, 정치·사회·경제적 조건들이 상이함에 따라 적용상의 한계도 있음을 알 수 있다. 시장경제질서로의 전환은 통상 급진적 방식과 점진적 방식으로 구분하는데, 동독과 동유럽국가는 급진적 개혁이외의 다른 선택의 여지가 없었던 반면, 중국과 베트남은 가격자유화 및 시장경제질서의 도입에 있어 점진적 방식을 채택하였다. 사유재산제를 도입함에 있어서 통일 독일은 초기에는 몰수토지에 대하여 원물반환을 원칙으로 하고, 원물반환이 어려운 경우 보상을 제공하였으며, 중국과 베트남은 토지의 국유 또는 집단소유제를 유지한 가운데 배분당시 현재의 점유자에게 토지사용권을 배분하는 방식을 사용하였다. 사유재산제를 도입함에 있어 그 기반이 되는 등기제도의 확립이 매우 중요함을 예멘과 동구의 사례에서 알 수 있다. 유럽연합은 단일화폐를 도입하고 경제정책까지 조화시켜가는 과정에 있어 경제통합의 모범사례로서 재화의 자유로운 이동측면에서 관세부과 및 수량제한을 금지하고 반덤핑관세나 상계조치 대신 경쟁법의 엄격한 적용을 추진하고 있음을 눈여겨 볼 필요가 있다. 자본 이동에도 원칙적으로 제한을 두지 않고 셍겐조약 등을 통하여 인력 이동의 자유까지 보장하고 있음은 남북한간 통합시 참고할 만한 사례라 할 것이다. 중국은 홍콩·마카오에 장기간의 고도의 자치권이 보장된 특별행정구를 설치하였는데, 그 요체는 국제적으로 독립된 관세구역으로 세계무역기구에 별도의 회원으로 가입하여 활동할 수 있다는 것이다. 이러한 독립 관세구역의 형태는 여건은 전혀 다르지만 우리와 북한간의 결합에서 시사하는 바가 크고 헌법에 특별행정구를 설치할 근거를 마련하고, 인민대표회의(우리의 국회)에서 법률로 그 내용을 정하도록 한 점도 참고할 필요가 있다. 다만, 우리는 동일한 시장경제체제에 의한 통일을 지향하고 있어 중국-홍콩과 같은 일국양제는 아니며, 중국-홍콩간에는 호구제를 통하여 거주이전의 자유가 상당히 제한되고 있는 상태여서 이러한 일국양제를 유지할 수 있다는 점도 유의할 필요가 있다.

이와 같은 이론적 틀과 사례에서의 시사점을 바탕으로 남북간 현행 경제 법제를 살펴본 후 '先경제통합-後통일'의 경우와 '先통일-後경제통합'의 경우로 구분하여 경제통합을 위한 법제도적 과제를 고찰하여 보았다. 경제통합의 지도이념으로 인간으로서의 존엄과 가치 및 행복추구권, 불가침의 기본적 인권 확인·보장, 사회적 시장경제질서를 제시하였는데, '先경제통합-後통일'의 경우는 통일부담측면에서는 부담이 가장 적은 경우가 될 터인데, 이 경우 시장경제질서 도입, 국제경제법적 요인(민족내부거래의 예외 인정) 등을 감안하여 우리가 체결하고 있는 타국과의 FTA, 중국-홍콩간 CEPA나 중국-대만간 ECFA 등과 같은 경제협력협약이 남북간에도 유용한 경제통합의 도구가 될 수 있다. 즉, 남북통일의 세 가지 특수성을 고려할 때 시장경제질서 도입으로 이질적 체제간 통합이라는 특수성을 극복하고, 남북경제통합으로 남-북 국가간 격차를 해소하며, 경제협력협약으로 민족 내부거래에 대한 최혜국대우 위반 제기 가능성을 차단할 수 있다. 경제통합의 순서는 재화시장→용역·자본시장→인력시장이 될 가능성이 높다.

'先통일-後경제통합'시에도 남북간 1인당 국민총생산 규모 격차, 노동·사회복지제도의 수준의 격차를 감안할 때 독일과 같은 편입방식의 통일은 사실상 적용불가능하므로 점진적으로 경제통합을 추진함이 불가피하며 이러한 점진적 경제통합의 일환으로 최근 경제학자들을 중심으로 제기되고 있는 '한시적 분리운영방안'을 법제도적으로 검토해 보았다. 즉, 동 방안은 대체로 북한 지역내 독자적 화폐의 한시적 운용, 북한주민의 남한으로의 취업을 위한 이주에 취업승인을 통한 제한을 주된 내용으로 하고 있다. 비록 한시적이지만 북한 지역에 독자적 화폐를 통용시키는 것이 헌법상 용인되는 것인지 그리고, 취업승인을 통하여 북한주민의 남한 지역으로의 이주를 제한하는 것이 거주이전의 자유를 과도하게 제한하는 것은 아닌지, 지방자치조항과 충돌을 일으키는 부분은 없는지를 살펴 보았으며, 이러한 논의를 종합하여 '1국 2관세구역'의 도입을 제시하여 보았다. 독자적 화폐(은행권)를 한시적으로 운용하는 것은 영국의 사례와 우리 헌법에 화폐 관련 명문규정이 없고 관습헌법으로도 보기 어려운 점을 감안하면 헌법위반으로 보기는 어렵다. 또한, 거주이전의 자유는 이를 허가의 방식으로 제한한다면 현행 헌법상 거주이전의 자유의 본질적 내용을 침해하고 직업선택의 자유, 비례의 원칙, 남북주민간 평등권도 침해할 가능성이 있으므로 북한 체류 주민에 대한 건물·토지 재산권 부여시 우대조치나 북한 체류 주민과 이주민간 북한 화폐에 의한 동일한 수준의 사회 보장 혜택의 부여, 남한 지역에서 북한 지역 주민을 고용하는 고용주에 대한 경제적 부담의 증가 등의 간접적인 방식을 제안하였다. 한편, '한시적 분리 운영방식'에서는 조약 승계와 관련된 논점을 간과하고 있는데, 남한만이 가입한 국제기구(WTO, OECD, IMF 등)와 북한만이 가입한 국제기구(77그룹, 국제철도협력기구) 상의 회원국 지위와 의무, 남한이 자발적으로 제시한 기후변화협약에 의한 쿄토의정서상 감축 목표 등을 감안하여 최적의 승계방안을 고민하여야 한다. 先통일시 경제영역에서 한시적 분리가 가능하기 위해서는 잠정적으로 북한 지역에 설치될 지방자치단체에 자치입법권, 자치행정권을 부여하여야 한다. 현행 헌법이 규정한 지방자치제도에 의하여서는 이러한 지방자치단체를 설치하는 것이 불가능하므로 통일헌법 제정시 이를 고려하여야 할 필요가 있다. 다만, 통일이 선행하고 경제통합이 뒤따르는 경우에서 만약 허가제를 통하여 거주·이전의 자유를 제한하는 것이 합헌이라고 보거나 그러한 거주·이전의 자유에 대한 제한을 통일헌법에 규정하여 형식적으로 위헌론을 배제하는 경우에는 이 논문에서 서술한 것과는 달리 한시적 분리가 좀 더 용이하게 이루어질 수도 있고 사회복지 수준의 분리나 화폐 분리도 그만큼 쉽게 이루어질 수 있을 것이다.

참고문헌

Ⅰ. 국내문헌

(1) 단행본

강동수·이준엽, 중국 기업의 소유구조와 경영성과, 한국개발연구원, 2006.

강동수 편, 중국 금융시스템의 발전과 도전: 한국경제에 대한 정책적 함의, 한국개 발연구원, 2011.

강문성 외, 남북한 경제통합의 혜택과 한반도 통일국가의 역할, 아연출판부, 2014. 5.

------------, 점진적 통일과정에서의 동북아 경제협력과 남북한 경제통합 방안, 대 외경제정책연구원, 2014. 12.

강원대 비교법학연구소 편, 남북한 법제 비교, 강원대학교 출판부, 2003.

강현철, 통일헌법 연구, 한국학술정보(주), 2006.

경기개발연구원, 연방주의적 지방분권에 관한 연구, 2010.

게를린데 진(Gerlinde Sinn)·한스베르너 진(Hans-Werner Sinn) 공저, 박광작 외 역, 새로운 출발을 위한 전환전략: 독일통일과 경제정책, 서울프레스, 1994.

고승효 저, 양재성 역, 북한경제의 이해, 평민사, 1993. 3.

고일동 편, 남북한 경제통합의 새로운 접근방법: 독일식 통일의 문제점과 극복방 안, 한국개발연구원, 1997.

구성렬 외, 베트남의 남북경제통합과 한반도경제통합에 대한 시사, 동아시아 연구 논총 제5집, 연세대학교 동서문제연구원, 1995. 11.

국가정보원, 각국의 통일·체제전환 사례집, 2003.

--------------, 동유럽 제국의 체제전환 유형과 특성, 2008. 2.

국립농업경제연구소, 외국의 농지제도에 관한 연구, 1975.

국회예산정책처, 대한민국 재정, 국회예산정책처, 2008.

권 율, 베트남 국유기업개혁의 현황과 과제, 대외경제정책연구원, 1997.

권오승 외, 체제전환국 법제정비지원, 서울대학교출판부, 2006. 5.

권형둔·최유, 통일재정법제연구(Ⅳ), 한국법제연구원, 2012.

기무라 미쓰히코 저, 김현숙 역, 북한의 경제: 기원·형성·붕괴, 혜안, 2001. 8.

기획재정부, 조세개요, 2012.

김건식, 회사법, 박영사, 2015.

김계동 외, 한반도의 평화와 통일, 체제통합연구회편, 백산서당, 2005.

김계환, 독일 통일과 산업구조조정, 산업연구원, 2008. 8.

김국신, 예멘 통합사례연구, 민족통일연구원, 1993. 12.

김국신 외, 분단극복의 경험과 한반도 통일 I, II: 독일·베트남·예멘의 통일사례연
　　　구, 한울아카데미, 1994.

김규륜 외, 통일비용·편익 연구의 새로운 접근: 포괄적 연구요소의 도입과 대안의
　　　모색, 통일연구원, 2011.

-------------, 통일비용·편익의 분석모형 구축, 통일연구원, 2012.

김규판, 동구 주요국의 국유기업 사유화 정책 및 제도, 대외경제정책연구원 지역정
　　　보센터, 1994. 9.

김기수 편, 통일경제를 위한 예비연구, 세종연구소, 2015.

김대순, 국제법론, 삼영사, 2013.

김대순·김민서, WTO법론, 삼영사, 2006.

김동훈 외, 한-EU FTA의 법적 문제점에 관한 연구, 한국법제연구원, 2007.

김두수, EU법, 한국학술정보, 2014.

김문현, 사례연구 헌법, 법원사, 2005.

---------, 사회·경제질서와 재산권, 법원사, 2001.

김병섭·임도빈 편, 통일한국정부론: 급변사태를 대비하며, 나남신서, 2012.

김병연·양문수, 북한 경제에서의 시장과 정부, 서울대학교출판문화원, 2012.

김병준, 지방자치론, 법문사, 2012.

김석진, 베트남 사례를 통해 본 북한의 대외무역 정상화 전망, 산업연구원, 2007. 9.

---------, 중국·베트남 개혁모델의 북한 적용 가능성 재검토, 산업연구원, 2008. 5.

김석진 외, 통일 이후 북한 산업개발전략 연구, 산업연구원, 2011. 12.

-------------, 체제전환국사례를 통해 본 북한 산업개발전략, 산업연구원, 2008. 12.

김성보, 남북한 경제구조의 기원과 전개, 역사비평사, 2000.

김세진, 주요국가의 재정법제 연구(V)-종합보고서-, 한국법제연구원, 2009.

김승대, 통일헌법이론, 법문사, 1996.

김영문 외, 남북한 화폐통합의 가능성과 문제점, 여의도, 2002.

김영윤, 사회적 시장경제와 독일 통일, 프리드리히 에베르트 재단, 2000.

김영윤·조동호·조민, 분단비용과 통일비용, 민족통일연구원, 1997.

김영윤 외, 화폐·경제·사회통합에 관한 조약(상)(중)(하), 민족통일연구원, 1994. 9.
김용구·박성훈, 통일이후 동독경제의 산업구조변화 연구, 대외경제정책연구원, 1994. 12.
김유찬, 독일통일 3년에 대한 경제적 평가, 한국조세연구원, 1993. 11.
김윤상, 알기 쉬운 토지공개념, 경북대 출판부, 2006.
김윤재 외, 사회복지법제론, 동문사, 2013.
김은환·정이근, 중국의 영업허가제도에 대한 법제분석, 한국법제연구원, 2012.
김정훈 외, 헌법과 재정, 한국조세연구원, 2010. 12.
김철수, 독일통일의 정치와 헌법, 박영사, 2003.
--------, 헌법개설, 박영사, 2013.
--------, 헌법학신론(제21전정신판), 박영사, 2013.
김형윤, 통일한국의 경제체제, 민족통일연구원, 1994.
남기민·홍성로 공저, 사회복지법제론, 공동체, 2013.
노용환·백화종, 통일 후 남하이주의 정책과제-사회보장제도의 한시적 분리운영을 중심으로, 보건사회연구원, 1998.
농지개혁사편찬위원회, 농지개혁사 상권, 1970. 12.
데이비드 마쉬(David Marsh) 저, 신상갑 역, 독일연방은행: 그 조직과 정치·경제적 파워의 실체, 한국경제신문사, 1993.
대외경제정책연구원, OECD 가입의 분야별 평가와 과제, 1996. 11.
대외경제정책연구원·산업연구원, 남북 경제공동체 추진 구상, 통일부 정책연구보고서, 2011.
대한상공회의소, 통일한국의 경제체제와 정책기조, 1995.
독일 경제사회통합 연구를 위한 단기조사단, 독일경제사회통합에 관한 연구, 대외경제정책연구원, 1990.
동리쿤(董立坤) 저, 법무부 특수법령과 편역, 중국 내지와 홍콩의 법률충돌 및 조정, 2006.
로렌스 화이트(Lawrence H. White) 저, 김한응 역, 통화제도론, 자유기업원, 2003.
마커스 놀랜드, 한반도 통일이 미국에 미칠 편익비용 분석, 대외경제정책연구원, 2014.
문성민, 북한의 금융제도, 한은조사연구 2000-3, 한국은행 조사국, 2000. 2.
문준조, 중국의 개혁·개방법제 변천을 통해서 본 북한의 외국인투자 법제 전망, 법제처, 2011.
민경국, 시장경제의 법과 질서: 질서경제학과 주류경제학, 자유기업센터, 1997. 7.

민족통일연구원, 민족공동체 통일방안의 이론체계와 실천방향, 민족통일연구원, 1994. 11.

박기덕·이종석 편, 남북한 체제비교와 통합모델의 모색, 세종연구소, 1995.

박덕영 외 공저, EU법 강의 제2판, 박영사, 2012.

박명규·이근관·전재성 외, 연성복합통일론: 21세기 통일방안구상, 서울대학교 통일평화연구원, 2012.

박상봉, 남북경제통합론, 나남출판, 2004.

박영욱, 쟁점으로 보는 제주특별자치도법, 한국학술정보, 2011.

박영호 외, 체제전환국의 시장-민주제도 건설 지원, 경제인문사회연구회 합동연구총서 11-15-03, 통일연구원, 2011.

박인성, 중국의 건설 및 부동산시장 구조 및 동향 연구, 한국건설산업연구원, 2004. 12.

박인성·조성찬, 중국의 토지개혁 경험: 북한 토지개혁의 거울, 한울 아카데미, 2011.

박종철 외, 통일대비를 위한 국내과제, 통일연구원, 2011.

박종철 외, 민족공동체 통일방안의 새로운 접근과 추진방안: 3대 공동체 통일구상 중심, 통일연구원, 2010. 12.

박정원, 남북통합과정별 법제도 소요판단 및 기존연구 성과물 DB화 업데이트, 통일부 정책연구과제, 2011. 10.

--------, 북한 토지제도의 변화와 전망, 한국법제연구원, 2006. 11.

--------, 북한헌법(1998)상 경제조항과 남북한 경제통합, 한국법제연구원, 1999.

--------, 통일 과정과 통일 이후의 헌법재판소의 기능과 역할, 헌법재판소 정책개발연구용역보고서, 2011. 11.

박 진, 남북한 경제통합시의 경제·사회 안정화 대책, 한국개발연구원, 1996.

박형중, 북한의 경제관리체계: 기구와 운영·개혁과 변화, 해남, 2002. 6.

배영목, 한국금융사: 1876~1959, 도서출판 개신, 2003.

배종하 외, 현장에서 본 농업통상 이야기, 지니릴레이션, 2006.

배진영, 통독 1년의 경제적 평가와 전망, 대외경제정책연구원, 1992. 3.

법무법인 태평양, 통일시 북한의 대외관계 승계문제에 대한 연구, 통일부 정책연구용역 보고서, 2011.

법무부, 개성공업지구 토지이용권 보호방안 연구, 2008.

--------, 독일 법률·사법통합 개관, 1992.

--------, 베트남 개혁개방법제 개관, 2005.

--------, 북한법령 연구: 남북법령연구특별분과위원회 연구 결과 보고, 2012.

---------, 중국과 홍콩·마카오 CEPA의 이해, 2009.
---------, 중국의 공법분야 법제 변천 연구, 2012.
---------, 통일법무 기본자료: 북한법제, 2012.
---------, 키프로스 통일방안 연구, 2004.
---------, 홍콩·마카오특별행정구기본법 해설, 2003.
---------, 2012 북한실태 연구 보고, 2012.12.
법원행정처, 북한의 헌법, 통일사법정책자료 2010-1, 2010.
법제처, 독일통일관계법 연구(II), 법제자료 제161집, 1992.
---------, 2009년 남북법제연구보고서, 법제처 법제지원단, 2009.
---------, 2011년 남북법제연구보고서, 법제처 법제지원단, 2011.
---------, 2012년 남북법제연구보고서, 법제처 법제지원단, 2012.
---------, 2001년 중국의 개혁개방관련 법제자료집, 2001.
베르너 푸쉬라(Werner Puschra)·김원식 편, 통독의 경제적 평가와 한반도 통일, 후리드리히 에베르트 재단·대외경제정책연구원, 1993.
--, 통일 독일의 사회경제적 변화, 후리드리히 에베르트 재단, 1992.
베를린자유대 한국학과 통일연구팀, 독일 통일 20년 계기 독일의 통일·통합정책 연구: 제1권 분야별 연구, 통일부, 2011.
보건복지부, 2014년도 국민기초생활보장사업안내, 2014.
북한경제포럼 편, 남북한 경제통합론, 오름, 1999.
----------------------, 현대 북한경제론: 이론과 실제에 관한연구, 오름, 2005. 12.
산업자원부, 2006 산업자원백서, 2007. 6.
서광운, 한국금융백년, 창조사, 1972.
성낙인, 헌법학, 법문사, 2014.
손기웅, 독일통일 20년: 현황과 교훈, 통일부 통일교육원, 2010.
손기웅 외, EC/EU사례분석을 통한 남북 및 동북아공동체 추진방안, 통일연구원, 2012.
손병해, 경제통합론, 법문사, 1992. 9.
손희두, 북한의 부동산관리법제와 남북한 협력방안 연구, 한국법제연구원, 2012.
송석윤, 헌법과 정치, 경인문화사, 2007.
송정남, 베트남의 토지제도, 부산대학교 출판부, 2001.
신동천 외, 사회경제통합의 이론과 실제, 한국학술정보, 2006. 5.
신종갑, 사회주의 국가의 토지사유화와 통일 한국의 토지문제 연구, 한국토지공사,

1998. 3.

신우철, '체제전환'과 국가: 독일통일·중국개혁의 비교헌법론, 영남대학교출판부, 2003.

신창민, 통일비용 및 통일편익, 국회 예산결산특별위원회, 2007.

심익섭, M. 치맥 공편, 독일연방공화국 60년, 오름, 2009.

심지연, 남북한 통일방안의 전개와 수렴, 돌베개, 2001.

얀 프리베(Jan Priewe)·루돌프 히켈(Rudolf Hickel) 공저, 한종만 역, 독일통일비용(Der Preis des Einheit: Bilanz und Perspektiven der deutschen Vereinigung), 대륙연구소출판부, 1994.

양문수, 북한경제의 시장화: 양태·성격·메커니즘·함의, 한울아카데미, 2010.

양운철, 북한 경제체제 이행의 비교연구, 한울아카데미, 2006.

양운철 편, 사회주의 경제체제의 전환, 세종연구소, 1999. 10.

양창석, 브란덴부르크 비망록: 독일통일 주역들의 증언, 늘품플러스, 2011.

양현모 외 편저, 영국의 행정과 공공정책, 신조사, 2010.

오정수·정연택, 사회주의 체제전환과 사회정책, 집문당, 1999. 8.

외교통상부, 대한민국 유엔활동문서집(1989~1997), 외교통상부, 1998. 5.

우베 뮐러(Uwe Müller) 저, 이봉기 역, 대재앙 독일: 독일 통일로부터의 교훈, 문학세계사, 2006.

우해봉 외, 남북한 통일과 노후소득보장제도 운영의 기본 방향, 국민연금연구원, 2011.

원유한, 한국화폐사(고대부터 대한제국시대까지), 한국은행 발권국 연구용역보고서, 2006.

유지호, 예멘통일이 한국에 주는 교훈, 공관장 귀국보고 시리즈 93-8, 외교안보연구원, 1993.

윤기관, 통일 정책으로서의 북한이탈주민정책, 궁미디어, 2010.

윤대규 편, 사회주의 체제전환에 대한 법제도적 비교연구, 한울 아카데미, 2008.

------------, 사회주의 체제전환에 대한 비교연구, 한울 아카데미, 2008.

윤덕룡 외, 체제전환국 사례를 통해본 북한의 금융개혁 시나리오, 대외경제정책연구원, 2002. 12.

윤상직, 외국인투자법제 해설, 세경사, 2009. 10.

윤석범 외, 한국근대금융사연구, 세경사, 1996.

윤철홍, 소유권의 역사, 법원사, 1995.

위르겐 동에스(Jürgen B. Donges), 경제적 측면에서 본 독일 통일의 교훈, 세계경제연구원·한국무역협회·조선일보사 강연자료, 1998.

이규창 외, 남북 법제통합 기본원칙 및 가이드라인, 통일연구원, 2010. 10.

이기식, 독일 통일 20년, 고려대학교출판부, 2013.

이　근, 발전·개혁·통일의 제모델: 경제체제의 국제비교, 1994.

이　근·한동훈·정영록, 중국의 기업, 산업, 경제, 박영사, 2005. 10.

이방식, 중앙은행제도론, 법문사, 1994.

--------, 통일시대 재정제도 개편방향, 독일 후리드리히 에베르트재단, 1997.

이상만, 통일경제: 북한경제 체제와 남북 경제교류·통합 모형, 형설출판사, 1995.

--------, WTO체제하의 남북한 경제교류: 남북한 경제교류와 국제규범과의 조화방
　　　안, 대외경제정책연구원, 1995. 10.

이서행 외, 통일시대 남북공동체: 기본구상과 실천방안, 백산서당, 2008.

이석기, 북한의 산업발전 전략과 남북경협, 산업연구원, 2005. 11.

이석기 외, 북한의 산업발전 잠재력과 남북협력과제: 경제특구, 경공업 및 IT산업
　　　을 중심으로, 산업연구원, 2013. 12.

이석륜, 한국화폐금융사연구, 박영사, 1984.

이　석 외, 북한 계획경제의 변화와 시장화, 통일연구원, 2009.

이　석 편, 남북통합의 경제적 기초: 이론, 이슈, 정책, 한국개발연구원, 2013.

이세주, 기업의 경제활동 보장과 제한에 대한 헌법적 검토, 헌법재판소 헌법재판연
　　　구원, 2014.

이순천, 조약의 국가승계, 열린책들, 2012. 2.

이영훈 외, 한국의 은행 100년사, 도서출판 산하, 2004.

이장희, 국가의 경제개입의 헌법적 근거와 한계, 헌법재판소 헌법재판연구원, 2014.

이종원, 통일에 대비한 경제정책, 도서출판 해남, 2011.

이지순, 거시경제학, 법문사, 2012.

이철수, 긴급구호 북한의 사회복지: 풍요와 빈곤의 이중성, 한울, 2012.

이태욱, 두 개의 독일: 독일통일과 경제·사회적 부담, 삼성경제연구소, 2001.

이한우, 베트남 경제개혁의 정치경제, 서강대학교출판부, 2011.

이효원, 남북교류협력의 규범체계, 경인문화사, 2006.

--------, 통일법의 이해, 박영사, 2014. 3.

--------, 판례로 본 남북한관계, 서울대학교출판문화원, 2011. 9.

이효원·한동훈, 통일재정법제연구(I)-남북협력기금, 한국법제연구원, 2012.

이홍재 외, 사회보장법, 신조사, 2013.

임강택, 북한경제의 비공식(시장)부문 실태 분석: 기업 활동을 중심으로, 통일연구

원, 2013. 12.

임강택 외, 통일 비용·편익 추계를 위한 북한 공식경제부문의 실태연구, 통일연구원, 2011.

임수호, 계획과 시장의 공존: 북한의 경제개혁과 체제변화 전망, 삼성경제연구소, 2008.

임채완 등, 분단과 통합-외국의 경험적 사례와 남북한, 한울아카데미, 2006.

임현진·정영철, 북한의 체제전환과 사회정책의 과제, 서울대학교출판부, 2008. 12.

임홍배 외, 기초자료로 본 독일 통일 20년, 서울대학교출판문화원, 2011.

장명봉, 분단국가의 통일과 헌법: 독일과 예멘의 통일사례와 헌법자료, 국민대출판부, 2001.

장명봉 편, 2013 최신 북한법령집, 북한법연구회, 2013.

장용철, 통일한국의 사회보장정책, 한국학술정보, 2012.

전홍택·이영선 편, 한반도 통일시의 경제통합전략, 한국개발연구원, 1997.

전홍택·이영섭, 남북한 화폐·금융통합에 관한 연구, 한국개발연구원, 2002.

전홍택 편, 남북한 경제통합 연구: 북한경제의 한시적 분리 운영방안, 한국개발연구원, 2012.

정병욱, 한국근대금융연구-조선식산은행과 식민지 경제, 역사비평사, 2004.

정상돈 외, 동독급변사태시 서독의 통일정책, 한국국방연구원, 2012.

정상훈 외, 북한경제의 전개과정, 경남대학교 극동문제연구소, 1990.

정영태 외, 북한의 부문별 조직 실태 및 조직문화 변화 종합연구: 당·정·군 및 경제·사회부문 기간조직 내의 당 기관 실태를 중심으로, 통일연구원, 2011. 12.

정영화·김계환, 북한의 시장경제이행, 집문당, 2007. 10. 15.

정운찬·김영식, 거시경제론, 율곡출판사, 2013.

정인섭, 신 국제법 강의: 이론과 사례, 박영사, 2014. 1.

정재완, 베트남의 경제개혁 추진현황 및 경제전망, 대외경제정책연구원, 1997. 12.

정정목, 지방자치원론, 법문사, 2014.

정종섭, 헌법과 정치제도, 박영사, 2010.

--------, 헌법연구 1 제3판, 박영사, 2004.

정찬형, 상법강의(상), 박영사, 2000.

정책기획위원회, 체제전환국가의 사회정책 형성과 경제정책-사회정책간의 조응관계에 관한 연구, 2007. 12.

정형곤, 체제전환의 경제학, 청암미디어, 2001.

정형곤 외, 한반도 경제공동체 그 비전과 전략, 서울대학교출판문화원, 2009. 8.

제성호, 남북경제교류의 법적 문제, 집문당, 2003.

--------, 남북한관계론, 집문당, 2010.

제주대학교 법과정책연구소, 제주특별자치도의 헌법적 근거 마련 방안 연구, 2008. 12.

제주발전연구원, 제주특별자치도 기본방향 및 실천전략, 2004. 11.

--------------------, 제주특별자치도법과 조례제정권에 관한 헌법적 검토, 2009. 9.

--------------------, 특별자치권 확립을 위한 제주특별자치도법의 헌법적 재검토, 현안연구 2009-19, 2009. 12.

제주특별자치도의회 의원연구모임 법·제도개선연구모임, 법·제도개선연구모임 활동백서, 2010.

재정경제원 국유재산과, 통일독일의 사유화 전개과정, 재정경제원, 1994.

조동호 외, 북한경제 발전전략의 모색, 한국개발연구원, 2002. 12.

조명철·홍익표, 비핵·개방·3000 구상: 남북경제공동체 형성방안, 통일연구원, 2009. 12.

조영진, 한반도 통일토지정책, (주)중앙경제, 1999. 4.

조은석 외, 남북한 법통합 및 재산권문제 해결방안 연구, 통일연구원, 2002.

--------------, 남북한 평화공존과 남북한 연합 추진을 위한 법제정비방안 연구, 통일연구원, 2001.

조정남·김용찬 공편, 유럽연합의 전개, 한국학술정보, 2011.

조한범 외, 체제전환 비용·편익 사례연구, 통일연구원, 2011.

--------------, 정치·사회·경제 분야 통일비용·편익 연구, 통일연구원, 2013.

좌승희 외, 한반도 통일핸드북(I)~(IV), 한국경제연구원, 2003.

존 갈브레이쓰(John K. Galbraith) 저, 최광렬 역, 돈 - 그 역사와 전개, 현암사, 1980.

주예멘대한민국대사관, 예멘 개황, 2013. 5.

중동문제연구소, 통일예멘과 남북한, 중동문제연구소 제6회 세미나자료, 한국외국어대학교 외국학종합연구센터, 1992. 7.

진승권, 동유럽 탈사회주의 체제개혁의 정치경제학(1989~2000), 서울대학교출판부, 2003.

--------, 사회주의, 탈사회주의, 그리고 농업, 이화여자대학교출판부, 2006.

최수웅, 중국의 토지사용제도 분석: 외자기업의 토지사용제도를 중심으로, 대외경제정책연구원 부설 지역정보센터, 1992. 12.

최승환, 국제경제법 제4판, 법영사, 2014.

최양근, 한반도 통일연방국가 연구, 도서출판 선인, 2014.

최진욱·김진하, 통일 진입과정에서의 북한 재건 방향, 통일연구원, 2011.

통일부, 독일통일총서 4 - 구동독 지역 인프라 재건 분야 관련 정책문서, 2013. 12.

---------, 2013 통일백서, 통일부, 2013.

통일부 통일교육원, 2011 북한 이해, 통일부 통일교육원, 2011. 6.

------------------------, 2012 북한 이해, 통일부 통일교육원, 2012. 3.

통일연구원, 2009 북한개요, 2009. 10.

통일연수원, 1991 통일문답, 통일연수원, 1991.

통일원, 1995 통일백서, 통일원 통일정책실, 1995.

평화문제연구소, (베를린 장벽 붕괴 20주년)독일통일 바로알기, 평화문제연구소, 2009.

프리드리히 A. 하이에크 저, 김이석 역, 노예의 길: 사회주의 계획경제의 진실, 나남출판, 2012.

하상식, 남북한의 통일 딜레마, 도서출판 해남, 2012.

하인쯔 주르(Heinz Suhr) 저, 정중재 역, 독일통일비용(Was kostet uns die ehemalige DDR?), 통일원, 1991.

한국경제60년사편찬위원회, 한국경제 60년사 I~V, 한국개발연구원, 2010. 9. 30

한국공법학회, 헌법개정의 쟁점과 대안, 한국공법학회, 2009.

한국금융연구원, 2012년 KIF 금융백서, 2013. 4.

한국노동연구원, 북한경제의 시장화에 따른 노동·복지분야 법·제도 통합방안, 통일부 연구용역 결과보고서, 2012. 11.

한국농촌경제연구원, 농지개혁사연구, 1989. 12.

한국법제연구원, 남북통일에 대비한 법적 대응방안, 제6회 법제세미나, 1995. 12. 14

한국보건사회연구원, 주요국의 사회보장제도-한국편, 독일편, 중국편, 한국보건사회연구원, 2012.

한국산업단지공단, 2012 산업입지 요람, 2011. 12.

한국수출입은행, 베트남 국가현황 및 진출방안, 2008. 12.

한국수출입은행 해외경제연구소, 예멘 국가신용도 평가리포트, 2013. 8.

한국유럽학회 편, 유럽연합의 통상과 산업정책, 한국학술정보, 2011.

한국은행, 각국의 금융제도(I)(II), 1970~1971.

-----------, 동서독 통화통합 관련 자료집(II), (III), (IV), 1990.

-----------, 일제시대 및 해방 이후 한국의 화폐, 2004. 12.

-----------, 중국경제의 개혁성과와 개혁정책 평가, 조사연구자료, 1998. 8.

-----------, 중국의 금융제도, 2012. 8.

-----------, 증보 한국화폐사, 1969.

-----------, 한국은행 60년사, 2010. 6.

-----------, 한국의 금융제도, 2011. 12.

한국조세연구원, 남북한간 경제교류 관련 조세제도 정비방안 연구, 재정경제부 용역보고서, 2000.

한국조폐공사, 한국화폐전사, 1971.

한국정치사회연구소 편, 분단국의 통일사례와 한반도 통일과제, 프리마북스, 2011. 12.

한국표준과학연구원, 국가표준통합을 위한 남북현황 비교 및 전략연구, 과학기술처, 1997. 1.

--------------------------, 남북 표준협력 사전조사 연구(II), 2001. 10.

한국표준협회, 남북 산업표준 용어 비교: 북한표준 13개 분야, 산업자원부, 2007. 11.

-----------------, 남북산업표준통합기반구축사업: 산업기술기반조성에 관한 보고서, 산업자원부, 2006. 11.

한명섭, 남북통일과 북한이 체결한 국경조약의 승계: 조중국경조약의 승계문제를 중심으로, 한국학술정보, 2011.

허문영 외, 통일 대비 북한토지제도 개편방안 연구, 통일연구원, 2009.

허 영, 한국헌법론, 박영사, 2015. 2.

---------, 헌법이론과 헌법, 박영사, 2013. 1.

허 영 편, 독일통일의 법적 조명, 박영사, 1994.

허완중, 재산권 보장과 위헌심사, 헌법재판소 헌법재판연구원, 2012.

---------, 독일통일과 연방헌법재판소의 역할, 헌법재판연구원, 2011.

헌법을생각하는변호사모임 편, 남북한 헌법의 이해, 삼광출판사, 2002.

헌법재판소, 사회보험법의 헌법적 문제에 관한 연구, 헌법재판연구 제11권, 2000. 12.

헨리 조지(Henry George) 저, A.W. 매드슨 편, 김윤상 역, 간추린 진보와 빈곤, 경북대학교출판부, 2012.

현영미, 사회주의 체제 전환 진보인가 퇴보인가, 선인, 2004.

홍석표 외, 아시아 국가의 사회보장제도, 한국보건사회연구원, 2011. 12.

홍성민, 행운의 아라비아 예멘, 북갤러리, 2006.

홍유수, 동구 경제개혁의 유형과 성과, 대외경제정책연구원, 1992. 7.

홍익표·진시원, 남북한 통합의 새로운 이해, 오름, 2004.

황규성, 통일독일의 사회정책과 복지국가, 후마니타스, 2011.

황병덕, 독일통일후 동독 지역에서의 사유화정책 연구, 민족통일연구원, 1993. 9.
--------, 분단국 경제교류·협력 비교연구, 민족통일연구원, 1998.
황준성, 질서자유주의 독일의 사회적 시장경제, 숭실대학교출판국, 2011.

계경문, "베트남 민법상 '권리의 주체' 연구", 아시아법연구소 세미나 발표자료, 2011. 5. 3.
권동혁, "통일 이후 북한토지 사유화 방안에 관한 연구: 독일통일과정에서 구동독 지역 토지사유화 정책과의 비교를 중심으로", 서울대 석사학위논문, 2008.
권영설, "국가와 경제: 경제질서의 헌법적 기초", 공법연구 제16집, 1988.
권영호, "제주특별자치도 헌법적 지위-어떻게 부여받을 것인가?", 제주특별자치도 의회 의원연구모임 법·제도개선연구모임, 법·제도개선연구모임 활동백서, 2010.
김계완·윤덕균, "남북한 산업표준 통합방안 연구", 산업과학논문집 제57권, 한양대학교, 2008.
김국신, "예멘 통일방식이 한반도 통일에 주는 시사점", 「예멘 통일의 문제점」 학술회의 발표논문집, 민족통일연구원, 1994. 5. 17.
김대인, "베트남의 토지법", 아시아법연구소 세미나 발표자료, 2011. 4. 5.
--------, "베트남의 토지법제 동향", 동남아시아의 법제동향, 한국법제연구원, 2011. 6. 16.
김대환, "통일경제체제와 국가의 역할, 한반도 통일국가의 체제 구상", 한겨레신문사·학술단체협의회, 1995. 7.
김명기, "통일 후 한중국경문제와 조중국경조약의 처리문제", 2011년 남북법제연구보고서, 법제처, 2011.
김병기, "대한민국의 북한 지역 관할권 확보의 법적 타당성과 남북한 법제통합의 기초", 저스티스 통권 제121호, 2010. 12.
--------, "북한 지역 몰수재산권의 원상회복 여부에 관한 고찰", 행정법연구 1, 행정법이론실무학회, 1997.
--------, "통독 후 구동독 공공 재산의 귀속과 시사점", 월간 통일경제 17호, 현대경제연구원, 1996. 5.
--------, "통독 후 구동독 국영기업 등의 사유화와 공공재산의 귀속", 서울대학교 법학 제37권 제2호, 1996.
--------, "통일 후 북한 지역 토지소유문제 해결을 위한 몰수재산처리법제의 이론과 실제", 토지공법학회학술회의 발표자료, 2014. 3.

--------, "투자우선법을 중심으로 살펴 본 통일독일의 투자우선법제", 법조 49권
　　　11호, 법조협회, 2000.
김상용, "개성공단 토지이용권 보호를 위한 제도화방안", 북한법연구 제11호, 북한
　　　법연구회, 2008. 11.
--------, "개성공단에서의 부동산법제의 검토", 국제고려학회 서울지회 논문집 제8
　　　호, 국제고려학회 서울지회, 2006. 11.
김성수, "남북한 통일헌법의 경제질서문제", 공법연구 제21집, 1993.
김성욱, "통일 후 북한 국공유재산의 처리와 관련한 법적 문제와 해결방안", 2011
　　　년 남북법제연구보고서, 법제처, 2011.
김승대, "동서독 통일과정에서의 헌법적 문제에 대한 이론적 고찰: 남북한 통일에
　　　대비한 헌법이론의 모색", 서울대 박사학위논문, 1996.
김승조, "독일 통일과 동독의 체제전환: 통화·경제 및 사회통합을 위한 국가조약
　　　을 중심으로", 법제, 법제처, 1994. 4.
김연중, "통일 이후의 토지사유권 사유화 방안에 관한 연구", 북한연구학회보 제4
　　　권 제1호, 북한연구학회, 2000.
김영환, "적극적 평등실현조치에 관한 연구", 영남대 법학박사학위논문, 1991. 2.
김원중, "통일 이후 북한 토지 관리방안에 관한 연구: 토지공공임대제 비판을 중심
　　　으로", 통일과 법률 제17호, 2014. 2.
김욱·황동언, "통일비용과 재원조달", 통일경제 1997년 여름호, 현대경제연구원, 1997.
김유찬, "통일비용의 산정과 절감방안", 바람직한 통일준비와 추진방안, 국가안보
　　　전략연구소, 2010. 11. 22.
김은영, "통일비용 관련 기존연구자료", KDI 북한경제리뷰, 2010. 8월호
김익성, "구동독 국영기업의 회사전환에 관한 법적 연구", 서울대 박사학위논문,
　　　2013
김정만, "북한 금융제도 현황과 과제", 통일경제 2009년 가을호, 2009.
김창권, "독일 통일 이후 구동독 지역 인구이동 및 인구변화와 한반도 통일에 주는
　　　정책적 시사점", 경상논총 제28권 제1호, 한독경상학회, 2010.
김하중, "체제불법청산방안에 관한 헌법적 연구", 고려대 박사학위논문, 2008. 2
김형성, "통일헌법상의 경제질서", 의정연구 제7권 제2호, 한국의회발전연구회,
　　　2001. 12.
김형식, "남북한 사회복지체계의 비교와 통합방안", 사회복지정책 제11집, 한국사
　　　회복지정책학회, 2000. 12.
대한무역투자진흥공사 북경무역관, "중, '외상투자산업지도목록(2015년 수정판)'

4월 발효", 대한무역투자진흥공사, 2015. 3. 24.

대한무역투자진흥공사 청도무역관, "중국, 10년만에 외국인 부동산 투자 '제한령' 완화", 대한무역투자진흥공사, 2015. 9. 11.

문성민, "북한 재정제도의 최근 변화에 대한 평가", 통일경제 제96호, 현대경제연구원, 2009년 봄.

--------, "북한재정제도의 현황과 변화추이", 금융경제연구원, 2004.

문성민·문우식, "남북한 화폐통합방식에 관한 연구: 사례분석을 중심으로", 경제논집 제48권 제1호, 서울대학교 경제연구소, 2009.

문우식, "통화주권의 비용과 이익을 중심으로 본 아시아 통화협력", KDI북한경제리뷰, 2002. 4.

박수혁, "통일한국의 법률통합", 법조 통권 제530호, 2000. 11.

박원암, "OECD 자본이동자유화규약의 검토", 국제거래법연구 제5집, 국제거래법학회, 1996.

박인성, "샤오강 생산대 농민들의 생사협약", 국토 제335호, 2009. 9.

--------, "중국의 주택정책과 통일 후 시사점(하)", 국토 제196호, 1998. 2.

--------, "중국의 토지사용제도", 국토연구, 2001.

--------, "중국의 토지정책이 통일한국에 주는 시사점", 국토 제359호, 2011. 9.

박 진, "통일기금의 유용성 분석", 한국개발연구 제17권 제1호, 한국개발연구원, 1995.

박태규, "한반도통일에 따른 소요비용의 추계와 재정조달방안", 한반도 통일시의 경제통합전략, 한국개발연구원, 1997.

박태호, "주요 산업별 대북한 진출유망업종 선정방안", 통일과 국토 제3호, 2000년 가을호, 한국토지공사, 2000. 10.

박헌주, "북한의 주거실태와 통일 후 주택배분방안 연구", 국토연구 제24권, 국토개발연구원, 1995. 12. 30.

박훤일, "북한의 기업소법 제정의 의미", 경희법학 제47권 제2호, 경희대학교 법학연구소, 2012.

변우주, "북한의 토지법제와 토지이용제도에 관한 고찰", 법학연구 제56권 제1호, 부산대학교 법학연구소, 2015. 2.

서갑성, "북한의 대외경제정책 수립을 위한 관련 법률에 관한 연구", 한국동북아논총 제44집, 한국동북아학회, 2007.

성낙인, "통일헌법상의 경제질서", 통일논총 제20호, 숙명여대 통일문제연구소, 2002.

성영훈, "통일예멘의 법률·사법 통합 현황", 저스티스 제27권 제1호, 한국법학원,

1994.

손덕승, "북한헌법상 경제조항의 변천과 함의: 중국헌법변동과 비교하여", 서울대학교 석사학위논문, 2000. 8.

손태우 외, "이슬람금융상품의 국내도입을 위한 이슬람은행에 관한 연구", 법학연구 제54권 제2호, 부산대학교 법학연구소, 2012. 5.

신동천, "대북지원의 경제적 효과", 응용경제 제6권 제1호, 한국응용경제학회, 2004. 6.

신용호, "한반도 통일과 민족자결권", 법학논총 제12집, 한양대학교 법학연구소, 1995.

신현윤, "남북한 경제법제의 동화에 따른 법적 갈등과 문제점", 통일연구 제5권 제1호, 연세대 통일연구원, 2001.

────────, "남·북 경제협력 활성화를 위한 법제 정비방안", 저스티스 통권 제106호, 한국법학원, 2008.

심의섭, "예멘의 통일과 경제적 성과", 경제논총 제16집, 명지대학교 경제연구소, 1997. 11.

안두순, "통일 후의 남북한 토지제도 통합 방안", 경상논총, 한독경상학회, 1997.

안예홍·문성민, "통일 이후 남북한 경제통합방식에 대한 연구", 금융경제연구 제291호, 한국은행, 2007. 1.

오영석 외, "북한의 산업개발방향과 남북한 산업협력방안", KIET 산업경제, 산업연구원, 2007. 12.

유성재, "북한 사회주의 노동법에 관한 연구", 2009년 남북법제연구보고서(II), 법제처, 2009.

유지호, "예멘 통일이후 문제점: 정치·군사 문제점을 중심으로", 「예멘 통일의 문제점」 학술회의 발표논문집, 민족통일연구원, 1994. 5. 17.

유정렬, "예멘통일과정과 통일후 문제연구", 중동연구 제11권, 한국외국어대학교 중동연구소, 1992. 12.

윤덕균, "통일을 대비한 남북한 산업표준 통일화 과제", 산업경영시스템학회지 제23권 제57집, 2000. 6.

윤덕룡, "남북한 금융시장 통합방향", 경제논집 제48권 제1호, 서울대학교 경제연구소, 2009.

이규창, "분단 65년-북한법의 성격과 기능의 변화", 북한법연구 제13호, 북한법연구회, 2011.

이근관, "1948년 이후 남북한 국가승계의 법적 검토", 서울국제법연구 제16권 1

호, 2009.

이덕무, "북한의 외국인투자관련법 연구", 조선대 지역발전연구 제7권, 조선대학
　　교, 2002.

이부하, "북한의 토지법제와 통일 후 북한 토지소유권의 해결", 홍익법학 제13권
　　제3호, 홍익대학교법학연구소, 2012. 10.

이상수·방극봉, "남북 수산물 교역에 관한 제도적 고찰", 2003년도 남북법제개선
　　연구보고서, 법제처, 2003.

이성덕, "경제협력개발기구(OECD) 가입에 따른 입법적 과제와 대응방안", 법제연
　　구 제6호, 한국법제연구원, 1994. 6.

이영섭·전홍택, "북한특구의 화폐·금융제도 운영방안", 전홍택 편, 남북한 경제통
　　합연구, 2012. 12.

이장희, "금강산 관광합의서의 공법적 점검과 대책", 서울국제법연구 제6권 제2호,
　　서울국제법연구원, 1999.

--------, "동서독 통행협정에 관한 연구", 통일문제연구 제2권 제1호, 1990.

--------, "시장질서의 헌법적 의미와 구체화 방향", 안암법학 제36호, 2011. 9.

이장희 외, "동서독 내독거래의 법적 토대가 남북한 민족내부거래에 주는 시사점",
　　국제법학회논총 제38권 제2호, 대한국제법학회, 1993.12.

이지순, "자유은행제도의 기본원리", 경제논집 제29권 제4호, 1990.

이찬호, "남북한 합의 법제 방식에 의한 남북교류협력 법제 구축 방안", 2012년 남
　　북법제연구보고서, 법제처, 2012.

이창호, "중화인민공화국 헌법 제정사", 법학연구 제13집, 2005.

이철용, "중국 3중 전회, '점진적 개혁 통한 안정적 성장' 노선 채택", LG경제연구
　　원, 2013. 11.

이헌환, "대한민국의 법적 기초: 헌정의 연속성과 남북한정부의 관계", 전북대학교
　　법학연구 통권 제31집, 2010.12.

--------, "독일통일과 관련한 서독연방헌법재판소 판결에 대한 연구", 사회과학연
　　구 제6집, 서원대학교 사회과학연구소, 1993.

이효원, "남북한특수관계론의 헌법학적 연구", 서울대 박사학위논문, 2006. 2.

--------, "남북한 통일합의서의 법적 쟁점과 체결방안", 법조 제60권 제11호(통권
　　제662호), 법조협회, 2011. 11.

--------, "베트남사회주의공화국 헌법과 정치체제", 아시아법제연구 제3호, 2005. 3.

--------, "통일헌법의 제정방법과 국가조직", 헌법재판연구원 주최 통일심포지엄
　　발표자료집, 2014. 5. 12.

장명봉, "남북예멘 통일헌법에 관한 연구: 남북한 통일헌법 구상을 위한 한 시도", 공법연구 제21집, 한국공법학회, 1993. 7.

---------, "독일통일후의 헌법개혁에 관한 고찰", 공법연구 제23집 제3호, 1995.

---------, "중국 헌법개정(93)의 배경·내용·특징: 경제개혁을 중심으로", 법제연구 제4호, 한국법제연구원, 1993.

---------, "한민족공동체 통일방안의 법적 구조에 관한 고찰", 통일문제연구 제1권 제4호, 평화문제연구소, 1989.

장영지, "중국 단위제도의 변화 분석 연구-역사적 신제도주의 접근을 중심으로", 서울대 박사학위논문, 2009. 2.

전강수, "북한 지역 토지제도 개혁 구상", 통일문제연구 제19권 제2호, 2007.

전광석, "통일헌법상의 경제사회질서: 헌법이론적 분석과 헌법정책적 제안", 한림 법학 포럼 제3권, 한림대학교 법학연구소, 1993.

정병기·이희진, "동서독의 표준화 체계와 표준 통일 과정", 한국정치연구 제22집 제1호, 2013.

정영화, "북한의 출입국 및 관세 법령에 관한 고찰", 북한법연구 제5권, 북한법연 구회, 2002.

---------, "통일후 북한의 재산권 문제에 관한 헌법적 연구", 서울대 박사학위논문, 1995.

정인섭, "통일과 조약승계", 경희법학 제34권 제2호, 1999.

정종섭, "남북한 통일에 있어서 헌법 및 법률의 통합", 민족통일연구 제9집, 건국 대학교 민족통일연구소, 1995.

정중재, "통일 이후의 경제 체제", 월간 통일경제, 현대경제연구원, 1996. 3.

정형곤, "통일과정에서의 북한 지역 토지사유화 방안", 경제논집 제48권 제1호, 서 울대 경제연구소, 2009.

제성호, "남북통일과 법체계통합", 통일정책연구 제9권 제1호, 통일연구원, 2000. 6.

---------, "통일 후 바람직한 토지정책방향: 특히 북한토지의 처리와 관련해서", 법 정논총 제29집 제2호, 2005.

---------, "통일재원 조달의 방식과 법제화방안", 2011년 남북법제연구보고서, 법제 처, 2011. 8.

조영기, "북한의 무역 및 관세체계에 관한 연구", 한국관세학회지 제2권 제2호, 한 국관세학회, 2001. 8.

조동호, "남북한 교역의 「내국간 거래」승인문제와 우리의 입장, KDI 정책포럼 제 35호, 1994. 2. 24.

조병현, "통일 한국의 국유재산 처리 문제", 토지공법학회학술회의 발표자료, 2014. 3.

조성길, "통일 이후 1국가 2조세체계 연구: 중국과 홍콩, EU역내국가들, 미국 주정부들의 사례 분석", 경기대 박사학위논문, 2014. 6.

최은석, "시장경제제도로의 전환을 위한 법제도 구축", 통일문제연구 2006년 하반기호(통권 제46호), 평화문제연구소, 2006.

--------, "통일 후 북한 지역 주민의 남북한 경계선 이탈과 거주·이전의 자유 및 제한에 따른 법적 문제", 2011 남북법제연구보고서, 법제처, 2011.

최창동, "북한체제 흡수통합시의 법적 과제", 비교법연구 제2권, 동국대학교 비교법문화연구소, 2001.

최철호, "통일과 북한 지역의 토지정책", 토지공법연구 제43집 제3호, 2009. 2.

커티스 밀하우프트(Curtis Milhaupt), "북한기업의 사유화와 기업지배구조: 통일된 한반도에 대한 전략적 함의", 한반도 통일핸드북(III), 한국경제연구원, 2003. 7.

표명환, "통일한국과 재산권", 헌법학연구 제8권 제4호, 2002.

한국무역협회 북경지부, "중국자유무역시험구 현황 및 발전방향", 2015. 8.

한국수출입은행 해외경제연구소, "예멘 국가신용도 평가리포트", 2013. 8.

한국은행, "중국 적격외국인기관투자가(QFII) 제도 완화 추진", 상해주재원 현지정보, 2012. 12. 14.

한명섭, "남북통일과 북한의 대외채무 승계에 관한 고찰", 경희법학 제47권 제4호, 경희대학교 법학연구소, 2012. 12.

허승덕, "일국양제와 중국의 통일방안", 공법연구 제22권, 한국공법학회, 1994.

허완중, "헌법 제4조의 '통일'개념에 대한 해석론", 통일심포지엄 「통일과 법, 현재와 미래」 발표자료집, 헌법재판연구원, 2014. 5. 12.

홍명수, "헌법상 경제질서와 사회적 시장경제론의 재고", 서울대학교 법학 제54권 제1호, 2013. 3.

홍성민, "예멘 통합 이후 경제환경 변화와 석유산업", 한국중동학회논총 제14권, 한국중동학회, 1993.

홍익표, "북한의 대외경제와 무역", 현대북한경제론, 오름, 2007.

황동언, "남북한 법제도 통합상의 과제", 통일 제194호, 민족통일중앙협의회, 1997. 11.

황명찬·이상태, "영국 토지소유권의 특질에 관한 일고찰", 대한부동산학회지 제1권 제1호, 1982.

Ossenbühl, F., 강태수 역, "통일된 독일의 문제와 과제로서의 법질서 통합", 공법연구 제22집 제1호, 1994.

Ⅱ. 외국 문헌

Anderson, R. W. & Kegels, C., Transition Banking: Financial Development of Central and Eastern Europe, Clarendon Press, 1998.

Arkadie, B. V. & Mallon, R., Vietnam: A Transition Tiger?, ANU E Press, 2004. 5. 1.

Balassa, B., The Theory of Economic Integration, George Allen & Unwin Ltd., 1973.

Beresford, M., National Unification and Economic Development in Vietnam, St. Martin's Press, 1989.

Blanchard, O. J., Froot, K. A. & Sachs, J. D., ed., The Transition in Eastern Europe, Vol. 1, 2, National Bureau of Economic Research, 1994.

Blockmans, S. & Łazowski A., ed., The European Union and its Neighbours, T·M·C·Asser Press, 2006.

Bogdandy, A., et al. ed., European Integration and International Co-ordination, Kluwer Law International, 2002.

Bossche, P. V. D., The Law and Policy of the World Trade Organization, Cambridge University Press, 2006.

Boyer-Xambeu, M., et al., translated by Azodi, A., Private Money & Public Currencies: The 16th Century Challenge, M. E. Sharpe, 1994.

Brabant, J. M., Remaking Eastern Europe-On the Political Economy of Transition, Kluwer Academic Publishers, 1990.

--------------------, The Political Economy of Transition, Routledge, 1998.

Burke, E., 'One blood and one destiny'? Yemen's relations with the Gulf Cooperation Council, Kuwait Programme on Development, Governance and Globalisation in the Gulf States, the London School of Economics and Political Science, 2012.

Caporaso, J. A., The Structure and Function of European Integration, Goodyear Publishing Company, 1974.

Carnell, R. S., et al., The Law of Banking and Financial Institutions, 4th edition, Aspen Publishers, 2009.

Choo, H. G. & Wang, Y. J., ed., Currency Union in East Asia, KIEP, 2002

Chow, G. C., China's Economic Transformation, 2nd ed., Blackwell Publishing,

2007.

Chow, P. C. Y., Economic Integration Across the Taiwan Strait, Edward Elgar, 2013.

Chung, H., compiled, Korean Treaties, H. S. Nichols, Inc., 1919 (digitized version from 1919 volume).

Chung, I. S., Korean Questions in the United Nations: Resolutions Adopted at the Principal Organs of the United Nations with Annotations (1946~2001), Seoul National University Press, 2002.

Cohen, B. J., The Future of Sterling as an International Currency, Macmillan, 1971.

Collins, M., ed., Central Banking in History I, II, III, An Elgar Reference Collection, 1993.

Cranston, R., Principles of Banking Law, Oxford University Press, 2002.

Deane, M. & Pringle, R., The Central Banks, Hamish Hamilton, 1994.

Dejung, C. & Petersson, N. P., ed., The Foundations of Worldwide Economic Integration, Cambridge University Press, 2013.

De Melo, M., et al., From Plan to Market: Patterns of Transition, Policy Research Working Paper 1564, World Bank, 1996.

Department of State, Treaties and Other International Agreements of the United States of America: 1776-1949, Vol. 9, US GPO, 1972. 3.

Dodsworth, J. R., et al., Vietnam: Transition to a Market Economy, Occasional Paper no. 135, IMF, 1996.

Egan, M. P., Single Markets: Economic Integration in Europe and the United States, Oxford University Press, 2015.

Elster, J., et al., Institutional Design in Post-communist Societies: Rebuilding the Ship at Sea, Cambridge University Press, 1998.

Elsuwege, P. & Petrov, R., ed., Legislative Approximation and Application of EU Law in the Eastern Neighbourhood of the European Union, Routledge, 2014.

Enders, K., et al., Yemen in the 1990s: From Unification to Economic Reform, Occasional Paper no. 208, IMF, May 2002.

Esty, D. C. & Geradin D., ed., Regulatory Competition and Economic Integration, Oxford University Press, 2001.

EBRD, Transition Report, European Bank for Reconstruction and Development, Oct. 1994.

Fischer, W., et al., ed., Treuhandanstalt: The Impossible Challenge, Akademie Verlag GmbH, 1996.

Friedman, M. & Schwartz, A. J., A Monetary History of the United States 1867-1960, Princeton University Press, 1963.

Galbraith, J. K., Money, Whence It Came, Where It Went, Houghton Mifflin Company Boston, 1975.

Georgakopoulos, T., et al. ed., Economic Integration between Unequal Partners, Edward Elgar, 1994.

Ghaussy, A. G. & Schäfer W., ed., The Economics of German Unification, Routledge, 1993.

Goodhart, C., The Evolution of Central Banks, The MIT Press, 1988.

Hare, P. G. & Davis J. R., ed., Transition to the Market Economy: Critical Perspectives on the World Economy, Volume I, II, III, IV, Routledge, 1997.

Hayek, F. A., Denationalisation of Money: The Argument Refined, 2nd Edition, The Institute of Economic Affairs, 1978.

Henkin, L., et al., International Law, Cases & Materials, 4th ed., West, 2001.

Hennessy, E., A Domestic History of the Bank of England, 1930-1960, Cambridge University Press, 1992.

Howard, J. E., The Treuhandanstalt and Privatisation in the Former East Germany, Ashgate Publishing Company, 2001.

Hurst, J. W., A Legal History of Money in the United States, 1774-1970, University of Nebraska Press, 1973.

Hutchinson, H. D., Money, Banking, and the United States Economy, Meredith Corporation, 1971.

Inama, S. & Sim E. W., The Foundation of the ASEAN Economic Community, Cambridge University Press, 2015.

Islam, Md. R., Economic Integration in South Asia, Martinus Nijhoff Publishers, 2012.

Jackson, J. H., et al, Legal Problems of International Economic Relations: Cases, Materials and Text, 4th Edition, West Group, 2002.

Johnson, P. A., The Government of Money: Monetarism in Germany and the United States, Cornell University Press, 1998.

Jovanović, M. N., ed., International Economic Integration: Critical Perspectives on the World Economy - Theory and Measurement, Routledge, 1998.

----------------------------, International Handbook on the Economics of Integration, Volume I, II, III, Edward Elgar, 2011.

Jovanović, M. N., The Economics of International Integration, Edward Elgar, 2006.

----------------------, International Economic Integration: Limits and Prospects, 2nd ed., Routledge, 1998.

Katzman, K., U.S.-North Korean Relations: An Analytic Compendium of U.S. Policies, Laws & Regulations, The Atlantic Council, 2007. 3.

Kim, B. K., Central Banking Experiment in a Developing Economy, The Korean Research Center, 1965.

KINU, Economic and Social Reform of Vietnam and its Lessons for North Korea, Korea-Vietnam International Conference Report, 2005.

Kizilyalli, H., Economics of Transition: a new methodology for transforming a socialist economy to a market-led economy and sketches of a workable macroeconomic theory, Ashgate Publishing Ltd., 1998.

Kornai, J., The Road to a Free Economy, W. W. Norton & Company, 1990.

Kornai, J., et al., ed., Reforming the State: Fiscal and Welfare Reform in Post-Socialist Countries, Cambridge University Press, 2001.

Kremer, M. & Weber, M., ed., Transforming Economic Systems: The Case of Poland, Physica-Verlag Heidelberg, 1992.

Machlup, F., A History of Thought on Economic Integration, The Macmillan Press Ltd., 1977.

McCarthy, D. M. P., International Economic Integration in Historical Perspective, Routledge, 2006.

Mejstřík, M., ed., The Privatization Process in East-Central Europe, Kluwer Academic Publishers, 1997.

Myant, M., Transforming Socialist Economies, Edward Elgar, 1993.

Myers, M. G., A Financial History of the United States, Columbia Universtiy Press, 1970.

OECD, Accounting Reform in Central and Eastern Europe, Center for Cooperation with European Economies in Transition, OECD, 1991.

--------, The Role of Tax Reform in Central and Eastern European Economies, Center for Cooperation with European Economies in Transition, OECD, 1991.

--------, Transformation of Planned Economies: Property Rights Reform and Macroeconomic Stability, Center for Cooperation with European Economies in Transition, OECD, 1991.

--------, Valuation and Privatisation, Center for Cooperation with European Economies in Transition, OECD, 1993.

Petersmann, E. U., Study on Legal and Political Aspects of Inter-Korean Transactions and their Relationship to the International Trade Regime under GATT, 한국개발연구원 편, GATT체제하의 남북한 교역의 법적·정치적 측면에 관한 연구, 한국개발연구원, 1993. 1.

Pohl, M., ed., Handbook on the History of European Banks, Edward Elgar Publishing Ltd., 1994.

Robson, P., The Economics of International Integration, 4th ed., reprinted by Routledge, 2009.

Robson, P., ed., International Economic Integration, Penguin Books, 1971.

Sachs, J., Poland's Jump to the Market Economy, The MIT Press, 1993.

Schenk, C. R., Britain and the Sterling Area: From Devaluation to Convertibility in the 1950s, Routledge, 1994.

Selgin, G. A., The Theory of Free Banking, Rowman & Littlefield, 1988.

Shen, R., Economic Reform in Poland and Czechoslovakia, Praeger, 1993.

Székely, I. P. & Newbery, D. M. G., ed., Hungary: an economy in transition, Cambridge University Press, 1993.

Tanzi, V., ed., Transition to Market: Studies in Fiscal Reform, International Monetary Fund, 1993.

Thompson, H., Landmines and Land Rights in Yemen, Geneva International Center for Humanitarian Demining, 2010. 11.

Tinbergen, J., International Economic Integration, Elsevier Publishing Company, 1965.

United Nations, Multilateral Treaties deposited with the Secretary-General:

Status as at 1 April 2009, Vol. Ⅰ, 2009.

--------------------, Report of the International Law Commission on the work of its twenty-sixth session, 6 May - 26 July 1974, Official Records of the General Assembly, Twenty-ninth session, Supplement No.10, Yearbook of the International Law Commission, 1974.

--------------------, Treaty Series, Vol. 142, 1952.

Welfens, P. J. J., ed., Economic Aspects of German Unification, Springer-Verlag, 1996.

White, L., Free Banking in Britain, Cambridge University Press, 1984.

World Bank, Economic Growth in the Republic of Yemen: Sources, Constraints, and Potentials, A World Bank Country Study, 2002. 10.

----------------, Republic of Yemen: A Medium-Term Economic Framework, Report No. 9172-YEM, 1992. 1. 21.

----------------, Republic of Yemen: Dimensions of Economic Adjustment and Structural Reform, Report No. 14029-YEM, 1995. 5. 17.

----------------, Republic of Yemen: Health Sector Review, A World Bank Country Study, 1994. 01. 31.

----------------, Republic of Yemen: Institutional and Policy Environment for Industrial Development, Report No. 9008-ROY, 1991. 12. 2.

----------------, Republic of Yemen: Land Tenure for Social and Economic Inclusion in Yemen, Report No. 54923-YE, 2009. 12.

----------------, Republic of Yemen: Public Expenditure Review, Report No. 16147-YEM, 1996. 11. 27.

----------------, World Development Report 1996: From Plan to Market, Oxford University Press, 1996.

Yuen, N. C., et al., ed., State-owned Enterprise Reform in Vietnam: Lessons from Asia, Institute of Southeast Asian Studies, 1996.

Zecchini, S., ed., Lessons from the Economic Transition: Central and Eastern Europe in the 1990s, Springer Science Business Media, 1997.

高承濟, 植民地金融政策の史的分析, 御茶の水書房, 1972.

小林直樹, 憲法政策論, 日本評論社, 1991. 5.

朝鮮銀行史研究會 編, 朝鮮銀行史, 東洋經濟新報社, 1987. 12.

竹澤正武, 日本金融百年史, 東洋經濟新報社, 1968.

波形昭一, 日本植民地金融政策史の研究, 早稻田大學出版部, 1985.

國務院法制辦公室 編, 中華人民共和國 憲法典, 中國法制出版社, 2012.

賈登勛·脫劍鋒 主編, 房地產法新論, 中國社會科學出版社, 2009.

童列春, 中國農村集體經濟有效實現的法理研究, 中國政法大學出版社, 2013.

孟祥沛, 房地產法律制度比較研究, 法律出版社, 2012.

楊紫烜, 經濟法(第4版), 北京大學出版社 高等教育出版社, 2010.

吳春岐, 中國土地法體系構建與制度創新研究, 經濟管理出版社, 2012.

王守智·吳春岐 著, 土地法學, 中國人民大學出版社, 2011.

王　禹, "一國兩制" 憲法精神研究, 廣東人民出版社, 2008.

劉道遠, 集體地權流轉法律創新研究, 北京大學出版社, 2011.

李曙光, 企業國有資產法釋義, 法律出版社, 2012.

張千帆, 憲法學導論, 法律出版社, 2008.

曹泮天, 宅基地使用權流轉法律問題研究, 法律出版社, 2012.

周葉中, 憲法(第3版), 高等教育出版社, 2010.

陳佳貴, 中國經濟體制改革報告2012: 建設成熟的社會主義市場經濟體制, 經
　　濟管理出版社, 2012.

陳雄根, 國有資產監管法律制度研究, 中國經濟出版社, 2012.

陳　健, 中國土地使用權制度, 機械工業出版社, 2003.

陳　鴻, 國有經濟布局, 中國經濟出版社, 2012.

馮　輝, 論經濟國家, 中國政法大學出版社, 2011.

Abdulmajeed, A. B., et al., "Assessing Development Strategies to Achieve the
　　MDGS in the Republic of Yemen", Country Study, United Nations
　　Department for Social and Economic Affairs, 2011. 7.

Barna, B. J., "An Economic Roadmap to Korean Reunification: Pitfalls and
　　Prospects", Asian Survey Vol. 38, No. 3, University of California
　　Press, 1998. 3.

Bhattacharyay, B. N., "Trends in Privatisation in the Arab World and its
　　Problems and Prospects", Savings and Development, Vol. 20, No.1,
　　Giordano Dell-Amore Foundation, 1996, pp.5~32.

Bühring, J. H., "The Economic Transformation in the GDR with focus on the
　　privatisation by the 'Treuhandanstalt'", Seminar Paper, GRIN Verlag
　　GmbH, 2013.

Burrowes, R. D., "The Yemen Arab Republic's Legacy and Yemeni Unification", Arab Studies Quarterly Vol. 14, No. 4, Pluto Journals, 1992.

Carapico, S., "The Economic Dimension of Yemeni Unity", Middle East Report, No. 184, Middle East Research and Information Project, 1993. 10.

Colton, N. A., "Yemen: A Collapsed Economy", Middle East Journal Vol. 64, No. 3, Middle East Institute, 2010.

Dodsworth, J. R., et al., "Vietnam: Transition to a Market Economy", Occasional Paper, IMF, 1996. 3.

Duiker, W. J., "Ideology and Nation-Building in the Democratic Republic of Vietnam", Asian Survey, Vol.17, No.5, 1977. 5.

Dunbar, C., "The Unification of Yemen: Process, Politics and Prospects", Middle East Journal, Vol. 46, No.3, Summer 1992.

Ebrill, L. P., et al., "Poland: the Path to a Market Economy", Occasional Paper, IMF, 1994. 10.

Flaherty, E., "A Brief History of Central Banking in the United States", American History from Revolution to Reconstruction and beyond, http://www.let.rug.nl/usa/essays/general/a-brief-history-of-central-banking/second-bank-of-the-united-states-(1816~1836).php, 2015. 6. 28일자 검색.

Ismail, S., "Unification in Yemen: Dynamics of Political Integration 1978~2000", partial fulfilment to MPhil Thesis, University of Oxford.

Kim, C. S., "Prospects for a Constitution for a Unified Korea: Based on a Comparison of the Constitutions of South and North Korea", Korea and World Affairs, Vol. 6, No.3, 1982.

Kramer, M., "The Changing Economic Complexion of Eastern Europe and Russia: Results and Lessons of the 1990s", SAIS Review Vol. 19, No. 2, 1999.

Le, T. T. T., "The Legal Aspects of Foreign Investment in Vietnam", Scholarly Works, Paper 792, 1995.

Le, T. T. T., "The Foreign Investment Code of the Socialist Republic of Vietnam", The International Lawyer, Vol. 13, No.2, 1979.

Library of Congress, "Country Profile: Yemen", August 2008.

Manyin, M. E., "The Vietnam-U.S. Normalization Process", CRS Issue Brief for Congress, updated 2005. 8. 3.

--------------------, "U.S.-Vietnam Relations in 2013: Current Issues and Implications for U.S. Policy", CRS Report for Congress, 2013. 7. 26.

Moore, T. G., "Privatization in the Former Soviet Empire", in Edward P. Lazear, ed., Economic Transition in Eastern Europe and Russia: Realities of Reform, Hoover Institution Press, 1995.

Morys, M., "Was the Bundesbank's credibility undermined during the process of German Reunification?", London School of Economics Working Paper No. 74/03, 2003. 5.

Mun, S. M. & Yoo, B. H., "The Effects of Inter-Korean Integration Type on Economic Performance: the Role of Wage Policy", Working Paper No. 477, The Bank of Korea, 2012. 7.

Ngu, V. Q., "The State-owned Enterprise Reform in Vietnam: Process and Achievements", ISEAS Visiting Researchers Series No. 4, Institute of Southeast Asian Studies, 2002.

Nguyen, T. M., "A Study on Performance and Problems of the Vietnam's State-owned-enterprise Equitization Policy Implementation", KDI Thesis (Master of Public Policy), 2009.

Pregelj, V. N., "Normal-Trade-Relations(Most-Favored-Nation) Policy of the United States", CRS Report for Congress, 2005. 12. 15s.

Quigley, J., "Vietnam's Legal Regulation of Foreign Trade and Investment", Maryland Journal of Int'l Law, Vol. 6, 1980.

Rohwer, C., "Progress and Problems in Vietnam's Development of Commercial Law", Berkeley Journal of Int'l Law, Vol. 15, No. 2, 1997.

Shimomoto, Y., "Developing the capital market-Vietnam", Rising to the Challenge in Asia: A Study of Financial Markets, Volume 12 - Socialist Republic of Vietnam, Asian Development Bank, 1999. 12.

Son, V. T. & Hess, M., "Work motivation in Vietnam: some aspects of change under Doi Moi", Labour and Management in Development Journal, Vol. 4, No. 5, Asia Pacific Press, 2004.

Swagman, C. F., "Tribe and Politics: An Example from Highland Yemen", Journal of Anthropological Research Vol. 44, No. 3, University of New Mexico, 1988.

Thuyet, P. V., "Vietnam's Legal Framework for Foreign Investment", The

International Lawyer, Vol. 33, No. 3, Foreign Law Year in Review: 1998, 1999.

Vo, T. T. & Nguyen, T. A., "Institutional Changes for Private Sector Development in Vietnam: Experience and Lessons", EABER Working Paper Series No. 8, East Asian Bureau of Economic Research, 2006.

Wrobel, R. M., "German Unification: A Review after 20 Years with Special Focus on Transformation and Integration Issues", 통일문제연구 통권 제21권 제1호, 평화문제연구소, 2009. 5.

Young, S. G., et al., "Preparing for the Economic Integration of Two Koreas: Policy Challenges to South Korea", Economic Integration of the Korean Peninsula edited by Marcus Noland, Peterson Institute for International Economics, 1998.1.

高富平, "農村土地承包經營權流轉與農村集體經濟的轉型", 上海大學學報(社會科學版) 第29卷第4期, 2012. 7.

--------, "建設用地使用權類型化研究", 北方法學 第6卷第32期, 2012.

范小强, "宅基地使用權流轉問題研究", 河南大學 碩士學位論文, 2010. 5.

梁亞榮, "宅基地使用權流轉: 限制及其解除", 河南省政法管理幹部學院學報 2010年第1期, 2010.

王中偉·王伯文, "論宅基地使用權流轉的法律適用", 人民司法, 2011. 5.

王 禹, "一國兩制" 憲法精神研究, 廣東人民出版社, 2008.

李延榮, "集體土地使用權流轉中几个值得注意的問題", 法學雜誌 2007年第5期, 2007.

張建華, 農村宅基地使用權流轉模式探討, 土地使用制度改革, 2005年 3期, 2005.

曾新明·侯澤福, "農村集體土地使用權流轉之法律研究", 農村經濟 2006年第10期, 2006.

찾아보기

김 완 기

서울대학교 법과대학 졸업
행정학석사(서울대학교)
행시 제39회 국제통상직렬 합격
美, Georgetown대학교 법학석사(LLM)
법학박사(서울대학교)
美, 뉴욕주 변호사
현재 산업통상자원부 근무

남북 통일, 경제통합과 법제도통합

초판 인쇄 | 2017년 3월 7일
초판 발행 | 2017년 3월 17일

저 자 김완기
발 행 인 한정희
발 행 처 경인문화사
총괄이사 김환기
편 집 부 김지선 나지은 박수진 문성연 유지혜
관리·영업부 김선규 하재일 유인순
출판신고 제406-1973-000003호
주 소 파주시 회동길 445-1 경인빌딩 B동 4층
전 화 031-955-9300 전 화 031-955-9310
홈페이지 http://kyungin.mkstudy.com
이 메 일 kyungin@kyunginp.co.kr

ISBN 978-89-499-4265-0 93360
값 29,000원